Uni-Taschenbücher 926

AF130236

# UTB

Eine Arbeitsgemeinschaft der Verlage

Birkhäuser Verlag Basel und Stuttgart
Wilhelm Fink Verlag München
Gustav Fischer Verlag Stuttgart
Francke Verlag München
Paul Haupt Verlag Bern und Stuttgart
Dr. Alfred Hüthig Verlag Heidelberg
Leske Verlag + Budrich GmbH Opladen
J.C.B. Mohr (Paul Siebeck) Tübingen
C.F. Müller Juristischer Verlag - R. v. Decker's Verlag Heidelberg
Quelle & Meyer Heidelberg
Ernst Reinhardt Verlag München und Basel
K.G. Saur München . New York . London . Paris
F.K. Schattauer Verlag Stuttgart . New York
Ferdinand Schöningh Verlag Paderborn
Dr. Dietrich Steinkopff Verlag Darmstadt
Eugen Ulmer Verlag Stuttgart
Vandenhoeck & Ruprecht in Göttingen und Zürich

Winfried Steffani
Pluralistische Demokratie

Winfried Steffani

# Pluralistische Demokratie

Studien zur Theorie und Praxis

Leske Verlag + Budrich GmbH, Opladen 1980

Der Autor

Winfried Steffani, geb. 1927, Dipl.-Pol., Dr. phil.; studierte Politologie, Geschichte und öffentliches Recht in Berlin; seit 1967 o. Prof. für Politische Wissenschaft an der Universität Hamburg; 1971-1973 Vorsitzender der Deutschen Vereinigung für Politische Wissenschaft; Initiator und stellvertretender Vorsitzender der Deutschen Vereinigung für Parlamentsfragen, seit 1970 Beauftragter des Vorstandes für die »Zeitschrift für Parlamentsfragen«.
Wichtige Veröffentlichungen: Die Untersuchungsausschüsse des Preußischen Landtages zur Zeit der Weimarer Republik, Düsseldorf 1960; Mitautor und zusammen mit Franz Nuscheler Herausgeber, Pluralismus – Konzeptionen und Kontroversen, 3. Auflg., München 1976; Mitautor und Herausgeber, Parlamentarismus ohne Transparenz, 2. Auflg., Opladen 1973; Parlamentarische und präsidentielle Demokratie, Opladen 1979.

CIP-Kurztitelaufnahme der Deutschen Bibliothek

**Steffani, Winfried:**
Pluralistische Demokratie: Studien zur Theorie
u. Praxis / Winfried Steffani. – Opladen:
Leske und Budrich, 1980.
(Uni-Taschenbücher; 926)
ISBN 978-3-322-97149-4      ISBN 978-3-322-97148-7 (eBook)
DOI 10.1007/978-3-322-97148-7

© 1980 by Leske Verlag + Budrich GmbH, Opladen
Satz: Villier - Satztechnik - Köln-Weiß

Buchbinderische Verarbeitung: Sigloch-Henzler, Stuttgart
Einbandgestaltung: A. Krugmann, Stuttgart

# Inhalt

# Vorwort

Seit Mitte der 50er Jahre hat die Vokabel Pluralismus in der deutschen politischen Diskussion eine erstaunliche Karriere hinter sich gebracht. Während der Begriff zuvor selbst in wissenschaftlichen Fachkreisen kaum als gängige Münze gehandelt wurde, ist das Wort heute nahezu in aller Munde. Die großzügige Verwendung beruht allerdings keineswegs auf einer allgemein akzeptierten Verständigung darüber, was mit der Vokabel konkret gemeint sei.

Unter den sehr unterschiedlichen Verwendungsmöglichkeiten sind vor allem *vier* von besonderer Bedeutung. So kann der Begriff Pluralismus zunächst einmal auf die Tatsache bezogen sein, daß es in einer Gesellschaft eine Vielzahl mehr oder weniger autonom gebildeter, neben- und miteinander existierender, agierender, kooperierender oder in Konkurrenz zueinander stehender Gruppen – insbesondere Vereine, Interessenverbände und Parteien – gibt, deren wechselseitige Beziehungen und Einflußnahmen auf den politischen Prozeß von kennzeichnender Bedeutung für das jeweilige Gesellschaftssystem sind. Dies wäre (1.) Pluralismus im Sinne einer soziologischen Gruppen- bzw. Verbandstheorie. Andere und erheblich weitergehende Sachverhalte sind demgegenüber dann gemeint, wenn (2.) vom Pluralismus im Sinne einer politologischen Verfassungs- und/oder Staatstheorie die Rede ist. Hier meint Pluralismus ein gewaltenteilig – und möglicherweise zugleich föderativ – strukturiertes Verfassungssystem, dessen politische Willensbildungs- und Entscheidungsprozesse ohne die konkurrierende (und koalierende) Tätigkeit von Parteien und Interessengruppen nicht verstanden werden können, dessen Existenz auf der Garantie und offenen Handhabung von Freiheitsrechten beruht und dessen entscheidendes Charakteristikum die freie Entfaltung von politischer Opposition darstellt.

Die zwei weiteren Verwendungsweisen des Pluralismusbegriffs beziehen sich auf das Verhältnis von Demokratie und Pluralismus im Sinne einer Verfassungs- bzw. Staatstheorie. Während für die einen (3.) Pluralismus und Demokratie ebenso wie Gewaltenteilung und Demokratie prinzipielle Gegensätze darstellen, die beide „an sich" nichts miteinander zu tun haben, vertreten die anderen die Gegenposition. Für sie bildet (4.) der Pluralismus ein so wesentliches Charakteristikum ihres Demokratieverständnisses, daß sie dies in der Formel „pluralistische Demokratie" zum Ausdruck bringen. Hier wird demnach zwischen einem pluralistischen Demokratieverständnis – das in Gewaltenteilung seinen organisatorischen Ausdruck findet – und einem monistischen Demokratieverständnis – das sich zur Gewaltenteilung in einem prinzipiellen Spannungsverhältnis befindet – unterschieden.

Die in diesem Buch zusammengefaßten Abhandlungen sind unter verschiedenen Fragestellungen und Perspektiven dem Thema „pluralistische Demokratie" gewidmet:

1. In der ersten Abhandlung wird der Wort- und Theoriegeschichte des Begriffs Pluralismus vor allem in den USA und in Deutschland nachgegangen und die Entwicklung der nachtotalitären Theorie des Neopluralismus aufgezeigt. Die maßgeblich von dem Berliner Politologen *Ernst Fraenkel* erarbeitete Theorie des Neopluralismus bildet die deutsche Version des gegenwärtig vorherrschenden Verständnisses pluralistischer Demokratie in der freien Welt. Neopluralistische Demokratietheorie erweist sich dabei als demokratische Oppositionstheorie. Die legale, freie Wirksamkeit von Opposition in einer pluralistischen Demokratie setzt die Anerkennung und verfassungsrechtliche Absicherung einer sozialstaatlich fundierten, gewaltenteilenden-rechtsstaatlichen Ordnung voraus: Ordnung als Schwester der Freiheit.

2. Die zweite Abhandlung ist der Diskussion der Modelle monistischer und pluralistischer Demokratie gewidmet. Ausgehend von der Parteienkontroverse zwischen SPD und CDU um den Demokratisierungsbegriff zu Beginn der 70er Jahre wird anhand einer kritischen Auseinandersetzung mit *Helmut Schelskys* These, daß Gewaltenteilung und Demokratie polar entgegengesetzte Prinzipien darstellen, aufzeigt, daß die Idealmodelle pluralistischer und monistischer Demokratie auf verschiedenartigen Grundannahmen beruhen und demnach jeweils einem prinzipiell unterschiedlichen Demokratieverständnis Ausdruck verleihen. Es wird erörtert, welche Auswirkungen sich hieraus für den Bedeutungsgehalt der Begriffe Demokratie und Demokratisierung ergeben.

3. Pluralistische Demokratien sind gewaltenteilige Demokratien. Der dritte Beitrag diskutiert – ausgehend von den klassischen Teilungslehren *John Lockes* und *Charles de Montesquieus* – anhand einiger Verfassungen westlicher Demokratien allgemeine Grundmuster verschiedenartig konzipierter Gewaltenteilungen. So liegen den Verfassungen der USA, Großbritanniens, Frankreichs, der Schweiz und der Bundesrepublik Deutschland unterschiedliche Lösungskonzepte des Gewaltenteilungsproblems zugrunde: In den USA und in der Schweiz in Form des präsidentiellen Regierungssystems, in Großbritannien in der Form des parlamentarischen, in der Bundesrepublik in der eines bundesstaatlich-relativierten und in Frankreich in der Form eines präsidentiell relativierten parlamentarischen Regierungssystems. Daß und auf welche Weise diese unterschiedlichen Grundlösungen neben der Rolle der Opposition die Stellung der rechtsprechenden Gewalt und hier insbesondere der verfassungsrecht-

sprechenden Gerichtsbarkeit berühren, bildet den engeren Problemgegenstand der Überlegungen. Das besondere Interesse gilt dabei der „Rolle der Gerichte im gewaltenteilenden Dialog".

4. Pluralismus, Gewaltenteilung und Repräsentation sind Prinzipien, die den demokratischen Verfassungsstaat kennzeichnen. Die Entwicklung des demokratisch-pluralistischen Legitimationsverständnisses ist mit der Geschichte des Verfassungsstaates vom frühkapitalistisch-liberalen „Nachtwächterstaat" zum demokratischen Sozialstaat unlöslich verbunden. Dabei spielte nicht nur die Grundentscheidung für die repräsentative Demokratie eine Rolle, sondern ebenso das Bemühen um eine Balance zwischen Institutionen, die repräsentative und plebiszitäre Entscheidungs- und Mitwirkungsmöglichkeiten erschließen. Der Problemdruck, dem sich komplexe Industriegesellschaften zunehmend ausgesetzt sehen, stützt ebenso wie das politische Erfordernis, Krisen effektiv zu begegnen, die Neigung, repräsentative Verfahren gegenüber plebiszitären zu begünstigen. Der hiermit verbundenen Gefahr einer autoritär-technokratischen Erstarrung pluralistischer Demokratie muß um ihrer freiheitlichen Offenheit und eigenen Zukunftchancen willen begegnet werden.

5. Die Verfassungsbindung aller staatlichen Gewalt ist ein spezifisches Merkmal rechtsstaatlich konstituierter pluralistischer Demokratie. In den angelsächsischen Demokratien findet diese Verfassungsbindung in dem Loyalitäts- bzw. Verfassungseid aller öffentlichen Amtsinhaber ihren Niederschlag. Da die Parlamentsabgeordneten Inhaber eines öffentlichen Amtes sind, sind sie selbstverständlich ebenfalls in diese Eidespflicht eingebunden. Hier dient der Eid der Legitimation des freien Abgeordnetenmandats. Anders heute auf dem europäischen Kontinent. In Deutschland läßt sich an der Geschichte des Abgeordneteneides − den es abgesehen von der Paulskirchenverfassung (1849) auf Reichsebene bzw. Bundesebene bisher noch nie gegeben hat − in Verbindung mit der Entstehung des freien Abgeordnetenmandats die Entwicklung von der konstitutionellen Monarchie zur pluralistisch-demokratischen Republik verfolgen. Mit dem Grundgesetz hat die Bundesrepublik Deutschland Anschluß an die westlichen Demokratien gefunden. Ist der Verzicht auf den Verfassungseid − ein Verzicht, der auf Bundesebene lediglich die Bundestagsabgeordneten betrifft − im heutigen Verfassungsstaat gerechtfertigt?

6. Im sechsten Beitrag wird schließlich der Frage nachgegangen, was hinter der Aussage steht, „wir wollen eine Gesellschaft, die uns die Erfahrung von Heimat ermöglicht". Bundeskanzler *Willy Brandt* hatte hierzu in seiner Regierungserklärung vom Jahre 1973 ausgeführt: „Unsere Bürger suchen trotz des Streits der Interessen eine Heimat in der Gesellschaft, die allerdings nie mehr ein Idyll sein wird − wenn sie es je war. Das Recht auf Geborgenheit und das Recht, frei atmen zu können, muß sich gegen die Maßlosigkeit der technischen Entwicklung behaupten, die unserer Kontrolle zu entgleiten droht". Die Chancen

hierfür zu eröffnen und sichern zu helfen kann als entscheidende Legitimationsfunktion pluralistischer Demokratie angesehen werden.

7. Der Begründer der Theorie des Neopluralismus in Deutschland, der Jurist und Politologe *Ernst Fraenkel*, verstarb am 28. März 1975 in Berlin, seiner akademischen Heimatstadt seit 1951. Zum 65. und zum 75. Geburtstag wurde *Fraenkel* von seinen Freunden, Schülern und Kollegen als bedeutender Wissenschaftler durch Festschriften geehrt. In der zweiten Festschrift fanden die zum Thema „Pluralismus und Demokratie" verfaßten Beiträge seine besondere Aufmerksamkeit. Als Schüler Fraenkels und von 1958 bis 1967 ihm als sein Assistent eng verbunden, habe ich die Erarbeitung der Theorie des Neopluralismus miterlebt. Anläßlich der Überreichung der zweiten Festschrift schrieb mir der Jubilar am 18. November 1973: „Keiner hat diesen Prozeß klarer erkannt, diagnostiziert und gefördert als Sie". In einem Nachruf vom Jahre 1975 habe ich in einer knappen Skizze den Lebensweg, das wissenschaftliche Werk und die Bedeutung der Pluralismustheorie Ernst Fraenkels nachzuzeichnen und aufzuzeigen versucht. Dieser Versuch bildet den Abschluß des vorliegenden Bandes.

Die in diesem Buch wiedergegebenen, für die vorliegende Publikation überarbeiteten und ergänzten Abhandlungen sind, soweit es sich nicht um eine Erstveröffentlichung handelt, erstmals in den Jahren 1973 bis 1978 publiziert worden. Sie befassen sich mit einer Thematik, die neben den hier aufgeworfenen Problemen der Ergänzung bedarf. Dazu zählt ebenso eine eingehende Beschäftigung mit Fragen der Gewaltenteilung und ihrer verfassungsrechtlichen und verfassungspolitischen Ausgestaltung als präsidentielle und parlamentarische Demokratie wie eine nähere Analyse der Rolle der Opposition im politischen Willensbildungs- und Entscheidungsprozeß. Diesen Aspekten und Strukturproblemen pluralistischer Demokratie ist meine Aufsatzsammlung „Parlamentarische und präsidentielle Demokratie" (Westdeutscher Verlag, Opladen 1979) gewidmet.

Hamburg, Februar 1980

Winfried Steffani

# Vom Pluralismus zum Neopluralismus

Die Übereinstimmung scheint erheblich zu sein: Alle im Deutschen Bundestag vertretenen Parteien — für die in den Wahljahren 1972 und 1976 immerhin 99,1% der Wähler stimmten —, bekennen sich in ihren programmatischen Aussagen und in den grundlegenden Stellungnahmen ihrer Parteiführer einmütig zur pluralistischen Gesellschaft und zur pluralistischen Demokratie. Das scheint auf eine in der deutschen politischen Geschichte einmalige Grundverständigung zu verweisen. Dabei wird die Vokabel „Pluralismus" zur Kennzeichnung einer Reihe von Sachverhalten und Postulaten benutzt, die als entscheidende Voraussetzung für Freiheitsentfaltung begriffen werden — mit der Folge, daß häufig die Eigenschaftsworte ‚pluralistisch' und ‚freiheitlich' sinngleich verwandt werden. Pluralismus gilt im parteipolitischen Sprachgebrauch der Bundesrepublik als wesentliches Strukturmerkmal freiheitlicher bzw. „westlicher Demokratie".

So erklärte der CDU-Vorsitzende *Helmut Kohl* Anfang der 70er Jahre: „Die freiheitliche Demokratie ist notwendigerweise eine pluralistische Demokratie ... Die CDU vertritt das Konzept einer freiheitlichen, pluralistischen und repräsentativen Demokratie. Es ist dies kein CDU-eigener, sondern der für die gesamte westliche Welt typische Demokratiebegriff — ein Verständnis von Demokratie, wie es sich in den großen westlichen Revolutionen der Neuzeit herausgebildet hat." Zugleich stellte *Kohl* fest, daß „Werte wie Freiheit, Gleichheit und Gerechtigkeit, kurzum Menschlichkeit ... nur von solchen Gesellschaftsformen garantiert (werden), die durch ihren Pluralismus allen Menschen zur Entfaltung ihrer Persönlichkeit die gleichen Chancen einräumen"[1].

In dieser Allgemeinheit könnten die zitierten Sätze — bei entsprechendem Austausch der Parteiinitialen — von jedem Vorsitzenden der im Bundestag vertretenen Parteien stammen[2]. „Pluralistisch" kennzeichnet somit ein Demokratieverständnis, wie es in der Formel von der „freiheitlichen demokratischen Grundordnung" des Grundgesetzes seinen Ausdruck findet, und eine Gesellschaftsordnung, die den Bürgern und ihren Organisationen eine autonome Interessenartikulation garantiert.

Die Sachlage scheint folglich verhältnismäßig einfach zu sein: Der Begriff Pluralismus benennt entscheidende Gemeinsamkeiten im Demokratie- und Gesellschaftsverständnis aller im Bundestag vertretenen Parteien. Bei dem Terminus „pluralistische Gesellschaft" wird vornehmlich an den Interessengruppen- und Verbändepluralismus, und bei dem Terminus „pluralistische Demokratie" im engeren Sinne primär an den Parteienpluralismus und das fundamental wichtige Recht auf verfassungsmäßige Bildung und Ausübung von Opposition gedacht. Beide, der Verbände- wie der Parteienpluralismus — häufig unter dem Oberbegriff „pluralistische Demokratie" zusammengefaßt — bezeichnen zusammengenommen ein politisches System, das seinen Widerpart und Gegenpol im autoritären, vor allem aber im totalitären System findet. Deren Merkmal besteht darin, daß den gleichgeschalteten Verbänden Autonomie verweigert wird und das „Parteiensystem" durch die alternativlose Machtausübung einer sich nicht zur Disposition stellenden Partei charakterisiert ist.

Da sich heute fast jedes Land zur „Demokratie" bekennt, wird das Wort Demokratie für eine vergleichende Betrachtung erst durch die Hinzufügung eines qualifizierenden Merkmals brauchbar. Wenn und soweit der *Pluralismus* als das Produkt und ein Wesensmerkmal westlicher Demokratien angesehen wird und totalitäre Demokratien sich zu ihrer theoretischen und ideologischen Rechtfertigung *monistischer* Argumentation bedienen, gewinnt der Pluralismusbegriff — beispielsweise in der Unterscheidung zwischen pluralistischer und monistischer Demokratie[3] — zugleich die Qualität einer systemdifferenzierenden Typenbezeichnung: *Westliche* Demokratie bedeutet hiernach *pluralistische* Demokratie.


I. Zur Begriffsbestimmung und Bedeutung des Wortes Pluralismus

Diese nahezu einhellige Übereinstimmung im Grundsätzlichen der im Bundestag vertretenen Parteien — ungeachtet aller interpretativen, vornehmlich in Wahlzeiten mehr oder weniger polemisch herausgestrichenen Unterschiedlichkeiten — steht in einem merkwürdigen Gegensatz zur gegenwärtigen wissenschaftlichen Fachdiskussion. Bei dem Bemühen, die Vokabel Pluralismus begrifflich zu fassen, sie in geschichtlicher, analytischer und wertender Perspektive auf konkrete Sachverhalte zu beziehen, werden erhebliche Abweichungen deutlich, hier scheiden sich die Geister. Während für die einen der Terminus Pluralismus die besonderen Merkmale westlicher Demokratie auf den Begriff bringt, bezeichnet er für andere nur einen bestimmten Problemkomplex der Gruppen- und Verbandsforschung. Während einige damit positive Wertvorstellungen verbinden, kennzeichnet er für andere bestimmte, die staatliche Einheit mehr oder weniger grundsätzlich in Frage stellende Strukturmerkmale. Von dritten wird er wiederum als eine Vokabel kritisiert, die dem Erscheinungsbild der Wirklichkeit nicht angemessen sei; es sei denn, der Terminus wird lediglich als schlau gewählte Verschleierungsformel für Herrschaftsstrukturen gedeutet, mit deren Hilfe ein an der Erhaltung des Status quo interessiertes, privilegiertes Establishment seine Macht zu kaschieren und zu stabilisieren versucht; oder er wird gar als eine Formel diskutiert, die vornehmlich dazu diene, „sozialistische Theorieintentionen"[4] zu diskriminieren. Schließlich wird der Pluralismus von einigen Wissenschaftlern als eine bloße propagandistisch-ideologische Kampfparole entschleiert, hinter der sich das verzweifelte Bemühen des Imperialismus verberge, die Arbeiterklasse zu spalten, um den Sieg des wissenschaftlichen Sozialismus zu verhindern und damit den Sieg der Arbeiterklasse so lange wie möglich hinauszuzögern[5].

„Das Unbehagen am Pluralismus"[6] ist aber nicht nur in der Sache und deren unterschiedlichen Deutungen und Bewertungen begründet. Das Unbehagen bezieht sich vielmehr ebenso auf den großzügigen und häufig recht undifferenzierten Gebrauch des Wortes. Denn ähnlich der Vokabel Partizipation, die noch vor wenigen Jahren selbst in den Sozialwissenschaften kaum geläufig war, hat auch das Wort Pluralismus im deutschen Sprachbereich eine nahezu atemberaubende Karriere hinter sich gebracht. Pluralismus ist heute zum gängigen Modewort avanciert[7]. Es wird sowohl in der Wissenschaft wie in der Alltagssprache mit recht unterschiedlicher Bedeutung gebraucht. Häufig wird Pluralismus in wörtlicher Übersetzung mit „Vielheit" gleichgesetzt. In diesem unspezifischen Sinne könnte ein Ganzes bereits dann als „pluralistisch" strukturiert bezeichnet werden, wenn es aus einer Vielheit von Einzelteilen oder Elementen besteht. Bei derartigem Wortgebrauch wäre beispielsweise jede hierarchisch strukturierte Behörde eine „pluralistische" Organisation.

Pluralismus im spezifischen Sinne — und hierauf sollte der Wortgebrauch beschränkt bleiben — meint jedoch eine Vielheit, deren einzelne Elemente in einer bestimmten Beziehung zueinander stehen: Die Elemente einer Einheit werden im wesentlichen als voneinander unabhängig, gleichberechtigt und autonom gesehen, d.h. sie sind nicht maßgeblich der Kontrolle anderer unterworfen; sie stehen miteinander durchaus im Verhältnis des Wettbewerbs und des Konflikts, nicht jedoch in dem hierarchischer Zuordnung oder dem der Subordination. In diesem Wortsinne meint z.B. die Vokabel „Wissenschaftspluralismus" nicht den Tatbestand einer Vielzahl in systematischer Beziehung nebeneinander existierender Wissenschaften (wie Natur-, Sozial-, Geisteswissenschaften), sondern die gleichberechtigte Vertretung unterschiedlicher, keineswegs in Subordination zueinander stehender Wissenschaftsauffassungen oder wissenschaftlicher „Richtungen".

Unter Pluralismus wird aber — um im Beispiel zu bleiben — nicht nur das Vorhandensein einer Vielheit gleichberechtigter, miteinander konkurrierender Wissenschaftsaussagen, Theorien und Lehren verstanden. Der Begriff Pluralismus dient vielmehr ebenso zur Kennzeichnung ganz bestimmter Theorien, Konzeptionen oder Lehren. In dieser letztgenannten Bedeutung ist das Wort ursprünglich in die Wissenschaftssprache eingeführt worden. *Christian Wolff* (1679-1754) hat den Begriff sehr wahrscheinlich als erster verwendet. Und in *Kants* Anthropologie (I, § 2; 1798) steht der berühmte Satz: „Dem Egoismus kann nur *Pluralism* entgegengesetzt werden, d.i. die Denkungsart: sich nicht als die ganze Welt in seinem Selbst befassend, sondern als einen bloßen Weltbürger zu betrachten und zu verhalten."

Größere Beachtung fand das Wort erst durch den Titel eines 1909 veröffentlichten Buches von *William James*[8], dem amerikanischen Philosophen des Pragmatismus, das 1914 in der wörtlichen Übersetzung „Das pluralistische Universum" auch in Deutschland erschien. Offenkundig von *James'* Vorlesungen und Buchtitel angeregt, übernahm *Harold Laski* 1915 den Begriff in die Sprache der angelsächsischen Sozialwissenschaft. In der deutschen Soziologie und Politologie hat er — abgesehen von seiner kritischen Verwendung durch *Carl Schmitt* zur Zeit der Weimarer Republik — erst seit dem Zweiten Weltkrieg größere Verbreitung gefunden.

Im folgenden interessiert von den mannigfachen Anwendungsmöglichkeiten des Begriffes[9] allein Pluralismus als sozialwissenschaftliche Konzeption und als politische Position.

Bei den sozialwissenschaftlichen Pluralismuskonzeptionen ist auf die Unterscheidung zwischen analytischen und normativen Aspekten und deren Akzentsetzung in den einzelnen Konzeptionen zu achten. Konzeptionen oder Theorien, die die soziale Gruppe, deren Entstehung, Beschaffenheit und Aktivitäten, deren Organisations-, Konkurrenz- und Kooperationsformen sowie ihre Rolle im gesellschaftlichen und politischen Prozeß zum zentralen Forschungsgegenstand haben, sind in der Regel betont analytisch-deskriptiv und können unter der Bezeichnung *soziologische Pluralismustheorie* bzw. kurz „soziologischer Pluralismus" zusammengefaßt werden. Pluralismus verstanden als Beschreibung eines gesellschaftlichen Sachverhalts und als analytisches Konzept zu dessen empirischer Erforschung bezieht sich insoweit auf soziologische Gruppen- und Verbandstheorie.

Während soziologische Pluralismustheorie von der Gruppe ausgeht und hier ihren analytischen Ansatz findet, fragt *politologische Pluralismustheorie* — unter Berücksichtigung soziologischer Forschungsergebnisse — nach den Strukturprinzipien politisch verfaßter Gesellschaft, nach der konkreten Wechselbeziehung zwischen Privatem und Öffentlichem, Staat und Gesellschaft, nach der politischen Willensbildung und Entscheidungsfindung und ihrer demokratischen Legitimation. Politologische Pluralismustheorie befaßt sich nicht nur mit der analytisch erfaßten Verfassungswirklichkeit im weitesten Sinne, sondern auch mit der Frage nach dem „guten", d.h. dem den Grundwerten der Freiheit, Gerechtigkeit und Solidarität entsprechenden Staat. „Politologischer Pluralismus" meint demnach primär pluralistische Staats- und Demokratietheorie. Er trägt damit oft betont normative Züge[10].

Politologische Pluralismustheorie wird, sobald sie neben analytischen auch normative Aspekte aufweist, schwerlich als wertfreie

Wissenschaft politisch wertfrei konzipiert und argumentativ vertreten. So zeigt sich insbesondere beim politologischen Pluralismus häufig neben der wissenschaftlichen Konzeption das Engagement für eine politische Position — womit eine politische Grundhaltung[11], keineswegs unbedingt eine parteipolitische Bindung gemeint ist. Die enge Beziehung zwischen politischer Position und wissenschaftlicher Konzeption ist bei zahlreichen Pluralismustheoretikern offenkundig; was allerdings ebenso für deren Kritiker gilt.

## II. Geschichte und Probleme des amerikanischen Pluralismus

Bei der gegenwärtigen Pluralismusdiskussion ist es notwendig und sinnvoll, zwischen amerikanischer und europäischer Pluralismustheorie zu unterscheiden, da sie unter verschiedenen Bedingungen entstanden sind und weiterentwickelt wurden, d.h. zum einen von recht unterschiedlichen Traditionen ausgehen und zum anderen sowohl unter sozio-ökonomischen wie verfassungspolitischen Gesichtspunkten einen verschiedenartigen Hintergrund aufweisen.

### 1. Die Federalists und Tocqueville

Während die moderne europäische Theoriegeschichte des Pluralismus mit der Lehre von der realen Verbandspersönlichkeit, wie sie *Otto von Gierke* in der zweiten Hälfte des 19. Jahrhunderts konzipierte, angesetzt werden kann, beginnt die amerikanische Theoriegeschichte des Pluralismus mit den Debatten um die Unionsverfassung von 1787. Es ging dabei um die Entwicklung einer Konzeption, die in optimaler Weise Vorstellungen und Postulate des Individualliberalismus *John Lockes*, des sozialen Konservatismus *Edmund Burkes* und des partizipatorischen Demokratieverständnisses *Jean-Jacques Rousseaus* zu verbinden versuchte[12]. Eines der frühesten Dokumente der amerikanischen Theoriegeschichte des Pluralismus bildet der „Federalist No. 10", den *James Madison* am 23. November 1787 als Essay in der Zeitung „The New York Packet" unter dem Pseudonym Publius erstmals veröffentlichte. Dieser Essay zählt neben dem zweibändigen Monumentalwerk des französischen Adligen *Alexis de Tocqueville* „Über die Demokratie in Amerika", das 1835 und 1840 zuerst in Frankreich erschien, zu den frühesten und wichtigsten Abhandlungen der klassischen politologischen Pluralismustheorie.

*Madison* beschreibt den faktischen Gruppenpluralismus als Ausdruck konkreter Interessenlagen und der Freiheit. Er argumentiert: die Freiheit müßte beschränkt oder gar aufgehoben werden, falls die Gruppenvielfalt, d.h. der Pluralismus unterbunden werden sollte. In einem Land, das die Grundwerte der Freiheit und Gleichheit schützen wolle, bestehe jedoch die Gefahr, daß sich Mehrheiten bilden, die die Minderheiten unterdrücken und ihnen damit sowohl den Gebrauch der

Freiheit wie den Anspruch auf politische Gleichheit streitig machen. Hieraus ergibt sich die Frage: auf welche Weise kann Mehrheitstyrannei verhindert, Minderheitsschutz bewerkstelligt und dennoch politische Stabilität gesichert werden? Die eine Antwort liegt in der Verstärkung der Gruppenpluralität: „Take in an greater variety of parties and interests (and) you make it less probable that a majority of the whole will have a common motive to invade the rights of other citizens"[13]. Die andere Antwort liegt in einer Verfassungskonstruktion, die bestimmte repräsentative, gewaltenteilig differenzierte Kompetenzregelungen und Verfahrensweisen vorschreibt, die im Sinne allgemein respektierter Verfahrensregeln als Konsensbasis des politischen Prozesses anerkannt werden. Hierdurch sollen alle Gruppen und Parteien zur ausgleichenden Konkurrenz genötigt und damit gezwungen werden, sich der staatlichen Machtmittel durch die Vermittlung gewählter Repräsentanten, die einander kontrollieren, zu bedienen. Daß *Madison* im „Federalist No. 10" seine Pluralismuskonzeption mit einem repräsentativ-elitären Demokratiekonzept verbindet, wird aus seiner Forderung ersichtlich, die politische Vermittlung solle durch das „medium of a chosen body of citizens" stattfinden, „whose wisdom may best discern the true interest of their country, and whose patriotism and love of justice will be least likely to sacrifice it to temporary or partial considerations"[14].

Als *Tocqueville* Anfang der 30er Jahre des 19. Jahrhunderts Amerikas Verfassungswirklichkeit studierte, wurde er Augenzeuge der „Jacksonian Revolution", die mit ihrer Demokratisierungswelle im Namen der Freiheit und Gleichheit das politische System der USA merklich veränderte. Von den Vorgängen stark beeindruckt, führten ihn seine Beobachtungen zur Schlußfolgerung, daß die freie Bildung und Aktivität autonomer Vereinigungen („freedom of association") neben dem allgemeinen Wahlrecht, der Parteienkonkurrenz, Pressefreiheit und unabhängigen Gerichtsbarkeit den Schlüssel zum Verständnis amerikanischer Politik biete[15]. Durch sie sei den Bürgern, *allen* Bürgern — die Möglichkeit eröffnet, auch jenseits der Wahlen am politischen Prozeß teilzunehmen und Einfluß auszuüben. Der andernfalls isolierte Einzelne könne so recht wirkungsvoll seine Freiheit schützen, seine persönliche Entwicklung fördern, seine Interessen wahrnehmen und seine Forderungen in den staatlichen Entscheidungsprozeß einbringen. Auf diese Weise profitiere nicht nur der Einzelne vom Pluralismus, sondern durch die Konkurrenz der Gruppen, die Mehrfachmitgliedschaft in verschiedenen Gruppen, die Einflußnahme der Gruppen auf staatliche Instanzen und den hierdurch erforderlichen Zwang zum Kompromiß, der ausgleichend und stabilisierend wirke, auch das gesamte Gemeinwesen. Da die autonome Gruppenbildung zur Partizipation auffordere, da sie bisher unberücksichtigt gebliebenen Interessen und neuen Zielen Durchsetzungsmöglichkeiten eröffne und da auf diese Weise Veränderungen in der Interessenstruktur neue Wege der politischen Vermittlung erschlossen werden, biete der Pluralismus zugleich alle Chancen für Innovation und friedlichen Wandel. — In dieser analytischen und normativen Version — in der *Madison* eher elitär-demokratische Akzente setzt, *Tocqueville* hingegen mehr den partizipatorischen Aspekt betont — haben die Klassiker des amerikanischen Pluralismus auf die modernen amerikanischen Pluralismustheorien Wirkung ausgeübt[16].

## 2. Die Moderne

Am Beginn der modernen amerikanischen Pluralismusgeschichte steht *Arthur Bentley* mit seiner Studie „The Process of Government", die 1908 erschien. Im Gegensatz zu *Madison* und *Tocqueville* geht es *Bentley* vor allem um einen methodologisch schlüssigen Beitrag zur empirischen Erforschung politischer Wirklichkeit. Er kann daher eher der soziologischen Pluralismustheorie zugeordnet werden. Die Gruppe als Ausdruck interessenbestimmter Aktivitäten und Interaktionen der Menschen bildet nach *Bentley* den entscheidenden Gegenstand bei der Analyse politischer Prozesse. Mit den Begriffen „interaction of men", „interest group", „balance of interest" und „balance or equilibrium of pressure groups" (wechselseitige Beeinflussung, Interessengruppe, Balance der Interessen, Balance oder Gleichgewicht der organisierten Interessen) meinte Bentley den politischen Prozeß hinreichend erfassen zu können; denn der politische Prozeß sei im Grunde nichts anderes als ein permanenter Prozeß wechselseitig ausgeübten Drucks und Gegendrucks der mannigfachen Interessengruppen.

Der Begriff „interest groups" wird auf diese Weise zu einer Universalkategorie, mit der nicht nur Verbände, sondern sämtliche Gruppen einschließlich der Parteien und alle staatlichen und gesellschaftlichen Einrichtungen analytisch erfaßt werden können. Die Rolle des Individuums tritt dabei ebenso zurück wie die Frage nach dem rechtlichen Monopolanspruch und der besonderen Funktion des Staates oder die Frage der demokratischen Legitimation: Pluralismus verstanden als gruppenfixiertes, an Balancevorstellungen orientiertes Deskriptionskonzept.

*Bentleys* pluralistische Grundüberlegungen sind vor allem von *David Truman* in seinem Buch „The Governmental Process" (1951) aufgegriffen und weiterentwickelt worden. Ausgehend von der These, daß Gruppen das Kernstück des politischen Prozesses bilden, entwickelte er ein umfassendes Gruppenkonzept, in dessen Mittelpunkt die Interessengruppe steht. Betont wird das Problem des Ausgleichs durch Mehrfachmitgliedschaft („overlapping membership") und der potentiellen Interessengruppe, d.h. jener allgemeinen Interessen, die bei hinreichender Berücksichtigung nicht zur „Organisation" drängen. Jede Interessengruppe kann, sobald sie auf den politischen Entscheidungsprozeß Einfluß zu nehmen versucht, zur *politischen* Interessengruppe werden. Diese politischen Interessengruppen streben danach, über staatliche Entscheidungsinstanzen ihren Willen optimal durchzusetzen. *Truman* untersucht mit besonderer Aufmerksamkeit die Strategien und entscheidenden Ansatzpunkte ("points of access") zur Einflußnahme auf den staatlichen Apparat sowie die mannigfachen "Balance-Probleme" des komplexen Interessengruppensystems[17].

Angesichts des Zusammenbruchs zahlreicher europäischer Demokratien hatte sich *Truman* die Frage gestellt, ob der Gruppenprozeß in den USA das Überleben des bisher praktizierten repräsentativ-demokratischen Systems gefährde. Bei dieser Problemstellung kam er zu dem Ergebnis, daß die politischen Interessengruppen die amerikanische Demokratie nicht gefährdeten, vielmehr im positiven Sinne die Stabilität des Systems garantierten und damit den weitgehenden Verzicht auf den Einsatz staatlicher Zwangsmittel möglich machten – allerdings unter der Bedingung, daß kein wesentliches Interesse unberücksichtigt bleibe oder gar unterdrückt und damit zu revolutionärer "Entladung" genötigt werde.

Weiterreichende Ziele und normative Vorstellungen, die über die demokratische Praxis der vierziger Jahre hinausgingen, interessierten ihn weniger. Er bewegte sich damit im gleichen Problemhorizont wie ein wesentlicher Teil seiner Fachkollegen. Obgleich *Truman* als politologischer Behaviorist eingehend die Einflußnahme von Gruppen auf den politischen Prozeß und auf den präsidentiellen Regierungsapparat der USA analysierte, unterstreicht seine Konzeption doch eher die Sichtweise des soziologischen Pluralismus. Dieser konnte bei seinen deskriptiven und normativen Bemühungen ebenso wie der moderne politologische Pluralismus nur teilweise an den klassischen Pluralismus anknüpfen. Die sozio-ökonomischen und politischen Unterschiede der "Rahmenbedingungen" waren zu erheblich.

Während die klassische Pluralismustheorie zur Zeit des Übergangs von einer Agrar- zu einer Industriegesellschaft entwickelt worden war, begann das 20. Jahrhundert in den USA mit einem hochentwickelten Kapitalismus des Laissez-faire-Typs, der seit dem New Deal den Übergang zum Wohlfahrtsstaat vollzog und seit den 60er Jahren im Zeichen eines zunehmenden Staatsinterventionismus den Strukturwandel zur Dienstleistungs-Gesellschaft bewerkstelligen muß. *Connolly*[18] hat einige für den Pluralismus wesentliche Unterschiede zwischen der "Tocqueville-Zeit" und heute aufgezeigt: "Damals" gab es eine größere unmittelbare Partizipationschance für untere Schichten – soweit es sich um freie Staatsbürger handelte; die "freien Assoziationen" waren offen-personenbezogen und einfach strukturiert; die alte "middle class", der aktivste Partizipant, war ökonomisch weitgehend unabhängig; die "American frontier" bot unzufriedenen und unterdrückten Minderheiten die Chance zum Neubeginn und wirkte so sozial entspannend; die aktive Mitwirkung an der Pressearbeit lag für viele in relativer Reichweite; es gab keine stehende Armee; der Isolationismus setzte das Land einem geringen außenpolitischen Druck aus; die Zentralgewalt trat hinter der einzelstaatlichen und der lokalen Gewalt deutlich zurück.

Heute haben sich demgegenüber nicht nur die quantitativen Dimensionen in allen Bereichen entscheidend verändert: Die Partizipation ist wesentlich schwieriger geworden, aktiv wird sie nur von einer relativ schmalen, sozio-ökonomisch und bildungsmäßig besser gestellten Bürgerschicht getragen; das Gruppensystem wird von hierarchisch organisierten, bürokratisch-professionell gelenkten Großverbänden und Korporationen beherrscht, in denen die Mitwirkungschancen des Einzelnen sehr reduziert sind; die neue „white collar class" besteht überwiegend aus abhängigen Lohnempfängern und hat weitgehend die „old middle class" abgelöst; die alte „frontier" gibt es nicht mehr, die Entwicklung hat zu infrastrukturellen und sozialen Problemen (bis hin zu Slums und Ghettoaufständen) geführt, die soziale Ungerechtigkeiten und Spannungen potenzierten und für deren Bewältigung nach „new frontiers" gesucht werden muß; die Massenmedien sind zentralisiert und professionalisiert; die Armee stellt einen perfekt organisierten, zentral gesteuerten, machtvollen Großkonzern dar; die USA sind als Großmacht international vielfältig engagiert und zu besonders verantwortlichem Handeln gezwungen; die Zentralgewalt mit ihren bürokratischen Großapparaten hat gegenüber den Einzelstaaten und Lokalgewalten entscheidend an Gewicht gewonnen.

## III. Konzeptionen und Kritik des modernen Pluralismus in den USA

### 1. Neue Fragen – alte Antworten

Der angedeutete fundamentale Strukturwandel warf bereits zu Beginn des 20. Jahrhunderts die Grundfragen des Pluralismus in einem neuen Kontext auf: Wie können die Würde des Menschen und die Grundwerte der Freiheit und Gleichheit in einem politischen System zur Geltung gebracht werden, wenn zugleich der Einsatz staatlicher, zentral gesteuerter Zwangsmittel auf das „notwendige" Minimum beschränkt bleiben soll? Was wird hierbei als „notwendig" angesehen? Unter welchen Bedingungen sind demokratische Selbstbestimmung und Konfliktregelung, freie Oppositionsbildung, gesellschaftlicher Wandel und politische Stabilität optimal realisierbar? Welche Rolle spielen Konsens und Dissens, und in welcher Beziehung stehen sie zueinander? Welche Bedeutung ist Werten und Verfahrensregelungen beizumessen?

Von der Annahme ausgehend, daß die USA im internationalen Vergleich als das Land angesehen werden können, in dem Freiheit und Gleichheit, autonome Willensbildung und politische Stabilität bei stark reduzierter staatlicher Zwangsgewalt am besten entwickelt und gesichert seien, beschränkte sich der moderne wissenschaftliche Pluralismus in den USA lange Zeit weitgehend auf eine Beschreibung und Interpretation des politischen Status quo. Der Rückblick auf die eigene Geschichte und die Bewertung der Gegenwartslage wirkten dabei gelegentlich wie die Beschreibung der Schöpfungsgeschichte und das Urteil des siebenten Tages, nämlich daß das Ergebnis – man nehme nur alles in allem – „gut sei". Dieses Ergebnis wurde in der Regel unter vier Gesichtspunkten erzielt. Es läßt sich in folgenden Thesen zusammenfassen:

1. Die Interessengruppen haben als Großverbände ihre Effizienz bei der Interessenvertretung erheblich gesteigert. Da sich die miteinander konkurrierenden Verbände jedoch wechselseitig an einseitiger Machtausübung hindern („countervailing power"), kann insgesamt von einer alle wesentlichen Positionen beachtenden Interessenbalance gesprochen werden.

2. Zweifellos besteht die Gefahr, der Bürger könnte, abgesehen von den Wahlen, durch die oligarchischen – d.h. die Herrschaft kleiner Gruppen fördernden – Tendenzen in den Großverbänden und angesichts der Wirksamkeit der großen Korporationen keine hinreichenden Partizipationsmöglichkeiten finden. Diese Gefahr wird jedoch weitgehend dadurch kompensiert, daß die breite Machtstreuung im dezentralisierten, präsidentiell-föderativen System der USA dem Bürger in den verschiedenartigsten territorial und funktional gegliederten Subsystemen, über die seine ihn unmittelbar betreffenden Angelegenheiten geregelt werden, Mitwirkungsmöglichkeiten erschließt.

3. Dieser durch die einander wechselseitig kontrollierenden Verbände und Korporationen einerseits und das dezentralisierte Machtsystem andererseits gekennzeichnete Gruppenpluralismus entspricht demokratischen Erfordernissen, wenn unter Demokratie „realistischerweise" der Wettstreit politischer und gesellschaftlich-funktionaler Eliten, die von der Zustimmung ihrer Wähler oder ihrer Klienten abhängig sind, verstanden wird[19].

4. Der praktizierte Gruppenpluralismus und das skizzierte Demokratieverständnis setzen einen Grundkonsens voraus, der Massenloyalität ermöglicht und damit legitimierend wirkt.

## 2. Pluralistischer Optimismus: zwei Positionen

Unter den politologischen Pluralismuskonzeptionen können bei dieser Deutung der Beziehungen zwischen gesellschaftlichem Gruppenpluralismus und Staat zwei Grundauffassungen unterschieden werden: Die einen sehen im Regierungsbereich im weiteren Sinne („government") die wesentliche Arena und Vermittlungsebene des politischen Prozesses; wir können sie als „Vermittler-Position" kennzeichnen. Die anderen sprechen dem Staat lediglich in Konfliktsituationen die Rolle eines mehr oder weniger „neutralen" Schiedsrichters zu; wir können sie als „Schiedsrichter-Position" bezeichnen.

*Robert A. Dahl* ist einer der führenden Vertreter der erstgenannten „Vermittler-Position"[20]. Im Gegensatz zu *C. Wright Mills*[21], der die USA von einer äußerst kleinen, relativ geschlossenen Wirtschaftselite kontrolliert sieht, geht er in Übereinstimmung mit *Arnold M. Rose*[22] davon aus, daß auf den verschiedensten gesellschaftlichen und staatlichen Ebenen eine relativ große Anzahl miteinander konkurrierender Eliten nachweisbar seien, die jeweils nur partiell über Macht und Einfluß verfügen können. Da es in den USA ebenso wie in allen anderen Ländern keinen Automatismus eines harmonischen Interessenausgleichs durch Interessengruppen gäbe, seien zur Sicherung des sozialen Friedens sowohl die politische Vermittlung durch Parteien und staatliche Institutionen als auch deren aktive Mitwirkung erforderlich. Hierzu bedürfe es einer engen Kontaktaufnahme zwischen Regierungssystem und möglichst allen gesellschaftlichen Interessenpositionen. Dabei komme es nicht darauf an, einen klaren einheitlichen Mehrheitswillen zu produzieren. Vielmehr gebe es in der Realität nur eine Vielzahl von Minderheitsauffassungen und -interessen, die je nach Sachlage unterschiedliche Koalitionen bilden. *Dahls* empirische Demokratietheorie basiert auf dem Prinzip der Gleichheit einer Pluralität von Minderheitswillen, die sich auf dem Wege des Kompromisses zu wechselnden Mehrheiten zusammenfinden und ihre Entscheidungen unter Berücksichtigung des Minderheitenschutzes und unter Beachtung der Betroffenheit überstimmter Minderheiten fällen. Dafür, daß Mehrheitsentscheidungen zustande kommen und Minderheiten geschützt bleiben, hat der staatliche Vermittlungsprozeß, dessen Repräsentanten demokratischen Wahlen unterliegen, zu sorgen. Um die zentralen Merkmale dieses „Polyarchal Democracy"[23] genannten Konzepts hervorzuheben, definierte *Dahl* kürzlich Polyarchie als „a regime in which the right to participate is broadly extended and the institutional guarantees to oppositions are, by historical standards, comparatively strong and the barriers to oppositions comparatively low"[24] Erst die Wirksamkeit eines derartigen, einen tragfähigen Konsens voraussetzenden Pluralismus mache es möglich, daß politische Stabilität bei minimalem staatlichem Zwang und maximalem Schutz verfassungsrechtlich verbürgter Grundrechte erreicht werden kann.

Als maßgeblicher Vertreter der zweitgenannten, der „Schiedsrichter-Position", kann *Adolf A. Berle*[25] genannt werden. Er weist darauf hin, daß es zwischen Großverbänden und Korporationen Absprachen und Abmachungen gibt, die von erheblichen sozialen Konsequenzen sein können, die jedoch ohne staatliche Mitwirkung oder Vermittlung zustande kommen. *Berle*, der als einer der ersten bei der Frage nach der Verantwortlichkeit von Entscheidungseliten (Managern), die Abmachungen tätigen, zwischen Eigentumstitel und Verfügungsgewalt unterschied[26], sah zur wirksamen Eindämmung eines möglichen Machtmißbrauchs dieser Eliten folgende pluralistische Kontrollmöglichkeiten gegeben: 1. Marktwettbewerb, wenn auch nur noch partiell wirksam; 2. Gegensteuerung durch andere Großverbände und Korporationen; 3. ein diese Eliten tragender Korpsgeist, der bereits unter Berücksichtigung der gesellschaftlichen Toleranzschwelle zur Selbstbeschränkung veranlasse; 4. im Notfall schließlich die schiedsrichterliche Intervention des Staates, dessen Institutionen auf in der Öffentlichkeit wirksam vorgetragene Forderungen zur Abwehr und Korrektur kritisierter Abmachungen reagieren müssen.

Als entscheidender Maßstab für die Wirksamkeit dieser Kontrollverfahren sowie für die Effizienz von „schiedsrichterlichen" Staatsinterventionen gilt der allgemeine, öffentliche Grundkonsens. Als Pfleger, Heger und Interpret dieses Grundkonsenses werden vor allem Eliten kritisch-verantwortlicher Öffentlichkeit erwähnt[27], zu denen *Berle* rechnet: „Conclusions of *careful* university professors, the *reasoned* opinions of specialists, the statements of *responsible* journalists, and at times, the *solid* pronouncements of *respected* politians". Zusammengenommen bilden sie, solange sie das Ohr der Öffentlichkeit finden, „the forum of accountability ... Collectively they are the developers of the public consensus"[28]. Die mangelhafte Bestimmtheit des Konsensuskonzepts steht in einem merklichen Mißverhältnis zu dessen grundlegender Bedeutung für den politischen Pluralismus. Daher setzten auch hier zahlreiche Kritiker des Pluralismus, wie er bis dahin in den USA diskutiert wurde, an.

## 3. Drei kritische Richtungen

Unter den seriösen Kritikern des amerikanischen Pluralismus können drei Hauptrichtungen unterschieden werden. Einmal Kritiker wie *C. Wright Mills, Peter Bachrach, Robert P. Wolff* und vor allem *Herbert Marcuse*[29], die − mehr oder weniger deutlich − bei ihrer Kritik von einem monistischen Grundkonzept ausgehen, zu radikaler Gesellschaftsänderung raten und daher auch den Pluralismus mit entsprechender Vehemenz kritisieren bzw. als apologetisches, rechtfertigendes Feigenblatt zu entlarven trachten.

Eine zweite Gruppe von Kritikern, wie *Henry Kariel, John K. Galbraith, Grant McConnell, Theodore J. Lowi, William E. Connolly* u.a.[30], die mehr oder weniger eindeutig mit den Zielsetzungen pluralistischer Konzepte und Positionen sympathisiert, hat zwar eine Reihe häufig recht allgemein gehaltener Bedenken und Einwände vorzutragen, regt jedoch die konzeptionelle Fortentwicklung an und betont das Erfordernis neuer demokratietheoretischer Akzentsetzungen.

Zur dritten Richtung zählen schließlich jene Forscher, die pluralistische Hypothesen empirisch und theoretisch überprüfen, damit zur Revision pluralistischer Konzepte beitragen und nach Strategien für sozialen Wandel suchen[31]

Die Hauptbedenken all dieser Kritiker lassen sich in der These zusammenfassen: die Pluralisten analysieren und beschreiben einen Wettstreit von Eliten vor dem Hintergrund eines allgemeinen Konsensus, der als gegeben vorausgesetzt wird, den es aber gerade zu problematisieren gelte. Tatsächlich sei dieser Konsensus keineswegs ein historisches Konstrukt, das dazu beitrage, daß allen Interessen −

denen der schwer- oder nichtorganisierbaren Randgruppen ebenso wie gewissen Allgemeininteressen — in gleicher Weise Aufmerksamkeit und Berücksichtigung garantiert werde. Vielmehr sei, soweit der Pluralismus dem Gleichgewichtsmodell folge, das Zentrum dieses Gleichgewichts deutlich zugunsten privilegierter Schichten verlagert. Auch neige dieser Pluralismus mehr zur Bewahrung denn zu Veränderungen: der Innovator müsse stets mehr Energie aufwenden als der Verteidiger des Status quo. Benachteiligten sei es kaum möglich, aus eigener Kraft Änderungen zu bewirken.

So stellte *E. E. Schattschneider* zu Beginn der 60er Jahre unumwunden fest: „The flaw in the pluralist heaven is that the heavenly chorus sings with a strong upper-class accent. Probably about 90 per cent of the people cannot get into the pressure system"[32]. Als empirische Forschung einiges Material zur Stützung dieser Behauptungen zutage förderte und sich eine schlichte Anpassung der klassischen Pluralismustheorie an die Neuzeit als unhaltbar erwies, zeigten amerikanische Pluralismustheoretiker zeitweilig die Neigung, Partizipationsmängel und Wählerapathien vornehmlich als Zeichen der Zufriedenheit zu deuten und demokratische Normen auf elitetheoretische Postulate zu verkürzen[33].

Seit Beginn der 70er Jahre ist in der amerikanischen Pluralismusdiskussion insofern ein spürbarer Wandel eingetreten, als nun unter Verarbeitung des neueren Erkenntnisstandes Problemstellungen der Chancengleichheit, des sozialen Wandels, des Gemeinwohls und demokratischer Partizipation wieder deutlicher hervorgehoben werden[34]. Einer der bedeutendsten unter den jüngeren Vertretern dieser neuen Richtung amerikanischer Pluralismustheorie ist *William Kelso*.

### 4. Kelsos „Pluralismus und seine Kritiker"

Das von *William Alton Kelso* 1978 veröffentlichte Buch „American Democratic Theory" trägt den Untertitel „Pluralism and its Critics"[35]. Die Intentionen dieses Werkes, auf das im folgenden näher eingegangen werden soll, werden im Vorwort angezeigt: Zunächst und vor allem geht es dem Autor um die Verteidigung einer bestimmten Form pluralistischer Demokratie. Zum anderen soll der Nachweis erbracht werden, daß die in amerikanischen Textbüchern und Monographien zur Demokratietheorie seit ein paar Jahren geradezu Mode gewordene extrem scharfe Kritik an pluralistischer Theorie und Praxis insofern häufig ungerechtfertigt sei, weil sie es versäume, zwischen verschiedenen Pluralismustypen zu unterscheiden. So sei es zwar üblich, wenn auch falsch, pluralistische Demokratietheorie mit Formen elitetheoretischer Demokratie — wie der Polyarchie — einfach gleichzusetzen.[36] Zudem würden evidente Nachweise dafür übersehen, daß pluralistische Verfahrensweisen der Partizipation recht erfolgreich funktionieren, wenn sie angemessen strukturiert werden. Im Zentrum steht die Forderung, es müsse begrifflich wie empirisch sinnvoll differenziert und in vergleichender Betrachtung nach den Vor- und Nachteilen *aller* zur Debatte stehenden Demokratiemodelle gefragt werden.

Nach *Kelso* sind in der amerikanischen Demokratiediskussion vier Typen von Demokratietheorien zu unterscheiden: Den ersten Typ nennt er Polyarchie, wonach das Wesen der Demokratie im Wettbewerb politischer Eliten gesehen wird. Der zweite Demokratietyp ist der Pluralismus, der demokratische Regierungsweise als einen doppelten Prozeß begreift, welcher sowohl den Wettkampf zwischen politischen Eliten als auch den Verhandlungsprozeß (bargaining) zwischen Interessengruppen umfaßt. Den dritten Typ bezeichnet *Kelso* als Populismus, für den Demokratie mit der Maximierung der Macht der Mehrheit, die wesentliche politische Fragen selbst zu entscheiden hat, gleichzusetzen ist. Der vierte Typ, für den die Bezeichnung partizipatorische Demokratie gewählt wird, versteht Demokratie als eine Form gemeinschaftlicher Entscheidungsfindung, dergemäß alle Bürger stets aktiv am Entscheidungsprozeß teilnehmen (sollen).

Obgleich für alle vier Typen von Demokratietheorien die Prinzipien der Partizipation und Entscheidungsfindung (policy making) eine wesentliche Rolle spielen, wird ihnen in den verschiedenen Demokratietypen im einzelnen doch ein unterschiedlicher Rang beigemessen. So ist Partizipation für partizipatorisches Demokratieverständnis Selbstzweck, für alle anderen Demokratietheorien in verschiedener Gewichtung wesentliches Mittel zum Zweck (zur Förderung von Selbstbestimmung durch Mitbestimmung). In der Polyarchie — wie sie *Kelso* definiert[37] — ist Bürgerpartizipation wiederum weitgehend auf den Wahlakt beschränkt, bei den anderen Demokratietypen ist Partizipation hingegen auch außerhalb der Wahlen von grundlegender Bedeutung.

Während die Entscheidungsfindung in der Polyarchie abgesehen von den Wahlen vornehmlich auf die gewählten Repräsentanten beschränkt bleibt, fordern Pluralisten und Populisten eine mehr oder weniger starke Einbeziehung der Bürger in den Entscheidungsprozeß. Das darüber hinausgehende Ideal der Vertreter einer partizipatorischen Demokratie ist die tägliche Mitwirkung aller Bürger an möglichst allen Entscheidungen, Populisten und Pluralisten differieren wiederum hinsichtlich der Forderung, welche Bürger am Entscheidungsprozeß abgesehen von den Wahlen aktiv beteiligt werden sollten. Während die Populisten von der rein numerischen Mehrheit der Bürger ausgehen und die Instrumente des Volksbegehrens und Volksentscheides propagieren, bevorzugen Pluralisten den Verhandlungs- und Willensbildungsprozeß zwischen relevanten, mehr oder weniger organisierten Interessengruppen, wobei neben das Moment der Zahl das der Betroffenheit tritt. Genug der Beispiele.

Pluralistische Demokratietheorie hat es demnach mit drei weiteren „alternativen" demokratischen Theorietypen zu tun. Aber nicht nur mit diesen. Auch die Pluralismustheorie selbst bedarf der differenzierenden Untergliederung.

## 5. Drei Pluralismustypen

In der amerikanischen Pluralismustheorie müssen nach *William Kelso* zumindest drei Pluralismustypen unterschieden werden. Es sind dies − in der Begriffsbildung *Kelsos* − der Laissez-faire-Pluralismus, der korporative Pluralismus und der öffentliche Pluralismus (public pluralism)[38].

Der *Laissez-faire-Pluralismus* − lange Zeit die vorherrschende Theorie und der eigentliche Gegenstand amerikanischer Pluralismuskritik − geht von der These aus, daß das Prinzip des freien Marktwettbewerbs sowohl für den Wahlkampf der Parteien und Kandidaten um öffentliche Ämter als auch für den Verhandlungs- und Konkurrenzprozeß zwischen den Interessengruppen gelten müsse. Der Staat ist weitgehend auf die Rolle der Sicherung von Ruhe und Ordnung beschränkt. Im übrigen soll der politische Prozeß dem freien Spiel der einander wechselseitig kontrollierenden und zur effektiven Interessenwahrnehmung motivierenden Kräfte der Gesellschaft überlassen bleiben. So werde Machtkonzentration, vor allem auf Seiten des Staates und seiner Bürokratien, am besten vermieden. Das freie Spiel der gesellschaftlichen Kräfte werde letztlich auch − gleichsam als immanente List der Geschichte − zu einem akzeptablen sozialen Kräftegleichgewicht führen. Der Laissez-faire-Pluralismus ist weitgehend der Individualliberalismus des späten 19. Jahrhunderts auf Gruppenebene. Als Vertreter dieser Richtung nennt *Kelso* beispielhaft namhafte Theoretiker wie *David B. Truman, Wallace Syra, Herbert Kaufmann, Edward Banfield, Charles Lindblom, William Kornhauser* und vor allem die, wenn auch in ihrer Schwerpunktsetzung wechselnden, Arbeiten von *Robert A. Dahl* aus den sechziger Jahren[39].

Der *korporative Pluralismus* geht von der Tatsache aus, daß das freie Kräftespiel der Gruppen entgegen der Annahme der Laissez-faire-Pluralisten nicht allerorts zur Chancengleichheit tendierte und ein befriedendes Gleichgewicht der sozialen Kräfte zu gewährleisten vermochte, vielmehr in vielen Bereichen zu Oligopol- und Monopolbildungen sowie zu herrschaftspotenten Kombinationsformen zwischen staatlichen Behörden und gesellschaftlichen Machtgruppen, die eng miteinander kooperieren, führte.

Die deutlichste Beschreibung des korporativen Pluralismus haben die Pluralismuskritiker *Theodore J. Lowi* und *Grant McConnell* gegeben[40]. Den Ausgangspunkt ihrer Untersuchungen bildete die Erkenntnis, daß zwischen der Theorie des Laissez-faire-Pluralismus und der pluralistischen Realität offenkundig erhebliche Abweichungen bestehen. Während sich die Laissez-faire-Pluralisten zur empirischen Fundierung ihrer Thesen vornehmlich auf Großstadtstudien stützten, beziehen sich *Lowi* und *McConnell* bei ihrer Kritik auf empirisch erforschte signifikante Verhaltensbeziehungen zwischen staatlichen Bundesbehörden und unabhängigen Agenturen (Independent Agencies) einerseits und ihren jeweiligen Interessengruppenklientelen andererseits. Sie kamen zum Ergebnis, daß in der pluralistischen Realität oft genug von autonomen Duodezfürstentümern (autonomous fiefdoms)[41] gesprochen werden könne, die eine Kombination von Staatsbehörden und bestimmten Interessengruppen darstellen, für ihren jeweiligen Machtbereich faktisch des Konkurrenzprinzip aufheben, in der Regel voneinander unabhängig sind, und somit eine Pluralität geschlossener Gesellschaften innerhalb eines angeblich offenen Konkurrenzsystems bilden. Staat und gesellschaftliche Gruppen gehen demnach im korporativen Pluralismus in Teilbereichen enge kooperative Verbindungen ein, in denen private Organisationen — die auch weiterhin prinzipiell autonom bleiben — gewisse öffentliche Aufgaben wahrnehmen. Dadurch entstehen mehr oder weniger intime wechselseitige Einflußnahmen privater Organisationen auf öffentliche Institutionen und umgekehrt. Es entwickeln sich auf diese Weise unter dem rechtfertigenden Etikett der Selbstverwaltung halböffentliche monopolartige Entscheidungszentren, die mehr oder weniger dem offenen Wettbewerb und Bargaining-Prozeß entzogen sind.

Eine besondere Rolle im Konzept des korporativen Pluralismus spielen in den USA jene wirtschaftlichen Großorganisationen, die als „Corporations" bezeichnet werden[42]. Sie gelten in den Vereinigten Staaten als Beispiele dafür, daß staatliche und private Macht in Teilbereichen eine kaum unterscheidbare Verbindung eingegangen seien und insoweit eine Einheit bilden. Auf Grund ihrer rechtlichen Konstruktion galten und gelten die Corporations weiterhin als „staatliche Kreationen", durch die Private zu besonderer Machtausübung privilegiert werden[43].

*Lowi* beschreibt diese Form des korporativen Pluralismus in kritischer Absicht unter dem Stichwort „interest-group liberalism", *McConnell* unter dem Etikett „Gruppentheorie der Politik". Beide zeichneten das Bild des korporativen Pluralismus als dessen Kritiker und lehnten das korporative Pluralismusmodell ab — ersterer mit der Empfehlung, einer den Vereinigten Staaten angemessenen Form des Typs polyarchischer Demokratie den Vorzug zu geben, für die er den Begriff „juridical democracy" prägte[44]. Abgesehen von den Publikationen interessierter Gruppen hatte das korporative Pluralismusmodell jedoch bereits in den Schriften *Herbert Hoovers* und *Raymond Moleys* literarische Verteidiger gefunden[45]. Zu den prominenteren Kritikern dieses Konzepts aus jüngster Zeit gehört *Ralph Nader*[46], zu seinen eloquentesten Verteidigern *Robert Hessen*, dessen neueste Schrift den signalsetzenden Titel trägt: „In Defense of the Corporation"[47].

Auch *William Kelso* gehört zu jenen Kritikern, die sowohl den Laissez-faire-Pluralismus als auch den korporativen Pluralismus als Modell ablehnen und zu überwinden trachten. Er versucht beide Pluralismustypen jedoch nicht dadurch zu überwinden, indem er den Pluralismus als generelle Theorie schlechthin verwirft — wie dies *Lowi* oder andere Kritiker tun, die als Alternativen zum Pluralismus Formen polyarchischer, populistischer oder partizipativer Demokratie bevorzugen –, sondern indem er die Resultate der Pluralismuskritik aufgreift und nachweist, daß sowohl in der Theorie als auch in der Praxis ein weiterer Pluralismustyp theoretisch formuliert und in Entwicklungsansätzen empirisch aufgezeigt werden kann: der öffentliche (bzw. soziale) Pluralismus.

Während (a) der *Laissez-faire-Pluralismus* das bargaining und den freien Wettbewerb der Interessen bzw. der ihnen Ausdruck verleihenden Gruppen bei weitgehender Reduktion des Staates auf Ordnungsfunktionen betont und (b) der *korporative Pluralismus* die enge Kooperation zwischen bestimmten Interessengruppen und staatlichen Instanzen aufzeigt – wobei die einzelnen Kooperationseinheiten voneinander unabhängig sind und ihre Eigenständigkeit bewahren – und dies als strukturelle Funktionsnotwendigkeit auch normativ zu begründen versucht, weist (c) die Theorie des *öffentlichen Pluralismus (public pluralism)* dem Staat bzw. den öffentlichen Institutionen – insbesondere dem Präsidenten – im pluralistischen System eine von amerikanischen Pluralisten so bisher nicht hinreichend herausgearbeitete und normativ geforderte Position zu.

### 6. Das Konzept des „public pluralism"

Falls und insoweit die normativen Postulate pluralistischer Demokratie als erhaltenswert vorausgesetzt werden – friedlicher Systemwandel in Freiheit durch Partizipation der Bürger und deren Mitwirkung im Entscheidungsprozeß vermittels freier allgemeiner Wahlen und autonomer, wettbewerbsoffener Tätigkeit von Interessengruppen – ist der Ausgangspunkt öffentlich-pluralistischer Demokratietheorie relativ einfach: Wenn der auf dem Prinzip des freien Verhandelns und Wettbewerbs beruhende Laissez-faire-Pluralismus versagte und der korporative Pluralismus durch kooperative Machtstrukturen seine pluralistischen Voraussetzungen der offenen Konkurrenz und Kontrolle zunehmend gefährdet, so gilt es, eine Konzeption zu finden, die die jeweiligen Nachteile beider Pluralismustypen zu vermeiden sucht und deren Vorteile möglichst optimal verbindet. *Kelso* glaubt dieses Konzept im öffentlichen Pluralismus (public pluralism) gefunden zu haben. Der Entwicklung dieses Konzepts bei kritischer Auseinandersetzung mit den renommiertesten amerikanischen Pluralismustheoretikern und deren Kritikern ist sein Buch gewidmet.

Drei Defekte bisheriger pluralistischer Theorie und Praxis in den USA sind es vor allem, deren Behebung der Theoretiker des öffentlichen Pluralismus seine besondere Aufmerksamkeit widmet: 1. Die mangelhafte Berücksichtigung nicht konfliktfähiger und organisationsfähiger Gruppeninteressen, insbesondere marginaler Gruppen und Minderheiten sowie gewisser allgemeiner Interessen (z.B. die der Konsumenten oder Hausfrauen). 2. Die einseitige Gefährdung des Wettbewerbs- und Verhandlungsprinzips durch kooperative Entscheidungsstrukturen zugunsten privilegierter oder etablierter Interessenkonstellationen auf Kosten derer, die an den Entscheidungsprozessen derartiger „Semimonopole" weder teilnehmen können noch ihnen gegenüber konkurrenzfähig sind. 3. Die mangelhafte Flexibilität pluralistischer Konfliktlösungs- und Konfliktregelungsverfahren beim Auftreten gravierender sozialer Streitfragen und generell bei Problemen, die einer zügigen Entscheidung bedürfen.

Die im Verhältnis zu anderen demokratischen Alternativen relativ beste Behebung dieser Mängel sieht der Vertreter des öffentlichen Pluralismus in einem Pluralismuskonzept, demgemäß die Aktivitäten der Interessengruppen in ein demokratisch kontrolliertes System öffentlicher Regulierungen einbezogen werden müssen (a system of regulated interest-group activity[48]). Hierbei greift Kelso auch auf Reformempfehlungen jener Pluralismuskritiker zurück, die seiner Meinung nach mangels hinreichender Differenzierung zwischen den verschiedenen Pluralismustypen — indem sie eine bestimmte Version als *den* Pluralismus ausgeben — häufig übersehen haben, daß ihre Reformvorschläge mit pluralistischer Demokratietheorie prinzipiell durchaus vereinbar seien[49].

In diesem Zusammenhang fallen dem Präsidenten und seiner Regierung im Sinne normativer Postulate Aufgaben zu, die zunächst widersprüchlich erscheinen[50]. So muß die Regierung zum einen in der Lage sein, als Vertreter, Verteidiger und Organisator jener Interessen und Minderheiten tätig zu werden, die im pluralistischen Wettbewerbssystem sonst nicht zu ihrem Recht kommen würden — hier muß die Regierung notfalls aktiv Partei ergreifen. Sie muß zweitens dafür Sorge tragen, daß die Konkurrenzfähigkeit sowohl zwischen den verschiedenen vorhandenen als auch für neu entstehende Interessengruppen grundsätzlich soweit wie möglich gewahrt und gesichert bleibt; d.h. wie in der Wirtschaft müssen Monopolbildungen entweder verhindert oder wirksamer Kontrolle unterworfen werden. Zum dritten muß die Regierung im Verhandlungsprozeß der Gruppen gegebenenfalls als politischer Manager (political manager) wirksam werden; d.h. der Staat bzw. der Präsident muß nicht nur die Chancen des Wettbewerbs als „*neutraler Schiedsrichter*" sichern helfen, sondern er hat auch bei anstehenden Interessenkonflikten als ein „*Schiedsrichter*" aufzutreten, der Prioritäten setzend verbindliche Entscheidungen fällt, d.h. gegebenenfalls aktiv als Mitspieler am Spiel teilnimmt.

In diesem Konzept eines öffentlichen Pluralismus fällt somit neben den „öffentlichen Institutionen" Kongreß und Supreme Court[51] insbesondere dem Präsidenten als zentraler, demokratisch legitimierter Entscheidungsinstanz eine gewichtige Rolle zu. Welchen Forderungen dieses Aufgabenkatalogs Präsidenten und deren Regierungen in konkreten Situationen bevorzugt Geltung verschaffen werden, wird jenseits der Wahlen und der Einflußnahme mehr oder weniger miteinander konkurrierender Interessengruppen auch der Wirkung kritischer öffentlicher Diskussion unterliegen[52].

Daß das Modell des öffentlichen Pluralismus kein utopisches Konstrukt sei, weiß *Kelso* dadurch zu belegen, indem er nicht nur auf entsprechende Gedankengänge, Überlegungen und Forderungen anderer Autoren verweist, sondern zahlreiche empirische Beispiele und Belege für den Realismus seiner normativen und faktischen Aussagen anführt. Der reale Pluralismus des amerikanischen Systems entsprach niemals völlig und unwandelbar den Beobachtungen und Thesen des Modells eines Laissez-faire- oder eines korporativen Pluralismus. Vielmehr lassen sich die Strukturelemente und Prinzipien, die von den verschiedenen Pluralismustypen als essentiell herausgestellt werden, im Laufe der amerikanischen Geschichte in jeweils unterschiedlicher Kombination bzw. Zuordnung nachweisen. Die Vertreter und Analytiker eines Laissez-faire- oder eines korporativen Pluralismus verwiesen lediglich auf zum Zeitpunkt ihrer Analyse und Beobachtung als besonders relevant angesehene und empirisch erfaßte dominante Charakteristika politischer Entscheidungsprozesse und bemühten sich um deren Interpretation und gegebenenfalls normative Begründung. So waren — um einige sehr allgemeine Beispiele anzuführen — die Entscheidungsprozesse zur Zeit der Präsidentschaften *Hardings, Coolidges* und *Herbert Hoovers* (1921-1933) eher dem Modell des Laissez-faire-Pluralismus, die zur Zeit der Präsidentschaften *Eisenhowers* (1953-1961) und *Nixons* (1969-1974) eher dem des korporativen Pluralismus angenähert, während der Amtsausübung des Präsidenten *Franklin D. Roosevelt* (1933-1945), *John F. Kennedy* (1961-1964) und *Lyndon B. Johnson* (1964-1969) darüber hinaus gewisse Züge eines öffentlichen Pluralismus erkennen ließen.

*Kelso* prägte für den von ihm skizzierten und befürworteten Pluralismustyp den Begriff öffentlicher Pluralismus (public pluralism). Er wählte den Begriff, um damit den Übergang vom Modell eines freien Marktwettbewerbs über den eines oligopolistisch-kooperativ reduzierten Konkurrenzmodells zu dem eines öffentlich regulierten Verhandlungs-, Beratungs- und Wettbewerbsystems zu kennzeichnen: „The visible hand of government regulation may be able to achieve what laissez-faire's self-corrective, invisible hand of bargaining promised but failed to deliver".[53] *William Kelso* schließt sein Werk mit den Sätzen: „Like a market economy, which can function well if the state regulates the workings of the price system, a pluralistic system of government can function well if the state guides and supervises the process of interest-group bargaining. The pluralistic interplay of groups may not be self-sustaining, but if it is properly regulated, it may be far superior to the alternatives from which we have to choose".

Der Unterschied zwischen einem Laissez-faire-Pluralismus und einem öffentlichen Pluralismus im Sinne der Interpretationen *Kelsos* findet in der deutschen Diskussion eine Parallele in dem Unterschied von freier Marktwirtschaft und sozialer Marktwirtschaft, und dieser ist von signifikanter Bedeutung. Man könnte demnach *Kelsos* Pluralismustheorie auch als die eines sozialen Pluralismus charakterisieren. Dieses Konzept eines öffentlichen bzw. sozialen Pluralismus ist vor dem Diskussionshintergrund der USA in gewisser Weise das amerikanische Gegenstück zum deutschen Neopluralismus.[54]

## 7. Amerikanische Charakteristika

Bei einem Vergleich zwischen amerikanischem und europäischem Pluralismus sind neben dem bisher skizzierten Hintergrund und Diskussionsstand vor allem zwei weitere Charakteristika der amerikanischen Pluralismustheorie von entscheidender Bedeutung: a) die lange Zeit betont individualistische Denkweise und b) das Fehlen einer feudalen Vergangenheit in den USA[55].

a) Sehr im Gegensatz zum europäischen ist der amerikanische Pluralismus nahezu ausschließlich durch den klassischen Individualliberalismus geprägt. Die Gruppe wird nicht, wie zeitweilig in Europa, als „reale Verbandspersönlichkeit" *(Otto von Gierke)* begriffen, sondern als ein Zweckverband zur besseren Vertretung individueller Interessen. Der Konkurrenzkampf der Individuen setzt sich in dem der Gruppen fort. Die bereits im „Naturzustand" erworbenen, unveräußerlichen Individualrechte müssen vom Staat respektiert und geschützt werden; er hat die hierfür notwendigen Verfahrensweisen anzubieten: daher die im amerikanischen Pluralismus so starke Betonung formaler Prozeßregeln, daher der hohe Rang der Verfassung als Organisationskonzept.

b) Zugleich entwickelte sich der amerikanische Pluralismus weder in der Auseinandersetzung mit einem feudalistischen Erbe noch in unmittelbarer Gegenwehr zu autoritär-staatlicher Vergangenheit. Vielmehr unterstrichen seine früheren Verfechter angesichts der nahezu chaotischen Zustände unter den Konföderationsartikeln den Beitrag von Föderalismus und Pluralismus zur politischen Stabilität. Der amerikanische Pluralismus hatte keineswegs eine strikte Trennung zwischen Staat und Gesellschaft zu überwinden, er entstand nicht im Abwehrkampf gegen den autoritären Souveränitätsanspruch einer monistischen Staatstheorie.

Dieser Mangel an monistischer Herausforderung trug dazu bei, daß sich der Pluralismus lange Zeit als betont empirisch orientierte Gruppen- und Verbandstheorie artikulierte. Der amerikanische Individualliberalismus sah sich auch nicht zur politischen und ideologischen Konfrontation mit einer starken sozialistischen Arbeiterbewegung genötigt. All diese Sachverhalte prägten die amerikanischen Pluralismustheorien. Ohne hinreichende Differenzierungen lassen sie daher auch einen schlichten Vergleich mit dem europäischen Pluralismus, wie er in der Literatur recht gebräuchlich ist[56], nicht zu.

## IV. Zur Geschichte und Problematik des europäischen Pluralismus

Der europäische Pluralismus ist vergleichsweise weit „buntscheckiger" und vielschichtiger als der amerikanische. Er kann auf verschiedene Wurzeln zurückgeführt werden und zeigt als politologische Konzeption recht unterschiedliche Ausprägungen — je nach der theoretischen und/oder politischen Position seiner Begründer und Vertreter. Den gemeinsamen Hintergrund aller Konzeptionen bildete der entwicklungsgeschichtlich bedingte Wandel in den Beziehungen zwischen Staat und Gesellschaft, der zur „Verweltlichung" bei der Interpretation staatlicher Institutionen und zur Neubegründung des Legitimationsbedarfs staatlichen Handelns führte. Mit der Errichtung von Parlamenten als gesellschaftlichen Vermittlungsinstanzen in den staatlichen Bereich hinein, mit dem Zerfall ständischer Gliederungen, der Demokratisierung des Wahlrechts und der formalen Begrenzung und Bestimmung des staa lichen Eingriffsrechts in Eigentum und Freiheit der Bürger tat sich zwischen Individuum und Staat ein Vakuum auf, das frei konstituierte, miteinander konkurrierende Gruppen — Parteien und andere Vereinigungen — zunehmend füllten.

Dieser Sachverhalt führte auf Seiten der „Pluralisten" zu recht unterschiedlichen Aktionen und Reaktionen. Während es den einen lediglich um die Rechtfertigung und theoretische Begründung der Wirksamkeit dieses Gruppenpluralismus ging (Pluralismus als Verbändekonzeption), stellten andere den staatlichen Souveränitätsanspruch in Frage. Dies hatte konsequenterweise eine mehr oder weniger radikale Problematisierung bzw. Ablehnung des überkommenen monistischen Staatsverständnisses zur Folge. Ein so verstandener Pluralismus bedeutete einen Frontalangriff auf den „Omnikompetenzanspruch", den Alleinzuständigkeitsanspruch des Staates[57]. Während demnach die einen Pluralismus als Fortsetzung des Individualliberalismus auf Gruppenebene begriffen, sahen andere, stärker staats- und demokratietheoretisch argumentierende Theoretiker im Pluralismus ein Instrument politischer und gesellschaftlicher Innovation, das, wie bei den englischen Gildesozialisten und bei Theoretikern der Fabian Society (wie *Sidney* u. *Beatrice Webb*) bis hin zu *Harold Laski*, auch in den Dienst sozialistischer Reformbestrebungen gestellt werden sollte; oder sie verstanden — mit anderer Zielsetzung — den Gruppenpluralismus mehr oder weniger als eine „moderne" Version ehemals ständisch-korporativer Gliederungen und Ordnungsvorstellungen. Im letztgenannten Sinne konnte *Otto von Gierkes* organische Rechtslehre von der realen Verbandspersönlichkeit, für die der Souveränitätsanspruch des Staates außer Frage stand, nicht nur als eine theoretische Rechtfertigung von Verbandsautonomie, sondern auch als typisch europäisches Gruppenkonzept mit deutlich nostalgischen Zügen genossenschaftlicher Geborgenheit gedeutet werden. Indem er einen extremen Individualismus ablehnte, lautete *von Gierkes* „moralisches Gebot": „Liebe das Ganze mehr als dich selbst!" Die These *Gierkes*, daß „das Ganze etwas Höheres und Wertvolleres als die Summe der Individuen" sei[58], sucht man in der Geschichte der amerikanischen Pluralismustheorie vergebens[59].

Der Rechtshistoriker *Otto von Gierke* (1841-1921) hatte in seinem gelehrten, mehrbändigen, sukzessiv (1868-1913) publizierten Werk zur mitteleuropäischen Geschichte des Genossenschaftswesens, in der er fünf Perioden unterschied, die Einsicht und Überzeugung gewonnen: „Wir stehen erst am Beginn der fünften Periode, von welcher wir durch den Gedanken des allgemeinen Staatsbürgertums und des repräsentativen Staates die Versöhnung uralter Gegensätze erwarten. So kurz dieser Zeitraum bisher ist, schon vermögen wir zu sagen, daß in ihm das eigentliche bildnerische Prinzip die freie Assoziation in ihrer modernen Gestaltung ist und sein wird ... (Es ist) die wiederholte uralte Genossenschaftsidee des deutschen Rechtes, welche eine unübersehbare Fülle neuer Gemeinschaftsformen hervorgebracht, die alten aber mit neuem Gehalt erfüllt hat ... Ausschließliche Schöpferin ist sie für ein alle Gebiete des öffentlichen und privaten Lebens ergreifendes und neugestaltendes Vereinsleben, das, so Großes es schon hervorgebracht hat, Größeres noch in näherer und fernerer Zukunft wirken wird"[60].

Die These vom „bildnerischen Prinzip freier Assoziationen" formulierte einen interpretativen Ansatz, der den Erkenntnissen, die *Tocqueville* bei seiner Analyse der amerikanischen Demokratie gewonnen hatte, nicht unähnlich war. *Gierke* verkündete seine Thesen jedoch mit „prophetischer Gewißheit" in einem Lande, das „das hegelianische Monopol des Staates auf politische Autorität in der Gesellschaft rücksichtslos honorierte"[61]. Zugleich zeichnete er im Gegensatz zum marxistisch-revolutionären Klassenkampfmodell mit seinen Freund-Feind-Implikationen und dem Ziel, den Klassenfeind zu liquidieren, die Konturen eines „reformerischen" pluralistischen Partnerschaftskonzepts. In dieser Prägung gewannen *Gierkes* Theoreme von der „freien Assoziation" und der „realen Verbandspersönlichkeit" durch *Maitlands* Übersetzungen und kommentierende Vermittlung bei einer Reihe englischer Historiker und Politologen, wie *A. D. Lindsay, J. N. Figgis* und *E. Barker* — den akademischen Lehrern *Laskis* — Beachtung und großen Widerhall.

*Harold J. Laski* (1893-1950), der neben analytischen auch mit erheblichem Engagement politische Zielsetzungen verfolgte, hat wie kaum ein anderer Pluralist gezeigt, in welch erstaunlicher Kombination die skizzierten Elemente pluralistischer Argumentation und Motivation mitunter vertreten werden können[62]. Während er einerseits — wie vor ihm in England vor allem *Figgis* — an *Gierkes* Verbandslehre anknüpfte, entwickelte er andererseits seine Theorie von der Pluralität der Souveränitäten, wonach der Staat in einer bürgerlichen Gesellschaft keinen höheren Loyalitätsanspruch an seine Bürger stellen dürfe als die „menschlichen Assoziationen" (wie z.B. „eine Kirche oder eine Gewerkschaft oder eine Freimaurerloge")[63], denen sich der Bürger zur Wahrnehmung seiner Interessen angeschlossen habe. Zugleich bezeichnete er den Pluralismus als „individualistische Doktrin"[64], um später (1938) zu erklären, daß sich der Pluralismus erst in der klassenlosen Gesellschaft „des marxistischen Verständnisses"[65], das grundsätzlich monistisch ist, erfülle. Der Pluralismus, der nach *Laski* „in erster Linie eine individualistische Doktrin" darstellt, findet sein Ziel im klassenlosen Sozialismus marxistischer Provenienz: die subtile Konstruktion eines engagierten Labour-Sozialisten.

Die kennzeichnenden Grundgedanken der *Laski*schen Position lassen sich folgendermaßen skizzieren: Der moderne Konflikt zwischen Kapital und Arbeit bzw. Bourgeoisie und Proletariat hat unter bestimmten Gesichtspunkten eine gewisse Ähnlichkeit mit dem Konflikt zwischen Staat und Kirche zur Zeit des Mittelalters. Im mittelalterlichen Feudalstaat des Gottesgnadentums befanden sich Christen in einem doppelten Loyalitätsverhältnis: zum einen gegenüber dem Staat (Krone), zum anderen gegenüber der Kirche. Wem gebührte im Konfliktfall der Gehorsam des Christen? In Fragen des Glaubens doch eindeutig der Kirche! Im modernen bürgerlich-säkularen Staat geht es entscheidend um die wirtschaftlich-sozialen Interessen des Staatsbürgers. Während der Bourgeois als Mitglied der herrschenden Klasse im Staat das Sagen hat und in den Gesetzen des Staates seine Interessen gesichert weiß, findet der Proletarier seine wahren Interessenvertretung nicht im Staat, sondern in den Gewerkschaften. Das mittelalterliche Konfrontationsproblem von Staat und Kirche findet seine moderne Parallele im Verhältnis von Staat und Gewerkschaften. Ist es angesichts der unterschiedlichen Interessenlagen billig und legitim, von einem Proletarier den gleichen Gehorsam gegenüber staatlichen Gesetzen und Befehlen abzuverlangen, wie von einem Bourgeois? Der Staat als gleichrangiger Zweckverband neben anderen Zweckverbänden (wie den Gewerkschaften) kann nur die Zustimmung finden und den Gehorsam erwarten, die durch seine Leistungsfähigkeit gerechtfertigt sind. Erweist sich der Staat als Interessenvertretung der herrschenden Klasse, für die er seine „Leistungen" erbringt, gebührt der Gehorsam des Proletariers in einem Loyalitätskonflikt zwischen Staat und Gewerkschaften nicht dem Staat, sondern der Gewerkschaft. Im Konflikt muß sich der einzelne demnach innerhalb einer Pluralität von Souveränitäten entscheiden.

*Laski* hat mit seiner Lehre von der Pluralität der Souveränitäten, die in letzter Konsequenz zur Aufhebung des Staates und zum Bürgerkrieg der Gruppen führen muß, zweifellos eine der extremsten Pluralismuskonzeptionen entwickelt. Er hat dies gegen Ende der 30er Jahre selbst eingestanden und nun sein Ziel in marxistischen Zukunftsvisionen gesehen: Da kein Staat ohne rechtliche Omnikompetenz existenzfähig sei, jeder Staat jedoch ein souveränes Zwangsinstrument in der Hand der die Produktionsmittel besitzenden Klasse darstelle, könne eine wahrhaft pluralistische Gesellschaft erst verwirklicht werden, wenn „die Klassengesellschaft zerstört" und in der klassenlosen Gesellschaft der Staat abgeschafft sei[66].

Nach dem überraschenden Wahlsieg, den die Labour-Party im Jahre 1945 errang, stellte sie mit *Clement Attlee* den Premierminister. Vorsitzender der Parteiorganisation war *Harold Laski*. Nun verfügte die

Labour-Party als „Partei des Proletariats" zum ersten Mal in ihrer Geschichte über die absolute Mehrheit im Unterhaus. Die gesetzgebende Gewalt des Staates stand ihr zur Disposition. Das marxistische Konzept eines Absterbens des Staates hatte damit ebenso wie die Theorie von der Pluralität der Souveränitäten an handlungsleitender Aktualität verloren.

Obgleich *Laski* zu Beginn der 20er Jahre zu den profiliertesten unter den frühen Pluralisten Englands zählte, hat er mit der extremen Ausformulierung seines Konzepts einer Pluralität der Souveränitäten — deren Unhaltbarkeit er schließlich selbst erkannte — für sich den Pluralismus als demokratische, antitotalitäre Staatstheorie letztlich ad absurdum geführt. Eine pluralistische Staatslehre, die den Staat liquidiert, führt zur Selbstaufhebung als Staatslehre. Insoweit kann *Laski* eher als „Zerstörer", denn als Förderer und Vertreter demokratischer Pluralismustheorie gewertet werden.

Als *Carl Schmitt* zur Zeit der Weimarer Republik den Pluralismusbegriff in die deutsche staatsrechtliche und politikwissenschaftliche Diskussion einbrachte, benutzte er ihn unter Berufung auf *Laskis* extreme Pluralismuskonzeption zur Kennzeichnung jener Erscheinungsformen, die nicht nur seiner Meinung nach dazu führen konnten, wenn nicht mußten, die Einheit des Staates und damit dessen rechtsetzende Ordnungsfunktion zu untergraben[67]. Die im Ausland mit Vorstellungen fortschrittlich-freiheitlicher Gesellschaftsgestaltung verbundene Vokabel wurde auf diese Weise bewußt und eindeutig negativ besetzt. Mit der Bezeichnung „Parteien- und Verbändepluralismus" war der Verdacht der Staatsgefährdung gemeint. Pluralismus bedeutet in dieser Lesart, den Staat zum willenlosen Spielball, zur privaten Beute des mächtigsten Kartells sozialer Organisationen und Gruppen zu machen[68]. Bald galt der Nationalsozialismus in Deutschland mit seinem Plädoyer für den totalen Staat im Namen der Volksgemeinschaft als die konsequenteste Antwort auf den partikularistisch-plutokratischen, Sonderinteressen fördernden Pluralismus der bürgerlich-liberalen Demokratie. Der Totalitarismus verstand sich als Negation des einheitszerstörenden Pluralismus.

Auf diese Geschichte des europäischen Pluralismus in seinen verschiedenen Erscheinungsformen kann hier nicht näher eingegangen werden. Die folgenden Ausführungen bleiben auf die deutsche Diskussion beschränkt, wobei die Aufmerksamkeit der politologischen Pluralismustheorie der Nachkriegszeit gilt.


## V. Neopluralismus in Deutschland

### 1. Zielsetzung

Unter den seit dem Zweiten Weltkrieg in Deutschland entwickelten pluralistischen Theorien ist der Neopluralismus trotz seines teilweise fragmentarischen Charakters die bisher am umfassendsten begründete Konzeption. In seinen Grundzügen ist der Neopluralismus von dem Politologen *Ernst Fraenkel* konzipiert worden. Anläßlich eines Vortrages vor dem 45. Deutschen Juristentag vom 22. September 1964 zum Thema „Der Pluralismus als Strukturelement der freiheitlich-rechtsstaatlichen Demokratie"[69] hatte *Fraenkel* im Anschluß an eine kritische Auseinandersetzung mit *Laski* ausgeführt: „Als es darum ging, ausfindig zu machen, ob der Begriff des Pluralismus nicht das geeignete Mittel darstellt, um das Phänomen des Totalitarismus wissenschaftlich vertieft zu begreifen, hat *Laski* sich vom Pluralismus losgesagt. *Laski* hatte sich in seiner unhaltbaren Theorie des Pluralismus der Souveränitäten so festgefahren, daß ihm offenbar die Frage, der ich mich nunmehr zuwende, niemals aufgestoßen ist. Sie lautet: Ist es angesichts der Tatsache, daß die Hinwendung zum totalen Staat aus der Negation des Pluralismus gerechtfertigt worden ist, nicht geboten, durch eine Negation der Negation zu versuchen, den Totalitarismus durch einen Neo-Pluralismus zu überwinden?"

Damit war nicht nur der Name „Neopluralismus" geprägt, sondern auch die wissenschaftliche und politische Zielsetzung des Neopluralismus angedeutet: 1. Pluralismus und Totalitarismus verweisen als wissenschaftliche Kategorien jeweils auf ein diametral entgegengesetztes Politik- und Demokratieverständnis sowie auf unterschiedliche anthropologische Selbstverständnisse. 2. Wie sich der totale Staat aus der Negation des Pluralismus rechtfertigt, so rechtfertigt sich die freiheitliche Demokratie vornehmlich aus ihrem Bekenntnis zum Pluralismus. 3. Pluralismus und Totalitarismus bezeichnen nicht nur zwei konträre Idealtypen der Herrschaftslegitimation und Herrschaftsausübung; mit dem Neopluralismus verbindet sich auch die politische Intention, sowohl den Totalitarismus wie jede andere Form autokratischer Herrschaftspraxis zu überwinden. „Überwinden" meint hierbei auch die offensive, positive Begründung einer eigenen Position.

Der Terminus Neopluralismus bezieht sich demnach ebenso auf eine wissenschaftliche Konzeption wie auf eine politische Grundposition, die beide dadurch vom „alten" Pluralismus unterschieden sind, daß sie die konkrete Erfahrung mit totalitärer Herrschaftspraxis zu verarbeiten suchen. Nach *Ralf Dahrendorf* läßt sich die hier gemeinte „politische Grundhaltung", zu der er sich als Liberaler ausdrücklich bekennt, „von drei Aspekten her ... resümierend kennzeichnen: Alle Menschen sind unvollkommen in dem Sinne, daß keiner von uns eindeutig wissen kann, was für ihn und alle anderen gut ist. Das Gerechte ist ungewiß. Zwar gibt es feste Überzeugungen; auch gibt es die Möglichkeit der Überredung anderer durch Argumente und Demagogie; aber niemand ist in der Lage, die verbindliche Geltung seiner Überzeugung anders als mit Gewalt zu begründen. — Es gibt also stets eine Vielfalt möglicher Vorschläge zur kurzfristigen wie insbesondere auch zur langfristigen Lösung sozialer und politischer Fragen. Wo diese nicht gewaltsam unterdrückt wird, gibt es auch eine Konkurrenz wirklicher Entwürfe. – Vielleicht tendiert jeder Entwurf dazu, sich selbst absolut zu setzen; dann gilt *Theodor Eschenburgs* These, Institutionen dienten dem Schutz vor der Schlechtigkeit der Menschen. Jedenfalls ist es die Aufgabe politischer Institutionen, dafür Sorge zu tragen, daß kein einzelner Entwurf, keine einzelne Idee des Gerechten sich auf Kosten aller anderen zu etablieren vermag. Politische Institutionen dienen der Kanalisierung und damit der Erhaltung der Konkurrenz von Entwürfen. Dies bedeutet immer auch die Kontrolle derer, die die Mittel der Gewalt kontrollieren, also der Mächtigen.''[70]

Als Neopluralisten[71] können demnach die Theoretiker bezeichnet werden, die ihre Pluralismustheorie zur Überwindung und Verhinderung autoritärer und totalitärer Praxis als demokratische Staatstheorie konzipieren, wobei sie die Anerkennung unveräußerlicher Grundrechte als Basis, eine heterogen strukturierte Gesellschaft als Tatbestand und die Autonomie im Willensbildungsprozeß, den „a posteriori''-Charakter des Gemeinwohls (d.h., Gemeinwohl ist keine vorgegebene Größe, sondern Ergebnis des politischen Prozesses; oder anders: was Gemeinwohl ist, darüber besteht Streit) sowie die unverbrüchliche Geltung der Rechts- und Sozialstaatsprinzips für alle staatlichen Handlungen als Bestimmungsgrößen ihres Verständnisses und ihrer normativen Vorstellungen postulieren. Neopluralisten gehen von einer Grundposition aus, die grundsätzlich sowohl von „Bürgerlichen'' wie von „Sozialisten'' im Sinne des Godesberger Programms vertreten werden kann und vertreten wird.

## 2. Systematisierung – ein Versuch

Um die unterschiedlichen politologischen Pluralismuskonzeptionen und politischen Positionen in der gegenwärtigen Pluralismusdiskussion besser verstehen und beurteilen zu können, scheint es mir gerechtfertigt und empfehlenswert, einen Systematisierungsversuch vorzunehmen, der von folgender Überlegung ausgeht: Ungeachtet des Risikos allzu grober Verkürzung kann zwischen einem individualistischen, einem personalen und einem kollektivistischen Grundverständnis des Menschen unterschieden werden. Es ist nicht völlig unbegründet, dem klassischen Liberalismus eher ein individualistisches, dem wissenschaftlichen Sozialismus ein kollektivistisches und den Verfassungsvätern des Grundgesetzes überwiegend ein personales Verständnis vom Menschen zuzusprechen. Gemäß dieser Differenzierung kann zwischen Pluralismuskonzepten unterschieden werden, die letztlich auf einem individualistischen, personalen oder kollektivistischen Menschenverständnis beruhen. Pluralismusvorstellungen, die sich explizite auf individualistische Grundannahmen rückführen lassen, könnten als „liberalistische'' bezeichnet werden. Sie begründen üblicherweise einen Laissez-faire-Pluralismus. Kollektivistisch motivierte Konzeptionen ließen sich unter der Bezeichnung „sozialistischer Pluralismus'' zusammenfassen. Der Neopluralismus geht von einem personalen Menschenverständnis aus, d.h. von einem Verständnis des Menschen als einem prinzipiell gemeinschaftsbezogenen Wesen, das als solches trotz aller Gemeinschaftsbindungen und -abhängigkeiten seine personale Würde als Einzelperson stets behält.

Wird der Neopluralismus mit politischen Positionen in Beziehung gesetzt, die nicht nur in der Bundesrepublik die wichtigsten Hauptströmungen ausmachen, so könnte wiederum zwischen einem *liberalen Neopluralismus* (wie ihn z.B. *Dahrendorf*[72] in der Sache vertritt), einem *christlich-sozialen Neopluralismus* (wie ihn z.B. *Kurt Biedenkopf* oder *Norbert Blüm* mit zum Teil verschiedenen Akzentsetzungen vortragen[73]) und einem *sozialdemokratischen Neopluralismus bzw. pluralistischen Sozialismus* (wie ihn das Godesberger Programm der Sozialdemokratischen Partei mit seinem Bekenntnis zum „demokratischen Sozialismus" formuliert)[74] differenziert werden.

Obgleich diese Unterscheidungen zunächst relativ willkürlich erscheinen mögen und nicht nur innerhalb des Neopluralismus die Konturen fließend sind, erweisen sie sich doch für eine Analyse als hilfreich. Wie häufig wird beispielsweise der lockere, dadurch Mißverständnisse provozierende, der Polemik Tor und Tür öffnende Gebrauch des Wortes Sozialismus beklagt. Obwohl es im Godesberger Programm von 1959 heißt, „die Sozialisten wollen Freiheit und Gerechtigkeit verwirklichen, während die Kommunisten die Zerrissenheit der Gesellschaft ausnützen, um die Diktatur ihrer Partei zu errichten", und weiterhin erklärt wird, daß sich „die Kommunisten (zu Unrecht) auf sozialistische Tradition" berufen, werden Länder, in denen die Kommunisten die Diktatur ihrer Partei errichtet haben, auch von parteioffizieller Seite üblicherweise als „sozialistische Staaten" bezeichnet. Um hier zu differenzieren, hat sich die Unterscheidung von „demokratischem Sozialismus" (SPD) und „sozialistischer Demokratie" (DDR) eingebürgert[75].

Bei dem Versuch, die antistalinistische Demokratisierungsdebatte innerhalb der kommunistischen Parteien Ost- und Westeuropas auf den Begriff und im Rahmen eines Sammelbandes zur Kenntnis zu bringen, haben zwei der SPD angehörende bzw. ihr nahestehende Autoren hierfür kürzlich die Bezeichnung „sozialistischer Pluralismus" gewählt[76]. Soweit es sich hierbei um einen Pluralismus handelt, in dessen Bereich als gleichberechtigte Partner nur sozialistische und mit ihnen „befreundete" Parteien und Vereinigungen einzubeziehen sind, müßte eher von einem „sozialistischen Bereichspluralismus" gesprochen werden. Daß dieser sozialistische Bereichspluralismus bei Kommunisten nicht nur auf einen weit engeren Toleranzbereich beschränkt bleibt, sondern auch von anderer Qualität als bei Sozialdemokraten ist, dürfte nicht streitig sein. Es wäre daher naheliegend, gemäß der oben zitierten Begriffsverwendung von *sozialistischem Pluralismus* dann zu sprechen, wenn die innerkommunistische Debatte gemeint wird, und von *pluralistischem Sozialismus,* wenn von dem neopluralistischen Verständnis der Sozialdemokratie die Rede ist.

Bei einer entsprechenden Begriffssensibilität wäre auch den Autoren des genannten Sammelbandes nicht der Irrtum unterlaufen, ausgerechnet den Begründer des Neopluralismus, *Ernst Fraenkel*, „als ein Beispiel für viele ... liberale Pluralismus-Theoretiker" zu zitieren, deren Theorie „sich, indem sie individuelle Emanzipations- und Freiheitschancen exklusiv für sich reklamiert, als außerordentlich brauchbar erwies, sozialistische Theorieintentionen mit totalitären Systementwürfen und -praktiken zu identifizieren"[77]. Eine derartige Interpretation kann nur dann vorgetragen werden, wenn der demokratische, d.h. pluralistische Sozialismus nicht als „wahrer Sozialismus" anerkannt wird, oder wenn die Geschichte des Pluralismus in Großbritannien und Deutschland, die wesentlich von Vertretern des demokratischen Sozialismus mit getragen und mit geprägt wurde, außer acht bleibt. Der demokratische Sozialist *Ernst Fraenkel* kann gerade für diesen Aspekt der Pluralismusgeschichte als aufschlußreiches Beispiel angeführt werden.

## VI. Der Neopluralismus Ernst Fraenkels

### 1. Der erfahrungswissenschaftliche Ansatz

*Ernst Fraenkel* ist der Begründer der Theorie des Neopluralismus in Deutschland. Im Jahre 1898 in Köln als Sohn jüdischer Eltern geboren[78], hatte *Fraenkel* nach einem Rechts- und Geschichtsstudium 1923 als Schüler *Hugo Sinzheimers* — einem der frühen sozialdemokratischen Pluralisten — mit einer Arbeit aus dem Bereich des kollektiven Arbeitsrechts[79] promoviert. Seit 1921 Mitglied der SPD, und damals eher dem linken Flügel zuzurechnen, war er zunächst hauptamtlich in der Arbeiterbildung und später als Syndikus des Metallarbeiterverbandes, als Rechtsanwalt und Rechtsberater des Parteivorstandes der SPD tätig. Während der Arbeiten an seinem Buch „Der Doppelstaat", einer kritischen Analyse des Dritten Reiches, mußte er 1938 Deutschland verlassen. Er emigrierte in die Vereinigten Staaten, wo er an der Law School der Universität Chicago ein angelsächsisches Rechtsstudium absolvierte.

In diesen Jahren studierte er nicht nur als Augenzeuge der „Roosevelt-Revolution" des New Deal die Regenerations- und Innovationsfähigkeit der westlichen Demokratie USA. Er gewann zugleich die Überzeugung, daß die deutsche Arbeiterbewegung, für die die „russische Lösung" keine Alternative biete, „eine Zukunft nur haben kann im Vertrauen und in Zusammenarbeit mit den angelsächsischen Demokratien, die die Welt davor bewahrt haben, in die Nacht der Diktatur zu versinken"[80]. Zugleich forderte er: „Wir sollten aufhören, uns an abgestandenen Revolutionsphrasen zu berauschen", und gestand später[81] ein: „Die wachsende Neigung, die Richtigkeit der marxistischen Analyse des Faschismus anzuerkennen, verstärkte meine Bereitschaft, den Marxismus als System zu akzeptieren ... Der Stalin-Hitler-Pakt zerstörte die Illusion, daß eine Voll-Sozialisierung zu einer – weil klassenfreien –‚wahren‘ Demokratie zu führen vorbestimmt sei. Das Miterlebnis der ‚Roosevelt-Revolution‘ begründete die Bereitschaft, an der Errichtung und Entwicklung eines pluralistischen Demokratie-Modells mitzuarbeiten, wie es mir für das Nach-Hitler-Deutschland vorschwebte."

Diesen Hinweisen kann dreierlei entnommen werden:

1. Während *Laski* den Pfad aus sozialliberaler Vergangenheit über reformsozialistisches Engagement (bei wachsender Sympathie für die Sowjetunion – *Laski*: „Die Sowjetunion ist der Pionier einer neuen Zivilisation gewesen")[82] zur marxistischen Vision der klassenlosen Gesellschaft ohne Staat verfolgte, ging *Fraenkel* in entgegengesetzter Richtung: Nachdem er den „Marxismus als System" akzeptiert hatte, sammelte er in Mitteleuropa und später in Amerika Erfahrungen, die ihn den Weg des Reformsozialisten mit dem Ziel einschlagen ließen, eine soziale Demokratie in Freiheit zu errichten. *Fraenkels* und *Laskis* Wege kreuzten sich Ende der 30er Jahre.

2. *Fraenkel* arbeitete an einem pluralistischen Demokratiemodell, dessen normatives Ziel darin bestand, unter Verzicht auf sozialistische Zukunftsvisionen einer klassenlosen Gesellschaft die „Zukunft der Arbeiterbewegung" in einer sozialen Demokratie sichern zu helfen.

3. Die pluralistische Demokratiekonzeption *Fraenkels* wurde nicht visionär konstruiert, sondern aus der analytischen Beobachtung der Wirklichkeit westlicher Demokratien abgeleitet.

Bereits zur Zeit der Weimarer Republik, dem ersten deutschen Versuch, den Anschluß an die westlichen Demokratien zu finden, hatte *Fraenkel* (1932) einen Aufsatz verfaßt, der – wie er bemerkte – im Kern „alles wesentliche enthält, was ich in meinen späteren Arbeiten über Pluralismus gesagt habe"[83]. Er schrieb damals, wobei er noch nicht von der pluralistischen, sondern von der dialektischen Demokratie sprach: „Das charakteristische Merkmal der dialektischen Demokratie ist es, die vorhandenen Gegensätze aufzudecken und sich frei entfalten zu lassen. Durch die Betätigung der notwendigerweise gegnerischen Kräfte soll der Staatswille gebildet werden ... In der politischen Gemeinschaft zerfällt der Gesamtbereich der sozialen Ordnung in einen streitigen und einen unstreitigen Sektor ... Eine dialektische Demokratie ... ist nur solange möglich, wie eine Garantie dafür gegeben ist, daß ein Minimum von Gemeinsamkeiten im sozialen Leben des Volkes, das zu einem Staat zusammengefaßt ist, vorhanden bleibt. Sind auch die letzten Gemeinsamkeiten der kämpfenden Gruppen in einem Staat fortgefallen, so löst sich der Staat in sich auf ... Die charakteristische Erscheinungsform der dialektischen Demokratie ist Kompromiß. Aber auch wenn ein Kompromiß in Form einer Koalitionsregierung nicht zustande kommt, berücksichtigt die regierende Partei die Absichten der Opposition und erzeugt den Staatswillen unter Berücksichtigung der Absichten des Gegenspielers ... Der Wert der Weimarer Verfassung für die Sozialdemokratie bestand in einem doppelten: durch die Errichtung der dialektischen Demokratie war es der Arbeiterbewegung ermöglicht, an dem Willensbildungsprozeß des Staates entscheidend mitzuwirken; in dem zweiten Teil der Verfassung (dem der Grundrechte) waren einige Forderungen der Arbeiterbewegung aufgenommen und damit zum Bestandteil des verfassungsmäßig geschützten unbestrittenen Sektors des staatlichen Lebens erhoben worden ... (Es ist eine primäre Aufgabe der dialektischen Demokratie), daß in Zukunft die demokratischen Grundlagen für den Emanzipationskampf des Proletariats bestehen bleiben".[84]

## 2. Verdichtung des Konzepts

Die in diesem Aufsatz skizzierten Grundgedanken hat *Fraenkel* seit seiner Rückkehr nach Deutschland (1951) in einer Reihe von Arbeiten unter verschiedenen Gesichtspunkten aufgegriffen, unter Einbeziehung neuer Erfahrungen, Erkenntnisse und Einsichten weiterentwickelt und zu seiner Konzeption eines Neopluralismus verdichtet.[85]
Mit dieser Konzeption überwandt und vermied er zugleich — im Gegensatz zu *Laski* und dessen Epigonen, für die der Sozialismus als „Hoffnung der Welt" eine die bisherige Geschichte im dialektischen Sinne aufhebende Universalkategorie darstellt — die faktische Enge eines sozialistischen Bereichspluralismus.
Sind die westlichen Demokratien von ihrem Selbstverständnis und ihrer Grundkonstruktion her geeignet, dazu beizutragen, daß sich ein politisches System zu entwickeln vermag, in dem ein Optimum an allgemeiner Freiheit und sozialer Gerechtigkeit realisiert werden kann, ohne daß der Staat zerfällt oder zur Diktatur entartet? *Fraenkels* Untersuchungen ließen ihn die Hypothese formulieren, daß die westlichen Demokratien ebenso wie das Grundgesetz der Bundesrepublik im konkreten sozioökonomischen Kontext moderner Industriestaaten von einem Politik- und Demokratieverständnis ausgehen, das am „Idealtypus" eines autonom-heterogen-pluralistischen Rechts- und Sozialstaates orientiert ist, dessen Antipode der „Idealtypus" einer heteronom-homogen-totalitären Diktatur bildet.[86] „Autonom" besagt, daß der Willensbildungsprozeß keinen vorgegebenen, geschlossenen, verbindlichen Zukunftsentwürfen (Gemeinwohl) unterliegt, sondern freier, streitiger, Opposition legitimierender Diskussion; d.h. das Gemeinwohl wird nicht als vorgegeben (a priori), sondern als prinzipiell anfechtbares und diskussionswürdiges Ergebnis des politischen Prozesses begriffen (a posteriori). „Heterogen" besagt, daß die unterschiedlichen Interessen und Strukturen einer differenzierten Gesellschaft nicht durch Zwang gleichgeschaltet sind. „Pluralistisch" besagt, daß

die Interessen, d.h. die bewußt gewordenen Bedürfnisse, sich in allen faktisch zur Verfügung stehenden, verfassungsrechtlich zulässigen bzw. garantierten Formen frei artikulieren und organisieren können, wobei die Aktivität und Rivalität konkurrierender Gruppen und koordinierender bzw. integrierender Parteien — die wiederum miteinander im Wettstreit stehen — den Willensbildungs- und Entscheidungsprozeß vornehmlich auszeichnen. Die Inhaber politischer öffentlicher Wahlämter unterliegen demokratischer, durch die Parteien vermittelter Bürgerkontrolle. Die demokratische Partizipation der Bürger bei Grundentscheidungen erfolgt vor allem über Wahlen, Abstimmungen und vermittels der Mitwirkung in und durch Parteien und Vereinigungen. Innerparteiliche und innerverbandliche Demokratie sind daher von ausschlaggebender Bedeutung für den Realisierungsgrad pluralistischer Demokratie.[87]

Andererseits kann kein konfliktoffenes Gemeinwesen dauerhaft ohne tragfähige Konsensbasis existieren. Der Neopluralismus unterscheidet daher zwischen einem notwendigen „unstreitigen Sektor" (Konsens), dem Bereich anerkannter Grund- und Menschenrechte sowie fundamentaler, rechtsstaatlich gesicherter Verfahrensregeln einerseits, und einem ebenso notwendigen „streitigen Sektor" (Dissens), dem Bereich des politischen Konflikts und der politischen Gestaltung andererseits. Grundsätzlich gilt dabei der Erfahrungssatz, daß im streitigen Sektor politische Kontroversen desto offener ohne Zerfall des Systems ausgetragen werden können, je stabiler die Konsensbasis ist, d.h. je mehr sie auf Einsicht, Überzeugung und vor allem positiver sozialer Lebenserfahrung und nicht auf Zwang oder Manipulation beruht. Besondere Probleme bilden dabei die „Schwellenhöhe" des Konsensbereichs gegenüber dem Dissensbereich und der „Grenzkonflikt" zwischen den beiden Bereichen bzw. Sektoren, indem z.B. im streitigen Sektor getroffene Grundentscheidungen zum Gemeingut des nichtstreitigen Sektors und bisher nicht problematisierte Überzeugungen des nichtstreitigen Sektors zu zentralen Streitfragen werden. Derartige „Grenzkonflikte" sind stets in mehr oder weniger erheblichem Ausmaße aktualisierbar. Ein totales, fundamentales Infragestellen des Konsenssubstrats wird und muß demnach Existenzkrisen des pluralistischen Systems anzeigen.

Nach *Fraenkel* ist es somit für die Bestandskraft einer pluralistischen Demokratie unverzichtbar und existentiell notwendig, daß innerhalb des nichtkontroversen Sektors in der Form eines Minimalkonsenses ein Wertkodex breite Anerkennung findet, „der neben verfassungsrechtlichen Verfahrensvorschriften und Spielregeln eines fair play auch ein Minimum von regulativen Ideen generellen Charakters (wie Gerechtigkeit und Billigkeit) enthalten muß".[88] *Fraenkels* normative Theorie des Pluralismus beruht folglich auf der aus seinen Westdemokratie-Studien abgeleiteten Hypothese, „in einer differenzierten Gesellschaft könne im Bereich der Politik das Gemeinwohl lediglich a posteriori als Ergebnis eines delikaten Prozesses der divergierenden Ideen und Interessen der Gruppen und Parteien erreicht werden, *stets vorausgesetzt*, ... daß bei deren Zusammen- und Widerspiel die generell akzeptierten, mehr oder weniger abstrakten Ideen sozialen Verhaltens respektiert und die rechtlich normierten Regeln des fair play ausreichend beachtet werden".[89] Insofern ist der Neopluralismus weder eine Harmonielehre noch eine Heilslehre zur garantierten Verwirklichung sozialer Gleichheit und Gerechtigkeit, vielmehr eher eine Legitimationslehre von Opposition, Konkurrenz, offener Konfliktregelung, Partizipation, Kontrolle und demokratischer Regierung durch Alternativen.

## 3. Mißverständnisse und Fehlinterpretationen

*Fraenkels* neopluralistische Demokratietheorie ist fragmentarisch geblieben. Die mannigfachen grundlegenden Beiträge *Fraenkels* zu diesem Themenkreis haben insgesamt zu einem weit vorangetriebenen Entwurf, jedoch nicht zu einer systematisch und in allen entscheidenden Problembereichen eingehend und erschöpfend begründeten Pluralismustheorie geführt. Als *Fraenkel* 1964 vor dem 45. Deutschen Juristentag zum Thema „Der Pluralismus als Strukturelement der freiheitlich-rechtsstaatlichen Demokratie" referierte, war es das erste Mal, daß er das Wort Pluralismus in den Titel einer Abhandlung aufnahm. Damals hielt er die Verwendung des Begriffes noch für eine ausgemachte Provokation.

Die etappenweise Entfaltung und Verfeinerung der Pluralismustheorie *Fraenkels* läßt sich u.a. darin ablesen, wie er mit dem Wort Pluralismus in seinen Artikeln und Büchern umgeht und in ihm zunehmend den für seine Arbeiten zentralen Schlüsselbegriff findet. Als *Fraenkel* 1956/57 für das von ihm mitherausgegebene und mitverfaßte Lexikon „Staat und Politik"[90] den Artikel „Pluralismus" schrieb – ein in mancherlei Hinsicht aufschlußreich-wundersamer Artikel, wo der Begriff noch weitgehend auf die Theoretiker der frühen Pluralisten mit ihrem Angriff auf den Souveränitätsanspruch des Staates und deren von *Fraenkel* kritisch beurteilte Neigung, auch berufsständige Vorstellungen damit zu verbinden, beschränkt bleibt – widmete er ihm ganze zwei Seiten. Seine Artikel „Parlament" und „Parlamentarisches Regierungssystem" waren ihm demgegenüber damals je fünf, der Artikel „Gewaltenteilung" gar nahezu sieben Seiten wert. Unter den Arbeiten, die in den Aufsatzband „Deutschland und die westlichen Demokratien", dessen erste Ausgabe 1964 erschien, sukzessive aufgenommen wurden, wird im frühesten, 1957/58 verfaßten Aufsatz „Die repräsentative und plebiszitäre Komponente im demokratischen Verfassungsstaat" nur an wenigen Stellen von „pluralistischer Gesellschaft" gesprochen.[91] In der aus dem Jahre 1960 stammenden grundlegenden Studie „Deutschland und die westlichen Demokratien", die dem Sammelband auch den Namen gab, wird einerseits von der „pluralistischen Demokratie" gesprochen und andererseits erstmals klar zwischen pluralistischer und monistischer Gesellschaft sowie pluralistischem und totalitärem Staat unterschieden.[92] Mit dem 1963/64 entstandenen Beitrag „Strukturdefekte der Demokratie und deren Überwindung" wird schließlich das Wortmonstrum „autonom-pluralistisch-sozial-rechtsstaatliche Ordnung"[93] als Synonym für das Kürzel westliche bzw. pluralistische Demokratie in die Debatte eingeführt. In der Formulierung, es sei zwischen einer „autonom-*pluralistisch*-sozialen-rechtsstaatlichen Demokratie" und einer „heteronom-monistisch-totalitären Diktatur" zu unterscheiden,[94] erscheint der Terminus auch im Vorwort zur ersten Auflage des Bandes, allerdings nur einmal und nur in dieser Form.

Die vierte Auflage des Aufsatzbandes kam 1968 heraus. Sie ist um zwei neue Beiträge erweitert, unter ihnen das überarbeitete Referat des Juristentages aus dem Jahre 1964, in dem der Begriff Neopluralismus geprägt worden war. Entsprechend wurde nun das Vorwort der ersten Ausgabe unter Bezugnahme auf diese neue Abhandlung durch die Bemerkungen ergänzt: „Der Autor hatte sich (mit dem Referat) die Aufgabe gestellt, sich mit den Vorurteilen und Mißverständnissen auseinanderzusetzen, die heute noch in Deutschland hinsichtlich des Begriffes ‚Pluralismus' bestehen . . . Das Leitmotiv dieser Abhandlung ist in dem Problem zu erblicken, ob und inwieweit der leidenschaftliche Antipluralismus der ausgehenden Weimarer Republik und der nationalsozialistischen Zeit nicht zu einer Rechtfertigung des Totalitarismus geführt hat. Hieraus ergab sich aber notwendigerweise die Frage, inwieweit ein *Neopluralismus* geeignet ist, zur geistigen Überwindung des Totalitarismus beitragen zu können."[95] Die Stoßrichtung der Argumentation zielte damals auf die von *Carl Schmitt* maßgeblich bestimmte und weiterwirkende Auffassung unter Juristen, Pluralismus bedeute Auflösung der Einheit des Staates, wobei die Wirksamkeit der Interessengruppen als ein besonders gefährlicher Angriff auf die Gemeinwohlverpflichtung des Staates einzuschätzen sei.

Die fünfte, 1973 erscheinende und um einen neuen Beitrag zum Thema „Rätemythos und soziale Selbstbestimmung" erweiterte Auflage enthält ein völlig neu geschriebenes Vorwort. Der auch sonst aufschlußreiche Text dieses Vorwortes schließt mit den Sätzen: „Wir sehen heute klarer als vor einem halben Jahrhundert, daß sich der Rätegedanke schon allein deshalb (nach dem Ersten Weltkrieg in den Jahren 1918 bis 1920) nicht durchzusetzen vermochte, weil die Mehrheit der Arbeiterschaft an dem zuerst im Arbeitsrecht in Erscheinung tretenden Prinzip der autonom strukturierten kollektiven Demokratie festhielt, das eine der Wurzeln des heutigen demokratischen Pluralismus ist. Ein Aufsatz über ‚Rätemythos und soziale Selbstbestimmung' deutet bereits in seiner Themenstellung an, daß er die Darstellung eines dialektischen Prozesses zum Gegenstand hat: die Verweisung des reinen Rätewesens in den Bereich der sozialen Utopien als Voraussetzung für den Durchbruch der pluralistischen Mitbestimmung in den Bereich der sozialen Realitäten. Bei den Auseinandersetzungen über Wert und Wesen des Pluralismus, die gegenwärtig in der wissenschaftlichen Literatur mit solcher Intensität geführt werden, sollte nicht übersehen werden, daß sie ihre Vorgeschichte in den Kämpfen der Jahre 1918 bis 1920 haben und nicht zuletzt deshalb einen solch auffallend emotionalen Charakter tragen. Auf diese Auseinandersetzungen kann in einem kurzen Vorwort zwar hingewiesen werden; es ist aber nicht möglich, im einzelnen zu ihnen Stellung zu nehmen. Dies soll in einer Schrift erfolgen, in der sich der Verfasser mit Kritikern der *Pluralismustheorie, wie sie u.a. in diesem Band entwickelt worden ist,* auseinandersetzen wird."[96]

Im gleichen Jahr erschien *Fraenkels* letztes Buch, der Sammelband „Reformismus und Pluralismus – Materialien zu einer ungeschriebenen politischen Autobiographie". Es war das erste Mal, daß Fraenkel das Wort Pluralismus in einen Buchtitel aufnahm.

Seit Mitte der 60er Jahre hatte *Fraenkel* mehrmals die Absicht geäußert, eine umfassendere Studie zur theoretischen Begründung des Neopluralismus unter Beachtung der Stellungnahmen und Anregungen seiner Kritiker zu erarbeiten. Hierzu hoffte er nach seiner Emeritierung im Jahre 1967 die notwendige Muße finden zu können. Dazu kam es jedoch nicht mehr. Die Studentenunruhen der damaligen Zeit, bei deren radikalsten Vertretern er trotz Verwendung „linker" Terminologie Verhaltenweisen meinte entdecken zu können, die ihn fatal an das Verhalten gleichaltriger Studenten gegen Ende der Weimarer Republik erinnerten, setzten ihm persönlich so zu, daß er die Ruhe und Kraft zu größeren wissenschaftlichen Projekten nicht mehr fand.

*Fraenkels* neopluralistische Theoriefragmente sind über mehrere Schriften verstreut, die aus den verschiedenen Phasen der Entwicklung des Konzepts stammen. Obgleich die wesentlichen Grundzüge der Pluralismuskonzeption bereits relativ früh entwickelt und weitgehend unverändert beibehalten wurden, ergab sich hieraus für die kritische Auseinandersetzung – insbesondere die parteilich engagierte Kritik – ein merkliches Problem. Es kann daher nicht verwundern, daß *Fraenkels* Neopluralismus seit Ende der 60er Jahre zunehmend kontrovers diskutiert wurde, zumal bis 1977 eine umfassende Aufarbeitung der vielzähligen Schriften *Fraenkels* zu diesem Thema nicht vorlag. Festzuhalten bleibt jedenfalls, daß sich gleichsam als Gegenbewegung gegen eine teilweise naiv-glorifizierende und rezipierende Pluralismusdiskussion in Verbindung mit der Studentenbewegung eine *Fraenkel-Pluralismus-Kritik* etablierte, die hinsichtlich des parteilichen Eifers und der wissenschaftlichen Sensibilität Qualitäten aufwies, die Bilderstürmer auszuzeichnen pflegen. Unter vielen Kritikern der frühen 70er Jahre hat sich dabei vor allem *Rainer Eisfeld* unter selektiver Verwendung und Kenntnisnahme der Arbeiten Fraenkels einflußreich hervorgetan.[97]

Welch nahezu deprimierende Konsequenzen eine unkritische Verwendung dieser Kritikliteratur bewirken konnte, hat *Hans Herbert von Arnim* in seiner sonst sehr beachtenswerten juristischen Habilitationsschrift „Gemeinwohl und Gruppeninteressen" aufgezeigt.[98] In diesem

Buch, in dem der Anspruch erhoben wird, „die neuere politikwissenschaftliche Pluralismusforschung nutzbar zu machen" und deren Ergebnisse „sinnvoll und fruchtbar"[99] den eigenen Forschungen zu erschließen, wird *Ernst Fraenkel* in dem Kapitel „Laissez-faire-Pluralismus und Due-Process-Pluralismus" unter der Überschrift „Die Lehre vom pluralistischen Gleichgewicht (Pluralistische Harmonielehre)" als einflußreicher Vertreter des Laissez-faire-Pluralismus vorgestellt. Die entscheidenden Sätze lauten: „Die pluralistische Harmonielehre beherrschte bis in die Mitte der 60er Jahre nicht nur die politische Theorie in den USA, sondern fand in der Bundesrepublik zunehmende Anerkennung. Als ‚Verbindungsmann' fungierte hier vor allem *Ernst Fraenkel*, der durch seine außerordentlich einflußreichen Veröffentlichungen die amerikanischen Pluralismusthesen in der Bundesrepublik nicht nur unter Politikwissenschaftlern, sondern auch in Rechtsprechung und Rechtslehre heimisch machte".[100] In der dem Namen *Ernst Fraenkel* beigefügten Anmerkung steht der aufschlußreiche Satz: „Eine Übersicht über *Fraenkels* Position geben *Gudrich/Fett*, Die pluralistische Gesellschaftstheorie, S. 11; *Eisfeld*, Pluralismus zwischen Liberalismus und Sozialismus, S. 84 ff".[101] Derartige Fehlinterpretationen, wie sie *Eisfeld* und vor allem *Gudrich/Fett* zu verantworten haben,[102] werden immerhin von ernsthaften Wissenschaftlern wie *von Arnim* als *„neuere politikwissenschaftliche Pluralismusforschung"* gewertet.

Daß dies heute nicht mehr möglich sein sollte, verdanken wir der seit Mitte 1977 vorliegenden, breitangelegten, eingehenden Studie von *Hans Kremendahl* „Pluralismustheorie in Deutschland".[103] Die umsichtig argumentierende Arbeit verdient den Anspruch, als bisher wichtigste deutschsprachige Abhandlung zur Pluralismusforschung in Deutschland und als grundlegendes Standardwerk Beachtung zu finden. Die Studie bietet zugleich die erste umfassendere Verarbeitung des Gesamtwerkes *Fraenkels*, dem sich *Kremendahl* bei allem Bemühen um kritische Distanz als engagierter Interpret „sozialdemokratischer Pluralismustheorie", d.h. eines „pluralistischen Sozialismus" im oben bezeichneten Sinne, sympathisch verbunden weiß. Er zeigt dabei nicht nur die Fähigkeit, *Fraenkels* Gedankengänge aufzunehmen und insgesamt weitgehend adäquat zu interpretieren, sondern erschließt zugleich eine kenntnisreiche Erörterung sogenannter „linker Pluralismuskritik" und unterzieht sie einer abwägenden „Antikritik".

Bei einer Auseinandersetzung mit der auch an *Fraenkels* literarisches Werk gerichteten Pluralismuskritik begegnet man oft genug vier zentralen Thesen, die mit unterschiedlicher Gewichtung und in unterschiedlicher Kombination vorgetragen werden. Es sind dies allerdings Thesen, die der in Deutschland vertretenen Pluralismustheorie einschließlich dem politologischen Neopluralismus entscheidende Grundannahmen zusprechen, die Pluralismustheoretiker so zwar nie aufgestellt oder vertreten haben, an denen sich aber dennoch ein erheblicher Teil der gängigen Pluralismuskritik ausrichtet. Die der Pluralismustheorie zugesprochenen bzw. zugewiesenen Thesen lauten:

1. Prinzipiell ist jedes Interesse autonom organisierbar – als ob Pluralisten ernsthaft behaupten würden, daß beispielsweise Säuglinge oder gar Embryos, die sicherlich ebenfalls „Interessen" haben, organisierbar wären; es sei denn, andere organisieren sich, um den Interessen der Säuglinge Geltung zu verschaffen. Kurz: die These von der Organisierbarkeit aller Interessen.

2. Der Pluralismus erzeugt und bewirkt ein Machtgleichgewicht bzw. er beruht auf einem „ausgewogenen Kräfteverhältnis zwischen allen sozialen Gruppen und Schichten"[104] – als ob Pluralisten wirklich so naiv seien, ernsthaft sozialrealen Harmonievorstellungen anzuhängen. Kurz: die These vom sozialen Kräftegleichgewicht.

3. Der Staat nimmt im pluralistischen Gruppenkonzept die Rolle eines neutralen Schiedsrichters wahr – als ob Pluralisten tatsächlich dem Theorem vom gesellschaftlich vollkommen abgehobenen Staat das Wort reden würden, der Lebenslüge des Obrigkeitsstaates. Kurz: die These von der Neutralität des Staates.

4. Das Gemeinwohl verbürgt als das Ergebnis eines Diskussionsprozesses in Form eines Parallelogrammes der gesellschaftlichen Kräfte tatsächlich stets das Gemeinwohl aller Bürger – als ob Pluralisten mit rührender Einfalt dem mechanischen Automationsmodell zur Produktion des Guten und Schönen anhingen. Kurz: die These vom automatischen Zustandekommen des Gemeinwohls.

Wer diese Thesen der Pluralismustheorie als von ihr vertretene Grundannahmen zurechnet, produziert ein „Zerrbild des Pluralismus", [105] dem die hieran orientierte Pluralismuskritik entsprechen muß: Tatsächlich haben alle maßgeblichen Vertreter pluralistischer Theorien in Deutschland erheblich andere Akzente gesetzt und sich stets weit differenzierter geäußert.

## 4. Fraenkels neopluralistisches Credo

*Ernst Fraenkel* hat in seinem 1969 erstmals veröffentlichten Aufsatz „Strukturanalyse der modernen Demokratie"[106] gleichsam als indirekte „Richtigstellung" der angeführten vier „Als-ob-Pluralismus-Thesen" in knappen Zügen einige grundlegende Zusammenhänge skizziert, die zur Verdeutlichung pluralistischer Argumentationsweise hier ausführlicher zitiert seien. Die folgenden Sätze enthalten gleichsam *Fraenkels* neopluralistisches Credo:

„Das vielleicht schicksalsschwerste politische Strukturproblem unserer Periode besteht darin, ... den Tendenzen zur Errichtung eines totalen Staates ausreichend wirksam Widerstand entgegenzusetzen. Allen Widerständen zum Trotz muß darauf bestanden werden, daß das allein wirksame Palliativmittel (= Mittel zur Linderung; d.Hrsg.) gegen diese Gefahr in dem Auf- und Ausbau ausreichend akzentuierter, gesamtpolitisch verantwortungsbereiter und verantwortungsbewußter autonomer Gruppen und Parteien zu suchen ist, denen die Aufgabe zufällt, als demokratisch strukturierte 'pouvoirs intermédiaires' eine Freiheit garantierende Funktion auszuüben. . . . Wenn an diese Gruppen und Parteien die Forderung gestellt wird, in ihrem politischen Denken sich ihrer Verantwortung bewußt und in ihrem politischen Handeln zur Übernahme der Verantwortung bereit zu sein, kann es sich nur um die Verantwortung handeln, die diese partikulären Organisationen der Gesamtorganisation, d.h. aber dem Staate gegenüber tragen. Im Gegensatz zu einer Theorie des Pluralismus, wie sie etwa *Harold Laski* in der Periode zwischen den beiden Weltkriegen vertreten hat, erkennt der Neo-Pluralismus an, daß der Staat nicht mit den Partikulargruppen auf ein und dieselbe Stufe gestellt werden kann, vielmehr eine Gruppe sui generis bildet. Ist doch eine pluralistische Demokratie nur lebensfähig, wenn über ihrem in den Partikulargruppen in Erscheinung tretenden pluralistischen Charakter nicht übersehen wird, daß sie eine Organisation des Gesamtvolkes, d.h. aber eine Demokratie darstellt. Die Gretchenfrage einer jeden pluralistischen Demokratie lautet, wie trotz der Anerkennung von kollektiv geltend zu machenden Partikularinteressen ein Gemeinwille gebildet und das Gemeinwohl gefördert werden kann. Das kennzeichnende Merkmal einer pluralistisch organisierten Demokratie ist darin zu erblicken, daß sie das bonum commune durch den Ausgleich der Gruppeninteressen im Rahmen des Staates unter Beachtung der Minimalerfordernisse einer allgemein gültigen Wertordnung zu erreichen bestrebt ist.

. . . Eine autonom legitimierte Demokratie darf sich nicht damit begnügen, die Existenz der verschiedenartigen Gesellschaftsgruppen anzuerkennen und dafür Sorge zu tragen, daß sie in den Prozeß der politischen Willensbildung eingeschaltet werden. Sie muß (will sie nicht Gefahr laufen, zur Ideologie der wirtschaftlich und sozial prädominierenden Gruppen zu entarten) in Rechnung stellen, daß als isolierte Individuen die Mitglieder dieser Gruppen über extrem unterschiedliche Machtpositionen und Einflußmöglichkeiten verfügen. Abstrahiert man von den Chancen, die in der sozioökonomischen Realität die Angehörigen der verschiedenen Klassen tatsächlich auszuüben in der Lage sind, verschließt man seine Augen vor der Tatsache, daß Gleichheit des politischen Wahlrechts und Gleichheit vor dem Gesetz allein nicht genügen, um die Ungleichheit der sozialen Startsituation zu eliminieren, so läuft man Gefahr, gewollt oder ungewollt, die Argumente derer zu unterstützen, die den demokratischen Rechtsstaat als eine Attrappe denunzieren, hinter der sich die Herrschaft des Monopolkapitals verbirgt. Wie hoch man auch immer das Verdienst einschätzen mag, das der liberale Rechtsstaat des 19. Jahrhunderts sich im Kampf gegen fürstliche Willkür und bürokratischen Absolutismus erworben hat, sollte man doch nicht verkennen, daß er, weil er sich einer individualistischen Gesellschaftsphilosophie verschrieben hatte, an der ‚sozialen Frage' scheitern mußte und tatsächlich auch weitgehend gescheitert ist.

Hieraus ergibt sich aber für den Staat die Notwendigkeit, dem übermäßigen Einfluß oligopolistischer, wenn nicht gar monopolistischer Träger sozio-ökonomischer Macht entgegenzutreten. Nicht minder bedeutsam ist für den Staat, dafür Sorge zu tragen, daß der Einfluß all der Bevölkerungskreise nicht zu kurz kommt, die außerstande sind, zwecks Wahrung ihrer Interessen ausreichend machtvolle Verbände zu bilden und funktionsfähig zu erhalten. Ein jeder Versuch, ‚die soziale Frage' einer Lösung näherzubringen, muß das Bemühen einschließen, auf kollektiver Ebene zwischen den verschiedenen Gesellschaftgruppen eine Waffengleichheit zu begründen, deren Fehlen maßgeblich zum Scheitern des liberalen Rechtsstaates des 19. Jahrhunderts beigetragen hat. . .

Im Gegensatz zu dem Rechtsstaatsdenken der Vergangenheit, das sich damit begnügte, einen Rechtsschutz gegen bereits erfolgte Beeinträchtigungen der individuellen Freiheitssphäre zu gewähren, setzt sich das Rechtsstaatsdenken der Gegenwart die zusätzliche Aufgabe, prophylaktisch die Entstehung politischer, wirtschaftlicher und insbesondere sozialer Bedingungen zu verhüten, aus denen eine Gefährdung rechtsstaatlicher Prinzipien zu erwachsen vermag".[107]

„Wenn es in Art. 79 Abs. 3 des Grundgesetzes heißt, daß es unzulässig sei, die in den Artikeln 1 und 20 niedergelegten Grundsätze durch verfassungsänderndes (geschweige denn durch einfaches) Bundesgesetz zu berühren, besagt dies nicht zuletzt, daß das in Art. 1 Abs. 2 GG ausgesprochene Bekenntnis des deutschen Volkes zu ‚unverletzlichen und unveräußerlichen Menschenrechten als Grundlage jeder menschlichen Gemeinschaft, des Friedens und der Gerechtigkeit in der Welt' die Bejahung eines allgemein verbindlichen Wertkodex einschließt. Es ist radikalen Ideologie-Enthüllungs-Fetischisten unbenommen, in einem solchen Wertkodex nicht mehr und nichts anderes als den Überbau einer ständigen Wandlungen unterworfenen sozialen Realität zu erblicken. Nur sollte, wer die Fundamente unserer Rechtsordnung verneint, nicht gleichzeitig von sich behaupten, daß er auf dem Boden der Verfassung steht.

Die Anerkennung eines allgemein gültigen Wertkodex ist unerläßlich, um dem demokratischen Staat die ihm obliegende Funktion zu ermöglichen, stets dann regulierend einzugreifen, wenn keine Gewähr dafür besteht, daß aus dem Parallelogramm der ökonomischen, sozialen und politischen Kräfte eine Resultante hervorgeht, die den Minimalerfordernissen einer wirtschaftlich tragbaren und sozial erträglichen Lösung der anfallenden Probleme entspricht. Nur wenn der Staat sich dieser Aufgabe nicht entzieht, besteht eine Chance, daß in einer differenzierten Gesellschaft ein a-posteriori-Gemeinwohl verwirklicht werden kann.

Pluralismus darf nicht mit einer Wiederbelebung von ‚laisser faire' auf kollektiver Ebene gleichgesetzt werden. So bedeutsam für das Funktionieren einer pluralistischen Demokratie auch ist, daß das rechtsstaatliche Erbe des 19. Jahrhunderts nicht zu Schaden kommt, so deutlich sollte doch betont werden, daß, um auf die Dauer in ihrer Existenz gesichert zu sein, eine pluralistisch organisierte Demokratie eines *sozialen* Rechtsstaats bedarf".[108]

## 5. Pluralismus als Herausforderung

Obgleich *Fraenkel* in seinen Schriften immer wieder darauf hinwies, daß die Verfassungswirklichkeit in der Bundesrepublik Deutschland allenfalls einen, wenn auch beachtlichen, Annäherungsgrad an den dem Grundgesetz immanenten „Idealtypus" pluralistischer Demokratie erreicht habe – jedenfalls deutlich genug, um den Kontrast zu den faschistischen Systemen und denen jenseits des „Eisernen Vorhangs"[109] bzw. „der Mauer"[110] deutlich werden zu lassen – und seine Kritik an der bundesrepublikanischen und westlichen Verfassungswirklichkeit klar formulierte, wurden Sätze wie: „Wir haben seit langem in der Bundesrepublik wie in allen anderen westlichen Demokratien eine pluralistische Staatsordnung" irrtümlicherweise oder bewußt anders interpretiert.[111] Allerdings hat die vornehmlich bei oberflächlicher Lektüre gelegentlich mögliche Vermengung analytischer, deskriptiver und normativer Aussagen in den diversen Arbeiten *Fraenkels*[112] und anderer Pluralisten zu dieser Interpretationspraxis beigetragen.

Andererseits sind Pluralismustheorien ebenso wie andere plausible, analytisch sinnvolle und politisch relevante Theorien nicht davor geschützt, daß sie nur partiell zur Kenntnis genommen und darüber hinaus vulgarisiert, ideologisiert und zur Rechtfertigung politischer Ansichten und Zustände verwandt werden. Daß derartige Anwendungen von einigen Kritikern als die wahre Funktion der Theorien ausgegeben werden, ist von der Warte konkurrierender Ideologien her verständlich. Diese Erfahrung mußte auch *Fraenkels* Theorie des Neopluralismus machen, die wegen partieller Übereinstimmung mit anderen Pluralismustheorien – etwa denen eines Laissez-faire-Pluralismus (z.B. hinsichtlich der These von der freien Gründung und Willensbildung von Interessengruppen und deren autonomer Mitwirkung im politischen Willensbildungs- und Entscheidungsprozeß) – mit diesen gleichgesetzt und in ihren von diesen Theorien abweichenden, sie kritisch überwindenden und weiterführenden Aspekten kaum oder gar nicht zur Kenntnis genommen wurde.

Dies ist z.B. der Fall, wenn übersehen oder nicht begriffen wird, daß sich *Fraenkel* zwar mit *Schumpeter* prinzipiell zur Konkurrenztheorie der Demokratie bekennt, in kritischer Revision der *Schumpeterschen* Theorie jedoch ausdrücklich von der „vertieften", „richtig" bzw. „recht verstandenen Konkurrenztheorie der Demokratie (als dem) kennzeichnendsten Merkmal einer pluralistischen Repräsentativverfassung"[113] spricht. Die Gründe hierfür sind u. a. in seiner Lehre vom Gemeinwohl als regulativer Idee[114] – die im Wertkodex des nichtstrittigen Sektors für den politischen Prozeß normativ entscheidende Bedeutung erlangt – und der These zu finden, daß in Wahlen nicht nur über Repräsentanten, sondern auch über Grundfragen der Politik im Sinne von „Alternativlösungen eine Entscheidung getroffen werden soll".

Oder wenn *Fraenkel* erklärt: „Pluralistisch ist nicht ein Staat, der *nur* pluralistisch, pluralistisch ist ein Staat, der *auch* pluralistisch ist. Pluralismus ist ein dialektischer Begriff. Um es noch einmal zu sagen: Pluralismus bedeutet Übereinstimmung und Differenzierung. Das Gegenteil des Pluralismus ist heute nicht der autoritäre Beamten-, sondern der autokratische Massenstaat." Der Antipode der pluralistischen Demokratie sei ein „Regime, das keine Kritik, keine Kontrolle und vor allem keine echte Opposition und daher auch keine Auseinandersetzungen kennt, die Alternativlösungen enthalten."[115]

Und zur zentral bedeutsamen Rolle der Parteien im Transformationsprozeß gesellschaftlicher Forderungen in den Staatswillen unter dem Gebot der Beachtung regulativer Ideen macht *Fraenkel* Ausführungen, die dem Staat und den Parteien alles andere als eine neutrale Schiedsrichter- oder Maklerrolle zuweisen, wie dies beim Laissez-faire-Pluralismus der Fall ist: „In der Gegenwart stellen politische Entscheidungen zumeist die Resultante im Parallelogramm von Kräften dar, an deren Zustandekommen die Interessenorganisationen maßgeblich teilhaben. Es wäre jedoch irrig, den Staatswillen schlechthin mit dem Resultat dieses kollektiven Tauziehens identifizieren zu wollen. . . ., (denn es ist) unentbehrlich zu betonen, daß die Ergebnisse dieser Auseinandersetzungen nur dann als verbindlich anerkannt werden können, wenn die Auseinandersetzungen unter Einhaltung der Regeln eines *fair play* geführt werden und die Ergebnisse der Auseinandersetzungen sich im Rahmen der Mindestforderungen der sozialen Gerechtigkeit bewegen. Die westlichen Demokratien lehnen es ab, die Träger kollektiver Interessen gleichzuschalten oder auszuschalten, weil sie darauf vertrauen, daß das Gemeinwohl nicht trotz der Betätigung, sondern geradezu dank der Mitwirkung von Interessenverbänden zustande zu kommen vermag. Dieses Vertrauen ist auf die Annahme gestützt, daß auch in der Gegenwart die regulative Idee des Gemeinwohls genügend Überzeugungskraft besitzt, um eine Atomisierung der pluralistischen Gesellschaft zu verhindern. Seit der Gleichschaltungsaktion des Jahres 1933 sollte es der letzten Interessenorganisation klar sein, daß ihre Existenz – und daher die Existenz einer pluralistischen Gesellschaft – davon abhängig ist, daß das Erbe des Naturrechts, das einen essentiellen Bestandteil der westlichen Demokratie darstellt, nicht vertan ist.[116] Für eine funktionierende westliche Demokratie ist die Existenz von Interessengruppen und die Geltung eines Naturrechts gleich unentbehrlich. Sie bilden korrespondierende Bestandteile einer jeden modernen Staats- und Gesellschaftsordnung, die nicht vom totalitären Bazillus infiziert ist. Der pluralistische Staat ist ein moralisches Experiment, das jeden Tag von neuem gewagt werden muß. . .
Nur wenn Deutschland die Notwendigkeit und Wirksamkeit eines Na-

turrechts zu bejahen bereit ist, hat es den inneren Anschluß an die westlichen Demokratien endgültig vollzogen.

Es bleibt noch ein letztes Wort zu sagen über die Methoden, die angewandt werden müssen, um die Interessengruppen in den Prozeß der politischen Willensbildung einzugliedern. Diese Aufgabe obliegt den Parteien. Wer von den Parteien sagt, daß sie den Volkswillen mediatisieren, geht von der Prämisse eines einheitlichen Gesamtwillens aus. Für ihn sind – ob er es zugibt oder nicht – die Parteien Erscheinungsformen einer politischen Desintegration. Wer die Interessengruppen unmittelbar in den Prozeß staatlicher Willensbildung eingliedern will, endet notwendigerweise beim Ständestaat. *Wer gleichzeitig den pluralistischen Charakter unserer Gesellschaft und die Notwendigkeit eines demokratischen Repräsentationsorgans bejaht, muß Umschau halten nach Institutionen, die qualifiziert sind, den unerläßlichen Transformationsprozeß vorzunehmen, der die wegen ihrer Zersplitterung politisch aktionsunfähigen Gruppenwillen in politisch aktionsfähige Organisationswillen umzuwandeln hat.* Indem die Parteien sich bemühen, die widerstreitenden Interessen der Gruppen auszugleichen und zwischen ihnen einen Kompromiß zustande zu bringen, betätigen sie sich als soziale und politische Katalysatoren. *Die Funktion, sich als Mittler zwischen den widerstreitenden Gruppeninteressen zu betätigen, können die Parteien aber nur dann wirksam ausüben, wenn in ihnen eine regulative Idee wirksam ist.* Die Parteien mediatisieren nicht einen fiktiven Gemeinwillen, sondern sie integrieren die gestreuten Gruppenwillen, sie wirken dadurch bei der Bildung des Volks- und Staatswillens mit, daß sie sich in den Dienst der Aufgabe stellen, das Gemeinwohl im Wege eines dialektischen Prozesses zu verwirklichen."[117]

Beide der hier zitierten Aufsätze enden mit einem Verweis auf den Begriff der Dialektik. Im erstgenannten heißt es, ,,Pluralismus ist ein dialektischer Begriff", d.h. er bedeutet ,,Übereinstimmung und Differenzierung". Der andere schließt mit dem Hinweis, in einer pluralistischen Demokratie werde das Gemeinwohl ,,im Wege eines dialektischen Prozesses" verwirklicht. Damit wird auf zentrale Aussagen des Neopluralismus verwiesen. Der pluralistische Willensbildungs- und Entscheidungsprozeß ist ein doppelter Prozeß und Legitimationsvorgang: einmal Interessenvermittlung durch funktionale Repräsentation, zum anderen staatlich verbindliche Entscheidung durch staatlich-demokratische Repräsentation. Beide Prozesse bedürfen unter dem Gebot der Gemeinwohlverwirklichung der Integration. In einer parlamentarischen Demokratie stehen im Zentrum dieses Integrationsprozesses die Parteien und das Parlament. Sie können nur dann dazu beitragen, daß die ,,gestreuten Gruppenwillen" zur Bildung eines Volks- und schließlich eines Staatswillens führen und geführt werden, wenn sie Kompromisse unter Beachtung regulativer Ideen herbeiführen, die auch die Interessen von Minderheiten und im freien Wettbewerb Unterlegenen bzw. Benachteiligten beachten. Als regulative Ideen werden dabei Grundwerte angesehen, die nach dem bestehenden Selbstverständnis und Erkenntnisstand unverbrüchliche Geltungskraft beanspruchen können und damit die „Geltung eines Naturrechts" besitzen.

*Normativ* bedeutet Neopluralismus somit die Dialektik von Dissens und Konsens unter dem Geltungsanspruch regulativer Ideen. Als *praktische Methode* bedeutet Neopluralismus einen dialektischen komplexen Interessenartikulations-, Interessenvermittlungs- sowie staatlichen Entscheidungsprozeß, in dem der Wettstreit und freie Verhandlungsprozeß der Interessengruppen und Verbände über Vermittlung der Parteien – die ihr Verständnis der regulativen Ideen u. a. in ihren Parteiprogrammen formulieren und ihren Handlungen zugrundelegen – zur Mitwirkung an der Willensbildung des Staates führt, in dem demokratisch legitimierte Repräsentationsorgane in einem permanenten Normsetzungs- und Normnovellierungsprozeß die jeweils rechtlich verbindlichen Entscheidungen treffen: ein dialektischer Willensbildungs- und Entscheidungsprozeß, der nur dann zu befriedigenden Ergebnissen führen kann, wenn in ihm allgemein akzeptierte regulative Ideen Beachtung finden.

Es dient nicht der Klärung, wenn man zwischen unterschiedlichen Pluralismustheorien keine Differenzierung vornimmt und auf diese Weise Thesen und Aussagen, die jeweils in einem anderen Gesamtzusammenhang stehen und damit einen unterschiedlichen Stellenwert besitzen, ohne weiteres miteinander gleichsetzt. Bei hinreichender Differenzierung dürfte sich so manche angenommene Parallelität oder Widersprüchlichkeit klären lassen. Im übrigen mag es durchaus für die wissenschaftliche Bedeutung und das politische Gewicht einer sozialwissenschaftlichen Theorie sprechen, wenn sie sich sowohl zur Ideologisierung als auch zur wissenschaftlich-kritischen Diskussion eignet.

*Fraenkels* Neopluralismus hat mehr erfahrungswissenschaftliche und normative Hypothesen formuliert als empirisch hinreichend abgesicherte Beweisführungen produziert. Der wissenschaftliche Neopluralismus bleibt daher weitgehend ein bedeutsames Forschungsprogramm, das der Ergänzung, Fortentwicklung und sicherlich auch der Korrektur bedarf.[118] Zugleich sollte nicht übersehen werden, daß sowohl die frühen Pluralisten wie die Neopluralisten ihre Theorien und normativen Postulate primär zur Interpretation und Herausforderung des gesellschaftlichen und politischen Status quo und nicht zu seiner Rechtfertigung konzipierten. Eine Gesellschaft, die in der neopluralistischen Theorie keine Herausforderung erkennt, sie vielmehr als Rechtfertigungskonzept ihrer Verfassungswirklichkeit mißdeutet und mißbraucht, hat deren Intention gründlich mißverstanden. *Hans Kremendahl* machte auf dieses pluralistische Selbstverständnis aufmerksam, als er hervorhob, daß die Pluralismustheorie in der Bundesrepublik Deutschland ein System sehe, „das zumindest die Chance zu einer politischen Demokratie im pluralistischen Sinne hat. Man stellt den Anspruch und sieht die Möglichkeit, diesem Ziel durch Reform und Aufklärung näher zu kommen".[119]

# VII. Positionen der Kritik

## 1. Vorfragen

Die kritische Auseinandersetzung mit dem Pluralismus bezieht sich in der Bundesrepublik Deutschland nicht nur, sondern *auch* auf den Neopluralismus. Dabei ist zunächst zu fragen, was jeweils kritisiert wird und von welcher Position aus die Kritik erfolgt. So wäre zum einen zwischen der festgestellten oder behaupteten Intention und Leistungsfähigkeit der kritisierten Pluralismuskonzeption, der Stringenz ihrer Argumentation, der Triftigkeit ihrer Wirklichkeitsaussagen, ihrem analytischen und normativen Gehalt, ihren Mängeln, Schwächen und den festgestellten oder vermuteten politischen Konsequenzen zu unterscheiden. Zum anderen muß nach der wissenschaftlichen und/ oder politischen Position des Kritikers gefragt werden.

Wer z. B. von einer autoritär-monistischen Staatsauffassung ausgeht, Politik als Freund-Feind-Beziehung definiert und den Pluralismus als letztlich individualistisch begründetes Konzept eines Gruppendarwinismus interpretiert („liberalistischer Pluralismus"), wird den Pluralismus negativ bewerten. Ebenso wird vom Standpunkt monistischer, marxistisch-leninistischer Weltdeutung, als der „einzigen wissenschaftlichen Theorie von der menschlichen Gesellschaft und den Gesetzmäßigkeiten ihrer Entwicklung",[120] der Pluralismus in all seinen Varianten als imperialistische Ideologie zu entlarven sein, die es natürlich kompromißlos zu bekämpfen gilt. „Es ist ein Kampf, der nur mit dem vollständigen Sieg des Marxismus-Leninismus und dem Sturz, der Liquidierung der bürgerlichen Ideologie enden kann".[121] Von dieser Position aus wird auch der sozialistische Pluralismus in all seinen Erscheinungsformen als „revisionistische Abweichung vom Marxismus", als „unwissenschaftlich und diversionistisch in (seiner) Zielsetzung",[122] d. h. die internationale kommunistische Bewegung spaltend, verdammt. Generell können die verschiedenen kritischen Positionen und Problemstellungen unter zwei Gesichtspunkten strukturiert werden:

Einmal, indem auf die vorhandene Sympathie oder Übereinstimmung mit den Intentionen der Pluralisten abgehoben wird. Es gibt Kritiker, die die wissenschaftliche oder/und politische Grundposition der kritisierten Konzeptionen mehr oder weniger teilen.[123] Zum anderen gibt es Kritiker, die — wie beispielsweise *Carl Schmitt* oder *Johannes Agnoli* — dies, aus welchen prinzipiellen Gründen auch immer, nicht tun; z. B. weil — wie in der Kritik *Agnolis* — der Pluralismus im Gegensatz zur revolutionären Klassenkampfposition (Freund-Feind-Beziehung) von einer evolutionär-reformerischen Partnerschaftsvorstellung (Partner verstanden als Interessengegner bei gemeinsamem Fundamentalkonsens) ausgeht. Die gewählte Position wird die Kritik prägen.

Eine zweite Strukturierungsmöglichkeit liegt darin, indem die eigene Ausgangslage und Grundhaltung des Kritikers die Einteilung bestimmt, wonach die verschiedenen kritischen Positionen grob in vier Hauptrichtungen untergliedert werden können: die sogenannte „rechte", die neoliberale, die vor- und nachkonziliare (katholische) sowie die „linke" Kritik. Auf diese verschiedenen „Richtungen" kann hier nur in groben Zügen verwiesen werden:

## 2. Hauptrichtungen der Kritik

a) Rechte Kritik
Unter „rechter Kritik" werden, wie in der Sicht von *Werner Weber, Ernst Forsthoff, Rüdiger Altmann* u. a.,[124] die Vertreter jener kritischen Position zusammengefaßt, die im Pluralismus primär eine Gefährdung staatlicher Einheit und Autorität sehen und ihn daher sowohl in seinen konkreten Erscheinungsformen als auch in seiner theoretischen Position ablehnen und entsprechend kritisieren. Kritiker „von rechts" neigen dazu, alle sozialen Verhaltensweisen von Verbänden und Vereinigungen, soweit sie nach ihrem Urteil desintegrierend und paralysierend auf den politischen Entscheidungsprozeß einwirken und damit die Entscheidungsfreiheit des Staates, insbesondere seiner Exekutivorgane, auf Kosten ihrer dem Gemeinwohl verpflichteten Verantwortlichkeit eingrenzen, als Pluralismus bzw. pluralistisch zu bezeichnen. Pluralismus steht daher unter dem Verdacht, dem Staat seinen ihm gebührenden Ehrenplatz höchster, uneingeschränkt geltender Autorität streitig zu machen und damit dessen Diskriminierung, wenn nicht gar seine Auflösung in Kauf zu nehmen.
Die moderne „rechte Kritik" gipfelt in drei durchaus bedenkenswerten Problemstellungen: 1. Ein „ungezügelter" Gruppenpluralismus kann dazu führen, daß der demokratische Staat seine Fähigkeit zu verantwortlichem Handeln gegenüber dem Wähler verliert. 2. Die Kompetenzeinbuße des Staates hat nicht nur Autoritätsverlust zur Folge, er entzieht dem Staat auch seine Schutzfunktion, z. B. gegenüber Minderheiten, sowie seine durch Sachzwänge kurz- oder langfristig erforderliche Entscheidungsfunktion.[125] 3. Ein Gruppenpluralismus, der die Einheit des Staates problematisiert, führt entweder zur Diktatur des wirtschaftlich oder zahlenmäßig stärksten Gruppenkartells oder zu einer durch Machtbalancen bewirkten Immobilität und damit zur Unfähigkeit, Allgemeininteressen verantwortlich nachzukommen.

b) Neoliberale Kritik
Entgegen gelegentlich auch in wissenschaftlicher Fachliteratur geäußerter Meinung[126] gehören die *Neoliberalen* von *Alexander Rüstow* über *Walter Eucken* und *Wilhelm Röpke* bis hin zu *Alfred Müller-Armack* und *Ludwig Erhard* nicht zu den geistigen Vätern oder Verfechtern pluralistischer Theorien, sondern nach 1945 zur Gruppe mehr oder weniger prononcierter Kritiker „des" Pluralis-

mus.[127] Indem der Pluralismus weitgehend als schlichte Fortsetzung des abgelehnten Laissez-faire-Liberalismus auf Gruppenebene gesehen, d. h. in seinem Begründungszusammenhang individualistisch interpretiert wurde, erfuhr er ebenso wie der bekämpfte „Paläoliberalismus" (*Rüstow*; paläo = alt) scharfe Kritik. Da der Marktwettbewerb zwar ein notwendiges, aber keineswegs hinreichendes Mittel zur Sicherstellung eines „menschenwürdigen Lebens" sei, vielmehr der sozialpolitischen Ergänzung und Korrektur durch den Staat bedürfe,[128] mußte auch ein lediglich am „freien Marktwettbewerb" orientierter Gruppenpluralismus abgelehnt werden. Wie der Staat den Wettbewerb vor Monopol- und Kartellgefährdung zu schützen habe, so müsse er ebenso die freie Entfaltung aller Bürger vor Monopol- und Kartellbildungen im Gruppenpluralismus schützen. Daher sei die Ordnungsfunktion des Rechtsstaates unbedingt sicher zu stellen. Zugleich dürfe der Gruppenpluralismus mit seinen Ansprüchen an den Staat nicht dazu führen, daß dieser auf den Sündenpfad zunehmender, interventionistischer Kompetenzausdehnung mit den Konsequenzen dirigistischer Eingriffsgelüste genötigt werde.

Unter Berufung auf das Konzept „soziale Marktwirtschaft" und in dem Bemühen, dem Gruppenpluralismus der Verbände regulierend Grenzen zu setzen, hatte Bundeskanzler *Ludwig Erhard* Mitte der 60er Jahre auch seine Version einer „formierten Gesellschaft" propagiert, die nach *Erhard* „als Prozeß zu begreifen" sei, „eine informierte Gesellschaft voraussetzt" und „den selbstbewußten Bürger will, der sich nicht aus Bequemlichkeit oder mangelnder Zivilcourage willenlos dem Kollektiv unterordnet und damit das menschliche Gewissen erstickt". Die „Formierte Gesellschaft", so erklärte Bundeskanzler *Erhard* sein Konzept am 22. März 1966 vor dem 14. CDU-Parteitag in Bonn, sei eine „Gesellschaft, die sich nicht darin erschöpfen will, *allein* den Individualinteressen zu genügen. Die ‚Formierte Gesellschaft' verkörpert vielmehr eine Gemeinschaft, die sich in ihren Existenzfragen solidarisch weiß, die gemeinsame Ziele anstrebt und sich nicht *nur* von Gruppeninteressen leiten läßt. Die ‚Formierte Gesellschaft' ist darum aber auch eine Gesellschaft christlicher Solidarität. Das muß immer deutlicher werden . . . Die ‚Formierte Gesellschaft' fordert ein soziales und politisches Verhalten jedes einzelnen, das sich nicht nur in der Sorge um seine private Sphäre und in dem Vertrauen auf seine Gruppenvertretung erschöpft, sondern sich vielmehr mit wachem Interesse um öffentliche Dinge kümmert."[129]

Wie stark der Neoliberale *Ludwig Erhard* mit dem Begriff Pluralismus die Vorstellung eines abgelehnten, da unsozialen Laissez-faire-Pluralismus verband, machte er in einem Interview vom 29. Mai 1965 deutlich: „Auch eine ‚Formierte Gesellschaft' wird die Existenz von Gruppen und Verbänden nicht gering achten, denn es wäre eine Illusion, glauben zu wollen, daß in einer in unserem Sinne fortgeschrittenen Gesellschaft keine Spannungen auszutragen seien. Aber jenseits der Gruppeninteressen und der daraus resultierenden Meinungsverschiedenheiten muß unsere Gesellschaft als Ganzes in der Lage sein, sich Entwicklungsziele zu setzen, ihre Solidarität über Partikularegoismen zu stellen und im Bewußtsein der Abhängigkeit aller von allen eine soziale Ordnung hohen Grades zu errichten. So sehr der Kompromiß eine legale Form der Verständigung ist – er ist ein Element unserer Demokratie –, so sehr muß sich doch unsere Gesellschaft auch als Ganzes und als Einheit entscheiden können. Die Bildung einer ‚Formierten Gesellschaft‘ setzt ein klares Bewußtsein von der Situation unserer Gesellschaft voraus. Mag diese Gesellschaft *pluralistisch* genannt werden, so ist sie es doch *nicht mehr im Sinne der zwanziger Jahre*. Sie ist vielmehr auf dem Wege zur Integration. In dieser Integration liegt die Zukunft unserer Demokratie."

c) Einwände der katholischen Soziallehre

Obgleich sie auch in der Argumentation weitgehend mit der neoliberalen Kritik übereinstimmen mögen, gehen die hier unter der Bezeichnung *„vor- und nachkonziliare Kritiker"* zusammengefaßten Autoren wie *Goetz Briefs* – der vom „Laissez-faire-Pluralismus"[130] spricht –, *Gustav Gundlach, Gustav E. Kafka, Franz Klüber, Johannes Messner, Oswald von Nell-Breuning* u. a. als Vertreter der *katholischen Soziallehre* doch von einer erheblich anderen Grundposition aus.[131] Gemäß der christlichen Naturrechtsauffassung fallen in seinsrealistischer Interpretation die *ontische (seinsmäßige), subsidiär* strukturierte Wesensordnung mit der ethischen (sittlichen), auch Gemeinwohlvorstellungen umgreifenden Wertordnung zusammen. Von hier aus wird ein personelles, christliches Menschenverständnis begründet, das sich betont von allen individualistischen und kollektivistischen Konzeptionen absetzt. Da der Pluralismus vornehmlich als individualistisch begründetes Theorem interpretiert wird, wird bzw. wurde er lange Zeit auf Grund des katholisch-monistischen Wertverständnisses und des personalen Menschenverständnisses mit aller Konsequenz abgelehnt. Nicht „liberale Pluralismen", sondern berufsständische, korporative Gliederungsvorstellungen wurden als Alternative zu monistischen Staatskonzeptionen entwickelt und verfochten.[132] Bei dieser kritischen Auseinandersetzung mit dem Pluralismus kann, etwas vereinfachend, zwischen einer *vor-* und *nachkonziliaren Akzentsetzung* unterschieden werden. Die Wegscheide bildet das II. Vatikanische Konzil vom Jahre 1965 insofern, als sich in ihm „die ‚Kopernikanische Wendung‘ (*Herder-Dorneich*) vom weltanschaulich-monistischen und organisch-homogen strukturierten Gesellschaftsentwurf hin zur Realität einer weltanschaulich-pluralistisch verfaßten und heterogen strukturierten Gesellschaft"[133] in der Pluralismuskritik widerspiegelt. Seitdem wurde ein Dialog zwischen Pluralismustheorie und katholischer Soziallehre, die nun erstmals auch den Neopluralismus zur Kenntnis nahm, möglich. Er führte von einer Pluralismusperzeption zu ersten Anzeichen einer kritischen Rezeption.

Zum kritischen Befund der bereits in der vorkonziliaren Pluralismuskritik entwickelten Auffassungen hat *Joachim Detjen* kürzlich resümierend festgestellt: „Die vorkonziliare Soziallehre weist in ihrer Situationsanalyse auf Struktureffekte in der Gesellschaft hin, die die Hoffnung der Neopluralisten als irreal erscheinen lassen, durch Ausgleich der Interessen zu einem Gemeinwohl zu kommen, das objektiv den Mindestanforderungen einer gerechten Sozialordnung entspricht. Zu Recht werden die undemokratischen Binnenstrukturen der Verbände und das auf Befriedigung geltend gemachter kurzfristiger Interessen reduzierte Gemeinwohl angeprangert. Zutreffend beklagte *Briefs* in der These der Grenzmoral die permanente Gefahr des sittlichen Verfalls und warnt vor zunehmenden Integrationsschwierigkeiten, wenn tragfähige ethische Maßstäbe fehlen. Die These des Laissez-faire-Pluralismus unterstreicht die mangelnde Entscheidungspotenz des Staates aufgrund ethisch nicht limitierter Pressionen seitens ökonomisch befestigter Verbände und bemängelt, daß sich die staatliche Gemeinwohlpolitik auf die Vermeidung von Systemkrisen beschränkt. Ähnlichkeit mit *Offes* Disparitätenthese ist unübersehbar, wobei im katholischen Gedankengang als Ursache der Gemeinwohlverzerrung letztlich der individualistische Egoismus festgestellt wird, der auf dem Abfall von der Seinsordnung (und das heißt vom christlichen Glauben) beruht".[134] Zugleich wird festgestellt, daß der kritisierte Pluralismus für die Problemlage der Hilfsbedürftigen, Konkurrenzunfähigen, schwer oder überhaupt nicht autonom organisierbaren „Randgruppen" kein hinreichendes Verständnis und schon gar keine befriedigende Lösung aufzeige.

### d) Linke Kritik

„*Linke Kritik*" meint jene kritische Richtung, deren Vertreter dazu neigen, im Pluralismus der Verbände und in der pluralistischen Demokratietheorie mehr oder weniger deutlich den Versuch der herrschenden Klassen zu erblicken, den tatsächlichen Klassenantagonismus der spätkapitalistischen Gesellschaft durch die Behauptung einer pluralistischen Gruppenvielfalt zu verschleiern, um ihre Herrschaftsposition wirksamer absichern zu können. Der Pluralismus diene eher der Herrschaftssicherung als der Herrschaftsbegrenzung. Die linken Kritiker fragen sowohl nach der Stringenz pluralistischer Modellvorstellungen, dem damit verbundenen Demokratieverständnis sowie dem ideologischen Substrat pluralistischer Theorie, als auch und vor allem nach dem Verhältnis von sozialökonomischen Tatbeständen, pluralistischer Wirklichkeit und pluralistischer Theorie. Ihr Interesse gilt damit letztlich der Frage nach der Herrschaftsfunktion von faktischem und theoretischem Pluralismus.

Dabei lassen sich ebenso wie bei der rechten auch bei der linken Kritik trotz gewisser allgemeiner Übereinstimmungen sowohl bei den Fragestellungen als auch in der Schärfe, mit der der Pluralismus kritisiert wird, sehr erhebliche Differenzierungen ausmachen. Sie reichen vom

Zweifel an der behaupteten analytischen Leistungsfähigkeit des pluralistischen Ansatzes, von der Kritik am „reduzierten Demokratiepostulat", über die Enthüllung entdeckter oder vermuteter Diskrepanzen zwischen pluralistischer Theorie und politisch-sozialer Wirklichkeit bis hin zur These, der Pluralismus lasse sich eindeutig als ein Herrschaftsinstrument zur manipulativen Konfliktreduktion entlarven, das dazu dienen soll, die Klassenantagonismen zu verschleiern, die Illusion des sozialen Friedens vorzugaukeln und faktisch die Massen von der Teilhabe an der Herrschaft fernzuhalten. Die Vertreter dieser sehr breiten Palette verschiedener kritischer Akzentsetzungen[135] reichen von *Fritz Scharpf* und *Walter Euchner* über *Wolf-Dieter Narr, Claus Offe* und *Rainer Eisfeld* bis hin zu *Johannes Agnoli*[136] sowie schließlich den strikten Gegnern selbst eines sozialistischen Pluralismus, d. h. bis hin zu den Parteidogmatikern der DKP und SED sowie der ihnen nahestehenden Wissenschaftler.[137]

Unter den linken Kritikern, die weiterführende Konzepte zu entwickeln versuchten, sei hier auf zwei — *Scharpf* und *Eisfeld* — verwiesen. *Scharpf*[138] trägt zwar eine eingehende Pluralismuskritik vor, die sich jedoch fast ausschließlich an amerikanischer, zumeist soziologischer Pluralismustheorie orientiert. Das im Anschluß an seine Kritik dargelegte Demokratiekonzept führt demgegenüber nur geringfügig über bereits im Neopluralismus angelegte Vorstellungen, Erkenntnisse und normative Postulate, wie sie *Ernst Fraenkel* entwickelte — dessen Arbeiten von *Scharpf* allerdings kaum erwähnt werden — hinaus. *Rainer Eisfeld* wiederum, der *Fraenkels* Theorien weitgehend verwirft und mit großem Engagement *Laskis* Pfaden folgt,[139] hat eine den neopluralistischen Ansatz übersteigende Konzeption eines pluralistischen Sozialismus erarbeitet. Er spricht von einer entwicklungsgeschichtlich-dialektischen Trias Liberalismus-Pluralismus-Sozialismus, derzufolge die jeweils vorangegangene historische Periode in der folgenden zugleich bewahrt, überwunden und höhergeführt, d. h. in dreisinniger Weise „aufgehoben" sei und Demokratie ebenso wie Pluralismus erst im Sozialismus voll verwirklicht werden kann. Diese dialektisch-lineare Entwicklungskonstruktion sieht allerdings von dem Tatbestand ab, daß liberale und sozialistische bzw. sozialdemokratische Pluralismuskonzeptionen parallel zueinander in kritischer Auseinandersetzung mit monistischen Staatstheorien und durch sie legitimierter Staatspraxis entstanden sind und weiter entwickelt wurden.

Aus der Skala immer wiederkehrender Problemstellungen linker Kritik seien hier lediglich erwähnt: die fehlende Chancengleichheit der am politischen Prozeß teilhabenden Gruppen — von der Benachteiligung ökonomisch schwacher ganz zu schweigen; die Disparität in der Erfolgschance von Sonderinteressen, hinter denen starke Verbände stehen, einerseits und allgemeinen Interessen, die keine speziellen Organisationschancen besitzen, andererseits; der Mangel an innerparteilicher und innerverbandlicher Demokratie mit der Folge oligarchischer Entfremdungs- und Fremdbestimmungstendenzen; die einen fairen

Wettbewerb verhindernden Monopol- und sonstigen Konzentrationsbildungen in allen Bereichen, vornehmlich dem der Massenmedien; der wirksame Widerstand etablierter Gruppen gegen „Neulinge" und gegen Innovationstendenzen; der grundsätzlich konservative Charakter des an Gleichgewichtsvisionen orientierten Pluralismus mit seiner Erschwernis struktureller Veränderungen.

Aus dem Chor linker Pluralismuskritik ist kürzlich wieder einmal verkündet worden, daß es sich bei „normativen und funktionalistischen Pluralismustheorien" um Konzeptionen handle, „deren wissenschaftliche Blütezeit ohnehin dem Ende zugeht".[140] Sie werden von einigen gleichsam als spätkapitalistische Legitimationskonzepte gedeutet, die gemeinsam mit dem Spätkapitalismus dem Untergang geweiht seien. Die Zukunft gehöre dem historisch notwendigen Sozialismus sowie der diesem Sozialismus angemessenen „marxistisch-wissenschaftlichen Methode".

Man muß keineswegs von derartigen Gewißheiten durchdrungen sein, um linke Pluralismuskritik – ebenso wie jeden anderen kritischen Ansatz – ernst zu nehmen. Eine angemessene Auseinandersetzung mit Pluralismuskritik muß allerdings stets von der Frage nach deren jeweiliger Triftigkeit ausgehen. Oft genug erweist sich auch Pluralismuskritik als Kritik an einem selbstfabrizierten Konzept: Man entwirft eine Fehlinterpretation, nennt sie Pluralismustheorie, ordnet ihr möglicherweise einen Autorennamen zu und entlarvt die so konstruierte Fehlinterpretation anschließend als Fehlinterpretation. Damit kann gelegentlich durchaus ein heuristischer Nutzen verbunden sein. Nur hat man sich auf diese Weise sicherlich nicht mit *der* Pluralismustheorie und schon gar nicht mit *dem* Pluralismus schlechthin kritisch auseinandergesetzt.

### 3. Korporatismus versus Pluralismus

a) Vom Pluralismus zum Korporatismus?

Seit einiger Zeit gibt es nun auch in der Bundesrepublik eine weitere Version der Pluralismuskritik, der *Ulrich von Alemann* und *Rolf G. Heinze* mit dem Untertitel des von ihnen im Jahre 1979 herausgegebenen Sammelbandes „Verbände und Staat" Ausdruck verliehen haben: „Vom Pluralismus zum Korporatismus".[141] Hatte *Rainer Eisfeld* seine Pluralismuskritik noch mit der These verbunden, es gebe eine Entwicklungslinie vom Liberalismus über den Pluralismus zum Sozialismus,[142] so wird nun die These des Übergangs vom Pluralismus zum Korporatismus zur Diskussion gestellt.

Der Band von *Alemann* und *Heinze* verfolgt zwei Ziele. Er will zum einen auf die vor allem in den angelsächsischen Ländern seit einigen Jahren geführte Korporatismusdebatte aufmerksam machen und zum anderen auf ähnliche Entwicklungslinien in der Bundesrepublik hinweisen, die – neben der beispielhaft erwähnten „konzertierten Aktion" – in den Vorschlägen und Erörterungen um ein Verbändegesetz gesehen werde. Als Initiatoren derartiger Erwägungen wird kritisch auf die FDP, vor allem aber auf die CDU/CSU verwiesen, als deren eigentliche Absicht eine Einengung der Freiheit des DGB vermutet wird.[143]

Soweit mit dem Band auf die angelsächsische Korporatismusdiskussion aufmerksam gemacht wird, kommt ihm zweifellos ein Verdienst zu. Gleiches gilt prinzipiell für die Dokumentation und Diskussion der mittlerweile zurückgezogenen FDP-Vorschläge zu einem Verbändegesetz. Problematisch erscheint hingegen die Darstellung und Auseinandersetzung mit den Pluralismustheorien und ihren Entsprechungen in der sozialen Wirklichkeit. Das Problem steckt dabei in einem doppelten Mangel: einer mangelhaften Vertrautheit mit der Pluralismusdiskussion und einer mangelhaften analytischen Differenzierung.[144]

Seit etwa zwei Jahrzehnten gibt es so etwas wie eine mit zunehmender Intensität und erheblichem Variationsreichtum geführte „internationale Korporatismusdiskussion". Daß diese „Neo"-Korporatismusdebatte, von der hier die Rede ist – und die nicht mit „alt"-korporatistisch-ständestaatlichen noch autoritär-faschistischen Konzeptionen zusammenfällt – in angelsächsischen Ländern begann und eingehender als anderswo geführt wird, ist nicht weiter verwunderlich. Denn im Gegensatz zu Kontinentaleuropa hat der Pluralismus im Sinne autonomer Gruppenbildung und der freien Einflußnahme der Gruppen auf den politischen Willensbildungs- und Entscheidungsprozeß England und vor allem die Vereinigten Staaten von Nordamerika im 19. und zu Beginn des 20. Jahrhunderts unvergleichlich deutlicher geprägt als etwa Frankreich oder gar Deutschland.[145] Andererseits sind die in der angelsächsischen Korporatismusdiskussion debattierten Kooperationsformen und Machtkonstellationen zwischen staatlichen Organen und gesellschaftlichen Gruppen für diese Länder ein relativ neues Phänomen, während sie den kontinentaleuropäischen Ländern seit langem wohl vertraut sind.

Eine Pionierstudie der amerikanischen Korporatismusdiskussion ist *Lowis* Arbeit „The End of Liberalism" aus dem Jahre 1969.[146] Bei der Suche nach einem angemessenen Namen zur Kennzeichnung der neuen Strukturen im vertrauten pluralistischen Kontext Amerikas sieht *Lowi* zwar im Wort „corporatism" „a strong candidate". Um unangebrachte Verbindungen zu Konzeptionen eines „conservative Catholicism or Italian fascism" zu vermeiden, entscheidet er sich schließlich doch für einen anderen Terminus: „The most clinically accurate term to describe the American variant is interest-group Liberalism".[147] Ein Terminus, den *Kelso* mit dem Begriff corporate pluralism gleichsetzt.[148] Welche Begriffs- und Vorstellungsvielfalt insbesondere in der englischen Diskussion zum Korporatismus anzutreffen ist, wurde kürzlich von *Franz Nuscheler* in seinem wichtigen Aufsatz „Regierung auf Vereinbarung der ‚neuen Stände'? Diskussion und Befund des Korporatismus in Großbritannien" aufgezeigt.[149]

## b) Schmitters Definitionen

Im Rahmen dieser wissenschaftlichen Auseinandersetzungen hat sich seit Beginn der 70er Jahre der amerikanische Forscher *Philippe C.Schmitter* in dem Bemühen um begriffliche Klärungen hervorgetan. In seiner bedeutenden Studie „Interest Conflict and Political Change in Brazil"[150] unterschied er zwischen drei Modellkategorien: „pure totalitarian regimes", „pure pluralist regimes" und „authoritarian regimes". In Brasilien entdeckte er einen „limited pluralism", für den er die Bezeichnung Korporatismus verwendet: „a limited pluralist or corporatist system of interest representation".[151] Während *Schmitter* mit einiger Skepsis die Annahme anderer zitiert, das autoritäre Militärregime Brasiliens befinde sich seit 1964 möglicherweise auf dem Wege zu einer „full-fledged pluralist democracy",[152] meint er in den westlichen Demokratien eher die Entwicklung von bisher pluralistischen zu stärker korporatistisch geprägten Strukturen und Entscheidungsabläufen entdecken zu können. Um diese Transformationsprozesse von primär pluralistisch zu primär korporatistisch geprägten Systemen analytisch besser in den Griff bekommen zu können, verfeinerte er seine Begrifflichkeit.[153] 1974 definierte *Schmitter* seine drei Grundbegriffe Pluralismus, Korporatismus und Syndikalismus mit folgenden, auf den institutionellen Aspekt der Interessenvermittlung allein abhebenden Beschreibungen:[154]

„1. *Pluralismus* kann definiert werden als ein System der Interessenvermittlung, dessen wesentliche Bestandteile in eine nicht näher bestimmte Anzahl verschiedener, freiwilliger, in Wettbewerb stehender, nicht hierarchischer und autonomer (was die Art und den Umfang des Interesses betrifft) Gruppen organisiert sind. Diese Gruppen besitzen weder eine staatliche Lizenz, besondere Anerkennung oder Unterstützung, noch sind sie auf staatliche Initiative hin gebildet worden oder unterliegen staatlicher Kontrolle hinsichtlich der Rekrutierung von Führungspersonal oder der Interessenartikulation. Außerdem können sie kein Repräsentationsmonopol innerhalb der von ihnen vertretenen Bereiche in Anspruch nehmen.

2. *Korporatismus* kann definiert werden als ein System der Interessenvermittlung, dessen wesentliche Bestandteile organisiert sind in einer begrenzten Anzahl singulärer Zwangsverbände, die nicht miteinander in Wettbewerb stehen, über eine hierarchische Struktur verfügen und nach funktionalen Aspekten voneinander abgegrenzt sind. Sie verfügen über staatliche Anerkennung oder Lizenz, wenn sie nicht sogar auf Betreiben des Staates hin gebildet worden sind. Innerhalb der von ihnen vertretenen Bereiche wird ihnen ausdrücklich ein Repräsentationsmonopol zugestanden, wofür sie als Gegenleistung bestimmte Auflagen bei der Auswahl des Führungspersonals und bei der Artikulation von Ansprüchen oder Unterstützung zu beachten haben.

3. *Syndikalismus* kann definiert werden als ein System der Interessenvermittlung, dessen wesentliche Bestandteile eine nicht begrenzte Anzahl singulärer, nicht miteinander im Wettbewerb stehender (oder

besser noch: räumlich voneinander geschiedener) Vereinigungen sind. Diese sind nicht hierarchisch organisiert oder nach funktionalen Aspekten abgegrenzt. Weder der Staat noch die Partei hat sie anerkannt, gebildet oder mit einer Lizenz ausgestattet, auch werden sie von diesen nicht bei der Führungsauswahl oder Interessenartikulation kontrolliert. Außerdem verfügen sie über kein Repräsentationsmonopol, sondern lösen ihre Konflikte autonom, ebenso wie sie die ,autoritative Allokation ihrer Werte' ohne Einmischung des Staates vornehmen."

Diese drei Grundtypen sind von *Schmitter* bewußt statisch und deskriptiv gefaßt, um mit ihnen auf erworbene, nicht erst im Entstehen begriffene Eigenschaften eines Systems aufmerksam zu machen. Diese statischen Typen bedürfen jedoch einer Ergänzung durch Subtypen, die auf besondere Eigenschaften hinweisen, die sich aus verschiedenen Entstehungsprozessen ergeben. Da der Gestaltungsantrieb in den drei skizzierten Systemen der Interessenvermittlung sowohl von der staatlichen als auch von gesellschaftlicher Seite ausgegangen sein bzw. ausgehen und von hier bestimmt werden kann, wird in allen drei Systemtypen weiterhin zwischen einer staatlichen und einer gesellschaftlichen Version unterschieden. Somit muß nicht nur zwischen staatlichem und gesellschaftlichem Korporatismus, sondern auch zwischen einem staatlichen und gesellschaftlichen Pluralismus differenziert werden.

Wie die Definition erkennen läßt, steht das Wort Pluralismus bei *Schmitter* lediglich für eine extreme Form des Laissez-faire-Pluralismus. Gesellschaftlicher (societal) Pluralismus bedeutet Interessenvermittlung durch eine Vielzahl miteinander in Wettbewerb stehender autonomer Gruppen, Punkt. Staatlicher Pluralismus (state pluralism) ist dann gegeben, wenn der Staat nach dem Prinzip des divide et impera den Versuch unternimmt, die Tätigkeit einer Vielzahl kleinerer, miteinander konkurrierender Interessengruppen zu garantieren und die Herausbildung starker Verbände, die die staatlichen Institutionen möglicherweise wirkungsvoll beeinflussen könnten, zu verhindern.[155] Der Deutsche Gewerkschaftsbund als Einheitsgewerkschaft und der Bundesverband der deutschen Arbeitgeberverbände oder der Deutsche Bauernverband wären demnach Monopolorganisationen, die den Pluralismus verlassen und den Schritt in den Neokorporatismus vollzogen hätten. Je geringer der Wettbewerb einer Vielzahl kleinerer Vereine, desto größer der Korporatismusverdacht.

Der Begriff Korporatismus ist demgegenüber eine Sammelbezeichnung für eine Reihe gemeinsamer charakteristischer Merkmale moderner Industriestaaten: sei es „westlicher Demokratien" oder autoritärer Militärregime. So benennt der Begriff gesellschaftlicher Korporatismus (societal corporatism) eine möglicherweise in den USA, Großbritannien und anderen westlichen Demokratien erkennbare Form des Korporatismus, während der Terminus staatlicher Korporatismus (state corporatism) als Systemkategorie eher auf autoritäre Militärregime Südamerikas zutrifft. Obgleich zwischen den abstrakt formulierten Grund- und Subtypen in der sozialen Wirklichkeit unterschiedliche Mischformen die Regel sein werden, wie *Schmitter* betont, können einzelne Merkmale doch ein so prägendes Übergewicht erlangen, daß ein bestimmter Begriff zum systemkennzeichnenden Oberbegriff gewählt werden kann.[156]

c) Pluralismus als systemkennzeichnender Begriff

Ob es wirklich angemessen ist, den Pluralismusbegriff als systemkennzeichnenden Oberbegriff prinzipiell durch den des Korporatismus auch dann zu ersetzen, wenn lediglich von instutionellen bzw. „korporatistischen" Regulierungen oder Regelungen gesprochen werden kann, die einen offenen Gruppenpluralismus ergänzen oder partiell eingrenzen, und dergestalt zwischen einer *noch demokratischen* Version des gesellschaftlichen Korporatismus und der *autoritären* eines staatlichen Korporatismus oder gar „Staatskorporatismus"[157] zu unterscheiden, scheint mir fraglich zu sein. Für die deutsche Diskussion halte ich – ebenso wie dies *Kelso* für die amerikanische empfiehlt – den Begriff des Pluralismus als systemkennzeichnenden Oberbegriff für analytisch angemessener. Denn Pluralismus bezieht sich nicht ausschließlich auf die autonome Willensbildung und den Wettbewerb von Interessengruppen, sondern auf einen doppelten Willensbildungs- und Entscheidungsprozeß: gesellschaftlich-funktionale und regional-egalitäre demokratische Repräsentation.[158]

Entsprechend der Empfehlung *Kelsos*[159] scheint es mir zutreffender zu sein, bei der Erörterung korporatistischer Probleme im Sinne der angesprochenen Debatte zwischen einem Laissez-faire-Pluralismus, einem korporativen Pluralismus und einem Neopluralismus zu unterscheiden. Bei dieser Analyse dürfte deutlich werden, daß es in Deutschland einen Laissez-faire-Pluralismus allenfalls in der Theorie, in der Realität nie jedoch auch nur annähernd in dem Ausmaße wie in den USA gegeben hat. Mischformen mit deutlicher Akzentuierung der Strukturmerkmale eines korporativen Pluralismus sind uns demgegenüber weit vertrauter. Es sei nur an die deutsche Version der Pluralismusdiskussion zu Beginn der Weimarer Republik in den Jahren 1918 bis 1920 erinnert: *Sinzheimers* Lehre zum kollektiven Arbeitsrecht und zur Tarifautonomie sowie die Debatten um Artikel 165 der Weimarer Verfassung[160] diskutieren Probleme eines korporativen Pluralismus.

*Heinrich August Winkler*[161] hat in diesem Zusammenhang auf einige geschichtliche, bis in unsere Gegenwart hineinwirkende Tatsachen hingewiesen, die in der deutschen Pluralismus- und Korporatismusdiskussion nicht außer acht bleiben dürfen:

„Mit dem Begriff der ‚pluralistischen Gesellschaft' verbinden wir heute meist die Idee eines vorstaatlichen Raumes, in dem eine Vielzahl autonomer Gruppen um soziale oder politische Geltung ringt. Es spricht jedoch einiges für die These, daß sich diese Vorstellung, bewußt oder unbewußt, eher auf angelsächsische als auf kontinentaleuropäische Traditionen stützt. In Deutschland sowohl wie in Frankreich gibt es ein Phänomen, das man als „staatlich gestifteten Pluralismus' bezeichnen kann. Das öffentlich-rechtliche Kammerwesen ist sein reinster Ausdruck, und es ist keineswegs eine periphere Erscheinungsform organisierter wirtschaftlicher Interessen. Vielmehr konstituiert die bloße Existenz von Kammern eine Art gesellschaftlicher Grenzwert: der Wunsch nach staatlicher Anerkennung, wenn nicht gar nach einem öffentlich-rechtlichen Status ist durch das 19. und 20. Jahrhundert hindurch ein kaum zu überschätzender Faktor der deutschen Verbandspolitik. Die Entwicklung der organisierten Interessen im Kaiserreich ist nur auf diesem Hintergrund zu verstehen."[162]

Der Absolutismus in Kontinentaleuropa und vor allem die Rezeption des römischen Rechts waren hier Voraussetzungen dafür, daß die staatliche Anerkennung überhaupt zu einer Vorbedingung der Verbandsbildung werden konnte. „In England und Nordamerika ist die Vereins- und Versammlungsfreiheit niemals grundsätzlich in Frage gestellt worden. Die Organisation von Interessen blieb der gesellschaftlichen Spontanität überlassen. Weder die Vereinigten Staaten noch Großbritannien kennen infolgedessen auch jene öffentlich-rechtlichen Handelskammern, die während der napoleonischen Ära zuerst im französisch beherrschten Teil Europas errichtet wurden und zumindest formal an Einrichtungen der vorrevolutionären Zeit... anknüpfen konnten."[163]

Formen korporatistischer Organisation gab es in Deutschland aber nicht nur im Kammerwesen, sie wirkten weit in das Verbandswesen hinein: „Die Tendenz zur öffentlich-rechtlichen Organisation partikularer Interessen griff. . . im Kaiserreich über das soziale Einzugsfeld der sozusagen klassischen Kammer weit hinaus. Es entstand eine Zwischenzone institutioneller Verzahnungen von ‚Staat' und ‚Gesellschaft', in der die Grenzen zwischen privatem und öffentlichem Interesse fast völlig verschwammen."[164]

Von besonderer Bedeutung war dabei die Bildung von Spitzenverbänden und deren nicht nur auf dem Wege der Personalunion enge Verbindung mit den mannigfachen Kammern: „Angesichts solcher Interdependenzen stellt sich die Frage, wie ‚frei' die ‚freien Verbände' in Deutschland eigentlich waren. Der rechtliche Doppelcharakter der Interessenvertretung wurde jedenfalls, ungeachtet gelegentlicher Rivalitäten zwischen freien und halbstaatlichen Organisationen, als vorteilhaft angesehen. Konnte man einerseits als freier Verband der Regierung notfalls offensiv gegenübertreten, so blieb andererseits, dank dem Kammerwesen, die Rückversicherung einer institutionalisierten Partnerschaft mit der Obrigkeit. Der Immediatzugang zur Exekutivgewalt prägte das politische Verhalten der deutschen Interessenverbände entscheidend. Zwar benutzte man stets auch die Parteien als politische Transmissionsriemen; als der eigentliche Adressat und Partner der Sozialgruppen aber galt die Staatsverwaltung."[165]

Und *Winkler* kommt bei seiner Analyse des deutschen Verbandswesens zur Zeit des Kaiserreichs mit ihren Auswirkungen für die weitere

Entwicklung zum Ergebnis: „Eine freiheitliche Demokratie ist sicherlich ohne freie Verbände nicht denkbar, aber die bloße Existenz von Verbänden sagt noch wenig über das demokratische Potential einer Gesellschaft aus. Die öffentlich-rechtliche Verbandsorganisation war geeignet, gesellschaftliche Spontaneität zu neutralisieren. Durch die Verflechtung von freien und halbstaatlichen Verbänden übertrug sich der gouvernementale Effekt auch auf formal freie Vereinigungen. Soweit die mit der institutionellen Privilegierung verbundene Domestizierung bei den Betroffenen antigouvernementale Bestrebungen auslöste, zielten diese auf ein Mehr an Privilegierung und nicht etwa auf eine Demokratisierung der deutschen Gesellschaft.

Das obrigkeitsstaatliche Regierungssystem förderte, indem es die Vertretung bestimmter Interessen partiell verstaatlichte, die soziale Segmentierung der deutschen Gesellschaft. In derselben Richtung wirkte sich das deutsche Parteiensystem aus: ohne den Ausschluß von praktischer Regierungsverantwortung wären die Bindungen zwischen den politischen Parteien und einem jeweils unterschiedlichen Sozialmilieu schwerlich so eng gewesen, wie sie es tatsächlich, bis über das Kaiserreich hinaus, waren. Beide Faktoren verringerten die Chancen einer gesellschaftlichen Integration durch parlamentarischen Kompromiß. Sie trugen erheblich zu der Funktionsschwäche bei, an der das Regierungssystem der Weimarer Republik von Anfang an litt.

Die Kehrseite des obrigkeitlichen Organisationsprotektionismus war mithin ein Defizit an demokratischem Pluralismus. Ein korporativer Antiparlamentarismus konnte nur in einer politischen Kultur gedeihen, in der ständische und absolutistische Strukturen die industrielle Revolution ungebrochen überdauert hatten. Die Eigenarten des Verbandswesens im deutschen Kaiserreich erweisen sich damit als eine der wesentlichen Vorbelastungen der deutschen Demokratie überhaupt."[166]

Diese historischen Vorbelastungen des Parlamentarismus und Pluralismus in Deutschland, deren Bedeutung sowohl *Hugo Sinzheimer* als auch *Ernst Fraenkel* wohl bewußt waren, sind für letzteren entscheidende Voraussetzungen dafür gewesen, seiner neopluralistischen Theorie deutliche normative Züge zu verleihen. Daher sein stetes Plädoyer für eine der pluralistischen Demokratie entsprechende politische Kultur, die in Deutschland sich nur dann zu entwickeln vermag, wenn die traditionellen Vorbelastungen gegenüber der Rolle der Verbände, der Parteien und des Parlaments „als einem der höchsten Staatsorgane" im politischen Willensbildungs- und Entscheidungsprozeß überwunden werden.[167] Für dieses Ziel, die Fundamente einer pluralistischen Demokratie in Deutschland festigen zu helfen, steht der politologische Begriff des (Neo-) Pluralismus.

Angesichts dieser historischen Tatsachen und des oben dargelegten Diskussionsstandes der Pluralismustheorie in Deutschland hier von einer Transformation des Systems „vom Pluralismus zum Korporatismus" zu sprechen, dürfte zwar effektvoll klingen, bei nüchterner Betrachtung jedoch weder der Problemlage auf dem Kontinent noch gar der der Bundesrepublik angemessen sein. Eine wichtige Anregung ist der „korporatistischen Pluralismuskritik" allerdings auch für die deutsche Pluralismusdebatte zu entnehmen: Selbst in ihrer neopluralistischen Version muß die Pluralismustheorie in Deutschland neben Fragen der Begründbarkeit und Bedeutung regulativer Ideen, innerparteilicher und innerverbandlicher Demokratie, der Wirksamkeit von Opposition und bürgerschaftlicher Partizipation jene Sachverhalte aufgreifen und zum Gegenstand wissenschaftlicher Analyse machen, die im Mittelpunkt der internationalen Korporatismusdiskussion stehen. Sie könnte durchaus an die zu Beginn der Weimarer Republik geführte Debatte um den Artikel 165 Weimarer Reichsverfassung anknüpfen und dabei auch solche Vorschläge kritisch in die Diskussion einbeziehen, wie sie der SPD-Bundestagsabgeordnete *Wolfgang Roth* kürzlich unterbreitete: „Strukturräte als eine Form der überbetrieblichen Mitbestimmung"[168]

VIII. Pluralismustheorie als Arbeitsprogramm

Da unter der Bezeichnung Pluralismustheorie nicht lediglich jene unterschiedlichen Konzeptionen zusammengefaßt werden, die sich mit der Beschreibung und Analyse von Interessengruppen beschäftigen, bedeutet Pluralismustheorie als politische Theorie zugleich eine spezielle Demokratietheorie. Pluralistische Demokratie meint oppositionsoffene, freiheitliche Demokratie. Pluralismustheorie erweist sich demnach im Grunde als demokratische Oppositionstheorie.[169]

Insbesondere in ihrer neopluralistischen Version ist Pluralismustheorie somit auch und vor allem eine Theorie von der Bildung, der Praxis und der Legitimation von Opposition in einem demokratischen System, — Opposition verstanden als das Recht und die Möglichkeit, sich autonom zu konstituieren und zu organisieren und in einer sozialen Beziehung Gegenpositionen einnehmen zu können. Damit wird zugleich auf die Frage nach den Konstitutionsbedingungen und nach der Praxis von Legitimation in einem politischen System verwiesen, das auf der Basis eines breiten Wertkonsenses ein Maximum an partnerschaftlicher Konfliktregelung unter Anwendung demokratischer Verfahrens- und Verhaltensregeln bei einem Minimum an staatlicher Zwangsgewalt ermöglichen will.

Unter dieser Perspektive haben die westlichen Demokratien im Vergleich zu allen anderen politischen Systemen der Gegenwart zweifellos den weitaus höchsten Entwicklungsstand erreicht. Ob dies auch künftig der Fall sein wird, ist durchaus alles andere als sicher.[170] Daß in neopluralistischer Sicht Norm und Wirklichkeit seit je keineswegs übereinstimmen, ist demgegenüber, wie triftige Pluralismuskritik zeigt, ziemlich gewiß und kaum erstaunlich.

Die auch in der Bundesrepublik nachweisbare Diskrepanz zwischen normativer Theorie und pluralistischer Praxis kennzeichnet pluralistische Theorie demnach als Herausforderung. Die erkannte Diskrepanz bedeutet keineswegs eine Widerlegung pluralistischer Theorie, die als politologischer Pluralismus im weiteren Sinne Demokratietheorie und im speziellen Sinne demokratische Oppositionstheorie ist. Eine überzeugende Alternative zur pluralistischen Demokratie ist bei aller Kritik bisher auch in den westlichen Demokratien nicht entwickelt worden. Die pluralistische Demokratie ist und bleibt somit in Theorie und Praxis ein Arbeitsprogramm.

## Anmerkungen

1 *Helmut Kohl:* Zwischen Ideologie und Pragmatismus – Aspekte und Ansichten zu Grundfragen der Politik, Bonn 1973, S. 91 f. Vgl. auch *Norbert Blüm:* Reaktion oder Reform – Wohin geht die CDU? Hamburg 1972, S. 47, 79 und 90-93. In Ziffer 122 des „Entwurfs für ein Grundsatzprogramm der Christlich-Demokratischen Union Deutschlands" vom April 1976 heißt es: „Wir bekennen uns in der eigenen Partei wie im Staat ausdrücklich zum Pluralismus. Er bedeutet aber nicht ein ·Nebeneinander in Gleichgültigkeit, sondern eine Auseinandersetzung zwischen Standpunkten auf der demokratischen Suche nach dem besten Weg." Im beschlossenen Grundsatzprogramm vom Oktober 1978 lautet die entsprechende Passage in Ziffer 4: „Offenheit und Partnerschaft sind Merkmale der Volkspartei und Vorbild für das Zusammenleben aller im Staat." Von der „pluralen" bzw. „pluralistischen Gesellschaft" und der Rolle der Parteien und Verbände in ihr ist nun in den Ziffern 118 und 122 des Programms die Rede.

2 *Ulrich von Alemann* und *Rolf G. Heinze* haben kürzlich in ihrem Aufsatz „Neo-Korporatismus – Zur neuen Diskussion eines alten Begriffs", in: Zeitschrift für Parlamentsfragen, Heft 4, 1979, S. 469 f, die These vertreten: „In der politischen Programmatik der siebziger Jahre tritt die Dominanz des Pluralismusbegriffs als ‚konstitutives Prinzip der westlichen Demokratien' gegenüber den beiden vergangenen Jahrzehnten deutlich zurück." Das genaue Gegenteil ist richtig. Erst in den siebziger Jahren hat der Begriff Eingang und zunehmende Verbreitung in den Parteiprogrammen gefunden.
Ein Pluralismusbekenntnis ist auch in allen Europaprogrammen zu finden, mit denen die im Bundestag vertretenen Parteien bei der ersten Direktwahl zum Europäischen Parlament im Jahre 1979 vor ihre Wähler traten. *F.D.P.:* Im „Programm für Europa" der Europäischen Liberalen und Demokraten wird in der Präambel erklärt, „. . . wir sind Anhänger einer pluralistischen Gesellschaft". *CDU/CSU:* Das in dieser Frage vergleichsweise besonders klar formulierte „Politische Programm der Europäischen Volkspartei" stellt in Ziffer 4.1 u.a. fest: „Die pluralistische Demokratie ist die Staatsform, die einer modernen, partnerschaftlichen Gesellschaft entspricht. . . Sie ermöglicht nach dem Willen freier Bürger Anpassung und Wandel ohne Gewalt." *SPD:* In ihrem „Programm. . . für die erste europäische Direktwahl 1979 – Soziale Demokratie für Europa" ist unter Ziffer V.3 von einem „offenen pluralistischen Europa" die Rede. Im Schlußabschnitt IX wird der Pluralismusbegriff zur Abgrenzung von der CDU/CSU und den kommunistischen Par-

teien der EG-Staaten, deren „Bekenntnis zu Demokratie und Pluralismus in Staat und Gesellschaft" noch der Bewährung in der Praxis bedürfe, verwendet.

*Helmut Schmidts, Helmut Kohls* und *Werner Maihofers* bekannte Referate zum Thema „Grundwerte in Staat und Gesellschaft" im Mai und Juni 1976 in der Katholischen Akademie in Hamburg sind ein einziges Bekenntnis zur pluralistischen Demokratie. Der Pluralismusbegriff wird am häufigsten von *Maihofer* in bekenntnishafter Form angeführt. Siehe *Günter Gorschenek* (Hrsg.): Grundwerte in Staat und Gesellschaft, München 1977, bes. S. 88 ff.

3 Siehe hierzu unten S. 102 ff. und 153.

4 Siehe hierzu *Udo Bermbach* und *Franz Nuscheler* (Hrsg.): Sozialistischer Pluralismus — Texte zur Theorie und Praxis sozialistischer Gesellschaften, Hamburg 1973, Einleitung S. 9 f.

5 Hierzu vor allem die sowohl in ihrer wissenschaftlichen Qualität wie dogmatischen Parteilichkeit bemerkenswerte Arbeit von *Asen Kojarov:* Monismus und Pluralismus in Ideologie und Politik, Berlin (Ost) 1976, eine Übersetzung aus dem Bulgarischen (259 S.).

6 So der einleitende Satz bei *Jakobus Wössner* „Pluralismustheorie und moderne Gesellschaft — Zu einer Ethik des Kollektiv-Sozialen", in: Archiv für Rechts- und Sozialphilosophie, Bd. 58, 1972, S. 483-500.

7 *Helge Pross* leitete 1963 ihren Aufsatz „Zum Begriff der pluralistischen Gesellschaft", in: *Max Horkheimer* (Hrsg.): Zeugnisse — Theodor W. Adorno zum sechzigsten Geburtstag, Frankfurt/M. 1963, S. 439-450, mit dem Satz ein: „Der Begriff der pluralistischen Gesellschaft, eine Lieblingsvokabel zumal der vulgärsoziologischen Literatur, bürgerte sich in Deutschland erst nach dem Zweiten Weltkrieg ein".

8 *William James* hat den Begriff wahrscheinlich von seinem Lehrer, dem deutschen Philosophen *Hermann Lotze,* übernommen. Dazu *Jean Wahl:* The Pluralist Philosophies of England and America, London 1925, bes. S. 43 ff., dazu den wort- und begriffsgeschichtlichen Appendix S. 317 ff. sowie *Manfred Henningsen, „Harold J. Laski* und *George Orwell",* in *Manfred Weber* (Hrsg.): Der gebändigte Kapitalismus — Sozialisten und Konservative im Wohlfahrtsstaat, München 1974. S. 113 f. Vgl. auch das Stichwort „Pluralismus" in *G. Klaus* und *M. Buhr* (Hrsg.): Philosophisches Wörterbuch, 8. Auflg, 1972, Bd. 2, S. 854 f.

9 Dazu *Rainer Beck:* Wahrheit, Pluralismus, Kunst — Eine politiktheoretische Studie über die geistigen Grundlagen der pluralen Demokratie und ihre Kunst, München 1979; *Helmut Spinner:* Pluralismus als Erkenntnismodell, Frankfurt/M. 1974; *Karl Bosl:* Pluralismus und pluralistische Gesellschaft, München-Salzburg 1967; *Kojarow* a.a.O., S. 16 ff. und 46 ff; sowie *Winfried Steffani* „Pluralismus", in: *Wilhelm Bernsdorf* (Hrsg.): Wörterbuch der Soziologie, Stuttgart 2. Aufl. 1969, S. 807-811.

10 Siehe hierzu und zum folgenden vor allem den von *Franz Nuscheler* und *Winfried Steffani* herausgegebenen „Reader" mit ausführlicher Einleitung und umfangreichem Literaturverzeichnis: Pluralismus — Konzeptionen und Kontroversen, München 3. Aufl. 1976. Soweit möglich, wird dieser Band für Quellennachweise verwandt.

11 Dazu *Ralf Dahrendorf:* Gesellschaft und Demokratie in Deutschland, München 1965, S. 23 f.

12 Näheres bei *William E. Connolly* „The Challenge to Pluralist Theory", in *ders.* (Hrsg.): The Bias of Pluralism, New York 4. Aufl. 1973, S. 3 f.

13 Zitiert nach „The Federalist" — Ausgabe Everyman's Library, London-New

York 1948, S. 47. Madison argumentiert hier: Je größer ein Land, desto mehr Parteien und Interessen und damit zugleich desto geringer die Gefahr der Mehrheitsdiktatur.

14 Ebd. S. 45: *Madison* hebt auf gewählte Repräsentanten ab, deren Weisheit, Patriotismus und Gerechtigkeitsliebe die wahren Interessen des Landes erkennt und sie nicht zeitgebundenen oder patriotischen Strömungen ausliefert.

15 Vgl. hierzu und zum folgenden die grundlegenden Aussagen zum generellen Thema und der besonderen Lage in den USA bei *Alexis de Tocqueville:* Democracy in America, Band I, Kapitel 12 und Band II, Buch 2, Kapitel 5 bis 7. Dort auch die Sätze: „. . . if the government really believes itself interested in preventing all circulation of ideas; it will then stand motionless, and oppressed by the heaviness of voluntary torpor. Governments therefore should not be the only active powers: associations ought, in democratic nations, to stand in lieu of those powerful private individuals whom the quality of conditions has swept away. . . Nothing, in my opinion, is more deserving of our attention than the intellectual and moral associations of America. The political and industrial associations of that country strike us forcibly; but the others elude our observation, or if we discover them, we understand them imperfectly, because we have hardly ever seen anything of the kind. It must, however, be acknowledged that they are as necessary to the American people as the former, and perhaps more so.
In democratic countries the science of association is the mother of science; the progress of all the rest depends upon the progress it has made.
Amongst the laws which rule human societies there is one which seems to be more precise and clear than all others. If men are to be remain civilized, or to become so, the art of associating together must grow and improve, in the same ratio in which the quality of conditions is increased." Zitiert nach der Ausgabe Schocken Books, New York 1961, Band II, S. 132 f.

16 *Connolly* a.a.O., S. 4 f., nennt in diesem Zusammenhang vor allem *Robert A. Dahl* und *Seymour M. Lipset.*

17 siehe *Nuscheler/Steffani* a.a.O., S. 21 ff. und 84-90.

18 *Connolly* a.a.O., S. 5 ff.

19 So vornehmlich *Seymour M. Lipset:* Political Man, New York 1960, S. 27 ff. und *ders.:* The First New Nation, New York 1963, S. 208, sowie *E. E. Schattschneider*: The Semisovereign People — A Realist's View of America, New York 1960, S. 120-142. Dazu *Andrew S. McFarland*: Power and Leadership in Pluralist Systems, Stanford 1969. Zur „linken" Kritik dieser Position *T. B. Bottomore*: Elite und Gesellschaft, München 2. Aufl. 1969, bes. S. 118 ff., und *Peter Bachrach:* The Theory of Democratic Elitism — A Critique, Boston 1967.

20 *Robert A. Dahl:* A Preface to Democratic Theory, Chicago 1956; *ders.:* Pluralist Democracy in the United States — Conflict and Consent, Chicago 1967; *ders.:* Pluralism Revisited, Arbeitspapier für den IPSA-Kongreß in Edinburgh, August 1976.

21 *C. Wright Mills:* The Power Elite, New York 1956.

22 *Arnold M. Rose:* The Power Structure — Political Process in American Society, New York 1967; Eine kritische Auseinandersetzung mit der einflußreichen Elite-Studie von *Mills* und ähnlichen Positionen.

23 *Dahl* begründete diesen Begriff in: A Preface to Democratic Theory, a.a.O., S. 63 ff.

24 *Dahl:* Pluralism Revisited, S. 6. Polyarchie definiert Dahl heute also als eine Herrschaftsform, in der umfassende Partizipation besteht und starke institu-

tionelle Garantien für die Ausübung von Opposition gesichert sind. In dieser Arbeit betont *Dahl* u.a., daß Sozialismus und Pluralismus bei dezentralisierter Organisationsstruktur einander keinesfalls ausschließen. Den Ausgangspunkt seiner Argumentation bilden die Hinweise: „Ownership is definitely not a sufficient condition for control... the question of control is theoretically prior to the question of ownership". Ebd. S. 3 ff.

25 *Adolf A. Berle:* Power without Property, New York 1959. Siehe auch *John K. Galbraith;* American Capitalism – The Concept of Countervailing Power, Boston 1952. Einen merklichen Positionswandel zeigt *Galbraith* in: The New Industrial State, Boston 1967. Wichtig *Andrew Hacker* (Hrsg.): The Corporation Takeover, New York 1965.

26 Vgl. Anm. 24.

27 Siehe hierzu auch *Fritz Scharpf:* Demokratietheorie zwischen Utopie und Anpassung, Konstanz 1970, S. 87 f.

28 *Berle,* a.a.O., S. 113. Hervorhebungen nicht im Original. *Berle* benennt als solche Eliten unter besonderen qualifizierenden Voraussetzungen („sorgfältig", „solide", „verantwortlich" usw.). Universitätsprofessoren, Sachverständige, Journalisten und respektierte Politiker. Sie bilden ein verantwortliches Forum und erzeugen zusammen den öffentlichen Konsens.

29 Siehe *Nuscheler/Steffani:* a.a.O., S. 36 ff. und 215-227. Zur Kritik *Peter Bachrachs* siehe dessen Buch: The Theory of Democratic Elitism, Boston 1967.

30 *Henry Kariel:* The Decline of American Pluralism, Stanford 1961 (in Amerika lange Zeit das wohl einflußreichste Buch der Pluralismuskritik) und *ders.:* The Promise of Politics, Englewood Cliffs 1965; *John K. Galbraith:* The New Industrial State, Boston 1967; *Grant Mc Connell:* Private Property and American Democracy, New York 1966; *Theodore J. Lowi:* The End of Liberalism, New York 1969.

31 Nähere Hinweise dazu bei *Connolly* (Anm. 12) S. 20-28.

32 *E. E. Schattschneider* (Anm. 19) S. 35: „Der Fehler im pluralistischen Himmel ist, daß der himmlische Chor mit starkem Oberschichten-Akzent singt. Wahrscheinlich um 90% der Bevölkerung haben keinen Zutritt zum Pressure-System".

33 Siehe Anm. 19.

34 Dazu *Connolly* a.a.O., S. 20-28; *Dahl:* Pluralism Revisited, und *Robert Presthus:* Toward a Post-Pluralist Theory of Democratic Stability, Arbeitspapier für den IPSA-Kongreß in Edingburgh, August 1976, S. 1-20.

35 *William Alto Kelso:* American Democratic Theory – Pluralism and its Critics, Greenwood Press; Westport, Connecticut, USA – London, England 1978.

36 So war z.B. *Joseph Schumpeter* nach *Kelso* trotz seines Konkurrenzkonzeptes kein Pluralist, sondern in seiner Demokratietheorie ein Polyarchist. *Kelso* a.a.O., S. 4.

37 Näheres hierzu *Kelso* a.a.O., S. XI und 231-242; es ist nicht der Polyarchie-Begriff Dahls.

38 Siehe hierzu auch *William Kelso* „Public Pluralism – A New Defense of an Old Doctrine", in: Social Science, Winter 1977, Bd. 52, Nr. 1, S. 16-30. Der Aufsatz entspricht dem zweiten Kapitel des Buches. Zum Begriff „Laissez-faire-Pluralismus" siehe auch *Hans-Herbert von Arnim:* Gemeinwohl und Gruppeninteressen, Fankfurt/Main 1977, S. 148 ff. *(v. Arnim* unterscheidet zwischen einem Laissez-faire-Pluralismus und einem Due-Process-Pluralismus; ersteren bezeichnet er auch als „pluralistische Harmonielehre"). Siehe auch

*Goetz Briefs* (Hrsg.): Laissez-faire-Pluralismus – Demokratie und Wirtschaft im gegenwärtigen Zeitalter, Berlin 1966.

39 Eine eingehende Literaturliste zu den Arbeiten dieser und weiterer Autoren enthält das Buch von *Kelso* a.a.O., S. 271-284.

40 *Theodore J. Lowi:* The End of Liberalism, New York 1969; siehe auch dessen Aufsatz „The Public Philosophy – Interest Group Liberalism", in: American Political Science Review, März 1967, Bd. 61, Nr. 1, S. 5-24. *Grant Mc Connelly:* Private Power and American Democracy, New York 1966.

41 *Kelso* (Anm. 35) S. 19.

42 Siehe hierzu die besonders interessante Studie des ehemaligen Assistant Secretary of the Treasury for Economic Policy, eines Insiders also, *Murray Weidenbaum:* The Modern Public Sector – New Ways of Doing the Government's Business, New York – London 1969, bes. S. 31 ff.: „The Government-Oriented Corporation", sowie *Irving Kristol* „Corporate Capitalism in America", in: The Public Interest, Nr. 41, Herbst 1975, S. 121-141 und *Edward S. Greenberg:* Serving the Few-Corporate Capitalism and the Bias of Government Policy, New York 1974. *Greenberg* begreift Pluralismus als Laissez-faire-Pluralismus, a.a.O., S. 17 ff. und 26 ff., und plädiert für eine Überleitung des „corporate liberalism" in eine sozialistische Gesellschaft, in „some form of cooperative socialism", a.a.O., S. 261 ff.

43 Als einflußreichstes Werk zu dieser Sicht *Adolf A. Berle* und *Gardiner C. Means* (Hrsg.): The Modern Corporation and Private Property, New York 1932. Die Haltbarkeit der These von den Corporations als „creatures of the state" wurde jüngst vehement bestritten von *Robert Hessen*: In Defense of the Corporation, Stanford, Calif., USA 1979.

44 *Lowi* a.a.O., S. 287 ff. „Toward Juridical Democracy". Zur Begründung des Begriffes „interest-group Liberalism" (im Sinne von „korporativer Pluralismus") im Gegensatz zu der einfachen Verwendung des Begriffes „pluralism" (etwa im Sinne von „Laissez-faire-Pluralismus") siehe *Lowi* a.a.O., S. 29, 41 ff. und 70 ff.

45 *Herbert Hoover:* U.S. Department of Commerce – Annual Report of the Secretary of Commerce, 1922 und *Raymond Moley:* The First New Deal, New York 1966.

46 *Ralph Nader, Mark Green* und *Joel Seligmann:* Constitutionalizing the Corporation – The Case for the Federal Chartering of Giant Corporations, Washington, Januar 1976 und *dieslb:* Taming the Giant Corporation, New York 1976.

47 *Hessens* Buch ist weitgehend eine Replik auf die Kritik und Reformvorschläge *Naders*, vgl. *Hessen* a.a.O., S. XV f. Das Buch *Hessens* faßt die gegenwärtige Corporation-Diskussion vorzüglich zusammen und bietet einen gewichtigen Beitrag dazu.

48 Eine Kurzfassung seines Konzeptes eines public pluralism gibt Kelso auf den S. 25 ff. Zitat S. 27.

49 Dazu *Kelso* (Anm. 35) S. 268 ff.

50 Ebd., S. 26 ff.

51 Die Bedeutung des Supreme Court wird im Gegensatz zu *Kelso* besonders von *Lowi* bzw. die des Bundesverfassungsgerichts von *v. Arnim* herausgearbeitet.

52 Als positive Beispiele im Sinne der Argumentation werden vornehmlich die Präsidenten *Roosevelt* und *Johnson* erwähnt, S. 30 ff. und 263 ff.

53 *Kelso* a.a.O., S. 29, das folgende Zitat ebd., S. 270.

54 Siehe dazu unten S. 36ff.

55 Hierzu und zum folgenden vor allem die wichtige Arbeit von *Darryl Baskin* „American Pluralism — Theory, Practice, and Ideology", in: The Journal of Politics, Bd. 32 1970, S. 71-95.

56 In dieser Hinsicht hätte *Scharpf* (Anm. 27) deutlicher zwischen der deutschen und amerikanischen Pluralismusdiskussion differenzieren müssen.

57 Hierzu jetzt die grundlegende Arbeit von *Hans Kremendahl:* Pluralismustheorie in Deutschland — Entstehung, Kritik, Perspektiven, Leverkusen 1977 sowie *Kung C. Hsiao:* Political Pluralism, London — New York 1927; siehe auch *Steffani* (Anm. 9) und *Henningsen* (Anm. 8) S. 114 f. Zur Entstehung und Entwicklung der Pluralismustheorie in Großbritannien jetzt vor allem die wichtige Arbeit von *Adolf M. Birke:* Pluralismus und Gewerkschaftsautonomie in England — Entstehungsgeschichte einer politischen Theorie, Stuttgart 1978.

58 Zu *Otto von Gierke* und den Fundstellen siehe *Nuscheler/Steffani* (Anm. 10) S. 16 f. und 49-59.

59 Vgl. *Baskin* (Anm. 55) S. 84 ff. Zur *Gierke*-Rezeption in England eingehend *Birke* a.a.O.

60 *Otto von Gierke:* Das Deutsche Genossenschaftsrecht, Bd. I (1868), Graz 1954 S. 10.

61 *Henningsen* (Anm. 8) S. 114.

62 Zu *Laskis* Pluralismuskonzeption mit zahlreichen weiteren Literaturhinweisen *Manfred Henningsen* a.a.O., S. 99-153, bes. S. 113-123, und vor allem *Birke* a.a.O., S. 200-221; siehe auch *Nuscheler/Steffani* a.a.O., S. 18-21 und 62-83.

63 Zitiert nach *Henningsen* a.a.O., S. 116 *(Laski:* Authority in the Modern State, New Haven — London — Oxford 1919, S. 65.)

64 Zitiert nach *Nuscheler/Steffani* (Anm. 10) S. 78.

65 Ebd. S. 83.

66 Ebd. S. 81-83.

67 Dazu *Nuscheler/Steffani* (Anm. 10) S. 24 ff. und 93-120; siehe auch *Birke* a.a.O., S. 218.

68 *Henningsen* (Anm. 8) S. 116 f.

69 Der Vortrag ist abgedruckt in: *Nuscheler/Steffani* (Anm. 10) S. 158-182. Das Zitat ebd. S. 166.

70 *Ralf Dahrendorf* (Anm. 11) S. 23 f.

71 Siehe hierzu *Nuscheler/Steffani* (Anm. 10) S. 29-35. Zur Bedeutung *Ernest Barkers* für die Entwicklung des Neopluralismus siehe *Birke* a.a.O., S. 196-200 und bes. S. 218-221, dort auch die überzeugende Kritik an *Gierkes* Theorie der „realen Verbandspersönlichkeit".

72 Siehe Anm 11, dazu *ders.:* Für eine Erneuerung der Demokratie in der Bundesrepublik, München 1968 und *ders.:* Die neue Freiheit, München-Zürich 1975. Ähnlich *Karl-Hermann Flach:* Noch eine Chance für die Liberalen — Oder: Die Zukunft der Freiheit, Frankfurt/M. 1971. *Rolf Schroers* erklärte 1968 lapidar: „Aus liberaler Verfassungswirklichkeit folgt — und das ist ihre Absicht — die pluralistische Gesellschaft". *Schroers* „Pluralismus und Parteilichkeit", in: Liberal, 1968, Heft 11, S. 801.

73 Siehe *Kurt H. Biedenkopf:* Die Politik der Unionsparteien — die freiheitliche Alternative zum Sozialismus. Vortrag bei der Katholischen Akademie Bayern, München, 9. Dezember 1973. Und *ders.:* Fortschritt in Freiheit, München 1974 sowie *ders.:* Freiheit, Gerechtigkeit und Solidarität — Grundlagen christlich-demokratischer Politik, München 1975, dort bes. S. 60 ff. Ebenso die Arbeiten *Richard von Weizsäckers* in Verbindung mit den Diskussionen

der Grundsatzkommission der CDU (siehe z. B.: Sonde – Neue Christlich-Demokratische Politik, 9. Jg. Nr. 2/3, 1976). Zu *Norbert Blüm* (Anm. 1) S. 47, 79 und 90-93. Siehe auch *Warnfried Dettling* (Hrsg.): Macht der Verbände – Ohnmacht der Demokratie? Beiträge zur Theorie und Politik der Verbände, München-Wien 1976.

74 Für die vielen Nachweise siehe z.B. *Fritz Erlers* Referat „Parteien, Parlament und Regierung in der pluralistischen Gesellschaft" auf dem SPD-Parteitag in Dortmund 1966, in: Protokolle der Verhandlungen, S. 135-158, bes. S. 144, oder *Willy Brandt*, der gelegentlich von der „Godesberger Pluralität" spricht: Der Auftrag des demokratischen Sozialismus – Zum 20. Todestag von *Kurt Schumacher*, 20. August 1972, und *ders.:* Freiheit und Sozialismus. Vortrag vor der Evangelischen Akademie Tutzing, 7. März 1976. Dazu auch *Georg Lührs* (Hrsg.): Beiträge zur Theoriediskussion. Internationale Bibliothek Bd. 70, Berlin/Bonn-Bad Godesberg 1973; Teil II erschienen ebd. als Bd. 74. 1974. – Während sich *Brandt* in der Schuhmacher-Gedenkrede als Parteivorsitzender „dümmliche oder anmaßende Belehrungen in Sachen Demokratie und Sozialismus" verbittet und erklärt: „andere faseln von Sozialisierung und möchten den Sozialdemokraten andichten, wir hätten das Godesberger Programm aufgegeben", schreibt *Peter von Oertzen* in den Beiträgen zur Theoriediskussion II (S. 25): „Sozialismus ist vollendete Demokratie, Sozialisierung (d. h. Verwirklichung des Sozialismus durch Aufhebung des kapitalistischen Grundwiderspruchs) ist mit Demokratisierung identisch". Das Bekenntnis zur Demokratisierung wird im Godesberger Programm abgelegt.

75 Siehe *G. Ch. Schachnasarov:* Die sozialistische Demokratie, Berlin (Ost) 1973, russische Originalausgabe Moskau 1972.

76 Siehe Anm. 4.

77 Ebd. S. 10 und die dortige Anmerkung 2.

78 Zur Person, wissenschaftlichen Entwicklung und zum Werk *Fraenkels* siehe u.a. meinen „Nachruf auf Ernst Fraenkel: 26.12.1898 – 28.3.1975", in: Politische Vierteljahresschrift, Heft 4, 1975, S. 569-574; *Nuscheler/Steffani* (Anm. 10) S. 30-34; *Doeker/Steffani* (Anm. 3), sowie *Ernst Fraenkel:* Reformismus und Pluralismus – Materialien zu einer ungeschriebenen politischen Autobiographie, Hamburg 1973, mit einer Einführung in die Texte und vollständigem digitem Schriftenverzeichnis der Arbeiten Fraenkels (das auch in der Festschrift abgedruckt ist) verfaßt von *Falk Esche* und *Frank Grube*.

79 Im Vorwort zur fünften Auflage seines Buches „Deutschland und die westlichen Demokratien" (1973, S. 9) spricht *Fraenkel* vom „zuerst im Arbeitsrecht in Erscheinung tretenden Prinzip der autonom strukturierten kollektiven Demokratie . . ., das eine der Wurzeln des heutigen demokratischen Pluralismus ist". Zur Würdigung Sinzheimers durch *Fraenkel* siehe ebd. S. 93 ff. und *Fraenkels* Aufsatz „Hugo Sinzheimer", in: Juristenzeitung 1958, S. 457 ff., abgedruckt in *Fraenkel:* Reformismus und Pluralismus, Hamburg 1973, S. 131-142. Hier (S. 141) schreibt *Fraenkel:* „Hugo Sinzheimer war ein Pluralist, der gleichzeitig die Omnipotenz und die Impotenz der Staatsgewalt bekämpfte und der die Einbettung der autonomen sozialen Organisationen in einen demokratischen Staat bejahte."

80 *Fraenkel:* Reformismus und Pluralismus, S. 281. Ebd. das folgende Zitat, die beide einem 1943 unter dem Titel „Aussichten einer deutschen Revolution" in der deutschsprachigen New Yorker Gazette „Neue Volkszeitung" erschienenen Artikel entnommen sind.

81 *Fraenkel* „Anstatt einer Vorrede", in: Reformismus und Pluralismus (1973), S. 25 f.

82 Zu *Laskis* leicht schwankender UdSSR-Euphorie siehe die mit Zitaten und Hinweisen belegten Ausführungen von *Henningsen* (Anm. 8) S. 120 ff.; dort auch das Zitat S. 122.

83 So *Fraenkel* in einem Brief an den Verfasser vom 9. Dezember 1971.

84 Zitiert nach *Nuscheler/Steffani* (Anm. 10) S. 150 ff. und 156.

85 Die wesentlichsten Aufsätze hierzu sind in *Fraenkels* Buch: Deutschland und die westlichen Demokratien, Stuttgart 5. Aufl. 1973, abgedruckt.

86 Hierzu *Nuscheler/Steffani* (Anm. 10) S. 182. Siehe auch den wichtigen, die Grundgedanken knapp zusammenfassenden Vortrag von *Ernst Fraenkel* „Die Selbstbestimmung in der Demokratie und in der Volksdemokratie – Gedenkrede anläßlich der Feierstunde der Freien Universität Berlin am 17. Juni 1960", in: Deutsche Rundschau, Heft 9, September 1960, S. 778-786.

87 *Fraenkel*: „Ich sehe den bedenklichsten Strukturfehler unserer Demokratie in der Lethargie und Apathie, die sich in zunehmendem Maße innerhalb der Gruppen und Parteien geltend macht". Deutschland und die westlichen Demokratien, S. 67.

88 Zitiert nach *Nuscheler/Steffani* (Anm. 10) S. 161. Klammervermerk nicht im Original.

89 Ebd., Hervorhebung nicht im Original.

90 *Karl Dietrich Bracher* und *Ernst Fraenkel:* Staat und Politik – Das Fischer Lexikon, April 1957, S. 234-235. Nach Neubearbeitung des Lexikons übernahm *Kurt Sontheimer* die Bearbeitung des Artikels Pluralismus für die Neuausgabe 1964.

•91 So in der ersten Auflage auf Seite 71 und 84 des von Seite 71 bis 109 reichenden Aufsatzes.

92 Ebd., S. 41 f. und 44 ff.

93 Ebd., S. 49.

94 Ebd., S. 7. Hervorhebung nicht im Original.

95 Vierte Auflage S. 10. Hervorhebung nicht im Original.

96 Fünfte Auflage S. 8 f. Hervorhebung nicht im Original.

97 Zur Fraenkel-Kritik *Rainer Eisfelds* siehe dessen Buch: Pluralismus zwischen Liberalismus und Sozialismus, Stuttgart 1972, S. 84 ff., mit den aufschlußreichen Anmerkungen; siehe dazu auch *Nuscheler/Steffani* (Anm. 10) S. 21 sowie unten Anm. 139. Paradebeispiele mitunter sehr erheblicher Fehlinterpretationen und Unterstellungen, zu denen die Autoren – die sich weitgehend auf *Eisfeld* berufen – offensichtlich durch ihre bekundete Parteilichkeit verleitet wurden, lieferten *Hannelore Gudrich* und *Stefan Fett* in ihrer Schrift: Die pluralistische Gesellschaftstheorie – Grundpositionen und Kritik, Stuttgart 1974. Nach deren Darstellung zählen zu den Grundpositionen neopluralistischer Theorie u.a. die „Gleichsetzung von ‚rechtem‘ und ‚linkem‘ Totalitarismus" (S. 11), die Thesen, daß „jegliches Interesse organisierbar sein muß" (S. 13) und daß „der Staat hauptsächlich begriffen wird als neutraler Schiedsrichter im pluralistischen Kräftespiel" (S. 20). Weiterhin heißt es dort, „so findet sich immer wieder die Vorstellung vom ‚Nachtwächterstaat‘ in der Begriffswelt der Neopluralisten" (S. 19), „das Recht auf freie Entfaltung, das im liberalen Selbstverständnis nur dem Individuum garantiert wurde, überträgt der Neopluralismus auf Gruppen und Verbände" (S. 14), „die ständigen Kompromisse, die in freier Diskussion zwischen gleichberechtigten Gruppen, in denen nach Meinung der Neopluralisten alle Partikularinteressen der Gesellschaft ihren Ausdruck finden, zustande kommen, stellen ein Optimum gesellschaftlicher Selbstverwirklichung dar" (S. 15). An an-

derer Stelle erklären die Autoren, da für *Fraenkel* Repräsentation Freiheit bedeute, „beurteilen die Neopluralisten auch den Prozeß der Entfremdung durch Repräsentation positiv" (S. 26). Dabei wird natürlich nicht auf folgende Ausführungen *Fraenkels* verwiesen: „Eine Diskriminierung der Interessenverbände schließt die Gefahr der Entfremdung zwischen Wählern und Gewählten ein und gefährdet die Existenz einer Repräsentativverfassung nicht weniger als die Beherrschung der Parteien durch die Verbände, die es dem Parlament unmöglich macht, Träger des Gemeinwohls zu sein. . . . Der Bestand der Demokratie im Staat hängt ab von der Pflege der Demokratie in den Parteien. Nur wenn den plebiszitären Kräften innerhalb der Verbände und Parteien ausrechend Spielraum gewährt wird, kann eine Repräsentativverfassung sich entfalten". *(Fraenkel:* Deutschland und die westlichen Demokratien, 5. Aufl., S. 150 f.). Nach *Gudrich/Fett* beschreibt *Fraenkel* repräsentative und plebiszitäre Demokratie als einander ausschließende Prinzipien und optiert „einseitig" für die Repräsentation, denn „die Repräsentanten fällen durch Verhandlungen und Diskussion politische Entscheidungen, die sich – *eben weil sie alle Interessen der Gesellschaft angemessen berücksichtigen* – dem Ideal des bonum commune nähern" (S. 26; Hervorhebung nicht im Original). Tatsächlich schreibt *Fraenkel* jedoch: „Läßt sich aber theoretisch und empirisch der Nachweis erbringen, daß in seiner reinen Form sowohl das repräsentative als auch das plebiszitäre System den Keim der Selbstvernichtung in sich tragen, so ergibt sich das Postulat, beide Prinzipien zu Komponenten eines gemischten plebiszitär-repräsentativen, demokratischen Regierungssystems auszugestalten" (ebd. S. 117). Zur „Mischung" repräsentativer und plebiszitärer Elemente „unter der Herrschaft des Grundgesetzes" meint *Fraenkel:* „Es hat den Anschein, als ob die Väter des Grundgesetzes in das andere Extrem verfallen sind und den repräsentativen Charakter des Regierungssystems überbetont haben" (ebd. S. 149). *Gudrich/Fett* glauben, die entscheidende Korrektur ihrer eigenen Darstellungen mit dem Hinweis auf „plebiszitäre Elemente" in Repräsentativsystemen, die nach Auffassung der Neopluralisten durch Verbände – von Parteien kein Wort – vermittelt werden sollen, in Anmerkung 85 auf S. 108 ihres Buches abtun zu können. Wer wie *Gudrich/Fett* „die neopluralistische Theorie in der BRD. . . aus ihrer Funktion als Legitinationstheorie einer restaurierten bürgerlich-kapitalistischen Gesellschaft zu erklären" (S. 84) versucht, ist offenkundig nicht einmal fähig, die Theorie der Neopluralisten ohne eklatante Entstellungen, Verzerrungen und unter Vermeidung sinnentstellender Zitatverkürzungen referieren zu können.

98 *Hans Herbert von Arnim:* Gemeinwohl und Gruppeninteressen – Die Durchsetzungsschwäche allgemeiner Interessen in der pluralistischen Demokratie. Ein Beitrag zu verfassungsrechtlichen Grundfragen der Wirtschaftsordnung, Frankfurt/Main 1977.
99 Ebd. S. 2 f.
100 Ebd. S. 150 f. Auf S. 183 wird die „Pluralistische Harmonielehre", der *Fraenkel* zugerechnet wird, mit den Worten vorgestellt, dies sei eine Theorie, „die erwartet, daß angemessene Ergebnisse im Spiel der Gruppeninteressen automatisch zustandekommen, und die politischen Kräfte deshalb sich selbst überlassen zu können glaubt (Laissez-faire-Puralismus)".
101 Ebd. S. 150, Anm. 21, letzter Satz.
102 Vgl. die in Anm. 97 dieser Arbeit angeführten Zitate aus den Schriften von *Gudrich/Fett* mit den weiter unten wiedergegebenen *Fraenkel*-Zitaten.
103 Siehe oben Anm. 37. Eine Besprechung dieser Arbeit findet sich in der

auch sonst sehr beachtenswerten Sammelrezension von *Eckhard Jesse* „Pluralismustheorie ohne demokratische Alternative", in: Neue Politische Literatur, 1979, S. 145-163, bes. S. 150 ff.

104 *Hermann Adam* „Pluralismus oder Herrschaft des Kapitals", in: Aus Politik und Zeitgeschichte, B 14/74, 6. April 1974, schreibt: „Ein ausgewogenes Kräfteverhältnis zwischen allen sozialen Gruppen und Schichten wird in der Pluralismustheorie als Selbstverständlichkeit vorausgesetzt und nicht weiter diskutiert" (S. 31). So einfach ist das! *Kremedahl* hebt hervor, daß „Adam den Pluralismus nur dadurch widerlegen kann, daß er ihm die These vom Kräftegleichgewicht unterstellt", (Pluralismustheorie in Deutschland, Anm. 57, S. 318). Zu dieser und anderen „Pluralismusthesen" eingehend *Kremendahl* a.a.O., S. 261 ff. und 317 ff.

105 *Kremendahl* a.a.O., S. 261. Ohne zwischen amerikanischem und europäischem Pluralismus oder gar zwischen Pluralismus und Neopluralismus sachlich zu unterscheiden, arbeiten mit einem derartigen Zerrbild auch *Wolf-Dieter Narr* und *Claus Offe* in der Einleitung zu dem von ihnen herausgegebenen Sammelband: Wohlfahrtsstaat und Massenloyalität, Köln 1975, S. 37 ff. Der *Narr-Offe*-Linie folgt mit entwaffnender Unbekümmertheit die Einleitung von *Ulrich von Alemann* und *Rolf G. Heinze* (Hrsg.) zum Sammelband: Verbände und Staat – Vom Pluralismus zum Korporatismus, Opladen 1979, bes. S. 15-20.

106 Der Aufsatz *Fraenkels* erschien in der Parlaments-Beilage „Aus Politik und Zeitgeschichte", B 49/1969, S. 3-27. Ich zitiere im folgenden aus dem leicht gekürzten Wiederabdruck in *Fraenkel:* Reformismus und Pluralismus (Anm. 78) S. 404-433.

107 Ebd. S. 428 und 432 f.

108 Ebd. S. 430. Siehe auch den unten S. 219 Anm. 1 genannten Aufsatz.

109 Siehe hierzu den in Anm. 86 genannten Vortrag, S. 779.

110 So *Fraenkel* bis zur vierten Auflage (1968) im Vorwort zu seiner Aufsatzsammlung „Deutschland und die westlichen Demokratien". *Fraenkel* wußte wohl zwischen faschistischem und kommunistischem Totalitarismus zu unterscheiden. Siehe hierzu die im Jahre 1943/44 zum Thema „Rule of Law' in einer sich wandelnden Welt" verfaßte Studie und die dort entwikkelte Differenzierung zwischen dem Typus eines „ideokratischen Totalitarismus" (Beispiel Bolschewismus) und dem Typus eines „solipsistischen Totalitarismus" (Beispiel Fachismus). Der Aufsatz ist abgedruckt in *Fraenkel:* Reformismus und Pluralismus (Anm. 58) S. 258-282, die hier interessierenden Partien S. 271 ff.

111 Siehe oben Anm. 97.

112 Im Vorwort zur ersten Ausgabe seines Buches „Deutschland und die westlichen Demokratien", Stuttgart 1964, hat *Fraenkel* zu seiner Vorgehensweise ausgeführt: „Der Verfasser hofft, in diesem Band den Nachweis erbracht zu haben, daß durch Verwendung der für die Politikwissenschaft kennzeichnenden Methode der synoptischen Verwendung empirischer und normativer Betrachtungsweisen es möglich ist, fundamental bedeutsame Probleme der Innen- und Außenpolitik vertieft zu begreifen." (S. 10)

113 Die hier und in Anmerkung 115 belegten Zitate entstammen dem Anfang 1964 erstmals publizierten Aufsatz *Fraenkels* „Strukturdefekte der Demokratie und deren Überwindung", abgedruckt in *Fraenkel:* Deutschland und die westlichen Demokratien, a.a.O., S. 65 f.

114 „Wenn wir vom Gemeinwohl reden, denken wir nicht in Kategorien der Macht, sondern in Kategorien des Rechts und der Gerechtigkeit; wir bewe-

gen uns nicht im Bereich des Seienden, sondern des Sein-Sollenden. Gemeinwohl ist keine soziale Realität, sondern eine regulative Idee". *Fraenkel: Deutschland und die westlichen Demokratien, a.a.O., S. 42.*

115 A.a.O., S. 68.

116 Von den Gewerkschaften meint *Fraenkel* in diesem Zusammenhang: „Echte Gewerkschaften sind *die* pluralistischen - und was dasselbe bedeutet – *die* anti-totalitären Sozialgebilde *par excellence.* Sie sind allerdings (und das entsprechende gilt für alle anderen Interessengruppen) *echte* Gewerkschaften nur dann, wenn sie in der Theorie das Prinzip erfassen und in der Praxis betätigen, daß ihrer Betätigung immanente Schranken gesetzt sind, die sich aus der Notwendigkeit ergeben, die Gebote des Gemeinwohls zu beobachten. Versagen sie hier, so werden sie über kurz oder lang durch Einführung der Zwangsschlichtung zu Hilfsorganen eines Staates degradiert, der aufgehört hat, die Merkmale eines pluralistischen Staates zu tragen und zumindest potentiell die Merkmale eines totalitären Staates besitzt. Für ein politikwissenschaftliches Verständnis der Interessengruppen ist eine Erforschung ihrer inneren Haltung zu Fragen des Gemeinwohls gleich bedeutsam wie eine Analyse ihrer äußeren Struktur." Dieses und das in Anmerkung 117 belegte Zitat entstammen dem erstmals Anfang 1960 veröffentlichten Aufsatz „Deutschland und die westlichen Demokratien", abgedruckt in dem gleichnamigen Sammelband *Fraenkels* a.a.O., S. 44.

117 Ebd. S. 45 ff. Siehe in diesem Zusammenhang auch den knappen Abschnitt „Die pluralistische und naturrechtliche Basis des amerikanischen Regierungssystems", in *Fraenkel:* „Das amerikanische Regierungssystem", 1. Aufl., Opladen 1960, 3. Aufl. 1976, S. 343-347.
Die Hervorhebung der zwei ganzen Sätze nicht im Original. Von der Position des „Kritischen Rationalismus als Grundvoraussetzung pluralistischen Denkens" wird der Rekurs auf das Naturrecht insbesondere von *Rainer Beck* als Versuch gedeutet, „die richtige Sache mit dem falschen Argument zu vertreten" (S. 116), denn richtig sei, daß das „Gemeinwohl in der pluralistischen Gesellschaft wesensmäßig auf zwei Komponenten basiert: einmal auf einem als unantastbar geltenden abstrakten Wertkodex und zum zweiten auf einer historisch wandelbaren inhaltlichen Ausformung als dem Ergebnis eines ‚kollektiven Tauziehens', das durch die auf jenem Wertkodex beruhenden Spielregeln geregelt wird. Gerade dadurch, daß jene zweite Komponente den pluralistischen Spielregeln unterworfen ist, kann ihre Inhaltlichkeit niemals totalitären Charakter annehmen, denn sie trägt schon zum Zeitpunkt der Geburt das Etikett der Vorläufigkeit." (S. 120) Beide Zitate in *Rainer Beck:* Wahrheit, Pluralismus, Kunst – Eine politiktheoretische Studie über die geistigen Grundlagen der pluralen Demokratie und ihre Kunst, München 1979; siehe dort auch S. 13 ff. und Abschnitte „Offenheit des Wahrheitsproblems als zentrales Wesensmerkmal" des Pluralismus (S. 97 ff.), „Staatszweck und Gemeinwohl als Folge des weiten Wahrheitsbegriffs" (S. 108 ff.) sowie „Exkurs III: Zur Fragwürdigkeit einer naturrechtlichen Gedankenführung" (S. 301 ff.). An der Hamburger Universität arbeitet zur Zeit *Joachim Detjen* an einer Dissertation, die die Frage aufwirft, was unter Naturrecht heute zu verstehen ist und den Nachweis zu erbringen versucht, daß eine naturrechtliche Begründung der regulativen Ideen unverzichtbar sei.

118 An der Universität Hamburg promovierte *Peter Massing* im Jahre 1977 mit einer Arbeit zum Thema „Interesse und Konsens – Zur Rekonstruktion und Begründung normativ-kritischer Elemente neopluralistischer

Demokratietheorie" (Opladen 1979), die sich mit der kritischen Aufarbeitung zentraler Begriffe der neopluralistischen Theorie *Ernst Fraenkels* befaßt. Als weitere an der Universität Hamburg im Entstehen begriffene Dissertationen zu Problemen der Pluralismusforschung seien u.a. genannt die Arbeiten von *Joachim Detjen* „Versuch einer Begründung der neopluralistischen Staatstheorie aus der Sicht seinsrealistischer Philosophie" und von *Heinrich Erdmann* „Pluralistischer Liberalismus – Eine politologische Pluralismusstudie zur Gewaltenteilung im parlamentarisch-demokratischen Verfassungsstaat auf der Basis der soziologischen Pluralismuş- bzw. Rollen- und Klassenkonflikttheorie von Ralf Dahrendorf" sowie *Thomas Walter* „Parteien und Pluralismus – Das Verhältnis der großen deutschen Parteien zur Heterogenität". Siehe auch die eben abgeschlossene, vorzügliche Dissertation von *Wolfgang Höpken*: Sozialismus und Pluralismus, Hamburg 1980.

119 *Hans Kremendahl* zitiert nach *Nuscheler/Steffani* (Anm. 10) S. 35.

120 So *Kojarov* (Anm. 5) S. 44.

121 Ebd. S. 73.   122 Ebd. S. 241.

123 Unter den Kritikern, die sich um eine Weiterentwicklung der Pluralismuskonzeptionen bemühen, seien vor allem die interessanten Ansätze von *Jakobus Wössner* (Anm. 6) und *Fritz Rahmeyer:* Pluralismus und rationale Wirtschaftspolitik, Stuttgart 1974, erwähnt. Siehe auch *Hans-Günther Assel:* Demokratischer Sozialpluralismus, München-Wien 1975, und *Hans E. Zacher* „Pluralität der Gesellschaft als rechtspolitische Aufgabe", in: Der Staat, Heft 2, 1970, S. 161-186, sowie die oben unter Anm. 118 genannten Autoren.

124 Vgl. dazu *Nuscheler/Steffani* (Anm. 10) S. 24 ff. und 123-139. Bei *Ernst Forsthoff* findet sich in seinem Buch: Der Staat der Industriegesellschaft, München 1971, die Formulierung: „Die Logik des pluralistischen Staates, undemokratisch und unsozial wie sie ist . . ." (S. 121). Zum „pluralistischen Staat als (der) gegebenen Staatsform einer pluralistischen Gesellschaft" siehe ebd. S. 119 ff. An *Rüdiger Altmann* wird die Schwierigkeit von Zuordnungen deutlich: Soweit er als Carl-Schmitt-Schüler dessen Dezisionismus verpflichtet ist, kann er als „rechter Kritiker" gesehen werden, als langjähriger Redakteur des Organs der Christlich-Sozialen Kollegenschaft („Gesellschaftspolitische Kommentare") zeigt er sich vorkonziliarer Pluralismuskritik verbunden; die Formierungsideen Altmanns, mit denen er auch *Ludwig Erhard* stark beeinflußte, werden von *Nawroth* zu Recht als Kennzeichen neoliberalen Denkens interpretiert. Siehe *Edgar Nawroth* „Ganzheitliches Gesellschaftsordnungsdenken", in: Die Neue Ordnung in Kirche, Staat, Gesellschaft, Kultur. 20. Jg. 1966, S. 401-416, bes. 415 f.

125 Zur Problematik „Pluralismus und Globalsteuerung, Planung" etc. siehe vor allem *Rahmeyer* (Anm. 123) S. 13 ff.

126 Siehe *Bermbach/Nuscheler* (Anm. 4) S. 10.

127 Vgl. hierzu und zum folgenden vor allem die wichtige Studie von *Edward N. Megay* „Anti-Pluralist Liberalism – The German Neoliberals", in: Political Science Quarterly, Nr. 3, 1970 S. 422-442 (mit zahlreichen Literatur- und Quellennachweisen) sowie zum antipluralistischen Grundzug des Neoliberalismus das aus der Sicht der christlichen Gesellschaftslehre geschriebene grundsätzliche Werk von *Edgar Nawroth:* Die Sozial- und Wirtschaftsphilosophie des Neoliberalismus, Heidelberg-Löwen 1961, bes. S. 203-269.

128 So z. B. *Walter Eucken:* Grundsätze der Wirtschaftspolitik, Bern-Tübingen 1952, S. 313.

129 Für Einzelheiten siehe Presse- und Informationsamt der Bundesregierung

(Hrsg.): Die Formierte Gesellschaft − Ludwig Erhards Gedanken zur politischen Ordnung Deutschlands − Reden und Interviews des Bundeskanzlers und bemerkenswerte Stellungnahmen, o.O. und O.J. (Bonn 1966) 150 Seiten. Die Zitate ebd., S. 35 f; Hervorhebungen nicht im Original. Das folgende Zitat ebd., S. 25 f.

130 So der aufschlußreiche Buchtitel von *Goetz Briefs* (Hrsg.): Laissez-faire-Pluralismus; Demokratie und Wirtschaft des gegenwärtigen Zeitalters, Berlin 1966. Trotz seines ursprünglich katholischen Standorts nimmt *Briefs* insofern eine Zwischenstellung ein, als seine Kritik des politischen Verhaltens vor allem der Gewerkschaften neoliberalen Gedankengängen besonders stark verpflichtet ist. So wirft *Edgar Nawroth* in seinem Aufsatz „Der Pluralismus der Industriegesellschaft als Ordnungsaufgabe" (in: Die Neue Ordnung in Kirche, Staat, Gesellschaft, Kultur Jg. 21. 1967, S. 254-264) *Goetz Briefs* vor, eine schärfere Kritik des Pluralismus als *Carl Schmitt* vorgetragen zu haben, ebd. S. 256.

131 Im folgenden beziehe ich mich auf die Studie von *Joachim Detjen:* Katholische Soziallehre und Neopluralismus; Staatsexamens-Arbeit, Hamburg 1976 (Manuskript), mit umfangreichen Literaturhinweisen.

132 Die als „Alternative gegen den individualistischen Pluralismus" gedachte berufsständische oder leistungsgemeinschaftliche Ordnung wurde erstmals in der Enzyklika „Quadragesimo anno" (1931), an deren Entwurf *Gundlach* und *Nell-Breuning* mitwirkten, erwähnt. Siehe *Detjen* a.a.O., S. 106 f.

133 *Detjen* a.a.O., S. 113.   134 Ebd. S. 147 f.

135 Bei der „linken Kritik" könnte demnach von der jeweiligen politischen Position des Kritikers her grob zwischen sozialdemokratischer, linkssozialistischer, reformkommunistischer und orthodoxkommunistischer Pluralismuskritik unterschieden werden.

136 Siehe hierzu *Nuscheler/Steffani* (Anm. 10) S. 36 ff. und 228-290.

137 Neben zahlreichen Hinweisen bei *Kojarov* (Anm. 5) aus dem in fast allen Tonlagen stets einstimmigen Chor konformer Argumentationsverpflichtung siehe *Gerhard Haney:* Die Demokratie − Wahrheit, Illusion und Verfälschung, Berlin (Ost) 1972, bes. S. 75 ff., wo der Pluralismus als Versuch, die „Trennung von Demokratie und Sozialismus" zu bewirken, verurteilt und der Pluralismus mit dem Neoliberalismus nahezu gleichgesetzt wird. Weiterhin siehe *Elmar Julier:* ‚Pluralistischer Marxismus'? − Zur Marx-Interpretation des heutigen Revisionismus, Frankfurt/M. 1974, sowie *E. Gottschling*: Demokratie im Zerrspiegel, Berlin (Ost) 1978.

138 *Scharpf* (Anm. 27) bes. S. 29 ff.

139 *Rainer Eisfeld:* Pluralismus zwischen Liberalismus und Sozialismus, Stuttgart 1972. Die zumeist im Sinne des Wortes recht „leichtfertige" Ablehnung der Pluralismuskonzeption *Fraenkels* und das ebenso „leicht-fertige" Bekenntnis zu *Laski* bilden heute bei vielen „linken Kritikern" gleichsam einen Basiskonsens. Dies gilt neben *Eisfeld* − der weder die Laski-Biographie von *K. Martin* (1953) noch die beiden grundlegenden Arbeiten über dessen Pluralismustheorien von *H. Deane* („The Political Ideas of Harold Laski", 1955) und *B. Zylstra* („From Pluralism to Collectivism", 1968) verarbeitete − und dessen Epigonen, wie *Gudrich/Fett* (Anm. 97), u.a. ebenso für *Bermbach/Nuscheler* (Anm. 4), die ihrem Sammelband über die innerkommunistische Pluralisierungsdebatte ein Laski-Zitat als Motto voranschicken (!), wie jetzt bei *Bodo Zeuner* (Anm. 140) und *Alemann/ Heinze* (Anm. 141).

140 *Bodo Zeuner* „Verbandsforschung und Pluralismustheorie − Etatozentri-

sche Fehlorientierung politologischer Empirie und Theorie", in: Leviathan – Zeitschrift für Sozialwissenschaft, Heft 2, 1976, S. 137-177, Zitat ebd. S. 138.

141 *Ulrich von Alemann und Rolf G. Heinze* (Hrsg.): Verbände und Staat – Vom Pluralismus zum Korporatismus – Analysen, Positionen, Dokumente, Opladen 1979.

142 Siehe oben S. 46 f, 60 und Anmerkung 139.

143 Dazu *Alemann/Heinze* a.a.O., S. 13 ff., 21 und 29. Die Argumentationslinie der Herausgeber wird aus folgenden Zitaten deutlich, die kurz hintereinander auf den S. 14/15 zu finden sind: „An diese Thesen (Carl Schmitts aus der Weimarer Republik, W. St.) knüpfen in der Bundesrepublik direkt konservative Autoren an, um die Macht der Verbände und *vor allem der Gewerkschaften* negativ zu akzentuieren... Die Auflösung des Staates ist für ihn (Rüdiger Altmann, W. St.) nur durch eine Disziplinierung der Verbände – *allen voran der Gewerkschaften* – und durch eine Stärkung der Funktion des Kanzlers und eines kompetenten Führungsstabes zu bremsen... Derartige Vorstöße dienten nicht zuletzt dazu, staatliche Entscheidungen als einen zweckrationalen und damit nicht mehr zu kritisierenden Vorgang erscheinen zu lassen, um so die demokratischen Gegenkräfte, *vor allem die Gewerkschaften*, aber auch die Minderheiten, zu ‚formieren‘. Viele heute wieder eingebrachte Argumentationen für eine politische Disziplinierung der Verbände, die *vor allem auf die Gewerkschaften* zielen, ähneln frappierend den Positionen der 50er und 60er Jahre." (Hervorhebungen nicht im Original.) Die Gewerkschaften werden diesen unaufdringlichen Eifer vielleicht honorieren, nicht hingegen die CDU, wenn sie am gleichen Ort (S. 15) liest: „Diese Argumentation wurde dann von Bundeskanzler Erhard auf dem Bundesparteitag der CDU, 1965, in die Forderung nach einer *solidarischen Volksgemeinschaft* gegenüber einem neutralen und rationalen Staat umgesetzt." Als Gewährsleute für diese Kunde werden, wie generell über den Kenntnisstand zum Pluralismus, *„Gudrich/Fett 1972, 47 ff."* angegeben. Bei denen heißt es allerdings auf S. 51, Erhard habe von einer ‚solidaren‘ *Leistungs*gemeinschaft gesprochen. Zudem berufen sich *Gudrich und Fett* bei ihrem Erhard-Hinweis auf die Arbeit von *Heribert Kohl:* „Pluralismuskritik in der Bundesrepublik – Zur Pluralismusdebatte", in: Beilage zur Wochenzeitung Das Parlament, B 12/70, S. 28; dort wird von der *Regierungserklärung Erhards* vom November 1965 berichtet: „In der ‚solidaren‘ Leistungsgemeinschaft sind, so *Ludwig Erhard*...". Bei *Alemann/Heinze* wird daraus der Nachweis, *Erhard* habe vor dem CDU-Parteitag im März 1965 die „solidarische Volksgemeinschaft" gefordert! „Volksgemeinschaft" ermöglicht bessere Assoziationen, und man muß halt nicht so zimperlich sein. Diese wissenschaftliche Solidität kennzeichnet das ganze Einleitungskapitel der Herausgeber.

144 Die unter dem Titel „Verbändepolitik und Verbändeforschung in der Bundesrepublik" stehende Einleitung der Herausgeber (S. 12-33), die sich mit der Darstellung und Kritik der Pluralismustheorie in Deutschland befaßt, liest sich streckenweise wie eine recht unbekümmert zusammengestellte Vorurteilssammlung der an den Darlegungen von Autoren wie *Eisfeld, Gudrich/Fett* und *Narr/Offe* orientierten Pluralismushistoriker und -kritiker (vgl. Anm. 97, 105 und 139). Für diese Literatur geradezu „klassische" Formulierungen finden sich auf S. 16: Typisch die fehlleitende Zitierweise zu *Fraenkel*; die dem angeführten Fraenkelzitat folgenden, ihm einen sehr anderen Sinn gebenden Sätze werden einfach fortgelassen. Zum Neoplura-

lismus heißt es dann mit entwaffnender Naivität: „Das neoliberale Modell (gemeint ist Fraenkels Pluralismustheorie!) mit seinen harmonistischen und equilibristischen Tendenzen ist abzugrenzen von Positionen, die Pluralismus als normatives Ziel verwirklichen wollen. Nicht Gleichgewicht, sondern soziale und politische Gleichheit ist das Leitmotiv solcher mehr demokratisch-sozialistischer Ideen − gerade im Rückgriff auf *Harold Laskis* Pluralismusentwurf (vgl. *Bermbacher/Nuscheler* 1972 und *Eisfeld* 1972)".

145 Bereits *Tocqueville* (Anm. 15, Bd. II) schrieb über Amerika: „There is only one country on the face of the earth where citizens enjoy unlimited freedom of association for political purposes. This same country is the only one in the world where the continual exercise of the right of association has been introduced into civil life, and where all the advantages which civilization can confer are produced by means of it" (S. 138). Der Vergleich zu England ebd. S. 129. Siehe dazu auch die heute noch die Lektüre sehr lohnende Arbeit von *Franz Klein:* Das Organisationswesen der Gegenwart. Berlin 1913, z.B. S. 67 ff. Während für *Tocqueville* Vereine in Amerika ein Zeichen der Freiheit sind, sind sie für *Klein* ein Zeichen des Protestes: „Die freien Organisationen sind ein Protest gegen die Annahme, daß die Dinge in der Gesellschaft oder Menschheit sich von selbst machen oder ausreichend und erschöpfend bloß von den offiziellen Organen der Gesamtheit hergestellt werden können. Sie sind das Mittel der an der Zivilisation bewußt und freiwillig arbeitenden Privatpersonen und Ausdruck der Überzeugung, daß solches Mitarbeiten der einzelnen unerläßlich ist" (S. 298).

146 Vgl. oben S. 27 ff.

147 *Lowi* a.a.O., S. 70 f.

148 *Kelso* (Anm. 35) S. 19.

149 *Franz Nuscheler* „Regierung auf Vereinbarung der ,neuen Stände'? Diskussion und Befund des Korporatismus in Großbritannien", in: Zeitschrift für Parlamentsfragen, 1979, Heft 4, S. 503-524. Das Heft ist schwerpunktmäßig dem Thema Neokorporatismus gewidmet. Dort auch ein Aufsatz von *Alemann und Heinze* zum Thema „Neo-Korporatismus. Zur neuen Diskussion eines alten Begriffes", S. 469-487.

150 Diese ursprünglich bei der University of California (Berkeley) eingereichte Dissertation erschien, herausgegeben von der Stanford University Press, in Stanford, California 1971.

151 *Schmitter* a.a.O., Zitate S. 383 und 384.

152 Ebd., S. 387.

153 Siehe dazu insbesondere das von *Philippe C. Schmitter* herausgegebene Heft 1 vom April 1977 der Vierteljahresschrift „Comparative Political Studies, London (152 S.) zum Generalthema „Corporatism and Policy-Making in Contemporary Western Europe". Die Einführung und der für unseren Zusammenhang wichtige Artikel „Modes of Interest Intermediation and Models of Societal Change in Western Europe" (S. 3-38) stammen von *Schmitter.* Zu dieser Thematik weiterhin *Alan Cawson* „Pluralism, Corporatism and the Role of the State", in: Government and Opposition, 13. Jg., 1978, S. 178-198 und *Klaus von Beyme* „The Politics of Limited Pluralism? − The Case of West Germany", in: ebd., S. 265-287 sowie *Les Metcalfe* und *Will McQuillan* „Corporatism or Industrial Democracy?", in: Political Studies, Bd. 27, Nr. 2, 1979, S. 266-282.

154 Zitiert nach der deutschen Übersetzung des Aufsatzes von *Schmitter* „Interessenvermittlung und Regierbarkeit" im Sammelband von *Alemann/Heinze* a.a.O., S. 94 f. Siehe hierzu − und zu dem von *Schmitter* zeitweilig

favorisierten Typus Syndikalismus – *Alemann/Heinze* (Anm. 149) S. 476. Die drei Definitionen wurden von *Schmitter* erstmals in seinem Aufsatz „Still the Century of Corporatism?", in: Review of Politics, Bd. 36, 1974, S. 85-131, insb. S. 93-98 vorgetragen.

155 Dazu *Schmitter* (Anm. 153) S. 12 und in: *Alemann/Heinze* (Anm. 154) S. 98.
156 Ebd., S. 14 bzw. S. 101 („Gattungsbegriff").
157 So die Übersetzung von state corporatism im Gegensatz zu societal corporatism in *Alemann/Heinze* (Anm. 154) S. 97.
158 Vgl. dazu oben S. 53.
159 *Kelso* (Anm. 35) S. 5 ff.
160 Vgl. *Fraenkel* (Anm. 79), S. 9 und den Anhang: „Auszug aus der amtlichen Begründung des Artikels 165 der Weimarer Verfassung", ebd. S. 222. Siehe auch *Ernst Fraenkel*: Das amerikanische Regierungssystem, 3. Auflg., Opladen 1976, S. 276 ff.
161 Die Lektüre der wichtigen Abhandlung von *Heinrich August Winkler:* Pluralismus oder Protektionismus? – Verfassungspolitische Probleme des Verbandswesens im Deutschen Kaiserreich, Wiesbaden 1972, sei besonders empfohlen.
162 *Winkler* a.a.O., S. 5.
163 Ebd., S. 6.
164 Ebd., S. 12.
165 Ebd., S. 31.
166 Ebd., S. 35 ff.
167 Der einleitende Aufsatz in *Fraenkels* Buch: Deutschland und die westlichen Demokratien, trägt die Überschrift „Historische Vorbelastungen des deutschen Parlamentarismus". Siehe dort (Ausgabe 1973) bes. S. 20 f. und 30 f.
168 Siehe den Diskussionsbeitrag von *Wolfgang Roth* in der Zeitschrift für Parlamentsfragen, 1979, Heft 4, S. 544-548.
169 Vgl. hierzu *Hans-Peter Schneider:* Die parlamentarische Opposition im Verfassungsrecht der Bundesrepublik Deutschland, Band I: Grundlagen, Frankfurt/Main 1974, S. 370-411, bes. S. 377 ff. Zur Bedeutung der Opposition für pluralistisches Demokratieverständnis siehe auch *Winfried Steffani:* Parlamentarische und präsidentielle Demokratie, Opladen 1979, S. 207-262.
170 Zur Leistungs- und Innovationsfähigkeit westlicher Demokratien siehe den wichtigen Aufsatz von *Richard Löwenthal* „Gesellschaftliche Umwandlung und demokratische Legitimität – Zu *Jürgen Habermas'* Analyse der Krisentendenzen im ‚Spätkapitalismus' ", in: Die Neue Rundschau, 86. Jg., 1975, Heft 4, S. 549-573. Der Aufsatz endet mit den Worten: „Angesichts der anomischen Krisentendenzen muß man zwischen der Verteidigung der westlichen Demokratien als möglichen Trägern einer konstruktiven Umgestaltung und dem Angriff auf ihre Legitimität wählen. Ich möchte hoffen, daß *Jürgen Habermas'* ‚Parteilichkeit für die Vernunft' ihn zu einer klareren Entscheidung für den konstruktiven Weg geführt hat, als in der hier diskutierten Schrift zum Ausdruck kommt."

## Monistische oder pluralistische Demokratie?

In der zehnten, überarbeiteten und erweiterten Auflage des Taschen- und Nachschlagebuchs über die Sowjetische Besatzungszone Deutschlands „SBZ von A bis Z" vom Jahre 1966 hieß es zum Stichwort *Demokratisierung:* „Schlagwort des Parteijargons (Pj), das die zunehmende Sowjetisierung der SBZ bemänteln soll. Sie wirkte sich besonders verhängnisvoll in der Justiz aus ... Unter dem Leitwort ‚Demokratisierung der Verwaltung' wurden im Juli 1952 die Länder in 14 Bezirke zerschlagen ... Bei der Propagierung der Neuen Ordnungen für die örtlichen Volksvertretungen und ihre Organe (seit April 1961) verzichtet die SED auf die Tarnformel Demokratisierung".[1] Demokratisierung als Tarnformel zur Liquidation der letzten Spuren bürgerlich demokratischer Ordnungsvorstellungen, als Begleitmusik beim Siegeszug des demokratischen Zentralismus als staatlichem und gesellschaftlichem Strukturprinzip, dessen Triumpf sich schließlich in Artikel 47 der neuen „sozialistischen" Verfassung der DDR vom Jahre 1968 verfassungsrechtlich dokumentiert findet?[2] Demokratisierung als Klassenkampfschalmei der Sowjetisierung, als Schlagwort des Parteijargons? Mit der „Spitzmarke Pj." soll, wie dem Vorwort des Taschenbuches zu entnehmen ist, angedeutet werden, „daß der Kommunismus sowjetischer Prägung selbst die Sprache zum politischen Instrument herabwürdigt und daß eine Fülle uns geläufiger und dem Anschein nach völlig neutraler Ausdrücke mit Wertvorstellungen belastet und zu ‚trojanischen Pferden' der kommunistischen Propaganda geworden sind".[3]

Bürokratisierung, Parlamentarisierung, Demokratisierung waren bereits in der Wissenschaftssprache *Max Webers* eingebürgerte Begriffe.[4] Wenn *Ernst Fraenkel* zu Beginn der 60er Jahre in seinem Amerikabuch von der „Demokratisierung des amerikanischen Regierungssystems durch die Jacksonian Revolution"[5] sprach, so wurde diese Wortwahl damals noch nicht unter Ideologieverdacht gestellt. Spätestens gegen Ende der Großen Koalition hatte der Begriff allerdings auch in der Bundesrepublik seine parteineutrale Unschuld verloren: Bei der Suche nach einer „Grundsatzabgrenzungsvokabel" zwischen den Koalitionspartnern war er von *Willy Brandt* in seiner Eigenschaft als Parteivorsitzender der SPD als wirkungsvolles Schlagwort für den nahenden Wahlkampf eingebracht und mit der notwendigen autoritativen Weihe versehen worden.

## I. Willy Brandts „Alternative"

In einem kurzen aber gewichtigen Beitrag zum Sonderheft der „Neuen Gesellschaft" vom 1. Mai 1969 (zehn Jahre Godesberger Programm, zwanzig Jahre Grundgesetz)[6] hatte sich *Willy Brandt* unter der Überschrift „Die Alternative" mit der „häufig" gestellten, wenn von ihm auch für falsch gehaltenen Frage befaßt, „ob nicht der eigentliche Unterschied zwischen den Unionsparteien und der SPD verlorengehe; ob die beiden großen Parteien einander nicht so nahe kämen, daß man von einer wirklichen Alternative nicht mehr sprechen könne." Das Stichwort für seine Entgegnung entnahm er − nach seinen eigenen Worten − einer Fernsehäußerung des damaligen Generalsekretärs der CDU, *Bruno Heck,* der, nach dem Demokratieverständnis seiner Partei befragt, geantwortet hätte: die Union bejahe die Demokratie als Organisationsform des Staates, jedoch nicht für die Gesellschaft. Gegen dieses restriktive Demokratieverständnis meldete er im Namen seiner Parteifreunde „heftigen, ernsthaften Widerspruch" an. *Brandt* erklärte, „hier ist die Alternative, die so viele übersehen haben: Für die CDU/CSU bedeutet Demokratie eine Organisationsform des Staates. Für die SPD bedeutet *Demokratie ein Prinzip, das alles gesellschaftliche Sein der Menschen beeinflussen und durchdringen muß* ... Die Überwindung des Untertanengeistes, von dem *Gustav Heinemann* spricht, und der unserem Volk so viel Schaden zugefügt hat, kann nur durch die *gründliche Demokratisierung* unserer Schule und unserer Universität erfolgen. Die Überwindung sozialer und wirtschaftlicher Ungerechtigkeiten und Ungereimtheiten ist nur im Sinne einer demokratischen Mitbestimmung zu erreichen. *Bruno Kreisky* und *Herbert Wehner* haben recht, wenn sie darauf verweisen, daß die *Forderung nach Demokratisierung* nicht im luftleeren Raum geboren wurde, sondern daß sie in der Periode der zweiten industriellen Revolution zur *zwingenden Notwendigkeit* geworden ist, will die Menschheit den rasanten technischen Fortschritt mit einem adäquaten gesellschaftlichen Bewußtsein in Einklang bringen".

Ein adäquates gesellschaftliches Bewußtsein setzt nach *Brandt* jedoch die Vereinbarkeit von Sozialismus und Freiheit voraus. Diese Leistung hat die SPD offensichtlich erbracht, denn „die Sozialdemokraten − und das ist ihr politischer Kern − (haben) um die Frage nach der Vereinbarkeit von Sozialismus und Freiheit nicht nur gerungen, sondern sie für sich auch schlüssig beantwortet." Damit wird das Demokratieverständnis der Sozialdemokraten nicht nur von *Hecks* Version einer „konservativen oder alt-liberalen Überzeugung" abgesetzt, sie wendet sich vielmehr ebenso gegen jeden Mißdeutungsversuch als Tarnformel des demokratischen Zentralismus d.h. einer wie auch immer gearteten Sowjetisierung. Das Demokratieverständnis der SPD bedeutet demnach „auch eine entschiedene, kompromißlose Absage an den Kommunismus ... : zwischen Kommunismus und Sozialdemokratie gibt es keine gemeinsame Basis".

Mit dem Stichwort Demokratisierung hatte *Brandt* eine Parole aufgegriffen und zur „Grundsatzabgrenzungsvokabel"[7] gegenüber den Unionsparteien stilisiert, in der – wie *Wilhelm Hennis* treffend hervorhebt – „der Generaltenor aller Ansprüche der Zeit auf Veränderung der uns umgebenden gesellschaftlichen Welt" seine knappste Formel findet, bzw. in der „die universalste gesellschaftspolitische Forderung unserer Zeit auf den Begriff" gebracht wird.[8] Ein derartiger Universalbegriff muß notwendigerweise, insbesondere sobald er zur Losung und Kreuzzugsfanfare der Aktivisten einer intendierten Massenbewegung deklariert wird, konturschwach und schillernd-vieldeutig werden. Es wird dabei in Kauf genommen, daß er ohne Präzision als Begriff seine analytische Verwertbarkeit verliert. Das Wort wird hierdurch weitgehend zur Leerformel, zur Wortmaske degradiert, hinter der sich die unterschiedlichsten Aussagen verbergen können. Wenige Beiträge zur Demokratisierungsdebatte verzichten auf diesen zumeist resignierend konstatierten Hinweis.

Fast ebenso häufig, vor allem auf seiten der „Begriffsgegner", ist jedoch der Versuch, die Vokabel als Tarnformel ganz bestimmter politischer Aktivisten zu entlarven, als deren primäres Ziel die mehr oder weniger radikale Veränderung der gegenwärtigen wirtschaftlichen, gesellschaftlichen und staatlichen Grundstrukturen bzw. eine Übernahme der vorhandenen Herrschaftspositionen erkannt oder behauptet wird. Die politisch-polemische Essayliteratur der jüngsten Vergangenheit und Gegenwart produziert hierfür täglich Belege. So schrieb beispielsweise *Karl Steinbuch* kürzlich in einem Artikel, der sich kritisch mit einem Beitrag Bundesminister *Epplers* im Bulletin der Bundesregierung vom 18.7.1973 auseinandersetzte: „Nun findet sich bei *Eppler* einiges, das ... doch seinen ideologischen Hintergrund erkennen läßt. Da steht beispielsweise: ,Demokratisierung bedroht nicht, sie garantiert Freiheit, weil sie Freiheitsräume schafft.' Die Öffentlichkeit weiß es inzwischen anders: Sie denkt bei ,Demokratisierung' notwendig an die Aushöhlung unseres Rechtsstaates und an die Machtübernahme durch Funktionäre und ihre Kader."[9] Die Auffassung, daß die Öffentlichkeit bei „Demokratisierung" nicht nur notwendig an eine freiheitsliquidierende „Systemüberwindung" denke, sondern die Reduktion von Freiheit geradezu dem Demokratiebegriff inhärent sei, wird wiederum von *Helmut Schelsky* vertreten, der seine Sichtweise in einem schwungvoll konzipierten, die skizzierte Problematik verführerisch einleuchtend präsentierenden Aufsatz unter dem Titel „Mehr Demokratie oder mehr Freiheit?" (20.Januar 1973 in der FAZ) vortrug.

Für die weiteren Ausführungen sollen aus den bisher angeschnittenen Problemkomplexen und den mannigfachen hieraus ableitbaren Fragestellungen drei aufgegriffen und erörtert werden: Zuerst soll gefragt werden, ob und inwieweit mit der Demokratisierungsvokabel und dem dahinterstehenden Demokratieverständnis tatsächlich die von *Brandt* konstatierte Alternative zwischen dem Selbstverständnis der Sozialdemokraten und dem der Unionsparteien aufgezeigt werden kann. Zum zweiten soll, ausgehend von einer Auseinandersetzung mit dem erwähnten Schelsky-Artikel untersucht werden, inwieweit der von *Schelsky* gewählte Demokratiebegriff seine Ausdeutung der Demokratisierungsvokabel terminologisch präjudiziert. Schließlich soll erörtert werden, ob und inwiefern man, ähnlich der Differenzierung zwischen einem (vorfindbaren) bürokratisch-autokratischen Sozialismus und einem (nach *Brandt* für die SPD gelösten, allerdings historisch noch nirgendwo realisierten) freiheitlichen Sozialismus — noch deutlicher als bisher zwischen den Grundtypen monistischer und pluralistischer Demokratie unterscheiden und unter dieser Perspektive auch die Demokratisierungsvokabel einer sinnvolleren Verwendung zugänglich machen kann.

## II. Demokratisierung als Abgrenzungsvokabel

Ob der damalige Generalsekretär der CDU, *Bruno Heck,* tatsächlich, wie *Willy Brandt* 1969 formulierte, ein „konservatives oder altliberales" Demokratieverständnis für seine Partei postulierte, sei dahingestellt. Sicherlich hatte *Heck* mit seiner These, die Union begreife die Demokratie als eine Organisationsform des Staates, die so nicht auf die Gesellschaft übertragen werden könne, mehr Fragen aufgeworfen als Antworten präsentiert. Zumal sich hier sofort die Frage nach der im Laufe der Geschichte höchst wandelbaren Grenze zwischen staatlichem und gesellschaftlichem Bereich und — möglicherweise — einer weitergehenden „Demokratisierbarkeit" funktionaler Organisationen im „staatlichen Bereich", wie Verwaltung, Polizei, Armee, aber auch Schule, Hochschule usw. stellte. Den damals einzigen Versuch, die These der Unübertragbarkeit systematisch zu begründen, hatte das seinerzeit langjährige SPD-Mitglied *Wilhelm Hennis* — der aus der SPD austrat, CDU-Mitglied wurde und später der von *Richard v. Weizsäcker* geleiteten Grundsatzkommission der CDU angehörte — in einem am 18. Juni 1969 gehaltenen Referat zur Demokratisierung vorgetragen.[10]

Ausgehend von der aristotelischen Unterscheidung zwischen Polis und Oikos und der damit verbundenen fundamentalen Unterschiedlichkeit von politischer Herrschaft (der Herrschaft von Freien über Freie und Gleichgestellte) einerseits und der häuslichen Herrschaft (der Herrschaft von Freien über Unfreie und Ungleiche) andererseits sieht er das Kriterium für die Unübertragbarkeit im Gleichheitsgrundsatz. Da dem Begriff Demokratie „unverzichtbar Freiheit und Gleichheit" zugeordnet sind, die „außerhalb des Bereichs der Liebe und Freundschaft" jedoch nur im politischen Bereich erfüllbar seien, stünden „seiner Übertragbarkeit auf vor- und nichtpolitische Bereiche unüberbrückbare Hemmnisse entgegen."[11] Diese „vor- und nichtpolitischen Bereiche" sind nun nach *Hennis* all jene gesellschaftlichen Bereiche, die auf der unaufhebbaren Ungleichheit der Sozialtatbestände beruhen. Denn: „Alle Sozialtatbestände und ihre Institutionen: Schule,

Universitäten, die Arbeitswelt und schließlich, im Grunde natürlich zuerst zu nennen, die Familie, sind Institutionsgebilde, die in sich Ungleiche und, so jedenfalls die Familie, auch Unfreie vereinigen. Vereinigt die Familie in sich absolut und unaufhebbar Unfreie, die Neugeborenen, so sind alle Sozialtatbestände nicht nur durch Zusammenwirken von Ungleichen, sondern durch das Zusammenwirken von verschieden Freien gekennzeichnet. Dies ist m. E. ein nicht aufzuhebender Tatbestand, der der Übertragung einer Kategorie, die kategorial nur paßt auf das Miteinander von Freien und Gleichen, unüberbrückbar entgegensteht."[12]

*Richard Löwenthal*[13] hat diese Argumentation zu recht kritisiert und die Annahme zurückgewiesen, als sei die bei der „Reproduktion des Lebens" in der Familie vorfindbare (biologisch begründete) Ungleichheit analog auf alle anderen Formen „nichtpolitischen" gesellschaftlichen Zusammenwirkens — einschließlich der Arbeitswelt (!) — übertragbar. Denn einmal ist der demokratische Gleichheitssatz seit langem von den Individuen analog auch auf die Gleichberechtigung von Gruppen ausgedehnt worden: ein zentraler, von *Ernst Fraenkel* mitformulierter Grundsatz pluralistischer Konzeptionen, was *Hennis* mit seinem Verweis auf die Anwendbarkeit des demokratischen Gleichheitssatzes für die Mitglieder in den Vereinen bereits andeutet. Zum anderen treten auch im „gesellschaftlichen Bereich" legitime Interessen- und Wertkonflikte auf, für die es keine beweisbar „richtigen" Lösungen gibt und die daher einer demokratischen Entscheidung der als Individuen oder Gruppen gleichberechtigt Kooperierenden zugeführt werden können.

Nun hat zwar auch *Hennis* prinzipiell wenig gegen den Abbau hierarchischer Strukturen, Anhörungen, Mitwirkung oder gar Mitbestimmung „wo immer es möglich ist" einzuwenden. Er bekennt sich insoweit durchaus zur Partizipationsausweitung. Nur dürfe man derartige Forderungen und ihre Verwirklichung nicht „Demokratisierung" nennen, da hier nichts „demokratisch legitimiert" werde, denn bei diesen Forderungen handle es sich um nichts anderes als „Versuche der Binnenkonstitutionalisierung von Sozialtatbeständen".[14] Wortklauberei? Wenn man mit *Löwenthal* Demokratie nicht als eine bloße „Staatskategorie" oder lediglich als eine Staatsform im relativ willkürlich begrenzten „politischen Herrschaftsbereich" begreift, sondern darüber hinaus als Konfliktregelungsverfahren, als eine „Methode der Entscheidung aller Streitfragen unter Gleichberechtigten, die sich aus legitimen Verschiedenheiten der materiellen Interessen oder der Rangordnung der Werte ergeben",[15] so muß man der Hennisschen Begriffsprüderie keineswegs folgen.

Auch unter dieser Perspektive hat sich die CDU von dem Odium zu befreien versucht, sie vertrete ein gleichsam „statisches", auf den engen staatlichen Organisationsbereich beschränktes Demokratieverständnis. Dies Bemühen findet sowohl in ihrer Programmatik als auch in den Aussagen der Parteivorsitzenden seinen Niederschlag. So prägte die Union, ohne die „schillernde" Demokratisierungsvokabel direkt zu übernehmen oder für sich klar zu präzisieren, die zunächst nicht gerade weniger vieldeutige Vokabel von der „dynamischen Demokratie". Hatte es, unter Federführung *Hecks*, in der Präambel des Berliner CDU-Programms vom Jahre 1968 noch geheißen: „Die CDU versteht die Demokratie als eine politische Ordnung", so beschloß bereits der Düsseldorfer Parteitag vom Januar 1971 eine neue Akzentsetzung, wenn die entsprechende Passage der Präambel seitdem lautet: „Die CDU versteht die Demokratie als eine *dynamische, fortzuentwickelnde* politische Ordnung, die die Mitwirkung der Bürger gewährleistet und ihre Freiheit durch Verteilung und Kontrolle der Macht sichert." Und unter Ziffer 107 des Programms wird erklärt: „Die Grundwerte der Demokratie gelten nicht nur für den staatlichen Bereich."

Zur Demokratisierungsvokabel äußerte sich 1973 der damalige CDU-Vorsitzende *Rainer Barzel* zurückhaltend positiv: „ ‚Demokratisierung der Gesellschaft' ist ein schillernder Begriff. Wer ... diesen undefinierten Begriff zur ideologischen Abgrenzung von der Union bemüht, ohne — trotz Aufforderung! — zu sagen, was damit konkret gemeint ist, sucht Gräben statt Diskussionen. Wird mit ‚Demokratisierung der Gesellschaft' die schablonenhafte Übertragung des Mehrheitsprinzips vom Staat auf die Gesellschaft, also z.B.auf die Familie gemeint, so lehnen wir das ab. Ist dagegen gemeint, auch in der Gesellschaft sollten Transparenz, Mitbestimmung, Individual- und Minderheitenrechte gelten, so läßt sich Verständigung finden — prinzipiell und auch konkret."[16] Und der neugewählte Bundesvorsitzende *Helmut Kohl* erklärte hierzu in seiner „programmatischen Rede" auf dem 21. Bundesparteitag der CDU am 12. März 1973 in Bonn: „Wir bekennen uns in unserem Parteiprogramm zur dynamischen Demokratie, d.h. zu einer Fortentwicklung dieser Demokratie. Gerade auch aus diesem Demokratieverständnis, aus der Frage nach der demokratischen Gestaltung und Willensbildung in allen Bereichen unseres Staates und unserer Gesellschaft, müssen wir für eine Fortentwicklung sorgen. Dies gilt — das sei bei dieser Gelegenheit einmal gesagt — aber nicht nur für die Parteien und für die Verfassung unseres Staates; *das Demokratiegebot gilt auch für weite Bereiche der Gesellschaft und der dort tätigen Organisationen.* Mancher, der am lautesten dogmatische Demokratisierung propagiert, muß sich selbst auch einmal an den Maßstäben von mehr Demokratie messen lassen."[17]

Die ausgemachte Skepsis der Unionsparteien gegenüber der Demokratisierungsvokabel beruht demnach weniger auf einer mangelnden Bereitschaft, das „Demokratiegebot" prinzipiell auch für weite Bereiche der Gesellschaft und der dort tätigen Organisationen gelten zu lassen. Für diese Skepsis und terminologische Verwendungsscheu lassen sich vielmehr drei Gründe anführen. Einmal — wenn auch drittrangig in der Bedeutung, so doch immer wieder wirkungsvoll und gelegentlich steril übersteigernd herausgekehrt — die ausgemachte Abneigung, sich vom Gegner die politischen Vokabeln vorschreiben und damit zur

Übernahme unerwünschter Denkvorstellungen verführen zu lassen. Größeres Gewicht ist der auch von *Hennis* angedeuteten Warnung beizumessen, daß der „einzige Nutznießer" einer leichtfertigen Begriffsverwendung der „radikal-demokratische Sprachgebrauch" sein werde, dem man damit „nützliche Kulissen errichte",[18] wobei unter Demokratisierung im radikaldemokratischen Sinne die Beseitigung jeglicher Herrschaft von Menschen über Menschen — gelegentlich als „regulative Idee" relativiert — verstanden wird. Der eigentliche, ernsthafteste und nicht völlig unbegründete Verdacht richtet sich jedoch gegen den erkennbaren Versuch, Demokratisierung als Synonym für das in deutschen Landen nicht gerade attraktive Wort Sozialisierung zu verwenden.

Auf diesen letztgenannten Sachverhalt hatte *Heck*[19] bereits kurz nach Verabschiedung des Godesberger Programms verwiesen, indem er jenen Zentralsatz des SPD-Programms zitierte, aus dem sich möglicherweise ein fundamentaler Gegensatz zwischen sozialdemokratischem und christdemokratischem Demokratieverständnis ableiten lasse: „Sozialismus wird nur durch die Demokratie verwirklicht, die Demokratie durch den Sozialismus erfüllt." Während gegen den ersten Teil des Satzes nichts einzuwenden sei, falls Demokratie einem pluralistischen Demokratieverständnis Ausdruck verleihe, offenbare der zweite Teil ein Demokratieverständnis, das — vorsichtig formuliert — die Annahme zuläßt, nur ein Sozialist könne Demokrat und eine nichtsozialistische Partei demnach letztlich nicht demokratisch legitimiert sein, ja daß Demokratie mit der Verwirklichung eines bestimmten sozialistischen Parteiprogramms identifiziert werde. Denn der Programmsatz besagt ja nicht, daß durch eine sozialistische Politik den demokratischen Prinzipien am besten Geltung verschafft werde, sondern daß sich Demokratie im Sozialismus „erfüllt".

Demokratisierung als Abgrenzungsvokabel kennzeichnet dann eine „fundamentale Alternative", wenn man die folgenden zwei Extrempositionen konstruiert und unter Demokratisierung die Verwirklichung der zweiten begreift: A. Demokratie als ausschließlich auf den staatlichen Bereich anzuwendendes Ordnungsprinzip, B. Demokratie als Synonym für Sozialismus, d.h. als Identifikation von monistisch-demokratischer Ordnung aller Lebensbereiche der Gesellschaft und konkreter sozialistischer Politik. Auf diese Weise ließe sich allenfalls eine Alternative zwischen alt-liberalem Demokratieverständnis und der DKP-Position konstruieren. Es ist nicht die Alternative zwischen den Unionsparteien und der SPD, da sich das Demokratieverständnis der ersteren weder auf die Position „A" reduzieren läßt, noch die SPD eine monistische Demokratieauffassung vertritt — das Godesberger Programm stellt sich als das Programm eines pluralistisch-demokratischen Sozialismus dar.[20] Wird unter Demokratisierung die Fortentwicklung pluralistischer Demokratie und die Übertragung von Organisationsprinzipien und Entscheidungsverfahren aus dem staatlichen in andere soziale Teilbereiche verstanden, gibt die Vokabel jedenfalls nichts Signifikantes für eine „Abgrenzung" her; es lassen sich allenfalls graduelle Unterschiede in der Innovationsbereitschaft beider Parteien festmachen. Wird allerdings darüber hinaus mit Demokratisierung die Verwirklichung konkreter sozialistischer Politik gemeint, ließe sich mit der Vokabel eine Alternative im Prinzipiellen ausmachen. Ob hierfür die Demokratisierungsvokabel jedoch sinnvoll gewählt wurde, dürfte mehr als zweifelhaft sein.


III. Monistische oder pluralistische Demokratie?

*1. Schelskys Provokation: „Mehr Demokratie oder mehr Freiheit?"*


Im Sommer 1973 veröffentlichte *Helmut Schelsky* unter dem Titel „Systemüberwindung, Demokratisierung und Gewaltenteilung — Grundsatzkonflikte der Bundesrepublik"[21] eine Sammlung politischer Essays, die — mit einer Ausnahme — zuvor zwischen Dezember 1971 und April 1973 zumeist in Zeitungen als aktuelle politische Stellungnahmen erschienen waren, teilweise in Millionenauflage verbreitet wurden und zu äußerst lebhaften Auseinandersetzungen führten.[22] Im vorliegenden Zusammenhang interessiert vor allem der erstmals am 20. Januar 1973 in der Frankfurter Allgemeinen Zeitung publizierte Aufsatz mit der provozierenden Überschrift „Mehr Demokratie oder mehr Freiheit?".[23] *Schelsky* hatte mit dieser Überschrift vor allem jene schockiert, die Demokratie mit der Vorstellung einer Ausweitung der Teilhabe an konkreter Freiheit für alle und nicht nur für eine wodurch auch immer privilegierte Schicht verbinden. Vordergründiges Verständnis mag er hingegen sofort bei denen gefunden haben, für die Demokratie und Demokratisierung sowieso letztlich nichts anderes als freiheitsliquidierende Gleichmacherei bedeuten.

*Schelsky* will mit seiner bewußt pessimistisch akzentuierten Beschreibung bundesrepublikanischer Wirklichkeit auf eine in seiner Sicht reale, fundamentale Gefahr aufmerksam machen: die Gefahr einer zunehmend radikalen Polarisierung in zwei politische Kampflager, die sich in Freund- Feindhaltung wechselseitig belauern und alle noch bis vor kurzem bestehenden Gemeinsamkeiten bis hin zu prinzipiellen Wertfragen zunehmend abbauen. Die hierdurch bewirkte totale Konfliktpolarisierung läßt zwei totalitäre Lager entstehen, die eine Art „pluralistischen Totalitarismus" konstituieren, der — falls das eine oder andere Lager eine Siegeschance wittert — in den offenen Bürgerkrieg, die völlige Unterdrückung der anderen Seite und schließlich in den Einparteientotalitarismus umschlagen kann. Die Bundesrepublik befindet sich nach *Schelsky* bereits gegenwärtig in dieser „pluralistisch-totalitären" Polarisierungsphase, die im Schlagwort „Demokratisierung" ihren Begriff gefunden hat. *Willy Brandt* habe mit seiner Forderung „Mehr Demokratie wagen" 1969 bewußt eine neue Epoche ankündigen wollen. Tatsächlich seien damit die ersten zwei Jahrzehnte bundesrepublikanischer Geschichte, die als Ära Adenauer im Rückblick relativ gut abschneiden werden, beendet und die totale Polarisierungsphase eingeleitet worden.

Während demnach Demokratisierung für radikale Politisierung und Polarisierung, für zunehmende Demagogie, Verketzerung, Irrationalisierung, Entsachlichung und somit letztlich für unterträgliche Einengung, wenn nicht Aufhebung von Freiheit zugunsten eines postulierten Gleichheitsdogmas steht, kann dieser Forderung nach mehr Demokratie bei hinreichender Gefahrerkenntnis nur mit der Forderung nach mehr Gewaltenteilung begegnet werden. Denn Gewaltenteilung bedeutet zum einen „Herrschaftsneutralisierung" durch Versachlichung und zum anderen Sicherung von „Freiraum für sachverantwortliches Handeln." Gewaltenteilung verbürgt Freiheitsgarantien, übersteigerte Demokratisierung hingegen Freiheitsreduktion. Die Polarisierung läßt sich letztlich auf den Konflikt um „den Grundsatz der Demokratisierung oder den der Gewaltenteilung" zurückführen. Der CDU-Opposition wird der Vorwurf gemacht, daß ihr gegenüber dem Ruf nach „Mehr Demokratie" bis heute nicht die Gegenformel „Mehr Freiheit" eingefallen sei.

*Schelsky* hat sich mit diesen Thesen zum Grundsatzkonflikt sowohl den Vorwurf zugezogen, er habe einen die Parteiideologisierung forcierenden Polarisierungsbeitrag geliefert, der im Sinne einer selffulfilling prophecy krisenanheizend wirke (Kriele), als auch den „nahezu demagogischer" Argumentation, da er, wie *Carl Schmitt* bei seinen politisch-polemischen Analysen der Weimarer Republik, „einen Gegensatz zwischen Demokratie und Gewaltenteilung konstruiere" *(Graf von Krockow). Schelsky* hat diese Vorwürfe entschieden zurückgewiesen. Er habe sich als Sozialwissenschaftler verpflichtet gefühlt, ein „pessimistisch-wirklichkeitsnahes" Bild dessen zu zeichnen, „was sowieso, d. h. ohne eine sich aufbäumende menschliche Anstrengung, geschieht"[24] – das Bild einer Wirklichkeit, in der er als Bürger lebt. Er habe damit nicht politisches Handeln lähmen, sondern zugunsten einer freiheitssichernden Verfassung, wie sie das Grundgesetz will, anspornen wollen. Besonders scharf rechnete er mit dem Demagogie-Vorwurf ab. Es sei seine Grundabsicht, die Demagogie im Gewande „moderner, wissenschaftsgetarnter Formen" aufzudecken und abzuwehren. Er bekenne sich uneingeschränkt zur „parlamentarischen Mehrparteiendemokratie" der Bundesrepublik, die er mit seinen Beiträgen „gerade vor der typischen Entartung durch Demokratie-Perfektionismus schützen will".[25]

Selbst wenn es *Schelskys* Absicht gewesen sein sollte, „harte Wahrheiten" im Superlativ zu sagen, damit sie im Positiven wirken, so ist ihm dies m. E. nur bedingt gelungen. Trotz der Absichtsbegründungen *Schelskys* würde ich grundsätzlich den kritischen Einwänden *Krockows* und *Krieles*,[26] die hier jedoch im einzelnen nicht zu erörtern sind, folgen.

Im vorliegenden Zusammenhang interessiert vielmehr die Frage nach dem Demokratieverständnis, das *Schelsky* seinen Überlegungen zugrunde legt und, wenn auch nicht „nahezu demagogisch", so doch zumindest auf äußerst einseitige Weise zur Anwendung bringt. Mit dieser Fragestellung nach dem Demokratieverständnis der weitbeachteten Abhandlung *Schelskys* ist eine doppelte Intention verbunden. Einmal soll gefragt werden, ob und inwieweit das von *Schelsky* konzipierte Demokratieverständnis dem des Grundgesetzes entspricht und zum anderen, ob und inwieweit *Schelskys* Verwendungsweise der Demokratievokabel nicht eher zu Mißdeutungen als zur Klärung von Sachverhalten beiträgt.

In Anlehnung an *von Krockow*[27] lassen sich hierzu drei Thesen formulieren: 1. *Schelsky* geht völlig einseitig von einem prinzipiellen Gegensatz zwischen Demokratie und Gewaltenteilung aus, um an Hand dieser Entgegenstellung die „Grundsätzlichkeit" der von ihm konstatierten Frontstellung benennen zu können. 2. *Schelsky* verschweigt völlig, was „fast bis zum Überdruß nachgewiesen worden ist, (nämlich) daß es zwei Arten von Demokratieverständnis gibt".[28] 3. *Schelskys* monistisches Demokratieverständnis entspricht nicht dem des Grundgesetzes, worauf er nicht aufmerksam macht und somit — möglicherweise politisch folgenreich — begriffsverwirrend wirkt.

*Schelsky* geht bei seiner Argumentation von der These aus, daß sich die von ihm festgestellte Polarisierung auf einen Grundsatzkonflikt zurückführen lasse, dessen klassische Grundpositionen seit Beginn der Moderne mit den Namen *Rousseau* und *Montesquieu* verbunden sind, dem Theoretiker der direkten (monistischen) Demokratie und dem der Gewaltenteilung. Beide Positionen kennzeichnen nach *Schelsky* auch heute je eine der zwei „grundsätzlichen Praktiken der Herrschaftsbeschränkung":

1. „Die Herstellung der Identität von Herrschenden und Beherrschten. . . : das Prinzip der Demokratie" und 2. „die Aufteilung der Herrschaftsgewalt auf verhältnismäßig selbständige Institutionen, die sich gegenseitig kontrollieren und so die Summierung der Herrschaft zum Schutze der Bürger verhindern. . . : das Prinzip der Herrschaftsaufteilung oder Gewaltenteilung".[29]

Das Spannungsverhältnis zwischen diesen beiden „grundsätzlichen Praktiken" wird durch die Stichworte „Identität" und „Teilung" angedeutet. Soll Identität mehr besagen als lediglich eine andere Vokabel für Volkssouveränität im Gegensatz zur „Fürstensouveränität", nämlich einen bestimmten (den einzig richtigen?) Weg zur Realisierung von Volkssouveränität und das einzig richtige „Wesensverständnis" von Demokratie, so können mit dem Identitätsbegriff — dem Zentralbegriff monistischer Demokratiekonzeptionen — grundsätzlich vier verschiedene Demokratiepositionen verbunden werden:

Zunächst die klassische Position *Rousseaus*, d. h. die Herrschaftsform eines kleinen, überschaubaren Gemeinwesens mit einer sozioökonomisch homogenen Bevölkerungsstruktur, direkter Mehrheitsentscheidung durch das „Volk", Ablehnung jeglicher Pluralität, die sich auf partikulare Autonomie oder auf repräsentativ konzipierte Gewaltenteilung beziehen sowie die Annahme einer vorgegebenen, als objektiv richtig erkennbaren, wahren volonté générale.

Zweitens marxistische Demokratiekonzeptionen mit ihren zwei grundverschiedenen Modellvorstellungen bzw. historischen Phasen a) als staatliche Herrschaftsform: „die Diktatur des Proletariats", b) als freiheitliche Organisationsform der klassenlosen Gesellschaft: die prinzipielle Abschaffung der Herrschaft von Menschen über Menschen. Soweit nach diesem marxistischen Demokratieverständnis Gewaltenteilung Ausdruck einer klassengespaltenen Massen-Gesellschaft ist, ist sie an diese gebunden und steht mit ihr zur Disposition.

Drittens den terminologisch auf *Rousseau* zurückgeführten Demokratiebegriff *Carl Schmitts*, wonach die Identität den Anspruch auf ungebrochene Herrschaftskonzentration in dem als Einheit gedachten Volk der „Gleichartigen" anzeigen soll, d. h. Demokratie verstanden als ungebrochene Mehrheitsherrschaft mit entsprechend verbindlichem „Richtigkeitsanspruch" einerseits, sowie (auf Grund der Komplexität einer modernen Industriegesellschaft) der Konsequenz einer letztlich ins totalitär-diktatorische gesteigerten Indentifikationsverführung andererseits. Der Gefahr also, daß die fehlende faktische Identität von herrschender Mehrheit und abweichender Minderheit und, weil realistischer, herrschender Minderheit und faktisch beherrschter Mehrheit durch „Als-ob-Identitäten", d. h. Identifikationen ersetzt wird und damit der Umschlag in „demokratisch legitimierte" faktische Mehrheits- oder Minderheitsdiktaturen droht. Hier wird Gewaltenteilung als ein dem Demokratiepostulat entgegenstehendes, allenfalls zu seiner „Bändigung" anwendbares „fremdes" Organisationsprinzip verstanden.

Und schließlich viertens die Demokratieposition der relativierten Identität, der „tendenziell identitären Demokratie". Man könnte sie auch die Position des „nicht-so-wörtlich-gemeinten" Identitätspostulats nennen. Eine Vertreterin dieses Demokratieverständnisses, *Helga Grebing*, schrieb hierzu: „So ergibt schon eine einfache Überlegung, daß Identität von Regierenden und Regierten als ‚handgreifliche Wirklichkeit' nicht herzustellen ist; es läßt sich noch einen Schritt weiter gehen: Identität im bisher beschriebenen Sinne (d. h. als ‚die Selbstregierung der Regierten unmittelbar verwirklichende identitäre Demokratie') ist weder herzustellen noch zu wünschen".[30] Es genüge vielmehr, die in ihrer „handgreiflichen Wirklichkeit" gar nicht wünschbare Identität tendenziell anzustreben, denn „der Verzicht auf ein solches Verständnis der Identität als einer tendenziellen und intentionalen würde den Begriff der Demokratie inhaltlich aushöhlen." Demokratie als das tendenziell angestrebte Nicht-wünschbare! Warum Demokratie — verstanden als politische Organisationsform und Verhaltensnorm zur Verwirklichung von Freiheit und Chancengleichheit mittels optimaler Selbstbestimmung bei Abbau weder rational begründbarer noch als legitim erachteter Fremdbestimmung und optimaler Kontrolle aller Herrschaftspositionen – auf den Identitätsbegriff nicht verzichten kann, bleibt unbelegte Meinung. Eine Meinung, die marxistischen Gesellschaftsinterpretationen wesentliche Anregungen verdankt. Auf diesen Zusammenhang macht insbesondere *Udo Bermbach*[31] aufmerksam, wenn er einerseits betont, daß der Verzicht auf funktional zu interpretierende Identität „im Sinne einer regulativen Idee" den Verzicht auf die Möglichkeit prinzipieller Problematisierung von Herrschaft bedeute und eine dies nicht bedenkende Kritik des Konzepts identitärer Demokratie am Identitätspostulat „im Grunde vorbei" gehe, während er andererseits unterstreicht, daß die Begründung identitärer Demokratiemodelle bei der Problematik der Entfremdung und „ihrer Aufhebung qua Abschaffung kapitalistischer Produktionsverhältnisse" einzusetzen hätte und mit dem Identitätspostulat „klassensprengende Kraft" verbunden sei. Wer dies so sieht, wird sicherlich kaum anders argumentieren können.

Ein am marxistischen Entfremdungs-, Klassen-, Herrschafts- und Staatsbegriff orientiertes Demokratieverständnis wird sicherlich auf den Identitätsbegriff nicht verzichten dürfen. Obwohl auch diese durch das Identitätspostulat fixierte Demokratievorstellung prinzipiell in „Frontstellung" zu Gewaltenteilungskonzepten stehen muß, wird dieses Spannungsverhältnis beim Konzept tendenziell identitärer Demokratie doch im konkreten Fall entsprechend „tendenziell" relativierbar sein.

Wenn *Schelsky* das Identitätspostulat – d. h. das Prinzip des monistischen Demokratieverständnisses – zum Prinzip *der* Demokratie deklariert, so hat er bereits mit dieser Vorweg-Definition ein prinzipielles Spannungsverhältnis zum Gewaltenteilungsprinzip postuliert. Es bleibt dabei lediglich die Frage offen, welcher der vier skizzierten Positionen identitärer Demokratie er begrifflich am nächsten kommt. Da er seine Konzeption identitärer bzw. monistischer Demokratie als eine grundsätzliche Praktik der Herrschaftsbeschränkung bezeichnet, kann vermutet werden, daß die die Selbstaufhebung von Herrschaft implizierenden Demokratievorstellungen hier nicht gemeint sind. Es bleibt die Annahme, identitäre Demokratie wird als möglichst direkte Herrschaftsausübung durch das Volk vermittels möglichst ungebrochener Mehrheitsentscheide aller verstanden und in diesem Sinne Konzepten der Herrschaftsaufteilung gegenüber gestellt. Wenn *Schelsky* von Demokratie spricht, denkt er an *Carl Schmitts* Definition.

Diese Vermutung findet sich in einer Formulierung aus dem Vorwort des eingangs angezeigten Sammelbandes bestätigt, wo *Schelsky* ein Bekenntnis zur herrschaftsneutralisierenden Gewaltenteilung ablegt, durch die die „Gefahren von sogenannten *Mehrheits-Demokratisierungen* zu beschränken"[32] seien.

## 2. Demokratie und Gewaltenteilung

Mit der These, Demokratie und Gewaltenteilung kennzeichnen zwei grundsätzliche, kontroverse Positionen wird nun keineswegs behauptet, sie würden einander gegenseitig ausschließen. „Sie sind", schreibt *Schelsky*, „in der modernen westlichen Staatlichkeit und politischen Verfassung sogar beide immer zusammen wirksam gewesen. Auch in unserer westdeutschen Situation geht es nicht um eine grundsätzliche Gegensätzlichkeit, sondern um die Veränderung des Vorranges, eine politische Präferenz, die aber nur deutlich wird, wenn man einmal idealtypisch die gegensätzlichen Folgen dieser Prinzipien der Herrschaftsbewältigung herausstellt."[3] [3]

Bei der idealtypischen Herausstellung konstruiert *Schelsky* vor allem drei Konträrpositionen, mit denen die gegensätzlichen Folgen kenntlich gemacht werden sollen, und die sich etwa folgendermaßen skizzieren lassen: *Gewaltenteilung* steht für a) Herrschaftsbeschränkung durch funktionale und institutionelle Aufgliederung staatlicher und gesellschaftlicher Tätigkeitsfelder und Machtbereiche unter Zubilligung von mehr oder weniger weitreichender institutioneller Autonomie sowie wechselseitiger Konkurrenz und Kontrolle. b) Gesteigerte Rationalität bei der „Sacherfüllung" und Wahrnehmung von „Sachinteressen" durch Anerkennung von Sachverstand und Sachgesetzlichkeiten als „Verantwortungsrahmen für institutionelle Entscheidungen". c) Auswahl der zur Sachentscheidung bestellten Führungsgruppen unter dem Gesichtspunkt der Sachkompetenz bzw. Berufsqualifikation.

*Demokratie* steht demgegenüber für a) Allzuständigkeit eines politischen Mehrheitswillens, realisiert durch Mehrheitsentscheid bei immer höherer Beteiligung der Bevölkerung an der politischen Meinungsbildung, was als Gewinn ohne Einschränkung gesehen wird. b) Allgemeine Politisierung und damit mehr und dauernder Konflikt, weniger Sachlichkeit und mehr ideologische Primitivisierung, Irrationalisierung und schließlich „durchgehende Politisierung in Richtung auf zentralistisch-totalitäre Machtdurchsetzung". c) Bei „Entscheidungs- und Verwaltungsleistungen" gewinnt das politische Bekenntnis und Engagement überhand über die Sachleistung, was auch für die Karrierechancen des Personals der Führungsgruppen gilt.

Das beherrschende Leitmotiv dieser Konfrontationsreihen besagt demnach: Demokratie bedeutet Politik, Konflikt, Irrationalität, Totalitarismusverdacht; Gewaltenteilung hingegen Sachlichkeit, Neutralisierung, Rationalität, Freiheitsschutz. Damit wird eine Variation des bekannten Themas angeboten: Politik bedeutet Irrationalität und Recht Rationalität, sowie der hieraus gefolgerten Entgegenstellung von Demokratie und Rechtsstaat einschließlich der notwendigen Konsequenz, daß „mehr Demokratie" im Grunde „weniger Rechtsstaatlichkeit" besage.

Nun wird hierbei sicherlich von niemandem bestritten werden, daß gesetztes Recht seine Entstehung politischen Entscheidungen ebenso verdankt wie seine Geltungskraft. Denn — um ein Beispiel zum Letztgenannten anzuführen — ein Richter könnte zwar im gegebenen konkreten Fall die Erkenntnis des gesetzten Rechts verkünden, für die Durchführung notwendiger Sanktionen und damit dafür, daß die Geltungskraft des gesetzten Rechts tatsächlich zur Anwendung gelangen kann, müßten andere Sorge tragen. Daß all dies zugelassen wird und tatsächlich geschieht, muß offensichtlich politisch gewollt und durch Politik ermöglicht werden. Offenkundig kann man sich daher verschiedenartige Politik vorstellen: Auf Rechtsgeltung bedachte (aus welchen Gründen auch immer!) und der Rechtsgeltung abträgliche, wenn nicht entgegenwirkende.

Ähnliches gilt für die Wechselbeziehung von Politik und Gewaltenteilung. Gewaltenteilung wird allgemein als ein Grundprinzip politischer Herrschaftsgestaltung begriffen, wonach vermittels funktionaler Kriterien institutionelle Kompetenzbereiche mit unterschiedlich autonomer Entscheidungsvollmacht geschaffen und in wechselseitige Konkurrenz-, Kooperations- und Kontrollbeziehungen versetzt werden, um einerseits verantwortliche Zuständigkeiten und andererseits einen in gesteigerter Rationalität vollziehbaren Entscheidungs- und Konfliktregelungsprozeß zu ermöglichen.[34] Auch die Durchsetzung und konkrete Anwendung dieses Grundprinzips bedarf der politischen Entscheidung. So verstandene Gewaltenteilung kennzeichnet ein politisches Gestaltungsprinzip zur politischen Konflikt- und Partizipationsregelung mit dem Ziel, vermittels erhöhter Berechenbarkeit, Überprüfbarkeit, Kontrollierbarkeit, d. h. erhöhter Fähigkeit zu rationalem Handeln Freiheit, also optimale Selbstbestimmung zu ermöglichen und zu sichern. Eine Politik, die diese politische Zielsetzung optimaler Selbstbestimmung für möglichst alle Bürger anstrebt, kann sich durchaus prinzipiell für oder gegen „Gewaltenteilung" aussprechen, je nachdem welchen Bedeutungsgrad sie dem oben skizzierten Verständnis von Gewaltenteilung im Konkreten, — d. h. in der je konkreten gesellschaftlichen Situation, in der die prinzipielle politische Entscheidung ansteht — beimißt.

Wenn demnach davon ausgegangen wird, daß die politische Zielsetzung „optimaler Selbstbestimmung für möglichst alle" den Basiskonsens aller Demokratiekonzeptionen bildet — eine Zielsetzung, die für jede Demokratiekonzeption sicherlich der speziellen Konkretion bedarf —,[35] so dürfte es zumindest sehr voreilig sein, einen prinzipiellen Gegensatz zwischen Demokratie und Gewaltenteilung zu unterstellen.[36] Diese Entgegensetzung kann allenfalls dann postuliert werden, wenn das Demokratieverständnis entweder auf die von *Rousseau* vertretene oder eine marxistisch-radikaldemokratische Position identitärer Demokratie bezogen wird und Gewaltenteilung auf *Montesquieus* Entwurf zurückgeführt wird — einen Entwurf, der Gewaltenteilung anhand der Probleme einer Feudalgesellschaft ohne Verweis auf Grundrechte oder Volkssouveränität („Demokratie") als Anwendungsfall diskutiert.[37] Sie trifft nicht zu, wenn von jenem anderen, vornehmlich in den angelsächsischen Ländern entwickelten pluralistischen Demokratieverständnis ausgegangen wird.

Jenes andere, pluralistisch-rechtsstaatlich-gewaltenteilige Demokratieverständnis ist heute das vorherrschende Selbstverständnis der „westlichen Demokratien".[38] Es ist auch das Demokratieverständnis des Grundgesetzes. In ihm wurde nicht der Versuch unternommen, wie *Schelsky* annimmt, Demokratie und Gewaltenteilung als entgegengesetzte Prinzipien zu einem harmonischen Ausgleich zu bringen, wobei der Ruf nach „Demokratisierung" nichts anderes als der Ruf nach einer einseitigen, freiheitsgefährdenden Aufkündigung dieser Balance bedeutet. Nach diesem Verständnis bildet das Gewaltenteilungsprinzip vielmehr ein unverzichtbares Strukturprinzip pluralistischer Demokratie. Es kann als grundlegendes Struktur- und Gestaltungsprinzip zur Verwirklichung des demokratischen Postulats der Freiheit und Chancengleichheit bezeichnet werden. Im pluralistischen Demokratieverständnis gehören unveräußerliche Grund- und Menschenrechte, Volkssouveränität, Gewaltenteilung, Rechtsstaatlichkeit und Widerstandsrecht (Art. 20 GG) zum Kernbestand unverzichtbarer Grundprinzipien. Die diesem Selbstverständnis pluralistischer Demokratie zugrunde liegenden politischhistorischen Erfahrungswerte und theoretischen Implikationen sind in den ersten Jahren der Bundesrepublik von keinem anderen Politologen so eingehend analysiert und konzeptionell zu einer relativ geschlossenen neopluralistischen Demokratietheorie verdichtet worden, wie von *Ernst Fraenkel*. In jüngster Zeit (1975) hat *Martin Kriele* mit seiner „Einführung in die Staatslehre", die den bezeichnenden Untertitel trägt: „Die geschichtlichen Legitimationsgrundlagen des demokratischen Verfassungsstaates", einen bedeutsamen Beitrag zur Herausarbeitung der Geschichte des pluralistisch-demokratischen Verfassungsstaates geleistet.

Das pluralistische Demokratieverständnis ist nicht auf *Rousseaus* Vorstellung einer identitären Demokratie reduzierbar. Grundlegende Anregungen gehen vielmehr auf *John Lockes* Staatstheorie, ihre Anwendung und Fortentwicklung in der amerikanischen Unabhängigkeitserklärung[39] und Verfassungsdiskussion sowie vor allem den Erfahrungshaushalt der angelsächsischen und kontinentalen Verfassungsentwicklung zurück. Dies Verständnis hat seinen Niederschlag im Grundgesetz gefunden. Die pluralistische Demokratie ist gemeint, wenn das Grundgesetz von der „freiheitlichen demokratischen Grundordnung" spricht. Dieses pluralistische Demokratieverständnis wird in dem verfassungsrechtlich verbindlichen „Interpretationsversuch"[40] des Bundesverfassungsgerichts bei der Auslegung des Verfassungsbegriffs „freiheitliche demokratische Grundordnung" formuliert, wenn das Gericht zu präzisieren versucht: „Zu den grundlegenden Prinzipien dieser Ordnung sind mindestens zu rechnen: Die Achtung vor den im Grundgesetz konkretisierten Menschenrechten, vor allem vor dem Recht der Persönlichkeit auf Leben und freie Entfaltung, die Volkssouveränität, die Gewaltenteilung, die Verantwortlichkeit der Regierung, die Gesetzmäßigkeit der Verwaltung, die Unabhängigkeit der Gerichte, das Mehrparteienprinzip und die Chancengleichheit für alle politischen Parteien mit dem Recht auf verfassungsmäßige Bildung und Ausübung einer Opposition."[41] Hier wird nicht „Gewaltenteilung" neben „Demokratie" gestellt, sondern Gewaltenteilung als „grundlegendes Prinzip" der demokratischen Ordnung festgestellt.

*Schelsky* sieht das offensichtlich anders, wenn er schreibt: „Die Bundesrepublik stellt ihrer oft deklarierten politischen Grundverfassung nach eine Harmonie beider Grundsätze (Demokratie und Gewaltenteilung) in einer ‚freiheitlich demokratischen Grundordnung' dar; vielleicht ist es kein Zufall, daß das Prinzip der Freiheit in dieser Formel dem der Demokratie vorangeht. Wenn dann aber in dieser prinzipiellen Grundordnung von den Herrschenden der Vorrang ‚Mehr Demokratie' programmatisch verkündet wird, dann ist damit ebenso verschwiegen und uneingestanden die Hinnahme von ‚Weniger Freiheit' verbunden. Dieses Dilemma, und zwar in Verteidigung des Prinzips ‚Freiheit', zu verdeutlichen ist die Absicht dieser Erörterung."[42]

Die Formel „freiheitlich demokratisch" ist tatsächlich „kein Zufall", da „freiheitlich demokratisch" eben nicht „monistisch demokratisch" meint. Die weiteren Annahmen *Schelskys* sind nur dann angängig, wenn „den Herrschenden" unterstellt wird, daß sie „uneingestanden" nicht das Demokratieverständnis des Grundgesetzes teilen. Eine weitreichende, für *Schelskys* gesamte Argumentation zentral wichtige, politisch schwerwiegende Unterstellung.

Sicherlich gibt es auch in der Bundesrepublik politische Theoretiker und Aktivisten, die nicht nur auf die Reihen der DKP und das hier vertretene Konzept des demokratischen Zentralismus beschränkt sind, die ein anderes als das vom Verfassungsgericht formulierte Demokratieverständnis verfechten. Soweit derartige Positionen und die Konsequenzen darauf beruhender Aktivitäten gemeint sind, muß *Schelkys* Argumentation ernst genommem werden. Der (wohl nicht bewußte) Verzicht auf diese fundamental bedeutsame Differenzierung, ja der Verzicht auf jeglichen Verweis hierauf — *Schelskys* „Dilemma" —, rechtfertigt *von Krockows* und *Krieles* scharfe Repliken[43] auf *Schelskys* Beitrag zur politischen Situationsvergegenwärtigung in der Bundesrepublik m. E. vollauf. Wo die Begriffe nicht einigermaßen klar sind, muß sich Verwirrung einstellen. Die Unterscheidung zwischen monistischer und pluralistischer Demokratie macht zugleich deutlich, warum nach dem letztgenannten Verständnis die Demokratisierungsvokabel ein so „schillernder", vieldeutiger Begriff ist·

IV.Demokratie — Demokratisierung

Die Demokratisierungsvokabel ist eine hochgradig politische Vokabel: sie fordert zur Stellungnahme heraus. Ihre Verwendung kann begrüßt, mit Entrüstung abgelehnt, resignierend zur Kenntnis genommen, mit positiven Idealvorstellungen bzw. negativen Feindbildvisionen aufgeladen oder durch Differenzierungsversuche der Verständigung zugänglich gemacht werden. Wer die Demokratisierungsvokabel als gegenwärtig wirkungsreiche politische Waffe (etwa als Nebelwerfer) gezielt polemisch verwenden will, tut in Freiheit, was er offensichtlich für sinnvoll hält oder was er nicht lassen will oder kann. Das schließt eine andere Verwendungsweise sicherlich nicht aus. Soll die Vokabel der Verständigung zugänglich gemacht werden, empfiehlt sich eine Präzisierung, die einerseits hinreichend bestimmt ist, um Differenzierungen zuzulassen und andererseits doch allgemein genug, um handhabbar zu bleiben.

Ausgehend von der generellen, idealtypischen Unterscheidung zwischen monistischem und pluralistischem Demokratieverständnis halte ich den folgenden, hier nur knapp skizzierbaren Verständigungsversuch für möglich:

Eine hinreichende Differenzierung bei der Verwendung der Vokabeln „Demokratie" und „Demokratisierung" kann gewonnen werden, wenn − gleichsam mehrebenenanalytisch − zwischen vier Differenzierungsebenen unterschieden wird:

1. Demokratie als komplexer Systembegriff.
2. Demokratie als Legitimationskonzept.
3. Demokratie als Ordnungsprinzip („Herrschaftsform").
4. Demokratie als Verhaltensprinzip („Lebensform").

*1. Demokratie als Systembegriff und Legitimationskonzept*

Zu 1. Der Demokratiebegriff wird häufig zur Kennzeichnung des Gesamtbildes eines politischen Systems, etwa im Vergleich zu früheren Stadien seiner eigenen Entwicklung bzw. im Vergleich zu anderen politischen Systemen, verwandt. Da heute kaum ein Land auf den Anspruch verzichtet, eine Demokratie zu sein, haben sich auf dieser Anwendungsebene komplexer Systembegriffe allgemeine Differenzierungsvokabeln wie „westliche Demokratie", „freiheitliche Demokratie", „östliche Demokratie", „Volksdemokratie", „Sowjetdemokratie" usw. eingebürgert. Abstraktere „Systembegriffe" wären pluralistische oder liberale; monistische, radikale oder totale Demokratie. Die Formel des Grundgesetzes „freiheitliche demokratische Grundordnung" meint die Gesamtheit der Strukturmerkmale und Prinzipien, die die Bundesrepublik als „pluralistisch-demokratisches System" kennzeichnen sollen. Soweit durch „Systemüberwindung" − einer jener zahlreichen, ebenfalls relativ willkürlich gehandhabten Begriffe, der, falls damit eine „radikale" Änderung des Wirtschafts- und Gesellschaftssystems gemeint ist, eine bestimmte politische Zielsetzung (wie sie auch im Godesberger Programm ermöglicht wird), aber nicht unbedingt etwas Verfassungsfeindliches bezeichnet − soweit durch Systemüberwindung dieser pluralistisch-demokratische Grundordnungsbestand prinzipiell zur Disposition gestellt werden soll, etwa mit der Zielrichtung, wie sie die DKP als marxistisch-leninistische Partei vertritt: ein System des demokratischen Zentralismus zu verwirklichen, erst dann, und dann eindeutig, wäre der demokratische Basiskonsens der pluralistisch-demokratischen Verfassung zentral betroffen.

Zu 2. Auf die eminente Bedeutung, die sowohl wissenschaftlich wie politisch der Tatsache beigemessen werden muß, daß zwischen verschiedenen demokratischen Legitimationskonzepten zu unterscheiden ist, die in wesentlichen Grundannahmen und Überzeugungen diametral voneinander abweichen, hat kaum ein anderer stets mit so großem Nachdruck aufmerksam gemacht, wie *Ernst Fraenkel*. Er hat dabei in seinen wissenschaftlichen Publikationen klar und mit idealtypischer Schärfe jene zwei Grundformen des Demokratieverständnisses herausgearbeitet, auf die sich die zahlreichen Variationen monistisch-demokratischer und pluralistisch-demokratischer Legitimationskonzeptionen letztlich weitgehend zurückführen lassen. Die Unterschiede beruhen dabei im wesentlichen auf abweichenden Grundannahmen vom Menschen als dem ,,Baustein" jeder politischen Ordnung; von der ,,Gesetzmäßigkeit" historischer Abläufe und ihrer Bedingungsgründe sowie dem Ziel der Geschichte und den daraus ableitbaren Zukunftsannahmen; vom ,,Gemeinwohl" und seiner Erkenn- bzw. Bestimmbarkeit sowie den sich hieraus ergebenden Folgerungen für den Bedingungsrahmen eines politischen Willensbildungs- und Entscheidungsprozesses, welcher Emanzipation, d.h. optimale Selbstbestimmung aller in Freiheit und Gleichheit ermöglichen soll.

Unter diesen Gesichtspunkten wären dem *monistischen Demokratieverständnis* – in sicherlich problematisch verkürzten Stichworthinweisen, die jedoch die Denkrichtung anzeigen – zuzurechnen: Die Annahme eines ,,bekannt gemachten" bzw. als künftig für möglich erachteten ,,neuen" Menschen, dessen objektive Interessen bestimmbar, dessen Bewußtsein determiniert ist; ein Geschichtsverständnis, das von nachweisbaren Gesetzmäßigkeiten und einer daraus ableitbaren, in ihren Konturen relativ präzis bestimmbaren Zukunftsprojektion überzeugt ist; die Annahme eines ,,wahren", vorgegebenen, als richtig erkennbaren a priori Gemeinwohls; die Überzeugung, daß das als objektiv richtig erkannte Gemeinwohl, das dem Allgemeininteresse und damit dem Interesse jedes Einzelnen allein gerecht wird, zu seiner Durchsetzung – zumindest vorübergehend – auch extreme, notfalls diktatorische Verfahrensweisen legitimiert; die Überzeugung, daß allein eine sozioökonomische Homogenität, die zunächst geschaffen werden muß, den Bedingungsrahmen für den politischen Prozeß abgeben kann und dieser Prozeß auf einer direkten Mitwirkung aller beruhen muß, wobei dem Volkswillen – ,,Volk" als homogene Einheit verstanden – entweder ungebrochen, d.h. direkt und ohne Zwischenschaltung von Vermittlungsorganen, die über autonome Entscheidungsbefugnisse verfügen, oder gerade durch derartige Handlungsorgane, die den – gegebenenfalls durch Akklamation festgestellten – Volkswillen auszuführen haben, Geltung verschafft werden muß. Sobald mit einer derartig strukturierten monistischen Konzeption Wahrheitsansprüche und der Wille ihrer radikalen Durchsetzung verbunden werden, entartet das monistische, radikaldemokratische Konzept zum Legitimationskonzept totaler Demokratie.

Dem komplex strukturierten *pluralistischen Demokratieverständnis* wären demgegenüber zuzurechnen: Die Überzeugung, daß der Mensch nicht total „bekannt gemacht" werden kann und es die Würde jedes einzelnen ausmacht, über die „Sinnbestimmung" seines Lebens selbst zu befinden; daß der Mensch nicht als total berechenbare Größe in Entwürfe künftiger Gesellschaftsgestaltung einbezogen werden kann, die mit dem Anspruch auftreten, das allein historisch richtige erkannt zu haben und *daher* zu ihrer Verwirklichung legitimiert zu sein; die Annahme eines a posteriori Gemeinwohls, das nicht als allein wahr und richtig vorgegeben und erkennbar ist, sondern das das je zu Disposition stehende Ergebnis des politischen Willensbildungs- und Entscheidungsprozesses darstellt (konkurrierende Parteiprogramme als Versuche politischer Aktivgruppen, Gemeinwohlvorstellungen zu formulieren); daher für Minderheiten das fundamental wichtige Recht, auch gegen mehrheitlich akzeptierte Gemeinwohlvorstellungen opponieren und für die Durchführung ihrer Gegenvorstellungen werben und konkurrieren zu können; die Anerkennung und Sicherung unveräußerlicher Grund- und Menschenrechte, über die auch die Mehrheit grundsätzlich nicht frei verfügen darf; die Annahme, daß eine soziökonomisch homogene Gesellschaft ohne den Einsatz weitreichender Zwangsmittel, die die Freiheit und Chancengleichheit dauerhaft wesentlich beschränken würden, nicht herstellbar ist und daher — auch bei sozialistischen Gesellschaftsentwürfen — die Heterogenität gesellschaftlicher Wirklichkeit als Bedingungsrahmen in Rechnung gestellt werden muß; die Annahme, daß ohne einen Minimalkonsens kein politisches System optimale Selbstbestimmung ermöglichen kann, daß daher bei einer freiheitlichen, offenen Konfliktaustragung — der Grundbedingung pluralistisch-demokratischer Konfliktregelung — Konsens und Dissens in einer sowohl der  Minderheit[44] wie der Mehrheit prinzipiell zumutbaren Balance bleiben müssen[44]; daß somit zwischen einem notwendigen unstrittigen Sektor (dem Bereich anerkannter Grund- und Menschenrechte sowie fundamentaler, rechtsstaatlich gesicherter Spielregeln) und einem ebenso notwendigen strittigen Sektor, dem Bereich des politischen Konflikts und der Gestaltung, zu unterscheiden ist; die Gewißheit, daß zwar auch der unstrittige Sektor, die gemeinsame Basis allgemein anerkannter Grundwerte und Verfahrensregeln, historischem Wandel unterliegt und der „Grenzkonflikt" zwischen beiden Sektoren stets aktualisierbar ist, daß ein fundamentales Infrage-stellen jedoch Existenzkrisen pluralistischer Demokratie anzeigt; die Überzeugung, daß der politische Gestaltungsprozeß sowohl zentrale, allgemein verbindliche Entscheidungen — basierend auf der Mitwirkung aller Betroffenen und vermittelt durch gewaltenteilig strukturierte und rechtsstaatlichen Bedingungen unterworfene Institutionen — als auch freie

Selbstbestimmung von Individuen und den von Ihnen zur Interessenwahrnehmung gebildeten Gruppen ermöglichen und sicherstellen müsse;
die Überzeugung, daß ein solchen Bedingungen unterworfener politischer Willensbildungs- und Entscheidungsprozeß zwar keine Garantie
zur Verwirklichung sozialer Gerechtigkeit, Freiheit und Chancengleichheit bietet – ein pluralistisches Ligitimitätskonzept verkündet keine
Heilsbotschaft –, für diese Zielsetzung jedoch im Vergleich zu anderen
bisher bekannten Entwürfen die optimalsten Voraussetzungen begründet. Sobald eine so geartete pluralistische Konzeption allerdings dazu
verwandt wird, um den erreichten Status quo eines politischen Systems
dergestalt zu sichern, daß eine Diskussion seiner Schwächen sowie die
anderer und neuer Entwürfe für illegitim erklärt und Innovationsbereitschaft unterbunden wird, droht das pluralistische Konzept zum Legitimationskonzept restaurativer Erstarrung zu entarten.

Politische Legitimationskonzepte unterliegen dem Wandel. Sie sind
der Ausdruck dafür, was in einem Gemeinwesen als legitim, d.h. in seiner sozialen Geltung als rechtens, als rechtmäßig erkannt und anerkannt wird. Sie sind ebenso Ausdruck gesellschaftlichen Wandels, der
hierdurch bewirkten Erwartungen und Forderungen, wie sie auch –
ins Bewußtsein gebracht – auf die politische Gestaltung rückwirken.
Die Vokabel ,,Demokratie" kann für einen sehr unterschiedlichen
Befund politischer Legitimationskonzepte stehen.

Wenn demnach – nicht unbegründet – unterstellt wird, daß ,,west-
liche" und ,,östliche" Demokratie politische Systeme bezeichnen, die
sich auf diese prinzipiell unterschiedlichen demokratischen Legitimationskonzepte beziehen[4 5], kann *Schelsky* somit schwerlich gefolgt
werden, wenn er schreibt: ,,Pluralistische Parteienwahl oder plebiszitäre Zustimmung zu einer den Volkswillen monopolistisch vertreten-
den Parteiorganisation sind gleicherweise ,demokratisch' ... Westliche und östliche Demokratie unterscheiden sich daher nur im Mechanismus der Ermächtigung, der Vermittlung des Volkswillens."[4 6]
Da *Schelsky* völlig mißachtet, was ,,fast bis zum Überdruß nachgewiesen worden ist, (nämlich) daß es zwei Arten von Demokratieverständnis gibt" (*von Krockow*), vermag er beim Vergleich westlicher und öst-
licher Demokratie ,,nur im Mechanismus der Ermächtigung, der Vermittlung des Volkswillens" Unterschiede zu entdecken. Für *Schelsky*
hat *Ernst Fraenkel* insoweit nichts zur Erkenntnis beigetragen.

## 2. Demokratie als Ordnungs- und Verhaltensprinzip

Zu 3. Demokratie als Ordnungsprinzip meint all jene herrschafts-
bezogenen Organisationsformen und Methoden der Konfliktregelung,
die der Forderung, die Regierenden müssen den Regierten grundsätzlich zur Disposition stehen, d.h. der Forderung nach kontrollierter
Herrschaft, Geltung verschaffen soll. Die ,,radikalsten" Realisierungs-
formen dieser Grundforderung werden üblicherweise unter dem Etikett ,,direkte Demokratie" diskutiert und entworfen. Für Verfechter

monistischer Demokratie bedeutet direkte Demokratie eine conditio sine qua non. Die Organisationsentwürfe reichen von *Rousseaus* Genfer Modell bis zu den komplexen Rätemodellen für hochindustrialisierte Massengesellschaften. Pluralistische Demokratie hingegen sieht in repräsentativen Gewaltenteilungsentwürfen zur Herrschaftskontrolle „keine Ersatzlösung, keinen Behelf für die eigentlich viel ‚richrigere' unmittelbare Demokratie, sondern eine der modernen Industriegesellschaft funktional angemessene ... Organisationsform der Demokratie"[47]. Es ist dabei üblich, die in ihren Detailregelungen teilweise sehr erheblich voneinander abweichenden staatlichen Organisationsentwürfe, die das Mehrheitsprinzip (mit all seinen Quorumvarianten und Vetobegrenzungen) mit dem Repräsentationsprinzip[48] verbinden, unter die Bezeichnungen „parlamentarische" und „präsidentielle" Demokratie zu subsumieren. *Ernst Fraenkel* hat darauf hingewiesen, daß es in diesen Systemen wesentlich darauf ankommt, der Gefahr einer „Basisentfremdung" repräsentativer Institutionen vor allem dadurch entgegen zu wirken, daß hinreichend wirksame Partizipationschancen auch jenseits der Wahlen über Parteien, Interessenverbände, Selbstverwaltungskompetenzen, Kommunikationsmedien und ähnliche Vorkehrungen eröffnet werden und ihre Wahrnehmung optimal gefördert wird.[49]

Das Stichwort „Mitbestimmung" verweist auf ein weiteres Konzept zusätzlicher Partizipationschancen. Es verweist zugleich auf das Problem des Anwendungsbereichs demokratischer Konfliktregelungsverfahren. Damit wird ein weites Feld prinzipieller wie konkreter Detailfragen aufgeworfen, die sich unter monistischer Perspektive offensichtlich leichter und forscher als unter pluralistischer beantworten lassen. Hier soll und muß es mit dem Hinweis sein Bewenden haben, daß — wie oben bereits angedeutet — *keine* der im Bundestag vertretenen Parteien heute die Auffassung vertritt, demokratische Organisationsmodelle, d.h. Modelle der Konfliktregelung unter Mitwirkung und Mitbestimmung möglichst aller von den gefällten Entscheidungen Betroffenen, seien lediglich auf den staatlichen Bereich im engeren Sinne und nicht (bei Berücksichtigung ihrer jeweiligen besonderen funktionalen Organisationsziele) auch auf andere soziale Organisationen anwendbar.

Zu 4. Wenn auf der vierten Differenzierungsebene von „Demokratie als Lebensform"[50] gesprochen wird, so ist damit nicht jene recht problematische Abgrenzung zur „Demokratie als bloßer Staatsform" gemeint. Bei jenem Sprachgebrauch soll ausgesagt werden, daß Demokratie als Lebensform die prinzipielle Anwendbarkeit demokratischer Prinzipien über den staatlichen Bereich hinaus auf andere soziale Organisationsbereiche bezeichnet. Die mit dieser Begriffswahl verbundene Absonderung von Staat und gesellschaftlichem Leben ist zumindest mißverständlich. Auf der hier erörterten Differenzierungsebene wird unter der Formel „Demokratie als Lebensform" die Gesamtheit der den Strukturprinzipien demokratischer Konfliktregelungsverfahren und

Institutionen entsprechenden Verhaltensprinzipien bzw. Verhaltensnormen verstanden.

Unter diesem Gesichtspunkt wird heute üblicherweise das Idealbild des „mündigen Bürgers" als Ziel und Bedingung demokratischer Sozialisation und Kommunikation sowie als Voraussetzung für das Funktionieren demokratischer Entscheidungsabläufe beschworen. Jenes kritikfähigen, zur bewußten Auseinandersetzung mit gesellschaftlichen Problemen begabten Bürgers, der die Fähigkeit erworben hat, „sich seines Verstandes ohne Leitung eines anderen zu bedienen".[51] Ein hochgestecktes, der demokratischen Sozialisation und Emanzipation seit jeher gesetztes, hehres Ziel.

Ausgehend von der Erkenntnis, daß politische Institutionen, Verfahrens- und Kommunikationsregelungen nur dann ihrer intendierten Zweckbestimmung entsprechend gehandhabt und funktionsfähig erhalten werden können, wenn die hierfür erforderlichen Verhaltensprinzipien akzeptiert und praktiziert werden, lassen sich von dem jeweiligen Legitimationskonzept und den demgemäß für legitim erachteten Organisationsprinzipien her gewisse „demokratische Tugenden" und Verhaltensnormen formulieren. Nach pluralistischem Demokratieverständnis gehören hierzu neben der prinzipiellen Bereitschaft und Fähigkeit zu aktiver, verantwortlicher Partizipation vor allem Kritikfähigkeit, Konfliktoffenheit, Toleranz, Kompromiß- und Verantwortungsbereitschaft, Fairneß, Solidarität. Obgleich auch nach monistischem Demokratieverständnis diesen Verhaltensprinzipien durchaus ein hoher Stellenwert beigemessen werden kann, neigen einige diesem Verständnis identitärer Demokratie verpflichtete konkrete „Tugendkataloge" doch zu Konkretionen, in denen — bis auf den speziell verwandten Solidaritäts- und Kritikbegriff — keiner der hier genannten Begriffe anklingt. So lautet beispielsweise der demokratische Tugendkatalog, den *Walter Ulbricht* auf dem V. Parteitag der SED (1958) unter dem Titel „Grundsätze der sozialistischen Ethik und Moral" verkündet, und der die Identität von Demokratie und Sozialismus voraussetzt:[52]

„Nur derjenige handelt sittlich und wahrhaft menschlich, der sich aktiv für den Sieg des Sozialismus einsetzt.

Das moralische Gesicht des neuen sozialistischen Menschen:

1. Du sollst Dich stets für die internationale Solidarität der Arbeiterklasse und aller Werktätigen sowie für die unverbrüchliche Verbundenheit aller sozialistischen Länder einsetzen.

2. Du sollst Dein Vaterland lieben und stets bereit sein, Deine ganze Kraft und Fähigkeit für die Verteidigung der Arbeiter- und Bauern-Macht einzusetzen.

3. Du sollst helfen, die Ausbeutung des Menschen durch den Menschen zu beseitigen.

4. Du sollst gute Taten für den Sozialismus vollbringen, denn der Sozialismus führt zu einem besseren Leben für alle Werktätigen.

5. Du sollst beim Ausbau des Sozialismus im Geiste der gegenseiti-

gen Hilfe und der kameradschaftlichen Zusammenarbeit handeln, das Kollektiv achten und seine Kritik beherzigen.

6. Du sollst das Volkseigentum schützen und mehren.

7. Du sollst stets nach Verbesserung Deiner Leistung streben, sparsam sein und die sozialistische Arbeitsdisziplin festigen.

8. Du sollst Deine Kinder im Geiste des Friedens und des Sozialismus zu allseitig gebildeten, charakterfesten und körperlich gestählten Menschen erziehen.

9. Du sollst sauber und anständig leben und Deine Familie achten.

10. Du sollst Solidarität mit den um ihre nationale Befreiung kämpfenden und den ihre nationale Unabhängigkeit verteidigenden Völkern üben.

Diese Moralgesetze sind ein fester Bestandteil der marxistisch-leninistischen Weltanschauung."

## V. Demokratisierung nach monistischem und pluralistischem Verständnis

*Paul Kevenhörster* schrieb kürzlich: „Darüber, daß unter Demokratisierung die Übertragung von Entscheidungsverfahren der Demokratie aus dem politischen in andere soziale Bereiche zu verstehen sei, herrscht Einvernehmen."[53] Aus dem bisher Dargelegten ergibt sich, daß eine durchaus differenziertere Anwendungsweise möglich und begründbar ist. Die Stichworte hierfür können der bereits zitierten Auslegung des Begriffes der „dynamischen Demokratie" durch *Helmut Kohl* entnommen werden, wenn er erklärt: „Wir bekennen uns in unserem Parteiprogramm zur dynamischen Demokratie, d.h. zu einer Fortentwicklung dieser Demokratie. Gerade aus diesem Demokratieverständnis, aus der Frage nach der demokratischen Gestaltung und Willensbildung in allen Bereichen unseres Staates und unserer Gesellschaft, müssen wir für eine Fortentwicklung sorgen."

Mit diesem Verständnis dynamischer, fortzuentwickelnder Demokratie wird deutlich von einem starren Ordnungsdenken Abstand genommen und Demokratie nicht nur als permanent kontrollierte Regierung oder Herrschaft auf Zeit, sondern zugleich als eine auf Mobilität, Revision und Reform angelegte permanente Herausforderung des jeweiligen Status quo verstanden, mit dem Ziel, gewonnene Freiheit zu bewahren und zu mehren sowie zur Verwirklichung realer Chancengleichheit und sozialer Gerechtigkeit beizutragen. Dynamische, fortzuentwickelnde Demokratie verweist auf Demokratisierungsabläufe. Unter diesem generellen Gesichtspunkt kann die Demokratisierungsvokabel, bezogen auf die vier hier unterschiedenen Differenzierungsebenen, zur Kennzeichnung folgender Vorgänge und Zielvorstellungen verwandt werden:

1. Auf der Ebene komplexer Systembegriffe bezeichnet Demokratisierung die Fortentwicklung des gesamten, komplexen demokrati-

schen Systems in allen Bereichen sozialer Organisation, in denen gemäß den Erwartungen und Forderungen fortentwickelter Legitimationskonzepte demokratischer Gestaltung, Willensbildung und Sozialisation die Anwendung und Übertragung demokratischer Prinzipien für geboten erachtet und durchgeführt wird. Daß solche Erwartungen und Forderungen vor allem dann sehr unterschiedlich ausfallen können, falls hierbei entweder von einem monistischen – z.b. marxistisch-leninistischen – oder einem pluralistischen Demokratieverständnis – z.b. im Sinne der bundesverfassungsgerichtlichen Interpretation der freiheitlichen demokratischen Grundordnung der Bundesrepublik – ausgegangen wird, bedarf keiner näheren Begründung mehr. *Helmut Schelsky* verbindet mit dem Demokratisierungspostulat offenkundig allein die Forderung nach der Realisierung einer speziellen monistischen, gewaltenteilungsfeindlichen Demokratie.

Kurz: Demokratisierung auf dieser sehr allgemeinen Verwendungsebene meint die Fortentwicklung bzw. Änderung eines gesamten politischen Systems entsprechend der vorherrschenden Vorstellung demokratischer Legitimität, die prinzipiell monistisch oder pluralistisch orientiert sein kann.

2. Demokratisierung verstanden als Fortentwicklung demokratischer Legitimationskonzeptionen und der damit verbundenen Erwartungen und Forderungen. Um Beispiele zu nennen: Unter den Erfahrungen des Scheiterns der Weimarer Demokratie und in der Auseinandersetzung mit dem inhumanen Erbe des nationalsozialistischen Totalitarismus und später des Stalinismus hat *Ernst Fraenkel* mit der Entwicklung und Begründung seiner neopluralistischen Demokratietheorie wesentlich die Demokratiediskussion in der Bundesrepublik gefördert und hierbei einen entscheidenden Beitrag zu ihrer Fortentwicklung geleistet.[54] Seine Kritik galt zugleich zunehmend populärer werdenden radikaldemokratischen Theoremen und Parolen, die er polemisch als „vulgärdemokratisch" abqualifizierte. Kein Wunder, daß er und seine pluralistische Demokratietheorie seit Mitte der sechziger Jahre insbesondere von Verfechtern eines marxistisch-monistischen Demokratieverständnisses über nachvollziehbare Kritik hinaus zum ausgemachten Feindbild stilisiert wurde.[55]

Ähnliche Auseinandersetzungen aufgrund der nicht weniger schrecklichen Erfahrungen mit dem stalinistisch-bürokratischen Kommunismus haben in der kommunistisch-sozialistischen Demokratiediskussion der Gegenwart auch seitens kommunistischer Politiker und Theoretiker, z.B. *Ota Šik*, zur Entwicklung und Begründung pluralistisch-demokratischer Sozialismuskonzeptionen geführt,[56] wobei sich teilweise auch Vergleiche mit den von sozialdemokratischen Theoretikern erarbeiteten Entwürfen eines pluralistischen Sozialismus – wie er etwa im Godesberger Programm angelegt ist – anstellen lassen. Dabei ist davon auszugehen, daß pluralistisches Demokratieverständnis, auch in der neopluralistischen Ausformulierung, keineswegs prinzipiell mit Wirtschafts- und Gesellschaftsvorstellungen eines freiheitlichen Sozialis-

mus – etwa im Sinne einer sozialistischen Marktwirtschaft – unvereinbar ist. Es ist etwas durchaus anderes, wie man sich gegenüber derartigen Entwürfen aufgrund bisher gemachter Erfahrungen mit „sozialistischen Experimenten" politisch verhält.

Mit dem Wandel des Legitimationsverständnisses sind stets Erwartungen und Forderungen nach der Fortentwicklung gegebener und der
Entwicklung neuer Gestaltungsmodelle verbunden; ganz abgesehen von
den Konsequenzen eines Konkurrenzkampfes konträrer Demokratiekonzeptionen, was gegebenenfalls zu fundamentaler Polarisierung zu
führen vermag. Nicht nur die Bundesrepublik befindet sich in dieser
Hinsicht in einem Entwicklungs- und Lernprozeß.

3. Demokratisierung verstanden als Fortentwicklung demokratischer Willensbildungs- und Entscheidungsverfahren im staatlichen Bereich und deren Übertragung auch auf andere soziale Organisationen
als die des Staates im engeren Sinne. Dies ist nach *Kevenhörster* – bei
ihm allerdings eingeschränkt auf die *Übertragung* von Entscheidungsverfahren aus dem politischen in andere soziale Bereiche – die ge-
bräuchlichste Verwendungsweise der Demokratisierungsvokabel. Bisher war es überwiegend üblich, unter Demokratisierung die Verwirklichung von Demokratie im staatlichen Bereich mittels Ausweitung politischer Partizipationsrechte, vornehmlich im Sinne einer Wahlrechts-
ausweitung, zu verstehen. Es sei nur an Darstellungen zur Demokratisierung des britischen parlamentarischen Regierungssystems durch
Wahlrechtsreformen erinnert. Auch hinter *Gerhard Leibholz'* These
vom Strukturwandel der Demokratie steckt tatsächlich ein Beschrei-
bungsversuch der Strukturveränderungen, die der Parlamentarismus
durch Demokratisierung erfahren hat.[57]

Nach fortentwickeltem Legitimationsverständnis wird heute unter
Demokratisierung nicht nur die Weiterentwicklung demokratischer
Organisationsmodelle und Entscheidungsverfahren im Staat oder deren
Anwendung in Parteien und Verbänden verstanden. Vielmehr ist damit heute zunehmend die Forderung verbunden, die allgemeine „Be-
weislast" insofern umzukehren, als nun nahezu jede soziale Organisation dazu aufgefordert wird, zu begründen, warum sie der Übertragung
demokratischer Entscheidungsverfahren prinzipiell oder zumindest
weitgehend unzugänglich sei.

Wiederum besteht die Vermutung, daß die so konzipierten Demo-
kratisierungsforderungen entsprechend monistischem oder pluralistischem Verständnis erheblich voneinander abweichen werden. So bedeutet Demokratisierung im monistischen Verständnis entweder Verwirklichung direkter Demokratie durch Abbau bestehender Herrschaftspositionen bis zur höchstmöglichen Annäherung an den idealen
Identitätszustand – dies zumindest das verkündete Postulat, solange
man nicht selbst an der Macht ist; dann beginnen in der Praxis mit hoher Zuverlässigkeit die „durch die historischen Umstände verlangten"
Anpassungsinterpretationen: nun sind ja die Richtigen dran – oder
Herrschaftsausübung durch unverkürzte Mehrheitsentscheidung des

„Volkes". Reformvorstellungen im erstgenannten Fall reichen heute wieder einmal bis zu Versuchen rätedemokratischer Radikallösungen;[58] im zweiten Fall gelten die Direktwahl aller wesentlichen politischen Entscheidungsträger und vor allem unmittelbare Volksgesetzgebung zu den Minimalforderungen.

Allgemein differenzierter und erheblich zurückhaltender gegenüber dieserart direktdemokratischer Reformforderungen sind normalerweise pluralistische Demokratisierungs-Bestrebungen. Hierbei wird unter Demokratisierung das Bestreben verstanden, der Forderung nach optimaler Selbstbestimmung durch möglichst freie und gleiche Mitbestimmung aller Entscheidungsbetroffenen dadurch zu entsprechen, daß demokratische Entscheidungsverfahren dann und insoweit auf soziale Organisationen übertragen werden sollen bzw. können, wenn dadurch nicht die zweckorientierte Erfüllung der primären Funktionsziele der betreffenden Organisation verhindert wird oder rechtlich verbürgte Verpflichtungen Grenzen setzen. Es ist dabei selbstverständlich, daß die primären funktionalen Organisationsziele entweder im verfassungsrechtlich gesicherten Bereich des autonomen Handlungsspielraums der Individuen und Gruppen[59] liegen müssen (wie z.B. bei Religionsgemeinschaften) oder in ihrem Geltungsanspruch von den politisch zuständigen, demokratisch kontrollierten Entscheidungsinstanzen anerkannt werden müssen (wie z.B. der Wissenschaftsauftrag der Universitäten).

4. Demokratisierung verstanden als Förderung und Fortentwicklung von Verhaltensweisen, deren Annahme und Erlerntsein als eine wichtige Grundvoraussetzung für eine adäquate Handhabung der demokratischen Entscheidungsverfahren bzw. „Spielregeln" angesehen wird. Einer so verstandenen „Demokratie als Lebensform" muß insbesondere im Blick auf Krisensituationen eine noch höhere Bedeutung als jeder verfassungsrechtlichen Garantie demokratischer Organisationsvorkehrungen beigemessen werden. Auch auf dieser Differenzierungsebene können, und das ist häufig der Fall, monistische und pluralistische Demokratieverständnisse zu geradezu konträren Sozialisationszielen, Bestrebungen und Forderungen führen. Während pluralistische Demokratisierung die Anerkennung und das Erlernen und Einüben jener oben genannten Verhaltensweisen bzw. Tugenden meint, die den mündigen Bürger auszeichnen sollten – und damit kann nicht früh genug begonnen werden –, kann monistische Demokratisierung im Extremfall Freund-Feind-Denken, tödlichen Klassenhaß und Klassenkampf bedeuten, wobei die kritiklose Annahme und Ausführung von Parteibefehlen zur höchsten Tugend stilisiert und „demokratische Sozialisation" in der Praxis mit dogmatischer Infiltration und Disziplinierung identifiziert wird.

Die Demokratisierungsvokabel ist eine vielfältig verwendbare, schillernde politische Vokabel. Sie hat insoweit in ihrer Gebrauchs- und Mißbrauchsfähigkeit Wesentliches mit der Demokratievokabel gemein. Beide lassen sich zu ihrer Verwendung jedoch konretisieren und differenzieren. Die Unterscheidung zwischen monistischer und pluralistischer Demokratieauffassung ist dabei von grundlegender Bedeutung.

## Anmerkungen

1 SBZ von A bis Z — Ein Taschen- und Nachschlagebuch über die Sowjetische Besatzungszone Deutschlands, herausgegeben vom Bundesministerium für gesamtdeutsche Fragen; zehnte, überarbeitete und erweiterte Auflage, Bonn 1966, S. 103 f.
2 Art. 47 Abs. 2 der Verfassung der Deutschen Demokratischen Republik vom 6. April 1968: „Die Souveränität des werktätigen Volkes, verwirklicht auf der Grundlage des demokratischen Zentralismus, ist das tragende Prinzip des Staatsaufbaus." Vgl. dazu *Willy Becker, Hans Luft* und *Gerhard Schulze:* Lenin und der demokratische Zentralismus heute, Staatsverlag der DDR, Berlin 1970, insbes. S. 10 ff.: „Das Prinzip des demokratischen Zentralismus — Ein Grundprinzip der sozialistischen Gesellschaft", ebd. S. 16: „Der politische Inhalt des Prinzips des demokratischen Zentralismus entspricht genau den Konsequenzen des sozialistischen Eigentums an den Produktionsmitteln als des Kernstücks der ökonomischen Basis der sozialistischen Gesellschaftsordnung." (Hervorhebung im Original.) Siehe auch die Beiträge des gemeinsamen wissenschaftlichen Symposiums der SED und KPdSU vom 27./28. Nov. 1972 in Berlin: Das Prinzip des demokratischen Zentralismus im Aufbau und in der Tätigkeit der kommunistischen Partei, Berlin (Ost) 1974.
3 SBZ von A bis Z, a.a.O., S. 8.
4 Vgl. die zahlreichen entsprechenden Hinweise im Register von *Max Weber:* Wirtschaft und Gesellschaft, Ausgabe Winckelmann, Köln-Berlin 1964; ebd. auch der Satz (S. 1093): „Eine populäre deutsche Auffassung ist mit der Frage der Wirkung der ‚Demokratisierung' schnell fertig: der Demagoge kommt obenauf, und der erfolgreiche Demagoge ist der Mann, der in den Mitteln der Umwerbung der Massen am unbedenklichsten ist."
5 *Ernst Fraenkel:* Das amerikanische Regierungssystem, Köln und Opladen 1960, 3. Auflage 1976, S. 46.
6 A.a.O., S. 3 und 4; dort auch alle folgenden Zitate. Hervorhebungen nicht im Original.
7 So treffend *Caspar von Schrenck-Notzing:* Demokratisierung — Konfrontation mit der Wirklichkeit, München-Wien 1972, S. 106.
8 *Wilhelm Hennis:* Demokratie — Zur Problematik eines Begriffs, Köln und Opladen 1970, S. 9. Der CDU-Vorsitzende *Helmut Kohl* schrieb kürzlich: „Demokratisierung ist eine Grundforderung unserer Zeit. Der moderne Mensch, der in vielfältige Organisationen eingebunden ist, protestiert gegen diese seine Lage. Er sehnt sich nach mehr Mitbestimmung und Selbstbestimmung; dieses Lebensgefühl findet in der Forderung nach Demokratisierung seinen bündigen Ausdruck. Die Politik muß darauf eine Antwort gegen, allerdings eine differenzierte und nicht eine dogmatische Antwort". *Helmut Kohl:* Zwischen Ideologie und Pragmatismus — Aspekte und Ansichten zu Grundfragen der Politik, Stuttgart 1973, S. 74.
9 *Karl Steinbuch* „Erhard Epplers schöne neue Welt," in: Die Welt vom 25. August 1973, Geistige Welt, S. II.
10 Der Text des Referats entspricht dem der unter Anm. 8 angezeigten Schrift Demokratisierung. Zur Bedeutung dieser Schrift für die Demokratiediskus-

sion innerhalb der CDU vgl. *Ludwig Erhard, Kurt Brüß* und *Bernhard Hagemeyer* (Hrsg): Grenzen der Demokratie? – Probleme und Konsequenzen der Demokratisierung von Politik, Wirtschaft und Gesellschaft, Düsseldorf-Wien 1973.

11 *Hennis* a.a.O., S. 34.

12 Ebd., S. 33. *Hennis* zitiert in diesem Zusammenhang *Franz Neumann* („Zum Begriff der politischen Freiheit", in: *Franz Neumann,* Demokratischer und autoritärer Staat, Frankfurt/Main 1967, S. 131): „Die Theorie der Demokratie (gilt) nur für den Staat und seine territorialen Untergliederungen, niemals hingegen für eine spezifische Funktion. Es gibt nur eine Demokratie, die politische Demokratie, hier allein können die Grundsätze der Gleichheit wirksam werden."

13 Zum Folgenden *Richard Löwenthal* „Demokratie und Leistung – Zum Streit über Sinn, Art und Grenzen einer ‚Demokratisierung' gesellschaftlicher Bereiche", in: Solidarität – Festschrift für Alfred Nau, Bonn-Bad Godesberg 1971, S. 229-255, dort bes. S. 235 ff.

14 *Hennis* a.a.O., S. 34 Anm. 45.

15 *Löwenthal* a.a.O., S. 237.

16 *Rainer Barzel,* „Wir wollen erneuern und verbessern – Erklärung vor dem Bundesparteiausschuß", abgedr. in: Union in Deutschland, Nr. 14 (4. April) 1973, S. 9.

17 Union in Deutschland, Nr. 24, 1973, S. 14 f. Siehe jetzt auch vor allem *Helmut Kohl*: Zwischen Ideologie und Pragmatismus – Aspkete und Ansichten zu Grundfragen der Politik, Stuttgart 1973, S. 74 ff. und 92-100.

18 *Hennis* a.a.O., S. 34 Anm. 45.

19 Vgl. *Bruno Heck* „Zum Godesberger Programm der SPD – SPD meldet Totalitätsanspruch auf die Demokratie an", in: Politisches Jahrbuch der CDU/CSU, 4. Jg., 1960, S. 127-132 sowie *ders.* „Demokraten oder Demokratisierte? Eine notwendige Auseinandersetzung", in: Die Politische Meinung, Heft 3, 1969, S. 11-18 und ders., „Demokratie – was ist das? Fragen an die Regierung", in: Die Politische Meinung, Heft 1, 1970, S. 3 ff. Dazu jetzt auch *Helmut Kohl* a.a.O., S. 95 f.

20 Vgl. hierzu vor allem den einleitenden Abschnitt des Godesberger Programms „Grundwerte des Sozialismus" sowie den Schlußabschnitt „Unser Weg" mit der klaren Abgrenzung: „Die Kommunisten unterdrücken die Freiheit radikal. Sie vergewaltigen die Menschenrechte und das Selbstbestimmungsrecht der Persönlichkeit und der Völker." Dazu auch *Kohl* a.a.O., S. 95 f.

21 München (August) 1973, mit dem Motto (aus Platons Staat, Buch III): „Das extreme Trachten nach dem, was in der Demokratie als gut gilt, stürzt die Demokratie." Vgl. dazu auch die Abschiedsrede des ehemaligen Hamburger SPD-Bürgermeisters *Prof. Herbert Weichmann* vor dem Deutschen Städtetag: „Ich fürchte sehr, daß es möglich werden könnte, eines Tages durch eine Art Überdemokratisierung die Demokratie funktionsunfähig zu gestalten." Zitiert nach *Heck* „Demokratisierung – Überwindung der Demokratie?", in: Grenzen der Demokratie?, a.a.O., S. 73.

22 Siehe hierzu „Nur noch Eigentore", in: Der Spiegel, Nr. 31, 30. Juli 1973, S. 89 f.

23 *Schelsky* a.a.O., S. 47-82. Die wichtigsten Auseinandersetzungen mit dem Schelsky-Artikel publizierten *Frank Grube* und *Gerhard Richter* (Hrsg.) unter dem etwas problematischen Titel: Die Utopie der Konservativen – Antworten auf Helmut Schelskys konservatives Manifest, München 1974.

24 *Schelsky* a.a.O., Vorwort, S. 18. Siehe *Christian Graf von Krockow* „Mehr

Demokratie – weniger Freiheit?", in: Die Zeit vom 23. 2. 1973 und *Martin Kriele* „Pluralistischer Totalitarismus?", in: Merkur, Heft 6, Juni 1973, S. 518-527. Beide Aufsätze sind abgedruckt in *Grube/Richter* (Anm. 23).

25 Ebd., S. 13.

26 Vgl. Anm. 24.

27 Vgl. hierzu *von Krockow*, a.a.O.

28 Ebd.

29 *Schelsky* a.a.O., S. 50.

30 *Helga Grebing* „Volksrepräsentation und identitäre Demokratie", in: Politische Vierteljahresschrift, 1972, Heft 2, S. 162-180; Zitat ebd. S. 163.

31 Vgl. *Udo Bermbachs* Einleitung zu dem von ihm besorgten Band: Theorie und Praxis der direkten Demokratie, Opladen 1973, (UTB 187) insbes. S. 15 f. Dort heißt es auch, daß „die Ausrichtung zukünftiger Gesellschaft am Identitätspostulat der Einheit von Regierenden und Regierten . . . als Selbstbestimmung der Gesamtheit zu verstehen" sei (s. S. 15), nachdem zunächst das „Postulat eines freien, sich selbst bestimmenden Menschen" (S. 13) erhoben wurde. Selbstbestimmung des Einzelnen und der Gesamtheit werden im Identitätsmedium deckungsgleich: das Prinzip der Homogenität.

32 *Schelsky* a.a.O., S. 13.

33 Ebd., S. 50.

34 Vgl. hierzu *Winfried Steffani* „Gewaltenteilung im demokratisch-pluralistischen Rechtsstaat", in: Politische Vierteljahresschrift, 1962, Heft 3, S. 256-282 sowie *Heinz Rausch* (Hrsg.): Zur heutigen Problematik der Gewaltentrennung, Darmstadt 1969.

35 Was heißt z.B. „optimal", was „möglichst alle", was „alle"? Heißt „alle" das „Volk" als homogenes Kollektiv prinzipieller Interessenidentität gedacht oder als individuell und gruppenmäßig heterogen strukturiertes Kollektiv mit dem Recht zur individuellen Abweichung, Oppositionsbildung, individuellen Abweichung auch in prinzipiellen Fragen?

36 Vgl. auch *Ernst Fraenkel:* Deutschland und die westlichen Demokratien, 5. Aufl., Stuttgart 1973, S. 158 f.

37 Hierzu *Steffani* a.a.O., S. 262-265.

38 Zu diesem Begriff *Ernst Fraenkel:* Deutschland und die westlichen Demokratien, siehe auch *Maurice Duverger:* Demokratie im technischen Zeitalter – Das Janusgesicht des Westens, München 1973, S. 13 ff.

39 Der zweite Absatz der Unabhängigkeitserklärung vom 4. Juli 1776 enthält – von *Thomas Jefferson* auf einige Kurzformeln gebracht – die Staatstheorie John Lockes und zugleich (bis auf das Sozialstaatsprinzip und das hiermit verbundene, vor allem hinsichtlich des Rechts auf Eigentum von Locke in Einzelaspekten erheblich abweichende Grundrechtsverständnis) die wesentlichen Grundprinzipien der Artikel 1 und 20 des Grundgesetzes. Zu John Locke und der Unabhängigkeitserklärung jetzt auch *Eberhard Grabitz:* Freiheit und Verfassungsrecht – Kritische Untersuchungen zur Dogmatik und Theorie der Freiheitsrechte. Tübingen 1976, S. 145 ff., sowie *Winfried Steffani:* Parlamentarische und präsidentielle Demokratie, Opladen 1979, S. 302-306.

40 So der Grundgesetzkommentar Maunz/Dürig, Art. 18, Randnr. 52. Siehe auch *Peter von Oertzen* „Freiheitliche demokratische Grundordnung und Rätesystem", in: *Bermbach* a.a.O., S. 174 ff.

41 SRP-Urteil vom 23.10.1952, Entscheidungssammlung des BVerfG., Band 2, S. 12 f.

42 *Schelsky* a.a.O., S. 50.

113

43 Vgl. Anm. 24.

44 Pluralismus geht aus vom Recht auf Dissens und fragt nach der Notwendig-keit von Konsens – Monismus geht aus von der Notwendigkeit des Konsens und fragt nach dem Recht auf Dissens.

45 Dazu *Ernst Fraenkel* „Die Selbstbestimmung in der Demokratie und in der Volksdemokratie", in: Deutsche Rundschau, 1960, Heft 9, S. 778-786. Zum Begriff „volksdemokratische Ordnung" bzw. „Volksdemokratie" vgl. *Siegfried Mampel:* Die sozialistische Verfassung der Deutschen Demokratischen Republik – Text und Kommentar, Frankfurt/Main 1972, S. 64 f. und 90 f.

46 *Schelsky* a.a.O., S. 51.

47 *Heinhard Steiger:* Organisatorische Grundlagen des parlamentarischen Regierungssystems, Berlin 1973, S. 165.

48 Dazu *Heinz Rausch* (Hrsg.): Zur Theorie und Geschichte der Repräsentation und Repräsentativverfassung, Darmstadt 1968. Siehe auch *Martin Kriele:* Einführung in die Staatslehre, Hamburg 1975, S. 318 ff.

49 Vgl. *Ernst Fraenkel:* Deutschland und die westlichen Demokratien, 5. Auflg., München 1973, S. 149 ff.

50 Hierzu auch *Carl Joachim Friedrich:* Demokratie als Herrschafts- und Lebensform, 2. Auflg., Heidelberg 1966.

51 Siehe *Martin Greiffenhagen* „Zur Theorie demokratischer Staatsverfassung", in: Die demokratische Ordnung; Politische Bildung, Stuttgart 1969, Heft 1, S. 3 ff., dort auch das hier angeführte Zitat aus *Immanuel Kant:* Was ist Aufklärung?, Leipzig 1949, S. 1.

52 Siehe *Mampel* a.a.O., S. 524 f., Kommentar zum Art. 19 Abs. 3 Satz 3 der DDR-Verfassung von 1968.

53 *Paul Kevenhörster* „Demokratiekonzeptionen und Demokratiesierungsbestrebungen", in: Grenzen der Demokratie?, (Anm. 10), S. 41.

54 Vgl. *Franz Nuscheler/Winfried Steffani:* Pluralismus – Konzeptionen und Kontroversen, München 1972, Einleitung, S. 29 ff.

55 Nachwirkungen einer derartigen Feindbild-Vision lassen sich sogar in der Einleitung zu dem von *Udo Bermbach* und *Franz Nuscheler* herausgegebenen Sammelband: Pluralistischer Sozialismus – Texte zur Theorie und Praxis sozialistischer Gesellschaften, Hamburg 1973, ausmachen, wenn unter Anm. 2 ausgerechnet *Ernst Fraenkel* – und er allein! – „als Beispiel für viele" liberale Pluralismus-Theoretiker herausgestellt wird, die in ihrer Theorie „individuelle Freiheit mit kapitalistischer Gesellschaftsordnung" verbinden würden und so unterstellen, daß „individuelle Freiheit in sozialistischen Systemen prinzipiell uneinlösbar" sei. „Pluralismustheorie in diesem ihrem postulatorischen Aspekt erweist sich, indem sie individuelle Emanzipations- und Freiheitschancen exklusiv für sich reklamiert, als außerordentlich brauchbar, sozialistische Theorieintentionen mit totalitären Systementwürfen und -praktiken zu identifizieren." (S. 10). Eine Unterscheidung zwischen stalinistisch-bürokratischem „Sozialismus" *(Ota Šik* weigert sich, diese Systeme „sozialistisch" zu nennen) und freiheitlichem, pluralistischem Sozialismus, wie ihn offensichtlich die Sozialdemokratie anstrebt, wird dabei in der Einleitung, sehr im Gegensatz zu *Fraenkel,* nicht getroffen.

56 Siehe hierzu den in Anm. 55 genannten Sammelband: Pluralistischer Sozialismus.

57 *Gerhard Leibholz* „Strukturwandel der Demokratie", in ders.: Strukturprobleme der modernen Demokratie, Karlsruhe 1958, S. 78-129.

58 Siehe hierzu die wichtigen Beiträge in dem von *Udo Bermbach* besorgten Sammelband: Theorie und Praxis der direkten Demokratie – Texte und Ma-

terialien zur Rätediskussion, Opladen 1973.

59 Wenn nach pluralistischem Verständnis Entscheidungsgremien in Form pari- ·
tätischer Gruppenbildungen konstituiert werden (etwa „Gruppenuniversi-
tät"), so hat das prinzipiell wenig mit dem „Ständeprinzip" zu tun. Das
„Ständeprinzip" verlangt konsequenterweise nach dem imperativen Mandat.
Das Gruppenprinzip verlangt nach dem freien Mandat.

# Rechtsprechende Gewalt in der pluralistischen Demokratie

*Aspekte der Gewaltenteilung in der parlamentarisch-pluralistischen Demokratie von heute*

I. Gewaltenteilung als Strukturmerkmal westlicher Demokratien

Die westlichen Demokratien sind ihren Strukturmerkmalen nach pluralistische Demokratien. Damit ist vor allem dreierlei ausgesagt: ihre Bürger besitzen unveräußerliche, auch Minderheiten schützende Grundrechte, zu denen das Recht der freien Gründung von Parteien und Interessengruppen aller Art gehört; zum zweiten verfügen die Parteien und Interessengruppen über die Befugnis, nach freiem Ermessen zu bestimmen, in welcher Art und Intensität sie miteinander konkurrieren und kooperieren wollen — dazu zählt insbesondere das fundamentale Recht zur Bildung und Praxis von parlamentarischer und außerparlamentarischer Opposition, denn die Frage nach der praktizierbaren Freiheit in einem politischen System ist identisch mit der Frage nach der Freiheit und realen Wirkungschance politischer Opposition; drittens befinden sich in den pluralistischen Demokratien die Prinzipien der Demokratie und der Gewaltenteilung nicht, wie in monistischen Demokratien, in einem Verhältnis unaufhebbarer Spannung, Gewaltenteilung wird hier vielmehr als organisatorischer Ausdruck des pluralistischen Demokratieverständnisses interpretiert.[1]

Im modernen politischen Gemeinwesen stehen sich — anders als in der bürgerlichen Gesellschaft des 19. Jahrhunderts — Staat und Gesellschaft nicht in weitgehend unvermittelter Form gegenüber, wobei der Staat das Prinzip des Öffentlichen und die Gesellschaft das des Privaten repräsentiert und das politische System weitgehend mit dem Staat identifiziert wird.[2]

In den westlichen Demokratien der Gegenwart bildet das politische System als der Bereich politischer Öffentlichkeit vielmehr die Staat und Gesellschaft verbindende Klammer.

Das Staat und Gesellschaft verbindende politische System, zu dem stets die gesamte staatliche Organisation mit all ihren Ämtern und Entscheidungsorganen gehört, ist heute in die Gesellschaft integriert. Parallel mit der Ausweitung des allgemeinen Wahlrechts haben Parteien, Interessengruppen und Massenmedien diese Ausweitung des politischen Systems in die Gesellschaft hinein bewirkt und gefördert. Sobald Parteien, Interessengruppen, sonstige Bürgerinitiativen und Bürgeraktionen sowie die Presse und andere Kommunikationsmedien am politischen Willensbildungs- und Entscheidungsprozeß mitwirken, auf ihn Einfluß nehmen und zwischen den staatlichen Organen und der gesamten Gesellschaft kommunikativ-vermittelnd oder selbstverwaltend bzw. in Form von Selbsthilfeaktivitäten tätig werden, sind sie Teil des politischen Systems. Dabei stehen die politischen Parteien im Zentrum des politischen Systems. Als Erscheinungen des gesellschaftlichen und politischen Pluralismus durchdringen sie heute die staatlichen Entscheidungsstrukturen in einem Ausmaße („Parteienstaat"), daß dies entscheidende Auswirkungen auf die moderne Gewaltenteilung haben muß.

Soweit Gewaltenteilung als Strukturprinzip staatlicher Organisation zum Tragen kommt, kann zwischen einer horizontalen und vertikalen Gewaltenteilung unterschieden werden. Unter vertikaler Gewaltenteilung werden die Kompetenzabgrenzungen und Kontrollbeziehungen in territorialer, vornehmlich bundesstaatlicher Hinsicht verstanden: Föderalismus als Gewaltenteilungsprinzip.Horizontale Gewaltenteilung bezieht sich demgegenüber auf funktionelle Differenzierungen (wie Regelsetzung, Regelanwendung und Streitentscheidung) sowie institutionelle Kompetenzabgrenzungen, Kontrollbeziehungen und wechselseitige Abhängigkeiten zwischen verschiedenen staatlichen Entscheidungsinstanzen. In einem politischen Willensverband sind die je getroffenen bzw. vorfindbaren Kombinationen horizontaler und vertikaler Gewaltenteilung für die Verhaltens-, Organisations- und operativen Verfahrensweisen der Teilhaber am politischen Entscheidungsprozeß von systemprägender Relevanz. Die Prinzipien des Pluralismus, des Föderalismus und der Gewaltenteilung bedingen einander. In diesem Zusammenhang kommt der Gewaltenteilung grundsätzlich die Aufgabe zu, sowohl effektive Machtkontrolle als auch einen offenen, minimalem staatlichem Zwang unterliegenden, bewußt vollzogenen Integrationsprozeß zu einer freiheitssichernden politischen Willenseinheit hin zu bewirken.[3] Gewaltenteilung in diesem Sinne bezeichnet demnach in der Gegenwartsdiskussion ein grundlegendes Prinzip politischer Herrschaftsgestaltung, nämlich die institutionelle Sicherung rechtsstaatlicher Normen (vor allem den Schutz von Grundrechten) vermittels machtbeschränkender Aufgliederung und wechselseitiger Kontrolle wesentlicher Letztinstanzen einerseits sowie die Aktivierung der Gesamtbürgerschaft, um einen soweit wie irgend möglich *bewußt* vollzogenen Integrationsprozeß zu begründen, andererseits. Mit dem doppelten Aspekt von Gewaltenteilung sind folglich zwei Entwicklungsmomente verbunden: mit der Kompetenzaufgliederung und Machtkontrolle das mehr desintegrativ wirkende Moment wechselseitiger Hemmungen (checks and balances); mit der Gemeinschaftsaktivierung hingegen das Moment des Kompromisses und des Strebens nach bewußt vollzogener politischer Integration.

II. Gewaltenteilung in Vergangenheit und Gegenwart

Soll Gewaltenteilung im umfassenden Sinne analysiert und bewertet werden, so setzt dies zur systematischen Differenzierung die Unterscheidung von mindestens drei „Gewaltenebenen" voraus:
1. die funktionelle Ebene,

2. die institutionelle Ebene,
3. die sozialstrukturelle Ebene.

Mit der Gewaltenteilung wird nicht die Einheit der Staatsgewalt im rechtlichen Sinne in Frage gestellt. Die Staatsgewalt ist unteilbar. Es geht vielmehr um Fragen der funktionellen, institutionellen und strukturellen Untergliederung und Probleme der verteilten bzw. geteilten Wahrnehmung und Ausübung dieser einheitlichen Staatsgewalt. Unterhalb der Ebene „einheitliche Staatsgewalt" wird der Gewaltbegriff demnach auf unterschiedliche Sachverhalte bezogen.

Auf der *funktionellen Ebene* wird der Begriff „Gewalt" mit politischen Grundfunktionen gleichgesetzt, wie den Begriffen Regelsetzzung (Gesetzgebung), nichtstreitige Regelanwendung (Ausführung) und streitige Regelentscheidung (Rechtsprechung). Auf der *institutionellen Ebene* erscheint der Begriff Gewalt hingegen mit staatlichen Organen verbunden, wie beispielsweise den Institutionen Parlament, Regierung und Verwaltung, Gerichte. Auf der *sozialstrukturellen Ebene* wird der Gewalt-Begriff schließlich auf soziale Strukturerscheinungen wie Stand, Klasse, Gruppe oder Partei bezogen. Hieraus folgt u. a., daß es im Rahmen der Gewaltenteilungsdiskussion sehr problematisch ist, undifferenziert die Begriffe Legislative, Exekutive und Judikative zu verwenden, da mit diesen Bezeichnungen sowohl funktionelle als auch institutionelle Aspekte verbunden sein können, ohne daß dies beim einfachen Gebrauch der Begriffe stets erkennbar würde.

Welche Bedeutung der hier hervorgehobenen Differenzierung zwischen den drei Gewaltenebenen − zu denen in komplexen Demokratien weitere hinzutreten − für eine Erörterung von Gewaltenteilung beizumessen ist, kann bei der Gegenüberstellung von klassischer und moderner Gewaltenteilung aufgezeigt werden. Diese Bedeutung läßt sich besonders bei der exemplarischen Betrachtung der Gewaltenteilungslehren des englischen Staatstheoretikers *John Locke* („Zwei Abhandlungen über Regierung", 1690)[4] und des französischen Staatstheoretikers *Montesquieu* („Geist der Gesetze", 1748)[5] einerseits und der Anwendung des Gewaltenteilungsprinzips im amerikanischen, schweizer, englischen, französischen und deutschen Regierungssystem andererseits verdeutlichen. In der Absicht, die unterschiedlichen Hauptlinien bei der Konzeption und Gewaltenzuordnung verschiedener Gewaltenteilungen aufzuzeigen, kann es sich im folgenden nur um grobe Skizzen handeln.

## 1. John Lockes Gewaltenteilungslehre

*John Locke* (1632-1704) unterscheidet in seiner Gewaltenteilungslehre auf der *funktionellen Ebene* vier Gewalten, für die er die Namen legislative, exekutive, föderative und prärogative Gewalt verwendet. Während hierbei „Legislative" die Funktion der Regelsetzung und „Exekutive" die Funktion der Regelanwendung im innterstaatlichen Bereich bezeichnen, werden mit der föderativen Gewalt die auswärtigen und völkerrechtlichen Beziehungen angesprochen und mit der prärogativen Gewalt besondere Vollmachten und das Recht der Entscheidung in Ausnahmesituationen (Notstandsrecht) gemeint. Auf der *institutionellen Ebene* werden als Gewalten demgegenüber die staatlichen Organe Parlament und Exekutive unterschieden, wobei das Parlament selbst wiederum aus zwei Kammern — dem Oberhaus und dem Unterhaus — besteht. Auf der *sozialstrukturellen Ebene* unterscheidet *John Locke* drei „soziale Gewalten", die in der ständischen Gesellschaft seiner Zeit aufgrund ihrer traditionellen Privilegien voneinander getrennt sind. Diese sozialstrukturellen Gewalten sind einmal das Königshaus, zweitens der hohe geistliche und weltliche Adel (Lords) und drittens der niedere Adel und die Gemeinen.

Das Besondere der Locke'schen Gewaltenteilungslehre liegt nun in der Art und Weise, in der die unterschiedlichen „Gewalten" dieser drei Ebenen miteinander in Beziehung gesetzt werden. Die funktionelle und institutionelle Ebene werden dabei so miteinander verbunden, daß das Recht der Regelsetzung grundsätzlich bei der Legislative (Parlament) liegt und exekutive, föderative und prärogative Gewalt der Exekutive im institutionellen Sinne (bei *Locke* bestehend aus Staatsoberhaupt, Regierung, Verwaltung und Gerichtsbarkeit) zugewiesen werden. Die sozialstrukturellen Gewalten werden demgegenüber mit den institutionellen auf folgende Weise verknüpft: Grundsätzlich konstituieren alle sozialen Gewalten gemeinsam das Parlament. Dem Parlament gehören demnach sowohl der König (King in Parliament) als auch der hohe weltliche und geistliche Adel (Lords) sowie der niedrige Adel und die Gemeinen an. Der König ist nur bei der Parlamentseröffnung im Parlament anwesend, ansonsten wirkt er als Teil des Parlaments durch sein Gegenzeichnungsrecht und seine Vetogewalt an der regelsetzenden (gesetzgebenden) Funktion des Parlaments mit. Die übrigen sozialen Gewalten sind auf zwei Kammern verteilt, wobei der Hochadel im Oberhaus und der niedere Adel und die Gemeinen im Unterhaus am politischen Entscheidungsprozeß partizipieren. Die legislative Gewalt, in der alle sozialen Gewalten vereint sind, ist die primäre, aller übrigen staatlichen Gewalt vorgeordnete Gewalt („Supreme Power"). Die exekutive Gewalt liegt demgegenüber allein bei der Krone, die im Rahmen der Exekutive im institutionellen Sinne die exekutiven, föderativen und prärogativen Kompetenzen im funktionellen Sinne wahrnimmt. Anhand der hier skizzierten Zuordnungen der drei Gewaltenebenen, wie sie der Gewaltenteilungslehre von *John Locke* entnommen werden können, kann demnach folgende Übersicht in Form eines Schaubildes konstruiert werden (Schaubild 1).

Auf diese Weise entwickelte *John Locke* eine komplexe Gewaltenteilungslehre, die sowohl dem eingangs aufgezeigten Prinzip der wechselseitigen Machtkontrolle eigenständiger Institutionen, als auch dem der politischen Integration gerecht wird: alle sozialen Gewalten nehmen über die institutionelle Ebene an den Kompetenzen der funktionellen Ebene teil und sind zur Kooperation verpflichtet. Diese Kooperation ermöglicht einen offenen und freien Dialog aller sozialen Gewalten mit dem Ziel der politischen Integration.

*Schaubild 1:* Zuordnung der Gewaltenebenen nach der Gewaltenteilungslehre von John Locke (vor dem Hintergrund einer feudalen Ständegesellschaft)

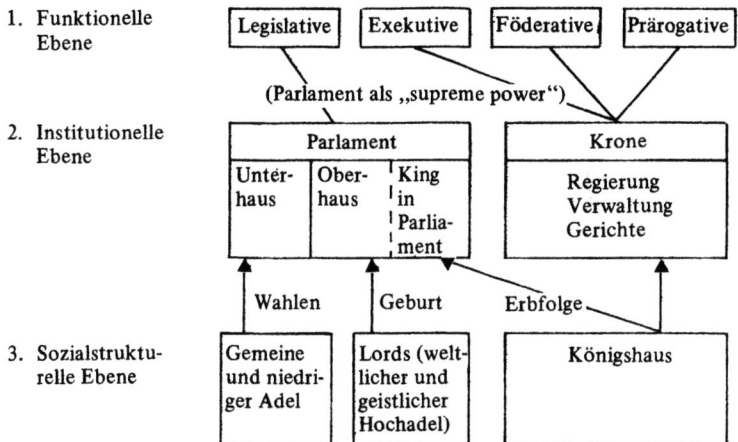

## 2. Montesquieus Gewaltenteilungslehre

Der gleichen Intention dient die erheblich anders strukturierte Montesquieu'sche Gewaltenteilungslehre. *Montesquieu* (1689 – 1755) unterscheidet auf funktioneller Ebene zwischen den Gewalten Legislative, Exekutive und Judikative. Auf der institutionellen Ebene unterscheidet er zwischen dem Parlament, der Regierung und den Gerichten, wobei er ebenfalls die Begriffe legislative, exekutive und judikative Gewalt verwendet. In sozialstruktureller Hinsicht spricht *Montesquieu* von drei sozialen Gewalten, nämlich dem Königshaus, dem Adel und den Gemeinen (le peuple).

Das Besondere an der Montesqieu'schen Gewaltenteilungslehre verglichen mit der Locke'schen liegt darin, daß zum einen die *rechtsprechende* Gewalt – die von *Locke* als Teil der exekutiven Gewalt im funktionellen Sinne betrachtet wurde – als eigenständige Gewalt herausgehoben und als unabhängige Gerichtsbarkeit postuliert wird (in England wurde die Unabhängigkeit der Gerichte 1701 durch den Act of Settlement begründet) und zum anderen die föderative und prärogative Gewalt in die exekutive Gewalt einbezogen und mit dieser in einer einheitlichen, funktionellen, *rechtsanwendenden* „Gewalt" zusammengefaßt werden. *Montesquieu* wertet dabei die rechtsprechende Gewalt mit ihrer letztinstanzlichen Entscheidungsbefugnis im

121

konkreten Einzelfall als eine so schreckliche Gewalt, daß sie keinem sozialen Stand oder keiner professionellen Richterschaft dauerhaft zugeordnet werden dürfe. Die rechtsprechende Gewalt müsse vielmehr, falls die Freiheit gesichert sein solle, von den anderen Gewalten strikt getrennt sein und zur Unabhängigkeit verpflichtet werden.[6] Das bedeutet z. B., daß Adlige nur von ad hoc bestellten Gerichten, die aus Adligen bestehen, und Mitglieder des Volkes nur von sogenannten Volksgerichten belangt werden dürfen. Kein Stand kann somit über Angehörige des anderen zu Gericht sitzen. Die rechtsprechende Gewalt soll hierdurch der politischen Einflußnahme und mißbräuchlichen Handhabung so weit wie möglich entzogen bleiben.

Die übrigen funktionellen Gewalten der Rechtsetzung und Rechtsanwendung werden dann den sozialen Gewalten auf folgende, die Montesquieu'sche Gewaltenteilung kennzeichnende Weise zugeordnet:[7] dem König wird die Exekutive im institutionellen Sinne zugewiesen, dem Adel das Oberhaus (corps de noble), den Gemeinen das Unterhaus (corps de peuple). Alle drei Institutionen sind an der Gesetzgebung beteiligt, wobei die Adelskammer und die Volkskammer über gleiche Gesetzgebungskompetenzen verfügen, während der Monarch über die Regierung mit seinem Vetorecht an der Gesetzgebung beteiligt ist. Die beiden Parlamentskammern nehmen wiederum durch ein sehr ausgeweitetes Haushaltsrecht an der Administration teil. Auf diese Weise entsteht auch hier sowohl eine Kontrollbeziehung zwischen staatlichen Institutionen wie ein politisches Integrationskonzept aller sozialen Gewalten.

Man kann unter dieser Perspektive die Montesquieu'sche Gewaltenteilung als ein Modell zur Integration des dritten Standes in das politische System bezeichnen (Schaubild 2).

*Schaubild 2:* Zuordnung der Gewaltenebenen nach der Gewaltenteilungslehre von Montesquieu (vor dem Hintergrund einer feudalen Ständegesellschaft)

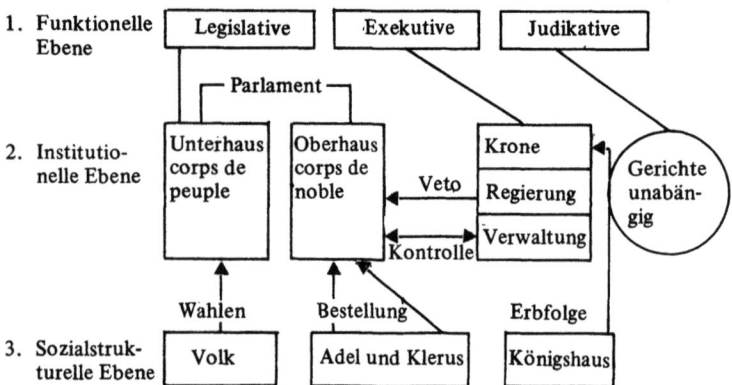

### 3. Gewaltenteilung in den USA

Das Montesquieu'sche Gewaltenteilungskonzept ist in funktioneller und institutioneller Hinsicht weitgehend unverfälscht in das amerikanische Verfassungssystem von 1787 eingeführt worden.[8] Auch in der amerikanischen Verfassung wird auf funktioneller Ebene zwischen der gesetzgebenden, gesetzvollziehenden und rechtsprechenden Gewalt unterschieden, wobei jetzt allerdings der rechtsprechenden Gewalt im Gegensatz zu *Montesquieu* insofern ein besonderes Gewicht beigemessen wird, als ein unabhängiger Richterstand verfassungsgemäß institutionalisiert wird. Im übrigen besteht auch hier das Parlament aus zwei Kammern, während die exekutive Gewalt bei einem gewählten Präsidenten liegt, der in seiner Person die Ämter eines Staatsoberhauptes und Regierungschefs vereinigt und mit seinem Vetorecht am Gesetzgebungsprozeß beteiligt ist.

Der entscheidende Unterschied zur Gewaltenteilungslehre *Montesquieus* besteht jedoch darin, daß die USA weder eine Monarchie bilden noch eine feudale Sozialstruktur aufweisen, sondern ein pluralistisches, gruppenoffenes Gemeinwesen konstituieren. Damit entfiel in den USA von Anbeginn eine, wenn nicht die entscheidende Voraussetzung der Gewaltenteilungslehren *Lockes* und *Montesquieus.* In der Neuen Welt standen sich nicht mehr Königtum, Adel und Gemeine als privilegierte und voneinander differenzierte soziale Gruppen gegenüber, sondern der prinzipiell gleichberechtigte Staatsbürger wurde zum Träger des Gewaltenteilungskonzepts.

Während bisher die wichtigste Gewaltenteilungsgrenze in der feudalen Sozial- und Privilegienstruktur lag, wird nun in der amerikanischen Gewaltenteilungslehre die institutionelle Absonderung, Kompetenzabgrenzung und Kontrollbeziehung betont. Dabei müssen sich alle institutionellen Instanzen für ihre Kompetenzwahrnehmung durch Wahlen legitimieren. Dieses amerikanische Gewaltenteilungskonzept beruht demnach neben einer unabhängigen Gerichtsbarkeit vor allem auf einer weitgehenden Trennung von Regierung und Parlament und der gleichberechtigten Eigenständigkeit der beiden Kammern des Parlaments. Alle Staatsorgane stehen in einer wechselseitigen Kontrollbeziehung zueinander ("checks and balances"). Im Parlament wird das Zweikammersystem jetzt nicht mehr durch die Existenz getrennter sozialer Stände legitimiert. Es wird vielmehr das *föderative Element* als neues Legitimationskonzept eines Zweikammersystems zur Geltung gebracht. Während im Repräsentantenhaus die Bevölkerung der Staaten der USA gemäß ihrer Einwohnerzahl repräsentiert sind, werden die Bürger jedes Staates im Senat durch zwei Repräsentanten gleichberechtigt vertreten und hierdurch in den politischen Entscheidungsprozeß des Bundes integriert.

Das Besondere des amerikanischen Gewaltenteilungskonzepts liegt darin, daß es bewußt gegen die Notwendigkeit von Parteien konstruiert und begründet wurde. Nicht Parteien, sondern staatlich-institutionelle Einrichtungen sollten die politischen Träger der Gewalten-teilung sein.[9] Mit diesem Argument wurde auch die existentielle Un-abhängigkeit von Parlament und Regierung begründet. Das heißt, das Parlament vermag die Regierung – also den Präsidenten – nicht ab-zuberufen, wie auch der Präsident den Kongreß nicht auflösen kann. Damit war die Grundkonstruktion des *präsidentiellen Regierungs-systems* in republikanischer Form gefunden. Diese Verfassungskon-struktion ermöglichte es zugleich, daß sich das System ohne Ver-fassungsänderung demokratisieren konnte. Die pluralistisch-demokra-tische Republik der USA ist der erste moderne Bundesstaat mit einem präsidentiellen Regierungssystem (Schaubild 3).

*Schaubild 3:* Zuordnung der Gewaltenebenen nach der amerikanischen präsi-dentiellen Bundesverfassung (vor dem Hintergrund einer pluralistisch-republika-nischen Gesellschaft)

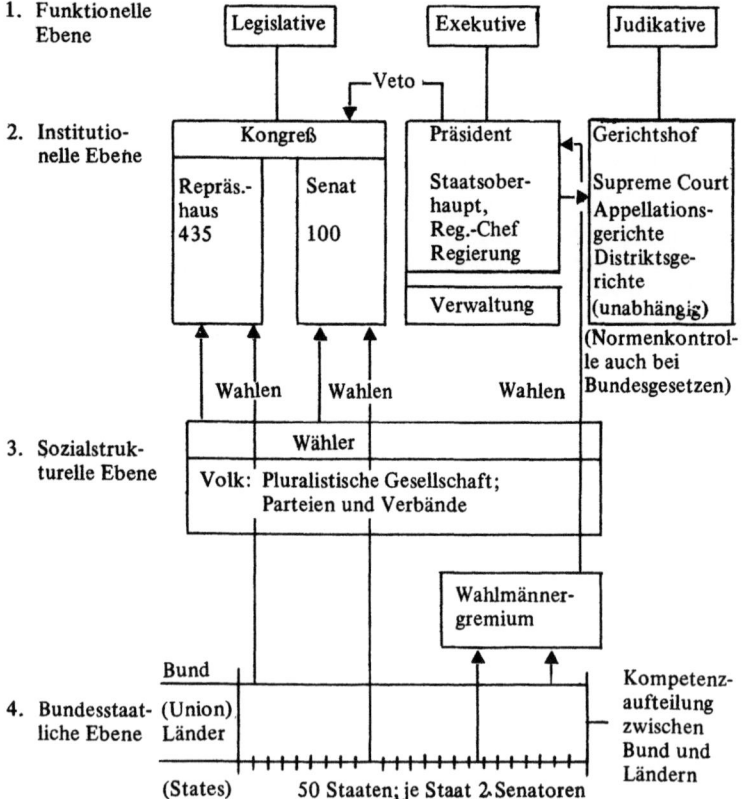

## 4. Gewaltenteilung in Großbritannien

Das *parlamentarische Regierungssystem*, d. h. ein System, in dem das Parlament die Regierung abberufen kann, ist demgegenüber in Großbritannien im Verlaufe des 18. Jahrhunderts entwickelt und im 19. Jahrhundert als unverbrüchlich geltendes Verfassungsprinzip etabliert worden. Ursprünglich hatte auch das britische Regierungssystem – z. B. in der Gewaltenteilungsversion *John Lockes* – die Grundstruktur eines „präsidentiellen Regierungsstems", da das Parlament eine Regierung nicht ohne weiteres abberufen konnte. Dieses Prinzip der Abberufbarkeit der Regierung ist erst im 19. Jahrhundert als systemkennzeichnendes Strukturprinzip *unverbrüchlich* verankert worden (endgültig seit 1841).[10] Nur dank dieses Prinzips war es möglich, die Monarchie zu erhalten, dem Adel im Oberhaus ein Mitwirkungsrecht einzuräumen und dennoch die Demokratisierung des politischen Systems durchzuführen. Das Ergebnis dieses Prozesses läßt sich mit folgenden Hinweisen skizzieren: Alle Macht des politischen Systems ist heute im demokratisch gewählten Unterhaus konzentriert, während die Krone auf reine Repräsentationsfunktionen beschränkt und das Oberhaus auf ein allenfalls dilatorisch wirkendes Teilnahmerecht reduziert wurde. Die Regierung ist der Verfügungsgewalt der Krone entzogen und in das Unterhaus integriert mit der Konsequenz, daß die Parlamentsmehrheit und die Regierung (das Kabinett) eine integrierte politische Handlungseinheit darstellen. Die Gewaltenteilung zwischen Parlament und Regierung erscheint faktisch als aufgehoben.

Damit ist jedoch der Dualismus zwischen Parlament und Regierung nicht durch einen Monismus von Parlament und Regierung ersetzt worden, vielmehr wird nun eine neue politische Gewaltenteilung wirksam: die Gegenüberstellung von Regierungsmehrheit (als der Einheit von Parlamentsmehrheit und Regierung) und Opposition.[11] Dadurch soll sowohl dem Prinzip der machtbegrenzenden Kontrolle wie dem der politischen Integration von politischen Minderheiten (Opposition) entsprochen werden. Im parlamentarischen System wird die Opposition zum besonderen Strukturmerkmal des Gewaltenteilungskonzepts, und zwar eine Opposition, die als möglichst geschlossene Aktionseinheit der Regierungsmehrheit gegenübertritt. Das Abberufungsrecht des Parlaments, das wiederum die Mehrheit gegenüber der Opposition zur Geschlossenheit nötigt, findet im Auflösungsrecht der Krone, über das heute faktisch der Premierminister im Interesse der Regierungsmehrheit verfügt, sein Gegengewicht.

Die Organisatoren dieser Verfassungsregeln sind die Parteien. Während im präsidentiellen System der USA die Parteien im wesentlichen die Funktion haben, als Wahlorganisationen aufzutreten und die Kooperation zwischen den eigenstänigen Staatsorganen zu ermöglichen, konstituieren die diszipliniert auftretenden Parteien das Gewaltenteilungskonzept der parlamentarischen Demokratie.

Dieser Verfahrensprozeß ist in Großbritannien erstmals eingeleitet worden. Das parlamentarische System der britischen Version ermöglichte es, Demokratie und Monarchie miteinander zu verbinden (Schaubild 4).

*Schaubild 4:* Zuordnung der Gewaltenebenen in Großbritannien (vor dem Hintergrund einer pluralistischen Gesellschaft in einer demokratischen Monarchie)

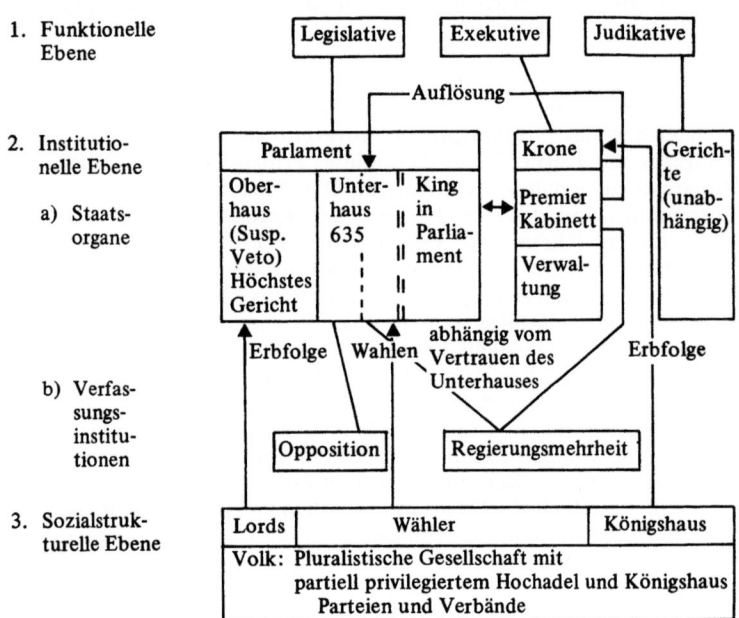

### 5. Gewaltenteilung in der Schweiz

Im Laufe der letzten 150 Jahre sind nahezu alle Verfassungssysteme der kontinentaleuropäischen Staaten dem britischen Leitbild insofern gefolgt, als sie dem Typus des parlamentarischen Regierungssystems vor dem präsidentiellen den Vorzug gaben. Mit einer Ausnahme: der Schweiz.[12] Wenn das Unterscheidungsmerkmal zwischen parlamentarischen und präsidentiellen Regierungssystemen in der parlamentarischen Abberufbarkeit des Regierungschefs gesehen wird, dann gehört auch das Regierungssystem der V. Französischen Republik zum parlamentarischen Typus, da hier der Regierungschef — den der Präsident zwar ernennt, der jedoch an das Vertrauen des Parlaments gebunden ist — von der Nationalversammlung aus politischen Gründen abberufen werden kann.

Anders in der Schweiz. Hier wird die Regierung (der „Bundesrat") zwar vom Parlament (der „Bundesversammlung") für eine Amtszeit von vier Jahren gewählt, sie kann jedoch während dieser Zeit vom Parlament aus politischen Gründen nicht wieder abberufen werden. Die Amtszeit der Regierung ist somit nicht wie in parlamentarischen Systemen von der politischen Geschlossenheit der Parlamentsmehrheit abhängig – was für die Rolle der Parteien von erheblicher Bedeutung ist – sie ist vielmehr von der Verfassung bereits verbindlich festgelegt.

Die Verfassung des gegenwärtigen schweizer Regierungssystems stammt aus dem Jahre 1874.[13] Sie geht, wie alle Verfassungen westlicher Demokratien, auf funktioneller Ebene von der Unterscheidung zwischen gesetzgebender, vollziehender und rechtsprechender Gewalt aus. Auf institutioneller Ebene wird zwischen vier höchsten Staatsorganen unterschieden: Nationalrat und Ständerat – die zusammen als Parlament die Bundesversammlung bilden – Bundesrat und Bundesgericht. Der Nationalrat (200 Mitglieder) und der Ständerat (44 Mitglieder) beraten und beschließen als gleichberechtigte Parlamentskammern getrennt. Beider Zustimmung ist bei einem parlamentarischen Gesetzesbeschluß erforderlich. Lediglich in einigen Sonderfällen (z. B. bei Wahlen der Mitglieder des Bundesrates und des Bundesgerichts, bei Kompetenzstreitigkeiten zwischen Bundesrat und Bundesgericht, Begnadigungen) verhandeln und beschließen beide Kammern als einheitliches Gremium („Vereinigte Bundesversammlung"), wobei jedes Parlamentsmitglied über eine Stimme verfügt und die Mehrheit des Gremiums entscheidet.[14]

Der Bundesrat stellt ein Kollektiv von sieben Personen dar, das, wie der amerikanische Präsident, in sich die Funktionen und Kompetenzen eines Staatsoberhauptes, Regierungschefs und der Regierung vereinigt. Das Amt des Bundespräsidenten wird von den einzelnen Bundesratsmitgliedern im Rotationsverfahren jeweils für ein Jahr ausgeübt.

Auf sozialstruktureller Ebene existiert in der schweizer Republik ebenso wie in den USA eine pluralistische, gruppenoffene Gesellschaft, in der die freie Gründung von Verbänden und Parteien verfassungsrechtlich garantiert ist. Da die Schweiz ebenso wie die Vereinigten Staaten ein präsidentieller Bundesstaat ist, tritt auch in der Schweiz zu den drei bisher genannten eine weitere Gewaltenebene hinzu. Auf der bundesstaatlichen Ebene findet eine Gewaltenteilung zwischen den Kompetenzbereichen des Bundes und der Kantone sowie zwischen den einzelnen Kantonen statt, wobei das Bundesgebiet in zweiundzwanzig gleichberechtigte Kantone, von denen drei wiederum in je zwei gleichberechtigte Halbkantone aufgeteilt sind, untergliedert ist.[15] Jeder Kanton – der in eigener Verantwortung auch die Bundesgesetze ausführt – nimmt an den Entscheidungen auf Bundesebene durch zwei Repräsentanten im Ständerat teil. Die sechs Halbkantone haben Anspruch auf je einen Rat, sodaß der Ständerat insgesamt aus

44 Mitgliedern besteht. Auf diese Weise werden die Kantone als selbständige politische Einheiten in den politischen Entscheidungsprozeß des Bundes integriert.[16]

Die Schweiz ist ebenso wie die USA und die Bundesrepublik Deutschland ein repräsentativer Bundesstaat. In jedem demokratischen Repräsentativsystem bedarf die repräsentative Komponente der plebiszitären Ergänzung. Während in den USA und in der Bundesrepublik die plebiszitäre Komponente auf Bundesebene außerhalb der Wahlen nur vermittelt über Parteien, Verbände und Kommunikationsmedien zum Tragen kommt und in anderer direktdemokratischer Form (z. B. als Volksbegehren und Volksentscheid) lediglich in den Einzelstaaten bzw. Bundesländern vorgesehen ist, spielt das unmittelbare Entscheidungsrecht des Wählers (die sogenannten „Volksrechte")

*Schaubild 5:* Zuordnung der Gewaltenebenen nach der schweizer Bundesverfassung (vor dem Hintergrund einer pluralistisch-republikanischen Gesellschaft)

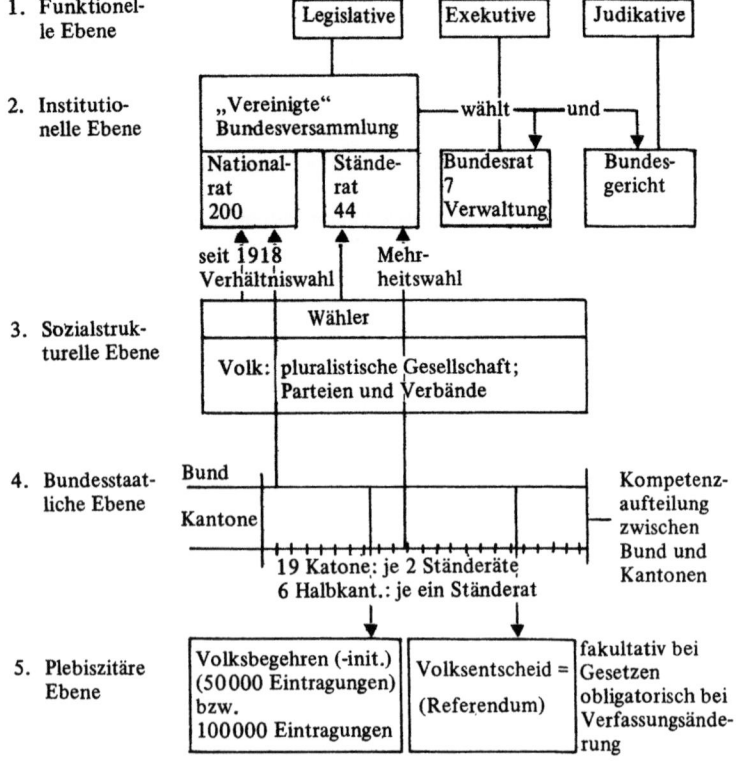

in der Schweiz auch im Gewaltenteilungssystem auf Bundesebene eine entscheidende Rolle. So können z. B. 50 000 Bürger durch entsprechende Eintragungen im Wege des Volksbegehrens verlangen, daß Bundesgesetze nach Beschlußfassung durch das Parlament dem Wähler zur unmittelbaren Entscheiduno vorgelegt werden (Volksentscheid). Soll hingegen im Wege der Volksinitiative ein vom Volk selbst eingebrachter Antrag auf Verfassungsänderung zum Volksentscheid geführt oder eine Gesetzesinitiative dem Parlament zur Beschlußfassung zugeleitet werden (sog. Anregung), so sind heute 100.000 Eintragungen erforderlich.[17]

Da es sich bei diesen Volksentscheiden nicht wie im französischen System, wo der Staatspräsident bei Konflikten mit dem Parlament Volksentscheidungen durchführen lassen kann, im wesentlichen um politische Vertrauensabstimmungen (,,Plebiszite" im engeren Sinne), sondern um reine Sachentscheidungen handelt (Referendum), hören es die Schweizer gern, wenn ihr System als ,,Referendumsdemokratie" bezeichnet wird.[18]

Während einfache Bundesgesetze dem Wähler auf dessen Verlangen vorzulegen sind (fakultatives Referendum), müssen alle verfassungsändernden Gesetze zur Volksabstimmung gebracht werden (obligatorisches Referendum). Über die Vereinbarkeit von einfachem Gesetzesrecht und Verfassungsrecht entscheidet das ,,Volk", bzw. der Wähler als Repräsentant des Volkes, nicht ein Gericht. Daher steht dem Bundesgericht ein Normenkontrollrecht auch nur in den Fällen zu, in denen es um die Vereinbarkeit von kantonalem Recht und Bundesrecht geht.

Die Schweiz verfügt demnach über ein relativ vielschichtiges und komplexes Gewaltenteilungssystem, bei dessen Analyse es neben der funktionellen, institutionellen, sozialstrukturellen und bundesstaatlichen Ebene und deren wechselseitiger Zuordnung als fünfte eine plebiszitäre Gewaltenebene besonders zu beachten gilt (Schaubild 5).

*6. Gewaltenteilung in der V. Republik Frankreichs*

Unter den Republiken mit einem parlamentarischen Regierungssystem bilden die V. Republik Frankreichs und die Bundesrepublik Deutschland zwei in verschiedener Hinsicht konträre Alternativen dieses Systemtyps. Der Unterschied besteht nicht nur darin, daß Frankreich ein Einheitsstaat ist, der die Institution des Referendums bzw. Plebiszits kennt, während Deutschland als ein Bundesstaat organisiert ist, der die Möglichkeit des Referendums auf Bundesebene nicht vorsieht. Der Unterschied liegt zugleich und vor allem in der andersgearteten Zuordnung von Staatsoberhaupt und Regierungschef.

In präsidentiellen Systemen bilden Staatsoberhaupt und Regierungschef entweder, wie in den USA, eine Personalunion oder, wie in der Schweiz, ein Kollektiv bzw. Direktorium oder, wie im Deutschen Kaiserreich, ein Duumvirat, in dem jedoch der Kanzler allein vom

Monarchen ein- und abgesetzt werden kann. In parlamentarischen Systemen sind demgegenüber Staatsoberhaupt und Regierungschef auf zwei Amtsträger verteilt, von denen der eine, der Kanzler, in seiner Amtsführung vom Vertrauen des Parlaments abhängig ist, d. h. von ihm abberufen werden kann. In Monarchien ist die Bestellung des Staatsoberhauptes durch Thronfolgegesetze geregelt. In Republiken bilden dagegen sowohl die Wahl des Staatsoberhauptes als auch die des Regierungschefs sowie deren wechselseitige Zuordnung und jeweilige Amtsdauer bedeutsame Probleme. Ist in einem parlamentarischen System in der wechselseitigen Beziehung zwischen Staatsoberhaupt und Regierungschef ersterer verfassungsrechtlich die dominante Figur, sprechen wir von einem parlamentarischen System mit Präsidialhegemonie. Fällt hingegen dem Regierungschef die ausschlaggebende Rolle zu, sprechen wir von einem parlamentarischen System mit Kanzlerhegemonie.[19] Zum letztgenannten parlamentarischen Typus gehört die Bundesrepublik. Zum erstgenannten zählt — in ähnlicher Weise wie die Weimarer Republik — die V. Republik Frankreichs. Da Frankreich ein Einheitsstaat ist, sind hier nicht wie im Bundesstaat Schweiz fünf, sondern lediglich vier Gewaltenebenen zu unterscheiden, für die die Stichworte: Funktionen, Institutionen, Sozialstruktur und Plebiszit stehen.

Die Verfassung der V. Republik stammt aus dem Jahre 1958. Zwei Ereignisse des Jahres 1962 gaben der Verfassung und Verfassungsrealität der V. Republik jedoch erst ihr charakteristisches Gepräge: die Einführung der Direktwahl des Staatspräsidenten durch verfassungsändernden Volksentscheid vom 28. Oktober und die Parlamentswahlen vom November des gleichen Jahres. Mit der direkten Volkswahl erhielt der Präsident eine unmittelbare demokratische Legitimation, die ihn endgültig zur zentralen Figur des politischen Systems machte. Mit den Wahlen vom November 1962 leitete das französische Parteiensystem eine neue Phase seiner Geschichte ein. Abgesehen vom Intermezzo des Parteienregimes der Jahre 1944 bis 1947 war der Parlamentarismus der III. und mit Einschränkungen der der IV. französischen Republik bis 1958 weitgehend „durch einen extremen Individualismus und einen fast anarchischen Liberalismus" gekennzeichnet.[20] Demgemäß war in Frankreich eine klare Teilung des Parlaments in Regierungsmehrheit und Opposition — ausgenommen die kurze Periode des Volksfrontregimes von 1936 — vor 1958 unbekannt. Erst die Wahlen zur Nationalversammlung vom November 1962 führten auch in Frankreich zu einem parlamentarischen Zwei-Lager-System, wodurch insoweit die Nationalversammlung — zumindest bis zum Herbst 1979 — erstmals „die Züge eines modernen Parlaments"[21] erhielt.

Die funktionelle Gewaltenebene wird seit der Revolution von 1789 in den französischen Verfassungen durch die „klassische Trias" Legislative, Exekutive und Judikative bestimmt. Auf der institutionellen Ebene ist zwischen den Staatsorganen und den politischen

Verfassungsinstitutionen zu unterscheiden. Die Rangfolge, in der die vier wichtigsten obersten Staatsorgane in der Verfassung der V. Republik vom Jahre 1958 aufgeführt werden, verweist auch auf deren Bedeutungsgrad im Verfassungssystem: Der Präsident der Republik (Abschnitt II der Verfassung), die Regierung (Abschnitt III), das Parlament (Abschnitt IV) und der Verfassungsrat (Abschnitt VII).[22]

Der Präsident, der durch allgemeine direkte Wahlen für die Dauer von sieben Jahren gewählt wird (Art. 6), ist der „Garant der nationalen Unabhängigkeit", er „wacht über die Einhaltung der Verfassung" und gewährleistet mit seinem „Schiedsspruch" (par son arbitrage) das ordnungsgemäße Funktionieren der öffentlichen Gewalten sowie die Kontinuität des Staates (Art. 5). Der Präsident ernennt den Premierminister und entläßt ihn, falls dieser ihm den Rücktritt der Regierung anbietet. Er führt den Vorsitz im Ministerrat (Art. 9) und kann auf Vorschlag der Regierung oder des Parlaments jeden Gesetzesentwurf, der im weitesten Sinne die Organisation der öffentlichen Gewalten betrifft, zum Volksentscheid bringen (Art. 11). Der Präsident der Republik ist Oberbefehlshaber der Streitkräfte. Im Notstand verfügt er gemäß Art. 16 der Verfassung über weitgehende Machtbefugnisse. Er ist dabei an die sonst erforderliche Gegenzeichnung seiner Handlungen durch den Premierminister oder ein anderes Regierungsmitglied nicht gebunden (Art. 19).

Der Premierminister bedarf zu seiner Amtsführung des Vertrauens beider, sowohl des Präsidenten als auch der Nationalversammlung. Zunächst ist er der Mann des Präsidenten: Dieser ernennt ihn und auf dessen Vorschlag die übrigen Kabinettsmitglieder, deren „Exekutivorientierung" dadurch unterstrichen wird, daß sie bei Eintritt in die Regierung ein eventuelles Parlamentsmandat verlieren (Inkompatibilität, Art. 23). Andererseits ist die Regierung, die die Politik der Nation bestimmt und leitet (détermine et conduit), vor dem Parlament verantwortlich, und zwar gemäß den Bestimmungen der Art. 49 und 50: Die Regierung kann die Vertrauensfrage stellen und die Nationalversammlung das Mißtrauen aussprechen. Wird die Vertrauensfrage abgelehnt oder ein Mißtrauensantrag mit der Mehrheit der Mitglieder der Nationalversammlung angenommen, so muß die Regierung zurücktreten.

In diesem Zusammenhang kommt Art. 49 Abs. 3 eine besondere Bedeutung zu. Danach kann der Premierminister auch eine Gesetzesvorlage, den Haushaltsplan oder sonstige Anträge in der Nationalversammlung mit der Vertrauensfrage verbinden. In einem solchen Fall gilt die Vorlage als angenommen, wenn innerhalb der darauf folgenden 24 Stunden kein Mißtrauensantrag eingebracht und mit der Mehrheit der der Nationalversammlung angehörenden Mitglieder angenommen wurde. Wendet die Regierung Art. 49 Abs. 3 an, steht die Versammlung vor der Alternative: Annahme des Gesetzes ohne weitere Abstimmung oder Sturz der Regierung mit absoluter Parlamentsmehrheit. Auf diese Weise kann eine Regierung ihre Gesetzesvorlagen auch gegen eine Parlamentsmehrheit, die den Regierungssturz nicht riskieren will, durchsetzen. Die Regierung *Barre* bevorzugte dieses Instrument zur Disziplinierung der Regierungsmehrheit im Winter 1979/80.

Das französische Parlament besteht aus der Nationalversammlung und dem Senat. Die Abgeordneten der Nationalversammlung werden für eine fünfjährige Wahlperiode direkt gewählt, die Senatoren indirekt durch ein Wahlmännerkollegium. Der Senat soll die Vertretung der Gebietskörperschaften der Republik gewährleisten. Das in seinen Kompetenzen erheblich eingeengte Parlament [23] darf jährlich in zwei Sitzungsperioden insgesamt nur sechs Monate tagen, es sei denn, der Präsident ruft das Parlament ausnahmsweise zu einer außerordentlichen Sitzung zusammen, was kaum geschieht (Art. 28 und 29).

Ein Novum in der französischen Verfassungsgeschichte ist der aus neun Mitgliedern bestehende Verfassungsrat (conseil constitutionnel). Der Verfassungsrat wird alle drei Jahre zu je einem Drittel erneuert. Zu den besonderen Befugnissen des Verfassungsrats gehört sein Normenkontrollrecht. Der Rat darf nur vor der Verkündung eines Gesetzes dessen Verfassungskonformität überprüfen. Wird er angerufen, muß er innerhalb eines Monats seine Entscheidung fällen. Eine vom Rat als verfassungswidrig erklärte Bestimmung kann nicht verkündet oder angewendet werden. Dem Verfassungsrat sind alle verfassungsergänzenden Gesetze vor ihrer Verkündung sowie die Geschäftsordnungen beider Kammern des Parlaments vor ihrer Anwendung vorzulegen. Darüber hinaus können alle Gesetze vom Präsidenten der Republik, dem Premierminister, dem Präsidenten einer der beiden Kammern oder — und dies seit Oktober 1974 — auf Antrag von mindestens 60 Abgeordneten oder Senatoren vor ihrer Verkündung dem Rat zur Überprüfung überwiesen werden (Art. 61 und 62).

In enger Verbindung zu den Staatsorganen stehen die politischen Verfassungsinstitutionen Regierungsmehrheit und Opposition. Seit 1962 können sich die Regierungen in der Nationalversammlung auf eine Mehrheit von Gaullisten und Giscardisten stützen, denen die Sozialisten und Kommunisten als Oppositionsfraktionen gegenüberstehen. Dadurch wird die Beziehung zwischen Regierung und Parlament wesentlich geprägt. Seit der sich abzeichnenden Konkurrenz um das Präsidentenamt zwischen dem Gaullisten *Chirac* und dem amtierenden Präsidenten *Giscard d'Estaing* gegen Ende 1979, und den zunehmenden Konflikten zwischen Sozialisten und Kommunisten, ist das etablierte Gefüge der Verfassungsinstitutionen wieder in Bewegung geraten. Ob und in welchem Ausmaße diese neuen Entwicklungen auf der sozialstrukturellen Ebene im Parteien- und Verbändesystem der pluralistischen Gesellschaft Frankreichs Veränderungen bewirken werden, ist schwer voraussagbar.

Welche Bedeutung derartigen Veränderungen und insbesondere den Entscheidungen des Jahres 1962 beizumessen ist, wird bei der Analyse der plebiszitären Ebene deutlich. Art. 3 der Verfassung stellt fest, daß das französische Volk die nationale Souveränität durch seine Vertreter

**Schaubild 6:** Zuordnung der Gewaltenebenen nach der Verfassung der V. Französischen Republik (vor dem Hintergrund einer pluralistisch-republikanischen Gesellschaft)

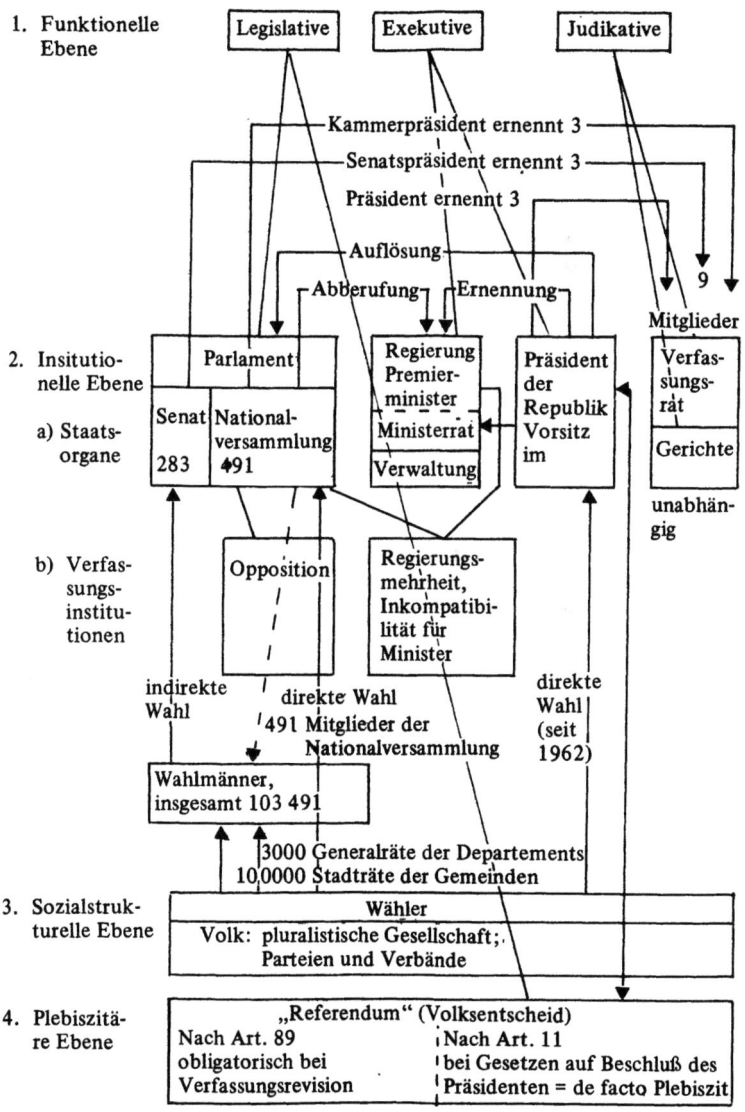

1. Funktionelle Ebene — Legislative — Exekutive — Judikative

Kammerpräsident ernennt 3

Senatspräsident ernennt 3

Präsident ernennt 3

Auflösung

Abberufung — Ernennung

2. Insitutionelle Ebene

a) Staatsorgane

| Parlament | Regierung Premierminister | Präsident der Republik Vorsitz im | Verfassungsrat |
|---|---|---|---|
| Senat 283 | Nationalversammlung 491 | Ministerrat Verwaltung | | Gerichte |

9 Mitglieder

unabhängig

b) Verfassungsinstitutionen

Opposition

Regierungsmehrheit, Inkompatibilität für Minister

indirekte Wahl

direkte Wahl
491 Mitglieder der Nationalversammlung

direkte Wahl (seit 1962)

Wahlmänner, insgesamt 103 491

3000 Generalräte der Departements
10 0000 Stadträte der Gemeinden

3. Sozialstrukturelle Ebene

Wähler
Volk: pluralistische Gesellschaft; Parteien und Verbände

4. Plebiszitäre Ebene

„Referendum" (Volksentscheid)

Nach Art. 89
obligatorisch bei
Verfassungsrevision

Nach Art. 11
bei Gesetzen auf Beschluß des
Präsidenten = de facto Plebiszit

und durch das Referendum ausübt. Tatsächlich ist das Referendum jedoch nicht zur Gesetzgebungsalternative gegenüber dem Parlament geworden. Das hat mehrere Gründe. Zum einen kann sowohl nach Art. 11 wie nach Art. 89, die den Volksentscheid näher regeln, nur der Präsident die Durchführung eines Referendums bestimmen oder verhindern. Bei Verfahren nach Art. 11 (einfache Gesetzgebung) entscheidet der Präsident, ob ein Volksentscheid durchgeführt wird. Bei verfassungsändernden Gesetzen gemäß Art. 89 kann der Präsident als Alternative zum sonst obligatorischen Referendum das Parlament als Kongreß einberufen, der dann mit 3/5-Mehrheit der abgegebenen Stimmen die Verfassungsänderung endgültig zu beschließen vermag. Dieses Verfahren ist bei Verfassungsrevisionen seit *deGaulle* auch bevorzugt worden. Die Volksentscheide nach Art. 11 sind nicht als Referendum im engeren Sinne (Entscheidung nur in der Sache), sondern vornehmlich als Plebiszit (der Präsident deutet die Entscheidung als Vertrauensabstimmung) eingesetzt worden.

In der V. Republik wurden bisher nur fünf Plebiszite durchgeführt, vier unter *de Gaulle*, das fünfte — das Europa-Referendum zum Beitritt Großbritanniens zur EG — im April 1972 unter Präsident *Pompidou*. Die ersten drei Plebiszite fanden bis 1962 statt. Seitdem verschaffte die Direktwahl dem Präsidenten das erwünschte Prestige und die Parlamentsmehrheit die gewünschte Verabschiedung des Regierungsprogramms. Lediglich das Plebiszit zur Regional- und Senatsreform wurde von *de Gaulle* nach 1962 erzwungen. Es führte im April 1969 zur Niederlage des Präsidenten und zu seinem Rücktritt.

Das parlamentarische Regierungssystem mit Präsidialhegemonie der V. Republik Frankreichs läßt somit ein vielschichtiges und komplexes Gewaltenteilungssystem erkennen, das wie alle anderen Systeme einem mehr oder weniger dynamischen Wandel unterliegt, in seinen Grundkonturen jedoch anhand der funktionellen, institutionellen, sozialstrukturellen und plebiszitären Gewaltenebene und deren wechselseitiger Zuordnung und Einwirkung analysiert werden kann (Schaubild 6).

## 7. Gewaltenteilung in Deutschland

In der Bundesrepublik Deutschland ist das parlamentarische System verfassungsrechtlich durch das Grundgesetz von 1949 vorgeschrieben. Danach bedarf der Bundeskanzler als Regierungschef des Vertrauens des Bundestages, der ihn im Rahmen eines kontruktiven Mißtrauensvotums jederzeit aus dem Amt entfernen kann (Art. 67 GG).

Das Gewaltenteilungskonzept der Bundesrepublik läßt sich im Vergleich zu den bisher erörterten Gewaltenteilungen auf folgende Weise skizzieren:

Auf der funktionellen Ebene wird gemäß Artikel 20 Abs. 2 GG zwischen der gesetzgebenden, vollziehenden und rechtsprechenden Gewalt unterschieden. Auf der institutionellen Ebene sind demgegenüber die fünf obersten staatlichen Organe Bundestag, Bundesrat, Bundesregierung, Bundespräsident und Bundesverfassungsgericht vorgesehen. Während der indirekt gewählte Bundespräsident im wesentlichen auf repräsentative und kooperationsfördernde Funktionen im „Exekutivbereich" beschränkt bleibt, liegt das Schwergewicht der politischen Führungsfunktion und damit nicht nur rechtlich, sondern auch faktisch die Richtlinienkompetenz der Politik beim Bundeskanzler (Art. 65 GG). Das Grundgesetz konstituiert ein parlamentarisches Regierungssystem mit Kanzlerhegemonie. Die gesetzgebende Funktion ist den Staatsorganen Bundestag und Bundesrat zugewiesen und der Bundesregierung ein Initiativrecht eingeräumt. Der Bundesrat erscheint dabei nicht als gleichberechtigte zweite Parlamentskammer, vielmehr verfügt er über ein bedeutsames Mitwirkungsrecht mit unterschiedlich abgestuftem Kompetenzrang (Zustimmungserfordernis oder Einspruchsrecht). Der Bundesrat setzt sich aus Mitgliedern zusammen, die — gemäß der Anzahl der Stimmen, mit denen das jeweilige Bundesland im Bundesrat vertreten ist — zugleich Mitglieder der Regierung des Landes sein müssen: Eine Konstruktion, die außerhalb Deutschlands keine Parallele findet. Das Gesetzesreferendum ist auf Bundesebene nicht vorgesehen.

Die Existenz zweier Gesetzgebungsorgane wird wie in den USA durch das föderative Prinzip begründet. Die Bundesrepublik stellt demnach ein föderativ relativiertes parlamentarisches Regierungssystem dar und ist somit nicht nur auf Grund ihrer republikanischen Form, sondern ebenso als Bundesstaat vom parlamentarischen System des dezentralisierten Einheitsstaates Großbritannien unterschieden. Diese bundesstaatliche Organisation kann nur funktionieren, wenn die jeweiligen Zuständigkeiten des Bundes und der Länder in einer geschriebenen Verfassung so klar wie möglich festgestellt sind. Ein Bundesstaat bedarf daher — anders als der britische Einheitsstaat — einer geschriebenen Verfassung, in der weder die Länder noch der Bund einseitig ohne Mitwirkung des anderen die Kompetenzverteilung beliebig zu seinen Gunsten ändern darf. Im Streitfall zwischen Bundes- und Länderinteressen muß es daher im föderativen System eine verbindliche Entscheidungsinstanz geben. Diese Aufgabe fällt in der Bundesrepublik dem Bundesverfassungsgericht zu. Das Bundesverfassungsgericht hat darüber hinaus generell das Recht der Normenkontrolle.

Da die Bundesrepublik ein parlamentarisches Regierungssystem aufweist, kommt den gewählten Parteien, den Fraktionen in ihrer Eigenschaft als politischen Verfassungsinstitutionen, die Funktion zu, Parlamentsmehrheit und Regierung als Regierungsmehrheit zu einer integrierten Aktionseinheit zu verbinden, deren entscheidender politischer Kontrahent die parlamentarische Opposition ist. In der Bundesrepublik wird seit 1949 die verfassungsrechtlich konzipierte Gewaltenteilung im Sinne einer Kompetenzabgrenzung zwischen Parlament und Regierung mit zunehmender Deutlichkeit von der poli-

*Schaubild 7:* Zuordnung der Gewaltenebenen nach dem Grundgesetz der Bundesrepublik Deutschland (vor dem Hintergrund einer pluralistisch-republikanischen Gesellschaft)

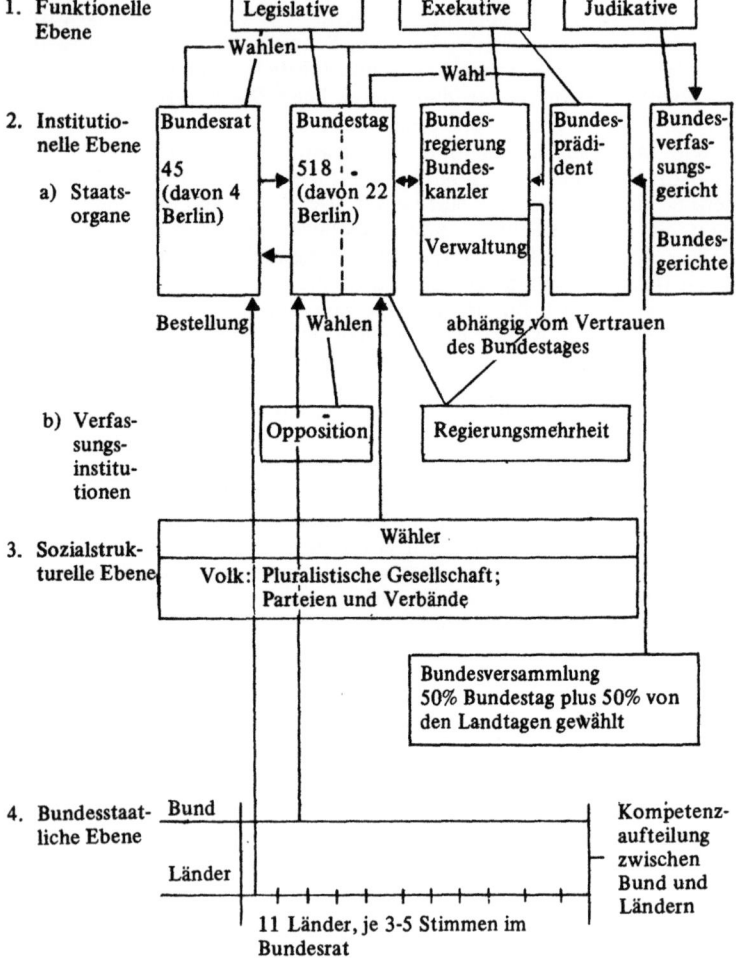

tisch relevanten Gewaltenteilung zwischen Regierungsmehrheit und Opposition überlagert.[24]

Bei der Analyse des komplexen Gewaltenteilungssystems der Bundesrepublik sind demnach vor allem vier Gewaltenebenen zu unterscheiden und miteinander in Beziehung zu setzen: die funktionelle, die institutionelle, die sozialstrukturelle und die bundesstaatliche (Schaubild 7).

## III. Rechtsprechung im Rahmen der Gewaltenteilung

Welche Rolle spielt nun im Rahmen dieser Gewaltenteilungskonstruktionen die Gerichtsbarkeit? Grundsätzlich ist die rechtsprechende Gewalt einer unabhängigen Gerichtsbarkeit übertragen, die prinzipiell von den anderen politischen Gewalten getrennt ist; was allerdings nicht besagt, daß gerichtliche Entscheidungen ohne politische Relevanz wären. Obgleich demnach *alle* gerichtlichen Entscheidungen und Gesetzesinterpretationen in den Bereich der politischen Gewaltenteilung hineinwirken, geschieht dies doch in unterschiedlichem Grade. So ist die Wechselbeziehung zwischen gerichtlicher Entscheidung und politischer Gewaltenteilung neben der Verwaltungs- und Arbeitsgerichtsbarkeit in höchstem Maße bei der Verfassungsgerichtsbarkeit gegeben. Daher spielt auch in der Bundesrepublik das Bundesverfassungsgericht im Rahmen der Gewaltenteilung eine zentral bedeutsame Rolle, die sich in doppelter Hinsicht auswirkt: Zum einen hat das Bundesverfassungsgericht — wie der Supreme Court in den USA — dafür Sorge zu tragen, daß die Kompetenzverteilung zwischen Bund und Längern nicht unter Umgehung der Verfassung einseitig verlagert werde; zum zweiten hat es darüber zu wachen, daß der Bundesgesetzgeber nicht mit Gesetzgebungsmehrheiten materielle Entscheidungen fällt, die nach dem Grundgesetz nur mit verfassungsändernden Mehrheiten getroffen werden können. Dabei darf das Verfassungsgericht jedoch nicht auf eigene Initiative, sondern nur bei Vorlage eines Antrags (Klage) tätig werden, der von dazu Berechtigten eingebracht wurde.

Angesichts der Gewaltenteilung zwischen Opposition und Regierungsmehrheit wird es daher unvermeidlich sein, daß eine im Gesetzgebungsprozeß unterlegene Opposition — die über das Antragsrecht vor dem Gericht verfügt — dann das Verfassungsgericht zur Entscheidung auffordern wird, wenn sie der Überzeugung ist, der Gesetzgeber habe mit gesetzgeberischen Mehrheiten richtungweisende Entscheidungen getroffen, die nur mit verfassungsändernden Mehrheiten hätten getroffen werden dürfen. In diesen Fällen wird das Verfassungsgericht zum Schiedsrichter zwischen den kontroversen Rechtsauffassungen von Opposition und Mehrheit angerufen und in den politischen Gestaltungsprozeß einbezogen. Es geht dabei stets primär um die Frage nach der verfassungsrechtlich feststellbaren Zuständigkeit von verfassungsändernder und gesetzgebender Gewalt: ein Gewaltenteilungsproblem.[25]

Worum es sich hierbei im einzelnen handelt, läßt sich bei einem Vergleich Großbritanniens, der USA und der Bundesrepublik Deutschland verdeutlichen. Großbritannien bildet insofern einen Sonderfall, als hier eine Unterscheidung zwischen Verfassungsrecht und Gesetzesrecht ohne Relevanz ist: jedes vom britischen Parlament verabschiedete Gesetz hat Verfassungsrang. Dieser entscheidende Sachverhalt ist gemeint, wenn von der „Souveränität des Parlaments" die Rede ist. Parlamentssouveränität besagt, daß das vom Parlament gesetzte Recht von keiner außerparlamentarischen Instanz (etwa einem Verfassungsgericht) auf seine Verfassungskonformität hin überprüft oder einem Volksentscheid unterworfen werden könne (wie in der Schweiz). Der Wille der gesetzgebenden Mehrheit ist mit der Verfassung identisch; deren Selbstbeschränkung hat Verfassungskontinuität und Rechtssicherheit zu garantieren. Da das britische Unterhaus beschlußfähig ist, wenn von den insgesamt 635 Abgeordneten mindestens vierzig − einschließlich des Speakers − anwesend sind, genügt ein entsprechendes Parlamentsquorum prinzipiell auch für die letztinstanzliche Entscheidung in Fragen der Verfassungskonformität von Gesetzen.

Völlig anders stellt sich die Lage in den USA und in der Bundesrepublik dar, wo das Parlament keine „Souveränität" besitzt, sondern in all seinen Entscheidungen an die Verfassung gebunden ist: wo das Parlament unter, nicht über der Verfassung steht. Einfache Gesetzgebung und verfassungsändernde Gesetzgebung sind hier qualitativ derart voneinander unterschieden, daß sie sowohl in funktioneller wie institutioneller Hinsicht verschiedene „Gewalten" bilden.

Im Rahmen der Gewaltenteilung findet das wie folgt seinen Ausdruck.

Ein einfaches Gesetz kommt in den USA zustande, wenn beide Häuser des Kongresses mit einfacher Mehrheit einen gleichlautenden Gesetzestext beschließen und der Präsident von seinem Vetorecht keinen Gebrauch macht. In der Bundesrepublik genügt ein Beschluß des Bundestages und die − in abgestufter Kompetenzfolge erforderliche − Zustimmung oder Mitwirkung des Bundesrates. Bei Verfassungsänderungen sind hingegen sowohl in den USA wie in der Bundesrepublik in beiden Häusern des Kongresses bzw. in beiden gesetzgebenden Organen (Bundestag und Bundesrat) stets Zweidrittelmehrheiten erforderlich. In den USA muß darüber hinaus die Zustimmung der gesetzgebenden Körperschaften in drei Vierteln der heute fünfzig Staaten des Landes hinzukommen, während in der Bundesrepublik hierfür eine Verständigung mit der Opposition ausreicht, falls diese in einem der beiden Gesetzgebungsorgane mehr als ein Drittel der Stimmen mobilisieren kann. Kein Wunder, daß bei einem derart erschwerten Verfahren in den USA Änderungen des Verfassungstextes nur äußerst selten zustande kommen.

Bei einer so gearteten Sachlage kann der einfache Gesetzgeber leicht in die Versuchung geraten, die schwere Hürde der formellen Verfassungsrevision zu umgehen, indem er über den Weg der gesetzgebenden Mehrheiten unter Berufung auf den seine Mehrheit konstituierenden Wählerwillen mehr oder weniger gewagte Verfassungsinterpretationen vornimmt. Ob der Gesetzgeber dabei seine verfassungsrechtlich gezogenen Grenzen überschreitet bzw. überschritten hat, wird in den USA nur im Rahmen einer konkreten Normenkontrolle von den Gerichten, in letzter Instanz vom Supreme Court, entschieden. In der Bundesrepublik entscheiden hierüber in erster wie in letzter Instanz allein das Bundesverfassungsgericht bzw. im Rahmen ihrer Landeskompetenzen die Landesverfassungsgerichte, die sowohl in konkreter wie abstrakter Normenkontrolle angerufen werden können.

Der gewaltenteilende Kerngedanke verfassungsgerichtlicher Streitentscheidungen liegt bei Normenkontrollverfahren darin, festzustellen, ob der Gesetzgeber einen Beschluß mit gesetzgebenden oder nur mit verfassungsändernden Mehrheiten fassen durfte oder ob ein Gesetzestext auf dem Wege der Interpretation mit der Verfassung in Einklang gebracht werden könne. Zur Rolle der Opposition bei derartigen Streitentscheidungen hat das Bundesverfassungsgericht bereits in seinem Urteil vom 7. März 1953 hervorgehoben: ,,Es ist nicht nur das Recht der Opposition, außer ihren politischen auch ihre verfassungsrechtlichen Bedenken geltend zu machen, sondern im parlamentarisch-demokratischen Staat geradezu ihre Pflicht . . . Es gibt weder eine rechtliche Befugnis der Parlamentsmehrheit, ihre Rechtsansicht im Parlament durchzusetzen, noch gibt es eine Verpflichtung der Minderheit, sich der Rechtsauffassung der Mehrheit zu fügen. Das parlamentarische System beruht auf dem Kampf der freien Meinungen, die sowohl über die politische als auch über die rechtliche Seite vorgetragen werden können. Eine Unterwerfungspflicht besteht für jedermann erst gegenüber einer verkündeten Rechtsnorm, und zwar bis zu ihrer Wiederaufhebung oder Nichtigerklärung.''[26]

Falls sich der Gesetzgeber zur Rechtfertigung seiner Beschlußfassung in einem Streitfall gegenüber der Opposition oder gegenüber dem Verfassungsgericht auf einen von ihm entsprechend gedeuteten Wählerwillen beruft, muß dies unerheblich bleiben. Da sich auch die für Verfassungsänderungen erforderlichen Mehrheiten auf ,,Wählerwillen'' berufen können, stellt sich nur die Frage, welche Mehrheiten in einem konkreten Streitfall verfassungsgemäß zuständig seien. Der Wähler kann nicht eine Verfassung wollen, die zwischen einfachem und verfassungsänderndem Gesetzgeber klar unterscheidet, um dann über einen ,,Wählerauftrag'' an den einfachen Gesetzgeber diese Unterscheidung wieder aufzuheben. Der Zweite Senat des Bundesverfassungsgerichts hat in seinem sogenannten ,,Kalkar-Urteil'' vom 8. August 1978 grundlegende Ausführungen gemacht, die auch im vorliegenden Zusammenhang von Bedeutung sind:

,,Das Grundgesetz spricht dem Parlament nicht einen allumfassenden Vorrang bei grundlegenden Entscheidungen zu. Es setzt durch die gewaltenteilende Kompetenzzuordnung seinen Befugnissen Grenzen. Weitreichende – gerade auch politische – Entscheidungen gibt es der Kompetenz anderer oberster Staatsorgane anheim . . . Die konkrete Ordnung der Verteilung und des Ausgleichs staatlicher Macht, die das

Grundgesetz gewahrt wissen will, darf nicht durch einen aus dem Demokratieprinzip fälschlich abgeleiteten Gewaltenmonismus in Form eines allumfassenden Parlamentsvorbehalts unterlaufen werden. Aus dem Umstand, daß allein die Mitglieder des Parlaments unmittelbar vom Volk gewählt werden, folgt nicht, daß andere Institutionen und Funktionen der Staatsgewalt der demokratischen Legitimation entbehrten. Die Organe der gesetzgebenden, der vollziehenden und *der rechtsprechenden Gewalt* beziehen ihre institutionelle und funktionelle demokratische Legitimation aus der in Art. 20 Abs. 2 GG getroffenen Entscheidung des Verfassunggebers. Auch die unmittelbare personelle demokratische Legitimation der Mitglieder des Parlaments führt nicht. schlechthin zu einem Entscheidungsmonopol des Parlaments. Die verfassunggebende Gewalt hat in Art. 20 Abs. 2 und 3 GG auch die Exekutive als verfassungsunmittelbare Institution und Funktion geschaffen; die Verfahren zur Bestellung der Regierung verleihen ihr zugleich eine mittelbare personelle demokratische Legitimation im Sinne des Art. 20 Abs. 2 GG. Das aber schließt es aus, aus dem Grundsatz der parlamentarischen Demokratie einen Vorrang des Parlaments und seiner Entscheidungen gegenüber den anderen Gewalten als einen alle konkreten Kompetenzzuordnungen überspielenden Auslegungsgrundsatz herzuleiten. Auch die Tatsache, daß eine Frage politisch umstritten ist, vermag die von der Verfassung zugeordneten Entscheidungskompetenzen nicht zu verschieben".[27]

Unter diesem Gesichtswinkel stellt auf der funktionellen Ebene die konstitutionelle Gewalt, d. h. die verfassungsändernde und -interpretierende Gewalt, neben der gesetzgebenden, vollziehenden und rechtsprechenden eine eigenständige „vierte Gewalt" dar. Auf der institutionellen Ebene wird die verfassungsinterpretierende und im Rahmen des Richterrechts auch verfassungsändernde Befugnis vom Verfassungsgericht wahrgenommen; die letztinstanzliche Entscheidung bei Fragen der Verfassungsänderung liegt jedoch bei den gleichberechtigt zuständigen Zweidrittelmehrheiten von Bundesrat und Bundestag. In diesen gewaltenteilenden Kontrollprozeß ist die Verfassungsgerichtsbarkeit einbezogen, deren Mitglieder in der Bundesrepublik daher auch einem besonderen Bestellungsverfahren unterliegen und deren Amtszeit begrenzt ist.

Daß gerade in der Bundesrepublik die Einbindung der Gerichtsbarkeit in die Gewaltenteilung von spezieller Bedeutung ist, wird insbesondere durch Art. 19 Abs. 4 GG begründet, wonach jedem, der sich „durch die öffentliche Gewalt verletzt" wähnt, der „Rechtsweg offen" steht. Dies hat zur Folge, daß neben der Verfassungsgerichtsbarkeit vor allem die Verwaltungsgerichte dafür „eingesetzt" werden können, das staatliche Handeln auf seine Rechtmäßigkeit hin zu überprüfen. Da die Gerichte sich diesem Verfassungsauftrag nicht entziehen dürfen, müssen sie auch in den Fällen tätig werden, in denen die jeweils in Frage kommenden Normen (Verfassung, Gesetz, Verordnung) der Interpretation bedürfen. Unter diesem Gesichtspunkt sind die Gerichte bei Streitfällen nicht nur als rechtsprechende bzw. rechtsanwendende, sondern im Rahmen des Richterrechts zugleich als rechtsgestaltende Institutionen in den Gewaltenteilungsprozeß einbezogen. Sie treten dabei als Teilhaber am politischen Gestaltungsprozeß auf, dessen Besonderheit darin liegt, daß die Gerichte bei ihren Entscheidungen und Begründungen an die Sprache und Argumentationsweise des Rechts gebunden sind. Unter diesem entscheidenden Vorbehalt – und trotz dieses Vorbehalts – wirken die Gerichte am politischen Prozeß auch als politische Teilhaber mit.

IV. Zur Rolle der Gerichte im gewaltenteilenden Dialog

Eine parlamentarisch-pluralistische Demokratie steht unter dem Anspruch, einen gewaltfreien Systemwandel zu ermöglichen. Ein derart offenes System muß neue Konfliktlösungen zulassen. Die hierfür erforderlichen Konfliktregelungsverfahren müssen so angelegt sein, daß die einzelnen Partner des politischen Gestaltungsprozesses miteinander im permanenten Dialog bleiben. Dieser Dialog hat nicht nur der wechselseitigen Kontrolle zu dienen. Er ist vor allem eine Voraussetzung dafür, daß ein bewußt vollzogener Integrationsprozeß zur Erhaltung des politischen Systems stattfinden kann. In diesen Dialog sind unter vermittelnder Teilnahme einer „kritischen Öffentlichkeit" nicht nur die Staatsorgane Parlament und Regierung bzw. die politischen Verfassungsinstitutionen Opposition und Regierungsmehrheit, sondern ebenso die rechtsprechenden Institutionen einbezogen. Der Dialog zwischen den Amtsinhabern der in gewaltenteilender Beziehung zueinander stehenden staatlichen und politischen Institutionen ist grundsätzlich durch zwei Tatbestände charakterisiert: durch die gegebenen Modalitäten der Kommunikation einerseits und die jeweilige Entscheidungskompetenz bzw. die Konfliktfähigkeit der Kontrahenten andererseits. Da die Regierungsmehrheit und die Opposition im Konfliktfall politisch-soziale Potenzen („soziale Gewalt") repräsentieren, während die Macht der rechtsprechenden Institutionen neben dem allgemeinen Respekt vor der Geltungskraft des Rechts vornehmlich auf der Überzeugungsfähigkeit ihrer Urteile und deren Begründungen, d. h. auf ihrer Autorität beruht, dürfen die unterschiedlichen Positionen der Dialogpartner nicht außer acht gelassen werden. Bei einer Analyse der Rolle der rechtsprechenden Gewalt im gewaltenteilenden Dialog geht es somit um Fragen und Problemstellungen, die sich aus den Konstitutionsbedingungen des pluralistisch-demokratischen Rechtsstaats bzw. der rechtsstaatlichen Demokratie ergeben. Hierbei sind vornehmlich fünf Problembereiche zu bedenken, die unter den Schlagworten „Legitimation", „Repräsentation", „Abhängigkeit", „Bedingungsrahmen der Kommunikation" und „Konfliktfähigkeit" zusammengefaßt werden können und sich stichwortartig folgendermaßen skizzieren lassen.

*1. Legitimation:* Wohl sind Parlamente, Regierungen und Gerichte in ihren Befugnissen gleichermaßen verfassungsrechtlich legitimiert. Während die Tätigkeit der Gerichte jedoch nahezu ausschließlich auf rechtlicher Legitimität beruht, gewinnen Parlamente und Regierungen durch periodisch abzuhaltende Wahlen eine zusätzliche demokratische Legitimation. Mit dieser Begründung wird ihr politischer Gestaltungsanspruch gegenüber der rechtsprechenden Gewalt gerechtfertigt und jeder Versuch seitens der Gerichtsbarkeit zurückgewiesen, im Gewande rechtlicher Argumentation für sinnvoll erachtete politische Lösungsvorschläge als rechtlich gebotene ausgeben zu wollen. Mangelhafte Selbstbeschränkung der Gerichte und der Vorwurf, die Parlamente an „Mustergesetz"-Entwürfe binden zu wollen, die in Urteilsbegründungen skizziert werden, bilden in diesem Zusammenhang entscheidende Kritikpunkte. So erklärte beispielsweise der hessische Ministerpräsident *Holger Börner* (SPD) am 20. Mai 1978 bei der Eröffnung des Gustav-Radbruch-Forums in Kassel: „Für den Politiker, der im tagtäglichen Kampf um die Mehrheitsfähigkeit seiner Konzepte das hochgradige Irrtumsrisiko aller politischen Lösungen immer wieder erfährt, ist diese Entwicklung einigermaßen schockierend. Wenn das Verfassungsgericht spezifisch gesetzgeberische Funktionen bei der Gestaltung der Sozialordnung beansprucht, gerät es in eine Rolle, für die es weder kompetent noch ausgerüstet ist. Die friedensstiftende Autorität des Hüters der Verfassung muß Schaden nehmen, wenn die jeweilige Richtermehrheit keine Chance versäumt, Gesetzgebungsprogrammatik für den Rest des Jahrhunderts zu verfassen. Diese fortschreitende Entmächtigung des Parlaments scheint mir nicht die Krönung des Rechtsstaats zu sein".[28]

Daß diese grundlegende Kritik nicht nur der Verfassungsgerichtsbarkeit gilt, wird ausdrücklich unterstrichen: „Denn die Tendenz, korrigierbare politische Ermessensentscheidungen durch allzeit verbindliche gerichtliche Wahrsprüche zu verdrängen, ist ja auch bei manchen Verwaltungsgerichtsentscheidungen zu beobachten. So fraga ich mich zuweilen, ob die ausufernde Gerichtspraxis bei der Überprüfung von Kraftwerksgenehmigungen wirklich der rechtsstaatlichen Weisheit letzter Schluß ist".[29] – Vorwürfe und Fragen, die nicht nur von praktischen Politikern erhoben werden.[30]

*2. Repräsentationsqualität:* Gerichte sind ebenso wie Parlamente und Regierungen staatliche Repräsentationsorgane, d. h. sie sind autorisiert zur verbindlichen Entscheidung für das staatliche Gemeinwesen („im Namen des Volkes"). Im einzelnen gibt es jedoch erhebliche Unterschiede. Die besondere Bindung der vollziehenden und rechtsprechenden Gewalt an „Gesetz und Recht" (Art. 20 Abs. 3 GG) wird durch den Amtseid, den jeder Amtsinhaber persönlich leisten muß, unterstrichen. Steht der vollziehenden Gewalt (Regierung und Verwaltung) noch innerhalb des Rechts ein politischer Ermessensspielraum zu, so ist auch dieser Bereich bei der Rechtsprechung erheblich reduziert. Demgegenüber verfügen die parlamentarischen Repräsentanten über ein freies Mandat, dessen Freiheit offenkundig noch dadurch unterstrichen werden soll, daß Parlamentarier die einzigen öffentlichen Amtsinhaber sind, die keinen Amtseid zu leisten haben. Immerhin heißt es jedoch im Grundgesetz, „die Gesetzgebung ist an die verfassungsmäßige Ordnung... gebunden" (Art. 20 Abs. 3 GG). Dieser wesentliche Unterschied hinsichtlich der politischen Gestaltungsfreiheit der Inhaber eines freien Abgeordnetenmandats bzw. eines Regierungsamtes einerseits und der der rechtsgebundenen Richter andererseits bestimmt die unterschiedliche Position der Partner des gewaltenteilenden Dialogs.

Die Gerichte müssen damit leben, daß der sicherlich berechtigte und angebrachte Appell an den Gesetzgeber, für die gerichtliche Anwendung eindeutige und den Willen des Gesetzgebers präzis erkennen lassende Gesetze und Verordnungen zu verabschieden, zwar immer wieder erhoben, aber auch immer wieder mehr oder weniger unerfüllt bleiben wird. Nicht jeder politische Kompromiß läßt sich im komplexen pluralistisch-parlamentarischen Entscheidungsprozeß in eine gerichtsbefriedigende Rechtssprache umsetzen. Die von *Börner* formulierte Problematik verweist auf konkrete Aufgaben des gewaltenteilenden Dialogs, nicht auf einseitige „Endlösungen".

*3. Abhängigkeitsbedingungen der Amtsträger:* Die politische Gestaltungsfreiheit der öffentlichen Amtsinhaber befindet sich im umgekehrten Verhältnis zu ihrer Wählerabhängigkeit. Der hochgradigen „verbeamteten" Unabhängigkeit der Richter steht die hochgradige Partei-(Kandidatenaufstellung!) und Wählerabhängigkeit der Parlamentarier gegenüber. Gerade diese Wählerbindung des Gesetzgebers scheint gelegentlich Richter zu motivieren, Ergebnisse derartiger Abhängigkeiten durch „rational begründete" Alternativen ersetzen zu wollen oder im Wege „buchstabengetreuer" Gesetzesauslegung den Gesetzgeber zu karikieren. *Börner* hat hierzu in der zitierten Rede u. a. selbstkritisch ausgeführt: „Bei alledem sollten sich allerdings auch die Parlamentarier selbstkritisch fragen, ob sie nicht manchmal durch überzogene Hektik der Reformgesetzgebung oder manchmal auch durch konzeptionelle Halbheiten selbst die Lücken produzieren, in denen dann die politische Landnahme durch Gerichte stattfindet".[31]

Andererseits hat der Gesetzgeber in verschiedenen Gestaltungsbereichen durch extreme Zurückhaltung die Gerichte geradezu genötigt, als „Ersatzgesetzgeber" zu fungieren. So schrieb *Nell-Breuning* in Erwartung des Aussperrungsurteils durch das Bundesarbeitsgericht (BAG): „Der Gesetzgeber hat das BAG nicht nur mit der *Auslegung* unseres Arbeitsrechts beauftragt, sondern durch seine eigene Zurückhaltung; um nicht zu sagen völlige Enthaltsamkeit auf diesem Gebiet ihm dessen *Fortbildung* überlassen. So hat denn das BAG schon mehrfach als Ersatzgesetzgeber sehr gewichtige Entscheidungen zu treffen gehabt".[32]

*4. Bedingungsrahmen eines freien Kommunikationsverhaltens:* Ein freier Dialog setzt voraus, daß alle am Dialog beteiligten Partner möglichst gleichen Kommunikationsmodalitäten unterworfen sind. Dieses Prinzip gilt für den Dialog zwischen Parlament und' Regierung ebenso wie zwischen Regierungsmehrheit und Opposition. Von beiden wird erwartet, daß sie ihre Handlungen öffentlich rechtfertigen, begründen und kommentieren und auf entsprechende Weise zur Kritik anderer Stellung beziehen. Die Gerichte sind demgegenüber auf die Begründung ihrer Urteile beschränkt und ansonsten auf öffentliche Zurückhaltung angewiesen.[33] Dies hat wiederum zur Folge, daß von Parlament und Regierung erwartet wird, sich im Falle prinzipiell legitimer Urteilsschelte ebenfalls ein hohes Maß an Zurückhaltung aufzuerlegen. Mithin setzt der gewaltenteilende Dialog zwischen Regierungsmehrheit und Opposition andere Akzente als der Dialog zwischen den Trägern der rechtsprechenden Gewalt und den Repräsentanten der übrigen Gewalten.

Daß dieser letztgenannte Dialog nicht nur seitens amtierender Politiker, wie im angeführten Fall des hessischen Ministerpräsidenten, sondern auch seitens der Gerichte kritisch-kontrovers geführt werden kann, machen zum einen die Minderheitsvoten überstimmter Richter beim Verfassungsgericht deutlich; zum anderen wissen auch Gerichte in ihre Urteilsbegründungen mehr oder weniger deutliche Kritik am Verhalten anderer staatlicher Organe aufzunehmen. So schrieb beispielsweise im Sommer 1977 die Zehnte Kammer des Hamburger Verwaltungsgerichts dem zuständigen Wissenschaftssenator – einem FDP-Mitglied – anläßlich eines Urteils zum „politischen Mandat" der Studenten ins Stammbuch: „Was zum anderen den Inhalt der fünf ‚Infos' (studentische Informationsblätter) im einzelnen anlangt, so geht die insoweit äußerst halbherzige Klageschrift (der Behörde für Wissenschaft und Kunst) hierauf mit keinem Wort substantiiert ein. Hierzu das Nötige zu sagen überläßt man gern dem Gericht. Bei Durchsicht der ‚Infos' kann man allerdings lediglich feststellen, daß die ebenso entstellende wie primitive Beurteilung gesellschaftlicher Zustände und Zusammenhänge in diesen Blättchen dasjenige Maß nicht überschreitet,· das die zuständigen Organe der Freien und Hansestadt Hamburg insoweit ja ständig hinzunehmen bereit sind, als sie dagegen nicht mit den allein effektiven präventiven Aufsichtsmaßnahmen einschreiten".[34] Dieser notwendige kritische Dialog mag öffentlich mit verhaltener Stimme stattfinden; er sollte in vertraulicherer Begegnung desto intensiver ausgetragen werden.[35]

*5. Konfliktfähigkeit:* Obgleich Parlament, Regierung (samt Verwaltung) und Gerichte im gewaltenteilenden Dialog nicht über die „gleichen Waffen" verfügen, sind sie doch wechselseitig sanktionsfähig. Die unterschiedlichen Positionen hinsichtlich der Legitimation, Repräsentationsqualität, Abhängigkeitsbedingungen und Kommunikationsmodalitäten machen deutlich, daß die verfassungsrechtlichen Kompetenzzuweisungen insgesamt ein subtiles Gewaltenbeziehungsgefüge konstituieren, das nicht eine statische Machtbalance begründet, sondern der steten Überprüfung, Beobachtung und Korrektur bedarf. Die hierfür erforderlichen Maßstäbe müssen von den Gesprächspartnern im gewaltenteilenden Dialog unter Mitwirkung einer kritischen Öffentlichkeit immer wieder erarbeitet, auf ihre „Gemeinützigkeit" hin überprüft und in gemeinsamer Verständigung angewandt werden. Erst wenn dies gelingt, kann auch heute Gewaltenteilung ebenso zur effektiven Machtkontrolle wie zur politischen Integration einen entscheidenden Beitrag leisten.

Der „gewalten-teilende" (und die „ Gewalten" damit zugleich kooperativ verbindende) Dialog wird dann zu freiheitssichernden und „gemeinwohlfördernden" Ergebnissen führen, wenn die Dialogpartner trotz aller wechselseitigen Kritik von jener Einsicht getragen sind, mit der der hessische Minsterpräsident seine mehrfach zitierte Rede schloß: „Man verzeihe dem praktischen Politiker diese mehr besorgten als besserwisserischen Randbemerkungen aus der unbefangenen Laienperspektive. Aber ich dachte mir, es müsse gerade anläßlich eines Gustav-Radbruch-Forums erlaubt sein, auch Gerichte an die bescheidene Weisheit Radbruchs zu erinnern, ,daß die Welt dividiert durch die Vernunft nicht ohne Rest aufgeht', daß das ,richtige Recht' weithin unerkennbar ist und in Fragen der ,letzten Werte' nur Bekenntnisse, nicht aber Erkenntnisse möglich sind."[3][6]

Anmerkungen

1 Siehe dazu oben S. 99 f. und unten S. 152 f.
2 Vgl. hierzu die kontrovers geführte Diskussion zur Unterscheidung und Zuordnung von Staat und Gesellschaft bei *Ernst-Wolfgang Böckenförde* (Hrsg.): Staat und Gesellschaft, Wissenschaftliche Buchgesellschaft Bd. 471, Darmstadt 1976. Siehe jedoch auch oben S. 65 ff.
3 Näheres zu dieser Problematik in meinem Buch: Parlamentarische und präsidentielle Demokratie, Opladen 1979, S. 10 ff.
4 *John Locke:* Two Treatises of Government. Erste anonym veröffentlichte Ausgabe London 1690.
5 *Charles-Louis de Secondat,* genannt *Montesquieu:* De l'esprit des lois, Paris 1748.
6 *Montesquieu* verwendet das Verb „separer" im sechsten Kapitel des 11. Buches des „Geist der Gesetze", in dem er seine Gewaltenteilungslehre entwickelt, nur zweimal: einmal, um die Trennung der rechtsprechenden von den anderen Gewalten zu unterstreichen (Abs. 5), zum anderen, um die strikte Interessentrennung des Adels von den Gemeinen (le peuple) hervorzuheben (Abs. 31).
7 Vgl. *Steffani:* Parlamentarische und präsidentielle Demokratie, S. 15 ff.
8 Näheres ebd. S. 63 ff und 307 ff.
9 Dazu ebd. S. 317 ff.

10 „Mit der Einsetzung von Sir Robert Peel, der in den Wahlen von 1841 die Konservativen zum Sieg geführt hatte, ist sodann endgültig die heutige Verfassungslage erreicht, die als unabdingbare Konventionsregel verlangt, daß das Kabinett von dem Parteiführer gebildet wird, der in den Wahlen eine Mehrheit erlangt hat." *Karl Loewenstein:* Der britische Parlamentarismus – Entstehung und Gestalt, Hamburg 1964, S. 86.

11 Näheres hierzu bei *Steffani* a.a.O., S. 213 ff und 237 ff.

12 Zur eingehenden Begründung dieser These siehe *Steffani* a.a.O., S. 37-44.

13 Eine gute, klar gegliederte Einführung zur Vorgeschichte und Konzeption der Verfassung stammt von *Erwin Ruck:* Schweizerisches Staatsrecht, 3. Auflage 1957. Zum gegenwärtigen Entwicklungs- und Diskussionsstand wichtig das Heft 3 (Oktober 1977) der Zeitschrift für Parlamentsfragen, das dem schweizerischen politischen System gewidmet ist.

14 *Ruck* a.a.O., S. 164

15 Dazu ebd. S. 51 f.

16 *Gerhard Schmid* „Föderalismus und Ständerat in der Schweiz", in: Zeitschrift für Parlamentsfragen a.a.O., S. 334-350.

17 Von 1874 bis zum 24. Dezember 1977 waren für ein erfolgreiches Volksbegehren, mit dem die Durchführung eines Volksentscheides über ein vom Parlament verabschiedetes Gestz erzwungen werden kann, 30 000 Eintragungen erforderlich, seitdem gilt die Erhöhung auf 50 000. Der Antrag auf Durchführung eines Volksentscheides auf Grund einer Volksinitiative (Volksbegehren) bzw. für eine „Anregung" bedarf seit dem 24. Dezember 1977 100 000 Eintragungen, zuvor genügten 50 000. Für Einzelheiten siehe *Klaus G. Troitzsch:* Volksbegehren und Volksentscheid – Eine vergleichende Analyse direktdemokratischer Verfassungsinstitutionen unter besonderer Berücksichtigung der Bundesrepublik Deutschland und der Schweiz, Meisenheim am Glan, 1979, S. 35 f und 43 ff.

18 Hierzu und zur Berechtigung, auch in der Schweiz von einer „plebiszitären" Gewaltenebene im weiteren Sinne zu sprechen *Kurt Eichenberger* „Zusammen- und Gegenspiel repräsentativer und plebiszitärer Komponenten im schweizerischen Regierungssystem", in: Zeitschrift für Parlamentsfragen Heft 3 1977, S. 318-333, bes. S. 320.

19 Zur Begründung dieser Begriffe siehe *Winfried Steffani;* Parlamentarische und präsidentielle Demokratie, Opladen 1979, S. 43 f, siehe dort auch S. 124 ff.

20 Dazu und zum folgendem *Adolf Kimmel:* Die Funktionen der Nationalversammlung im politischen System der V. Französischen Republik, Habilitationsschrift-Manuskript, Saarbrücken 1978, Zitat S. 42. Daß die Fraktionsbildung bereits im Parlament der Dritten Republik erheblich weiter ausgeprägt war, als dies bisher angenommen wurde, hat jüngst *Rainer Hudemann* in seiner sehr eingehenden Studie zum Thema: Fraktionsbildung im französischen Parlament – Zur Entwicklung des Parteiensystems in der frühen Dritten Republik (1871-1875), München 1979, nachgewiesen.

21 *Jean Gicquel:* Essai sur la pratique de la Ve Republique, Paris 1968, S. 295, zitiert nach *Kimmel* a.a.O., S. 173.

22 Eine deutsche Übersetzung des Verfassungstextes enthält das auch sonst empfehlenswerte Einführungsbuch von *Udo Kempf:* Das politische System Frankreichs – Eine Einführung, Opladen 1977, 2. Auflg. 1980.

23 Hierzu jetzt vor allem *Adolf Kimmel* a.a.O., passim. Dort auch reichhaltige Literaturangaben zum französischen Regierungssystem.

24 Siehe hierzu meinen Aufsatz „Dreißig Jahre Deutscher Bundestag", in: Beilage zur Wochenzeitung Das Parlament, B 32-33/ 1979, S. 3 und 7 ff.

25 Zur Unterscheidung von verfassungsändernder und verfassunggebender Gewalt im Grundgesetz siehe *Dietrich Murswiek:* Die verfassunggebende Gewalt nach dem Grundgesetz für die Bundesrepublik Deutschland, Berlin 1978, bes. S. 168-190.

26 BVerfGE Bd. 2, S. 172.

27 Zitiert nach dem Beschluß des Zweiten Senats des BVerfG vom 8. August 1978 zur Prüfung der Verfassungsmäßigkeit des § 7 des Gesetzes über die friedliche Verwendung der Kernenergie und den Schutz gegen ihre Gefahren vom 23 Dezember 1959 . . . − 2 BvL 8/77 −, Gründe B. II. 1. a. (Hervorhebung nicht im Original).

28 Die Rede *Börners* ist wiedergegeben in der Frankfurter Rundschau vom 30. Mai 1972, S. 4. Dort auch die weiteren Zitate.

29 Ebd.

30 Vgl. hierzu die Kritik des ehemaligen Richters am BVerfG *Konrad Zweigert* „Einige rechtsvergleichende und kritische Bemerkungen zur Verfassungsgerichtsbarkeit", in: *Christian Starck* (Hrsg.): Bundesverfassungsgericht und Grundgesetz, Bd. 1, Tübingen 1976, S. 74 f. Gegen die Mode gewordene überzogene Kritik am Bundesverfassungsgericht wendet sich *Otto Kimminich* „Verfassungsgerichtsbarkeit und das Prinzip der Gewaltenteilung", in: *Gerd-Klaus Kaltenbrunner* (Hrsg.), Auf dem Weg zum Richterstaat − Die Folgen politischer Impotenz, München 1979, S. 62-80, bes. S. 76 ff.

31 *Börner* a.a.O., S. 4.

32 *Oswald von Nell-Breuning SJ* „Aussperrung", in: Stimmen der Zeit, Heft 1, Januar 1980, S. 3-16, Zitat S. 3. Zur Problematik „Gesetzesauslegung als Rechtsschöpfung" und zum Thema „Der Richter als Gesetzgeber" siehe auch *Kaltenbrunner* a.a.O., S. 36 ff.

33 Angesichts der scharfen öffentlichen Kritik am Bundesverfassungsgericht schrieb *Kimminich* Mitte der siebziger Jahre kürzlich: „Der objektive Beobachter muß sich wundern, warum bisher noch nicht die übergroße Zurückhaltung des Bundesverfassungsgerichts beklagt worden ist . . .", *Kimminich* a.a.O., S. 79 f.

34 Zitiert aus der Urteilsbegründung im Fall „Studentenschaft der Universität Hamburg, diese vertreten durch die Freie Hansestadt Hamburg . . . gegen Norbert Baumann . . ." aufgrund der mündlichen Verhandlung vom 28. Juni 1977, Protokoll S. 18.

35 Welche Töne bei einem derartigen Dialog gelegentlich angeschlagen werden und wie gereizt das Klima sein kann, hat die weit publizierte Kontroverse zwischen Präsident Benda und Bundeskanzler Schmidt im Oktober 1978 in der Akademie Tutzing gezeigt. Siehe hierzu die kommentierenden Diskussionsbeiträge von *Otwin Massing* und dem Verfasser in der Zeitschrift für Parlamentsfragen, Heft 1, März 1979, S. 119-132.

36 *Börner* a.a.O., S. 4.

# Repäsentative und plebiszitäre Elemente des Verfassungsstaates

## I. Wandel der Legitimitätsgrundlagen des demokratisch-pluralistischen Verfassungsstaates.

*Martin Kriele* hat seiner vorzüglichen „Einführung in die Staatslehre" den Untertitel gegeben: „Die geschichtlichen Legitimitätsgrundlagen des demokratischen Verfassungsstaates".[1] Zwei Begriffe bilden nach *Kriele* den Schlüssel „zum Verständnis fast aller Probleme der Staatslehre, die sich auf den neuzeitlichen Staat beziehen: Souveränität und Legitimität".[2] Bezieht sich die Souveränität, das Recht der letztinstanzlich-verbindlichen Entscheidung, auf die „*Durchsetzungsmacht* der Staatgewalt", so die Legitimität auf deren *Rechtfertigung*. Da kein Staat seine Gewalt dauerhaft durch Bajonette begründen kann, hängt die Durchsetzungsmacht der Staatsgewalt von seiner Rechtfertigung ab. Die Legitimitätsfrage bildet insofern die „Innenseite der Souveränitätsfrage".[3]

Wenn Legitimität als Rechtfertigung die Anerkennungswürdigkeit bzw. innere Geltungsüberzeugung von der prinzipiellen Rechtmäßigkeit des Staates und seiner Verfassungsordnung bedeutet, so hängt diese Überzeugung seit jeher letztlich von der „subjektiven Wahrnehmung und Beurteilung der eigenen Lebenschancen und Lebensbedürfnisse"[4] der Bürger ab. Der Wandel der Lebenserfahrungen und Beurteilungskriterien bewirkte in geschichtlicher Perspektive dabei einen Wandel der Legitimitätsgrundlagen, der im Laufe der letzten zwei Jahrhunderte von England, den USA und der Französischen Revolution ausgehend in der westlichen Welt zur Entwicklung des demokratisch-sozialen Verfassungsstaates führte.

*Kriele* nennt in diesem Zusammenhang drei Prinzipien, deren Wirksamkeit die Entwicklung zum modernen demokratischen Verfassungsstaat kennzeichnen: Friede, Freiheit und Gerechtigkeit.[5] Die konfessionell geprägten Bürgerkriege des 16. Jahrhunderts erzeugten das Verlangen nach *Frieden*, den nur der auf dem Prinzip der Souveränität beruhende Staat zu gewähren versprach. Die Friedensgarantie des Staates ging im Zeitalter des Absolutismus jedoch oft genug mit konfessioneller und geistiger Diktatur einher und weckte somit des Verlangen nach gesicherter *Freiheit*, die nur der auf dem Prinzip individueller Grundrechte beruhende Verfassungsstaat zu garantieren versprach. Der Verfassungsstaat in seiner Form als „Nachtwächterstaat" schloß aber weder die Existenz von Sklaverei noch die von Klassenspaltungen und gravierender sozialer Verelendung aus. Das Verlangen nach politischer Rechtsgleichheit und *sozialer Gerechtigkeit* führte somit schließlich zur Fortentwicklung des Verfassungsstaates vom liberalen zum demokratischen und sozialen Verfassungsstaat der Neuzeit.

Die Ausweitung der Legitimitätsgrundlagen, in der die sozialen und politischen Konflikte ihren Niederschlag finden, führte zugleich zu einem Wandel der Erwartungen und Forderungen gegenüber den Aufgaben des Staates. Waren die Aufgaben des liberalen „Nachtwächter"-Staates neben der allgemeinen Friedenssicherung noch weitgehend auf das Schlichten und Ordnen, das Gewährleisten und Sichern des rechtlich-politischen Rahmens beschränkt, so wurde die leistende, in nahezu sämtlichen gesellschaftlichen Bereichen aktiv regulierende Intervention zum Charakteristikum des modernen Leistungs-, Wohlfahrts- bzw. Sozialstaates.[6] Die aktiv regulierende Intervention des Staates im wirtschaftlich-technischen und sozio-kulturellen Bereich beschränkte sich dabei jedoch weitgehend auf eine den „Fortschrittsprozeß" begleitende ex post korrigierende Ausgleichsfunktion, indem entweder die Rahmenbedingungen für eine florierende Wirtschaftsentwicklung gesichert oder durch das Knüpfen eines engmaschigen Sozialnetzes die Folgewirkungen unterschiedlicher Start-, Leistungs- und Erfolgschancen zu einem den sozialen Frieden sichernden Ausgleich gebracht wurden.

In der heutigen „postindustriellen" Dienstleistungsgesellschaft hat der allgemeine sozioökonomische Problemdruck insofern weitere Veränderungen bewirkt und damit eine neue Dimension erreicht, als nun die Fragen nach der Erhaltung gegebener Lebensqualität, ja nach der kollektiven Überlebenschance aufgeworfen werden. Zunehmend wird vom Staat erwartet, daß er den wissenschaftlich-technisch-industriellen Fortschrittsprozeß nicht weiterhin weitgehend sich selbst überläßt und allenfalls im Nachhinein regulierend interveniert, vielmehr stärker als bisher bewußt planend in den gesellschaftlichen Fortschrittsprozeß lenkend eingreift. Die Gefährdungen der ökonomischen Leistungsfähigkeit und die Gefahren einer inhumanen Ökologie werden im Stichwort von der Kernenergie auf den Begriff gebracht. Das Dilemma: Ohne Sicherung des erforderlichen Energiebedarfs weder weiterer wirtschaftlicher Fortschritt noch Erhaltung des bisherigen Leistungsniveaus einerseits; ohne hinreichende Kontrolle der durch atomare Radioaktivität und ähnliche Fortschrittsprodukte erreichten Existenzgefährdungen weder eine Garantie für Überlebenschancen noch eine Erhaltung bisheriger Lebensqualität andererseits.

Mit den neuen ökologischen Herausforderungen geht ein Wandel der „subjektiven Wahrnehmungen und Beurteilungen der eigenen Lebenschancen und Lebensbedürfnisse" der Bürger einher, die in unserem Lande u. a. in der Bürgerinitiativ-Bewegung ihren institutionellen Ausdruck finden und zu einem weiteren Wandel der Legitimitätsgrundlagen beitragen. Zu den gefährdeten Prinzipien Frieden, Freiheit und Gerechtigkeit tritt das Prinzip *Leben*, das Recht auf ein *gesundes Leben*. Angesichts der zunehmenden Umweltabhängigkeit des Menschen und dem damit verbundenen Verlust an passiver Freiheit, wächst sein *Verlangen nach aktiver Freiheit*, nach der Chance, an den Entscheidungen über seine nähere und weitere Umwelt so effektiv wie möglich mitwirken zu können.

In diesem Kontext stellt sich die Frage nach den Partizipationschancen des Bürgers im demokratisch-sozialen Verfassungsstaat.

## II. Repräsentative und plebiszitäre Demokratie

Wenig Widerspruch wird die allgemeine These finden: „Die westlichen Demokratien sind repräsentative Demokratien". Was besagt jedoch die Formel „repräsentative Demokratie"? Welche Problematik wird damit angesprochen?

Mit der Formel „repräsentative Demokratie" wird faktisch auf einen doppelten Aspekt verwiesen: Zum einen dient das Adjektiv „repräsentativ" der Kennzeichnung eines demokratischen Legitimationskonzepts, das auf einem bestimmten Demokratieverständnis beruht. Zum anderen sollen mit dem Begriff Repräsentation − etwa in der Formulierung „parlamentarische Repräsentation" − spezifische institutionelle Merkmale des politischen Willensbildungs- und Entscheidungsprozesses hervorgehoben werden. Das Repräsentative findet dabei jeweils seinen Gegenpol im Plebiszitären.

Obgleich beide Aspekte − der legitimatorische und der institutionelle − engstens aufeinander bezogen sind, ist es doch von grundlegender Bedeutung, stets zu beachten, daß es sich hierbei um zwei deutlich voneinander abzuhebende Problem- und Diskussionsebenen handelt. Der legitimatorische Aspekt soll im folgenden unter dem Begriffspaar repräsentative und plebiszitäre Demokratie erörtert werden, der institutionelle unter dem Begriffspaar repräsentative und plebiszitäre Partizipation. Im erstgenannten Fall geht es um den Vergleich unterschiedlicher demokratischer Legitimationskonzepte und deren politischer Wirksamkeit, im letztgenannten um den Vergleich unterschiedlicher institutioneller Arrangements in verschiedenen politischen Systemen.

*Ernst Fraenkel* hat in seiner grundlegenden Abhandlung vom Jahre 1958 „Die repräsentative und die plebiszitäre Komponente im demokratischen Verfassungsstaat"[7] eine Definition des Repräsentationsbegriffes erarbeitet, die beide Aspekte, den legitimatorischen und den institutionellen, in enge Beziehung setzt. *Fraenkel* definiert: „Repräsentation ist die rechtlich autorisierte Ausübung von Herrschaftsfunktionen durch verfassungsmäßig bestellte, im Namen des Volkes, jedoch ohne dessen bindenden Auftrag handelnde Organe des Staates oder sonstigen Trägers öffentlicher Gewalt, die ihre Autorität mittelbar oder unmittelbar vom Volk ableiten und mit dem Anspruch legitimieren, dem Gesamtinteresse des Volkes zu dienen und dergestalt dessen wahren Willen zu vollziehen".[8]

Da *Fraenkel* bei den weiteren Ausführungen seiner Abhandlung die Unterscheidung zwischen dem legitimatorischen und dem institutionellen Aspekt und den darauf bezogenen Diskussionsebenen nicht immer hinreichend deutlich machte, mußte er es sich gefallen lassen, daß die gleiche Studie sowohl zur Bestätigung als auch Zurückweisung jeweils völlig konträrer Auffassungen herangezogen und zitiert·wurde. So berufen sich bis heute die einen auf die Feststellung *Fraenkels*, „das repräsentative und das plebiszitäre Regierungssystem beruhen auf verschiedenartigen Legitimationsprinzipien",[9] die als solche einander prinzipiell ausschließen und nur eine alternative Entscheidung zulassen, während die anderen den Satz *Fraenkels* zitieren: „Läßt sich aber theoretisch und empirisch der Nachweis erbringen, daß in seiner reinen Form sowohl das repräsentative als auch das plebiszitäre System den Keim der Selbstvernichtung in sich tragen, so ergibt sich das Postulat, beide Prinzipien zu Komponenten eines gemischten plebiszitär-repräsentativen, demokratischen Regierungssystems auszugestalten".[10]

Der recht großzügige und nicht immer hinreichend differenzierende Gebrauch des Wortes „Prinzip" konnte bereits dazu führen, daß sich beispielsweise die Formel „plebiszitäres Prinzip" einmal auf das plebiszitäre Legitimationsprinzip, ein andermal aber direkt auf „eine plebiszitär *organisierte* politische Gemeinschaft"[11] bezog, ohne daß dies bei erster Lektüre deutlich wurde. Eine deutliche Differenzierung zwischen dem legitimatorischen und dem institutionellen Aspekt ist jedoch zur Vermeidung von Mißverständnissen geboten.

Auf *Fraenkels* Definition des Repräsentationsbegriffs angewandt sind demnach folgende Problemebenen zu unterscheiden:

1. Zum *institutionellen Aspekt* wird ausgeführt, demokratische Repräsentationsorgane seien verfassungsmäßig bestellte Institutionen, die dazu autorisiert sind, verbindlich für andere Entscheidungen zu treffen bzw. Handlungen zu vollziehen, und deren Mitglieder vom Volk unmittelbar oder mittelbar bestellt werden und die ihre Kompetenzen zwar im Namen, nicht jedoch mit bindendem Auftrag des Volkes ausüben.

2. Zum *legitimatorischen Aspekt* heißt es, auf diese Weise könne am besten dem wahren Volkswillen entsprochen werden, wonach die Staatsgewalt dem Gesamtinteresse und damit dem Gemeinwohl des Volkes zu dienen habe. Der Hinweis auf die Verfassungsmäßigkeit besagt, daß sich alle Staatsgewalt vor der Verfassung legitimieren muß, auch das Volk, das Staatsvolk selbst. Das Volk herrscht, indem es seine Souveränität auf die Verfassung überträgt und sich selbst seiner eigenen Verfassung und den in ihr vorgesehenen Kompetenzregelungen, Verfahrensweisen, Kontrollmöglichkeiten, Freiheitssicherungen und Vorschriften über die Änderungsmöglichkeiten der Verfassung unterwirft.[12] Der in die Verfassung eingegangene „langfristige Volkswille" kann Staatsorgane legitimieren, notfalls auch entgegen dem empirisch feststellbaren „kurzfristigen" Volkswillen zu entscheiden.

Der *Idealtypus repräsentativer Demokratie* beruht folglich auf der Annahme, daß dem Gemeinwohl und damit dem wahren Willen des Volkes am besten dadurch Geltung verschafft werden könne, indem sich das Volk, von dem alle Staatsgewalt ausgeht, eine Verfassung gibt, die die Ausübung der Staatsgewalt weitgehend auf Organe innerhalb eines bewußt kompliziert gestalteten Institutionengefüges überträgt, das hinreichend klare Verantwortlichkeiten beläßt und Sanktionsmöglichkeiten eröffnet, um dem demokratischen Anspruch Wirksamkeit verleihen zu können, daß alle staatlichen Amtsinhaber grundsätzlich zur Disposition des Volkes stehen müssen.

Im Gegensatz zur repräsentativen Demokratie, deren primäres Interesse der Verantwortlichkeit und Kontrolle von Herrschaft gilt, beruht der *Idealtypus plebiszitärer Demokratie* auf der Annahme, daß Freiheit und Gleichheit nur durch Verwirklichung der Identität von Regierenden und Regierten erreichbar seien. Damit wird nicht nur Herrschaft prinzipiell in Frage gestellt, sondern auch von einem einheitlichen Volkswillen ausgegangen, der mit dem Gesamtinteresse bzw. Gemeinwohl identisch sei. Minderheits- und Sonderinteressen gelten als demokratiegefährdende Störungsfaktoren, die entweder zu neutralisieren oder zu eliminieren sind. Die Annahme der prinzipiellen Identität eines einheitlichen Volkswillens mit dem Gemeinwohl begründet das Postulat, daß im Streitfall dem empirischen Volkswillen gegenüber der Gemeinwohlfindung durch Repräsentationsorgane[13] der Vorzug gebührt. Daher kommt auch dem Verfassungsstaat keine besondere Bedeutung zu; wie die Herrschaft selbst steht auch er prinzipiell zur Disposition.

Als Idealtypen beruhen die repräsentative und die plebiszitäre Demokratie somit auf verschiedenartigen Legitimationsprinzipien. Sie verweisen auf zwei Grundformen des Demokratieverständnisses, die einander prinzipiell ausschließen.[14] Die *repräsentative Demokratie* stellt die Realität heterogen strukturierter, pluraler Gesellschaft in Rechnung und ist in ihrer theoretischen Entfaltung existentiell mit der Geschichte des Verfassungsstaates verbunden. Die Verwirklichung von repräsentativer Demokratie erfolgt auf dem Wege der Demokratisierung des Verfassungsstaates. Die *plebiszitäre Demokratie* postuliert demgegenüber das Ideal einer homogen strukturierten Gemeinschaft[15] als der existentiellen Voraussetzung für die Verwirklichung wahrhafter, emanzipatorischer, identitärer Demokratie. Die politische Wirksamkeit plebiszitärer Demokratieauffassung ist eine dreifache: sie vermag ein Reformpotential zu mobilisieren und zu legitimieren, das im Verfassungsstaat auf Strukturveränderungen und Abbau von Herrschaft abhebt;[16] sie kann zur Mißinterpretation des Verfassungsstaates und zur Fehleinschätzung seines Funktions- und Legitimationsverständnisses führen; sie kann zur Selbstaufhebung realer Demokratie — etwa in der Form des demokratischen Zentralismus — beitragen.

Daß das plebiszitär-monistische Demokratieverständnis gerade in Deutschland bis in die Gegenwart hinein einen gewichtigen Beitrag zur Fehlinterpretation des Verfassungsstaates zu leisten vermochte und weiterhin vermag — wofür *Helmut Schelskys* bekannter Beitrag zum Thema „Mehr Demokratie oder mehr Freiheit?" (1973)[17] beispielhaft steht —, ist dem Umstand zu verdanken, daß die Institutionen des Verfassungsstaates zwar den angelsächsischen Demokratien entlehnt wurden, die demokratische Verfassungsideologie aber weitgehend französischen Argumentationslinien folgte. Und zwar nicht den Demokratieprinzipien der ersten Französischen Revolution, die zur Deklaration der Menschenrechte und der Verfassung vom Jahre 1791 führten und in die Tradition des demokratisch-repräsentativen Verfassungsstaates gehören, sondern der radikaldemokratischen Tradition der zweiten Französischen Revolution vom 10. August 1792, der (suspendierten) Konventsverfassung von 1793 und des Wohlfahrtsausschusses *Robespierres.*[18]

Plebiszitäre Demokratie ist bisher ein mehr oder weniger revolutionäres Postulat geblieben. Alle real existierenden westlichen Demokratien sind ihrem vorherrschenden Legitimationsverständnis nach hingegen repräsentativ-pluralistische Demokratien.

## III. Repräsentative und plebiszitäre Partizipation

Die legitimatorische Grundentscheidung für die repräsentative Demokratie, d.h. für den demokratischen Verfassungsstaat, besagt jedoch nicht, daß ebenso eindeutig die Entscheidung für repräsentative Institutionen erfolgen muß. Ein Vergleich der verschiedenen demokratischen Verfassungsstaaten läßt vielmehr eine Vielzahl unterschiedlicher Kombinationen repräsentativer und plebiszitärer Partizipationschancen in den Verfassungssystemen der westlichen Demokratien erkennen.[19] Bevor auf diesen Vergleich anhand einiger Beispiele exemplarisch eingegangen werden kann, sind jedoch zwei klärende Vorbemerkungen erforderlich.

*Erstens:* Angesichts der Grundannahmen und Postulate des plebiszitär-monistischen Demokratieverständnisses wurde auf die Gefahr der Entartung bis hin zum „demokratischen Zentralismus" kommunistischer Fasson verwiesen. Das plebiszitäre Konzept trägt insofern den „Keim der Selbstvernichtung" in sich. Das gilt aber nicht nur für das identitäts-demokratische Legitimationsprinzip. Der gleichen Gefahr einer Selbstvernichtung kann eine sich repräsentativ-pluralistisch legitimierende Demokratie erliegen. Dies vermag z.B. der Fall zu sein, wenn alle Regierungsgewalt auf einige zentrale Repräsentationsorgane konzentriert bleibt. Wie eine plebiszitäre Demokratie zum plebiszitären Cäsarismus und zur Diktatur entarten kann, so unterliegen repräsentative Institutionen der Gefahr der Entfremdung und damit ebenfalls der Entartung in eine Diktatur. Dieser Gefahr zu entgehen und ihr zu begegnen ist eine Existenzvoraussetzung des demokratischen Verfassungsstaates. D.h., das repräsentative Element bedarf der plebiszitären Ergänzung.

*Zweitens:* Wenn im folgenden von repräsentativer und plebiszitärer Partizipation bzw. repräsentativen und plebiszitären Institutionen gesprochen wird, so werden die Begriffe im Sinne von direkter oder indirekter Entscheidung bzw. Mitwirkung verwandt. Von plebiszitärer Partizipation ist dann die Rede, wenn das Volk oder wahlberechtigte

Staatsbürger direkt Entscheidungen treffen oder Einfluß auf den politischen Willensbildungs- und Entscheidungsprozeß nehmen. Repräsentative Partizipation bezieht sich demgegenüber auf die Tätigkeit von Staatsorganen, die vom Volk verfassungsgemäß zur verbindlichen Entscheidung für das Volk autorisiert bzw. ermächtigt wurden. Diese Gleichsetzung von direkter und indirekter Volksmitwirkung mit plebiszitärer und repräsentativer Partizipation folgt üblicher Begriffsverwendung, ist jedoch keineswegs systematisch zwingend. Dabei wird nämlich stillschweigend davon ausgegangen, daß die wahlberechtigten Bürger die plebiszitäre Basis bilden, während die von ihnen ermächtigten Organe repräsentative Institutionen darstellen. Tatsächlich sind die wahlberechtigten und damit im verfassungsrechtlichen Sinne entscheidungsberechtigten Angehörigen des Volkes ebenso Repräsentationsorgane des Volkes wie das Parlament oder die Regierung. Bei einem Volksentscheid entscheiden faktisch die wahlberechtigten Staatsbürger als Repräsentanten des ganzen Volkes, d.h. sie sind verfassungsgemäß dazu autorisiert, verbindlich für das ganze Volk, auch für die nicht wahlberechtigten Mitbürger, zu entscheiden. Insofern könnte auch zwischen verschiedenen Repräsentationsebenen unterschieden werden, unter denen der parlamentarischen nur ein besonderer Rang zukäme. Da in einem Verfassungsstaat unter allen Entscheidungen der Gesetzgebung eine hervorragende Bedeutung beizumessen ist, sei jedoch im folgenden der Begriff Repräsentation auf die Tätigkeit von gesetzgebenden Organen bezogen.

Bei einer vergleichenden Analyse repräsentativer und plebiszitärer Partizipation können fünf Kategorien unterschieden werden:

1. Unmittelbare Repräsentation,
2. mittelbare Repräsentation,
3. plebiszitäre Sachentscheidung,
4. plebiszitäre Wahlentscheidung,
5. plebiszitäre Mitwirkung.

*Unmittelbare Repräsentation* bezieht sich auf die Tätigkeit unmittelbar vom Wähler bestellter Organe, wie dies bei Parlamenten üblicherweise der Fall ist. *Mittelbare Repräsentation* ist demgegenüber bei Staatsorganen gegeben, die nicht direkt vom Wähler gewählt werden, wie dies bis 1913 beim amerikanischen Senat der Fall war und in der Bundesrepublik auf den Bundesrat zutrifft. *Plebiszitäre Sachentscheidung* meint die Institutionen der Volksinitiative bzw. des Volksbegehrens, der Volksbefragung, des Referendums (Volksentscheids) und des Plebiszits im engeren Sinne. Ein Plebiszit, wie es in Frankreich üblicherweise praktiziert wird, ist vom Referendum, wie es in der Schweiz üblich ist, dadurch unterschieden, daß beim Plebiszit eine Sachentscheidung mit einem personalen Vertrauensvotum gekoppelt wird.[20] So trat Präsident *de Gaulle* 1969 von seinem Präsidentenamt zurück, als ein von ihm initiierter Volksentscheid vom Volk in der Sache anders entschieden wurde, als dies der Präsident unter Einsatz seines Prestiges für geboten erkärt hatte.[21]

*Plebiszitäre Wahlentscheidungen* können sowohl direkt als auch indirekt zur Konstituierung eines Gesetzgebungsorgans führen. So wird in der Bundesrepublik der Bundestag unmittelbar, der Bundesrat hingegen über den Weg der Landtagswahlen und die darauf beruhende Regierungsbildung bestellt.

Mit der *plebiszitären Mitwirkung* wird auf all die Institutionen und Instrumente verwiesen, deren sich der Bürger zur permanenten Einflußnahme auf den politischen Willensbildungs- und Entscheidungsprozeß bedienen kann, wie Parteien, Verbände, Vereinigungen, Bürgerinitiativen, Demonstrationen, Massenmedien, Petitionen. Während plebiszitäre Sach- und Wahlentscheidungen den wahlberechtigten Bürgern bei prinzipieller Gleichberechtigung Entscheidungskompetenzen zuweisen, eröffnen die Institutionen und Instrumente plebiszitärer Mitwirkung allen Bürgern (lediglich) Partizipationschancen. Diese können sich faktisch jedoch weit wirksamer als plebiszitäre Sach- und Wahlentscheidungen erweisen. Warum sollten z.B. Bürger in einem „sicheren Wahlkreis", in dem erfahrungsgemäß das Ergebnis kaum zweifelhaft erscheint, von ihrem Wahlrecht Gebrauch machen, wenn sie sich weit bessere Einflußmöglichkeiten über ihre Mitgliedschaft und Tätigkeit in Organisationen versprechen, die für sie wesentliche Interessen zu vertreten wissen? Warum sollten Bürger an Volksentscheiden ein Interesse zeigen, in denen die Whäler sowieso nur Ja-Nein-Voten zu vorgelegten Entwürfen abgeben können, wenn sie über die öffentliche Meinung oder in direktem Zugang zum Gesetzgeber auf für sie wichtige Detailänderungen entscheidenden Einfluß auszuüben vermögen?

Sicherlich, plebiszitäre Sach- und Wahlentscheidungen haben bei entsprechendem Erfolg ganz andere unmittelbare Rechtskonsequenzen als dies bei plebiszitärer Mitwirkung in der Regel der Fall sein wird. Zudem steht der Aufwand für den einzelnen, den er bei plebiszitären Sach- und Wahlentscheidungen zu investieren hat, in keinem Verhältnis zu den Bemühungen, die ein effektives Engagement in Parteien, Verbänden, Bürgerinitiativen abverlangt. Außerdem sind bei der plebiszitären Mitwirkung nur die Startchancen, nicht hingegen die Erfolgschancen formalrechtlich — im Rahmen der politischen und bürgerlichen Grundrechte — gleich. Dennoch stellen die Institutionen und Instrumente plebiszitärer Mitwirkung der Bürger eine, wenn nicht die wichtigste plebiszitäre Komponente im repräsentativen Verfassungsstaat dar.

IV. Repräsentative und plebiszitäre Elemente in den westlichen Demokratien

Alle Verfassungen der westlichen Demokratien weisen Arrangements von Regelungen zur repräsentativen und plebiszitären Partizipation auf, die das Bemühen erkennen lassen, die zum Funktionieren eines demokratischen Verfassungsstaates erforderliche Balance zwischen repräsentativen und plebiszitären Institutionen und Kompetenzen zu sichern. Formal am geringsten scheint diese Balance im *britischen Verfassungsstaat* zu sein, dem Regierungssystem unmittelbar-parlamentarischer Repräsentation par excellence. Das direkt vom Wahlvolk gewählte Unterhaus nimmt faktisch die Kompetenzen des „souveränen" Parlaments allein wahr, wobei Parlamentssouveränität besagt, daß alle Beschlüsse des Parlaments mangels einer geschriebenen Verfassungsurkunde Verfassungsrang haben. Zudem gibt es weder verbindliche Referenden noch eine föderative Struktur, durch die die Kompetenzen des keinerlei verfassungsgerichtlicher Kontrolle unterliegenden Unterhauses eingeengt werden könnten. Dennoch hat gerade das britische Regierungssystem auf dem Wege plebiszitärer Wahlentscheidung und Mitwirkung eine derartige politische Sensibilität entwickelt, daß es bis heute gelungen ist, die den demokratischen Verfassungsstaat kennzeichnende Balance zwischen repräsentativer und plebiszitärer Partizipation weitgehend zu wahren. So kam das plebiszitäre Element zunächst durch die Ausweitung des allgemeinen Wahlrechts (1832, 1867, 1883/84) und die um die Jahrhundertwende damit verbundene Mandatstheorie zum Tragen. Die Mandatstheorie besagte, daß ein Unterhaus nur die weittragenden politischen Grundentscheidungen fällen dürfe, die eine erfolgreiche Partei im Wahlkampf den Wählern zur Entscheidung unterbreitet hatte. Gleichzeitig entwickelten sich bereits gegen Ende des 19. Jahrhunderts die Parteien zu Massenorganisationen, deren Mitglieder legitimerweise Einfluß auf ihre Mitglieder in Parlament und Regierung nehmen konnten. Die Wahrnehmung einer plebiszitären Artikulationsfunktion wurde insbesondere von der Opposition erwartet, die sich insoweit mit den Massenmedien und der öffentlichen Meinung zu verbünden mühte. Die Labourparty integrierte ihrerseits die Masse der Gewerkschaftangehörigen in das Parteiensystem durch Gewährung korporativer Mitgliedschaft in ihrer Parteiorganisation.

*Karl Loewenstein* sprach in diesem Zusammenhang von dem das britische System auszeichnenden Machtdreieck von Wählerschaft, Parlament und Regierung, deren wechselseitige Kommunikation durch eine freie und kritische Presse öffentlich vermittelt werde.[22] In jüngster Zeit hat das System neue Kanäle plebiszitärer Partizipation experimentell erschlossen, um der Gefahr der Entfremdung des Parlaments von den komplexen und differenzierten Erwartungen des Volkes entgegenzusteuern. Da ist einmal das Instrument der als Referendum bezeichneten Volksbefragung (Beitritt zur EG, Autonomie für Schottland und Wales) und zum anderen die Tendenz, eine Niederlage der Regierung bei der Gesetzgebung nicht als Mißtrauensvotum zu deuten (entwickelt unter dem Minderheitskabinett *Callaghan*). Das führt zur Auflockerung der Parteidisziplin, und eine Lockerung allzu strikt gehandhabter Parteidisziplin stärkt die Erfolgschance für plebiszitäre Mitwirkung.[23]

In den *Vereinigten Staaten von Amerika* hatten die Verfassungsväter ein betont repräsentatives Institutionen-Arrangement konzipiert. Volksbegehren und Volksentscheidung blieben auf Bundesebene bis heute unbekannt, und anfänglich wurde nur das Repräsentantenhaus alle zwei Jahre vom Wähler direkt gewählt. Seit der Jacksonian Revolution von 1830 und der Populistenbewegung um die Jahrhundertwende hat sich hier Wesentliches geändert. Seit jeher war das plebiszitäre Element des Verfassungssystems der USA auf die Ebene der Einzelstaaten verwiesen. Mit dem Ausbau des Parteien- und Verbändesystems drang das plebiszitäre Element nun auch auf die Bundesebene vor. Dadurch entwickelte sich die Präsidentenwahl zunehmend zu einem plebiszitären Akt. Eine Verfassungsänderung schreibt seit 1913 die Direktwahl der Senatoren vor. Gleichzeitig wurde die Kandidatenaufstellung zum Repräsentantenhaus und Senat weitgehend der Verfügungsgewalt der Parteien entzogen, indem die Nominationen zum Kongreß der USA der gesetzlichen Regelung und Kontrolle der Staaten und auf diesem Wege dem freien Wählervotum unterworfen wurden (Primaries). Darüber hinaus sind die Institute der Volksinitiative und des Volksentscheides sowie das Recht der Abberufbarkeit von öffentlichen Amtsinhabern (Recall) in die Mehrzahl der einzelstaatlichen Verfassungen aufgenommen worden. Auch in dem betont repräsentativen System der USA hat das plebiszitäre Element somit sowohl auf Bundes- als insbesondere auf einzelstaatlicher Ebene eine starke Berücksichtigung gefunden. Gegenüber den Parteien ist der Reformeifer dabei allerdings so weit gegangen, daß sie heute − abgesehen von ihrer Wahlorganisationsfunktion − nahezu völlig ihre politische Aggregationsfunktion verloren und diese faktisch weitgehend den Verbänden und Großkorporationen übertragen haben.

Ein vergleichsweise starkes Übergewicht des plebiszitären Elements hat unter den demokratisch-repräsentativen Verfassungsstaaten seit jeher die *Schweiz* etabliert. Als die schweizer Eidgenossenschaft 1848 als Bundesstaat konzipiert wurde, hatten die mehr oder weniger überschaubaren Kantone bereits eine reichhaltige Erfahrung im Gebrauch plebiszitäre Entscheidungsverfahren gesammelt, die sie als unverzichtbares Erbe in den neuen Bundesstaat einzubringen wußten. In der noch heute geltenden neuen Bundesverfassung vom Jahre 1874 wurden zwar um der Effizienz des Gesamtstaates willen die Bundeskompetenzen auf Kosten der Kantone leicht verstärkt, das plebiszitäre Element blieb jedoch extensiv erhalten.

Das überstarke Gewicht des Elements plebiszitärer Sachentscheidungen in der schweizer Referendumsdemokratie hat dazu geführt, daß das Parlament − die Bundesversammlung − eine relativ schwache Rolle spielt, während die Bundesbehörden eine zunehmend bedeutsame Lenkungsmöglichkeit gewonnen haben.[24] Die immer komplexer werdenden Sachentscheidungen werden heute tatsächlich weitgehend von den Regierungsbehörden in Kooperation mit den zuständigen Verbänden erarbeitet, wenn nicht gar in der Sache endgültig verabschiedet.[25] Das heißt, daß die plebiszitären Sachentscheidungen in der schweizer Praxis im Laufe der Jahre zur Entmachtung des Parlaments und zur Stärkung der dem Parlament nicht verantwortlichen Regierung und Verwaltung geführt haben. Da die Schweiz keine parlamentarische Regierungsverantwortlichkeit kennt, sind die Parteien ähnlich wie in den USA den Verbänden gegenüber erheblich ins Hintertreffen geraten.

Die Konsequenz plebiszitärer Sachentscheidungen im schweizer System liegt vor allem darin, daß der Entscheidungsspielraum für die Gesetzgebung von den Behörden, Verbänden und Parteien weitgehend durch die mehr oder weniger spekulativen Annahmen bestimmt wird, welche Vorlagen in einem öffentlichen Referendum Bestand haben könnten – sowei die Überlegung eine wesentliche Rolle spielt, welche Gruppen und Wähler möglicherweise an einem Referendum durch Werbung und Stimmabgabe teilnehmen werden.[26]

Im Gegensatz zur schweizer Verfassung hat das Grundgesetz der *Bundesrepublik Deutschland* das Element plebiszitärer Sachentscheidung nahezu völlig aus der Verfassung eliminiert. Auf der Bundesebene wird das Element unmittelbarer und mittelbarer Repräsentation überbetont. Das Element plebiszitärer Sachentscheidung wird jedoch – wie in den USA, wenn auch in unvergleichlich schwächerer Intensität – auf Länderebene zum Tragen gebracht. Hier haben die bisher in den Ländern veranstalteten Volksabstimmungen übrigens durchweg dazu geführt, daß eine Regierungsmehrheit, die beim Volksvotum eine Niederlage einstecken mußte, in der anschließenden Parlamentswahl stets einen Wahlsieg erringen konnte – ein Ergebnis, daß seit dem Zweiten Weltkrieg bis heute für alle Volksabstimmungen in den parlamentarischen Ländern Europas zutrifft.[27]

Im Grundgesetz wird das plebiszitäre Element vor allem in den Kategorien plebiszitärer Wahlentscheidung und Mitwirkung ausformuliert: Artikel 38 postuliert dabei die Direktwahl des Bundestages, Artikel 28 Abs. 1 in Verbindung mit Artikel 51 Abs. 1 die indirekte Wahl und Bestellung des Bundesrates. Für die plebiszitäre Mitwirkung werden grundlegende Partizipationswege vom Grundgesetz aufgezeigt und rechtlich geschützt:

Artikel 21 verweist auf die Parteien (er bildet die Verfassung des „Parteienstaates"), Artikel 9 auf die Vereinigungsfreiheit, Artikel 17 auf das individuelle und kollektive Petitionsrecht (sie bilden die Verfassung des „Verbändestaates"), Artikel 5 und 8 auf das Recht der freien Meinungsäußerung, das Demonstrationsrecht und die Versammlungsfreiheit.[28] Unter all diesen plebiszitären Mitwirkungsmöglichkeiten kommt im parlamentarischen System der Bundesrepublik neben den Verbänden insbesondere den Parteien eine zentrale Bedeutung zu.

Im repräsentativ-pluralistischen System der Bundesrepublik wird das plebiszitäre Element somit vornehmlich über den Weg der Parteien, Verbände und Vereinigungen (einschließlich der Bürgerinitiativen) zur Geltung gebracht. Die Parteien und Verbände können die plebiszitäre Mitwirkung der Bürger allerdings erst dann zur vollen Entfaltung bringen, wenn ihre innere Ordnung und ihre Willensbildungs- und Entscheidungsprozesse selbst demokratischen Grundsätzen entsprechen. Eine vergleichende Analyse der repräsentativen und plebiszitären Elemente in demokratischen Verfassungsstaaten muß demnach vor allem zwei Fragen aufwerfen:

1. die Frage nach der Funktion, Struktur und Praxis von Parteien und Verbänden im repräsentativen Institutionengefüge der verschiedenen politischen Systeme, und

2. die Frage nach der innerdemokratischen Ordnung und Wirklichkeit dieser plebiszitären Institutionen.

Im Jahre 1958 schloß *Ernst Fraenkel* seinen Aufsatz über die repräsentative und plebiszitäre Komponente im demokratischen Verfassungsstaat mit der Feststellung: „Der Bestand der Demokratie im Staat hängt ab von der Pflege der Demokratie in den Parteien. Nur, wenn den plebiszitären Kräften innerhalb der Verbände und Parteien ausreichend Spielraum gewährt wird, kann eine Repräsentativverfassung sich entfalten."[29] Eine These, die vor allem im Blick auf die Rolle und Praxis der Parteien in der Bundesrepublik Deutschland formuliert wurde.

Daß sich hierbei selbst in Satzungsfragen auch heute noch trotz Verabschiedung des Parteiengesetzes vom 24. Juli 1967 einige Landesverbände unserer demokratischen Parteien sehr schwer tun, wird vor allem bei einem Blick in die Satzung des CDU-Landesverbandes Hamburg deutlich: Dort wird den Delegierten der für die Aufstellung von Kandidaten zum Landesparlament (der Bürgerschaft) zuständigen Parteivertreterversammlung *erst dann* ein eigenes Vorschlagsrecht für die Nomination von Wahlbewerbern eingeräumt, wenn die Delegierten zuvor *zweimal* mit Mehrheit die ihnen von einem Wahlausschuß eingereichten Kandidatenvorschläge abgelehnt haben (§ 18 der Satzung des Landesverbandes der CDU Hamburg). Die 17 Mitglieder des Wahlausschusses werden – bis auf dessen Vorsitzenden – von der Vertreterversammlung selbst nicht gewählt. Diese Regelung, die dem demokratischen Verfahrensprinzip der Einheit von Antrags- und Beschlußrecht repräsentativer Vertreterversammlungen keineswegs standhält, stellt zudem das erst 1979 erreichte „Ergebnis" einer hart erstrittenen „Satzungsreform" dar: zuvor besaßen die Parteidelegierten bei der Nomination von Parlamentskandidaten überhaupt kein eigenes Vorschlagsrecht![30]


V. Problemdruck, Krise und Effizienz in ihrer Auswirkung auf die Entwicklung pluralistischer Demokratie

*Klaus Günther* hat im vorliegenden Zusammenhang angeregt, zwischen zwei Typen repräsentativer Demokratie zu unterscheiden: dem Typus rezeptiv-repräsentativer und dem konsultativ-repräsentativer Demokratie.[31] Den Ausgangspunkt seiner Überlegungen bildet die

These, daß „unter den Bedingungen komplexer Industriegesellschaften Entscheidungen unmöglich werden", wenn nicht Gremien zur Verfügung stehen, die bei ihrer Entscheidungsfindung „einen Kompromiß- und Koordinierungsspielraum" besitzen. Daraus folge, „daß Repräsentation im Sinne formell ungebundener Entscheidungsfähigkeit von Repräsentanten eine unentrinnbare Voraussetzung für die Funktionsfähigkeit komplexer Industriegesellschaften" darstelle. *Günthers* Grundthese lautet demnach: „Die Komplexität wohlfahrtsstaatlicher Industriegesellschaften läßt den Repräsentationsgedanken unvermeidlich zum tragenden Prinzip werden".[32]

Das bedeutet aber nicht, daß die Zuordnung und die Balance zwischen direkten und indirekten Entscheidungs- und Mitwirkungsmöglichkeiten der Bürger – im Sinne repräsentativer und plebiszitärer Partizipation – in allen repräsentativen Demokratien in gleicher Weise normativ postuliert oder praktiziert werden. Vielmehr betonen die einen deutlicher das institutionell-repräsentative, die anderen das institutionell-plebiszitäre Element. Im erstgenannten Fall besteht die Tendenz, daß Repräsentanten sich eher auf ihre eigenen Vorstellungen und Wahrnehmungen der Interessen und Forderungen der Repräsentierten verlassen, als eine mehr oder weniger systematisch geförderte Konsultationsbeziehung zu pflegen. Ist dieser Rückzug der Repräsentanten auf ihre eigene vorwegnehmende Aufnahmefähigkeit vorherrschend, und wird diese Neigung durch ein mangelhaftes Konsultationsverlangen der Repräsentierten unterstützt, kann von einer rezeptiv-repräsentativen Demokratie gesprochen werden. Eine konsultativ-repräsentative Demokratie ist demgegenüber dadurch ausgezeichnet, daß die Repräsentierten intensiv und aktiv Konsultationsbegehren artikulieren und die Repräsentanten diesen Forderungen nach Konsultation – d.h. nach plebiszitärer Sach- und Wahlentscheidung sowie nach Mitwirkungschancen im oben skizzierten Sinne – als einem legitimen Anspruch möglichst wirkungsvoll zu entsprechen versuchen.

Eine stärkere Betonung und Berücksichtigung der Merkmale des rezeptiv-repräsentativen oder konsultativ-repräsentativen Demokratietyps kann sowohl im politischen Gesamtsystem als auch in dessen Teilsystemen (bis hin zu einzelnen Verbänden und insbesondere Parteien) zum Tragen kommen. Im Laufe der Entwicklung sind dabei sehr unterschiedliche Konstellationen möglich. Nicht nur das politische Gesamtsystem – d.h. der Staat und die am politischen Prozeß teilnehmenden, ihn mitbestimmenden Institutionen und „Kräfte", wie Parteien, Verbände, sonstige politische Bürgeraktivitäten, Massenmedien – wird in seiner Geschichte mal dem einen Typus, mal dem anderen mehr zuneigen. Das kann auch den Entwicklungsprozeß der einzelnen Institutionen, z.B. den Wandel des Demokratieverständnisses bzw. die demokratische Praxis einer Partei prägen. Dabei können sowohl zwischen dem Gesamtsystem und seinen Teilsystemen (bis hin zu einzelnen Organisationen) parallele, und damit einander potenzierende, als auch gegenläufige, und demnach miteinander konfligierende, Entwicklungen auftreten. Die Gesamtheit dieser Entwicklungsprozesse vermag im Laufe der Zeit zu unterschiedlichen Konstellationen zu führen, in denen sich der jeweilige Entwicklungsstand der Balance repräsentativer und plebiszitärer Elemente in einer repräsentativ-pluralistischen Demokratie widerspiegelt.

In einer pluralistischen Demokratie werden die rezeptiv-repräsentativen Prinzipien dann und so lange vorherrschen, wie ein allgemein erkannter oder empfundener Problemdruck als gegeben angesehen wird, dessen Komplexität und dringliche Beseitigung „verkürzte Konsultationsverfahren" geboten erscheinen lassen.

Die Kategorie „Sachzwänge" und das Prinzip „Solidarität" sind in der Regel die am häufigsten bemühten Begriffe, wenn es gilt, Geschlossenheit[33] als Gruppe zu praktizieren und die Handlungs- und Entscheidungsfähigkeit der Repräsentanten zu stärken, sowie deren Kooperations- bzw. Verhandlungsfähigkeit mit den Repräsentanten anderer Gesamt- oder Teilsysteme zu legitimieren. Für diese Position lassen sich gute Gründe anführen: Wie kann ein Staat mit einem anderen effektiv verhandeln, wenn er nicht sicher sein darf, ob die Ergebnisse von den zuständigen Entscheidungsinstanzen seines Landes akzeptiert werden? Wie kann eine Regierung langfristig planen, wenn kein Verlaß auf eine gewisse Kontinuität einmal getroffener Grundentscheiden besteht? Wie kann eine Regierung „Investitionsleichen" vermeiden, wenn — wie im Kernenergiebereich — wechselnde Ansichten immer neue Fundamentalentscheidungen abverlangen? Wie kann eine Partei innerparteiliche Konflikte konsultativ austragen, wenn Öffentlichkeit und politische Gegner den Mangel an solidarischer Geschlossenheit als eine so gravierende Schwäche darstellen und begreifen, daß damit die „Wahlwürdigkeit" der Partei grundsätzlich in Frage gestellt wird? Was soll und kann eine Konsultation verlangende Minderheit einer Mehrheit entgegenhalten, die auf den „Sachzwang" des erfolgreichen Bestehens im kommenden Wahlkampf verweist — und Wahlkämpfe sind fast immer aktuell im Kommen? Wie soll sich eine Parteimehrheit verhalten, wenn deren gewählte Repräsentanten unter Verweis auf Wahlchancen, Koalitionsnotwendigkeiten und pragmatische Gebote aufgrund ihrer besonderen Verantwortlichkeit, ihrer intimen Kenntnisse — von denen sie gelegentlich wegen bestehender Verschwiegenheitspflicht nicht alles preiszugeben vermögen! — und die Möglichkeit andeutend, daß sich die Vertrauensfrage stellen könnte, zur Einsicht in Sachzwänge und zur Solidarität im Angesicht des politischen Gegners aufrufen?

Und falls eine echte Krise besteht, die hohe Geschlossenheit um effektiver Handlungsfähigkeit willen notwendig macht: welche Argumente könnten in diesem Fall dem Aufruf zur Geschlossenheit und Solidarität entgegengestellt werden? Wer formuliert und bestätigt im Grenzfall, ob und wann eine Krise besteht — und kann man sie nicht notfalls faktisch oder rhetorisch produzieren?

Krisensituationen protegieren den rezeptiv-repräsentativen Demokratie-Typ. Dies gilt sowohl für das Gesamtsystem wie für Teilsysteme. Die Krisendrohung und das Effizienzgebot beschränken und hemmen in jedem Fall die Entfaltung einer Konstellation, in der eine hochgradige Annäherung an den Typus konsultativ-repräsentativer Demokratie möglich wird. Krisen sind sowohl in ihrer faktischen wie in ihrer simulierten Form ein echtes Problem. Sie fördern daher die Neigung zur Reduktion konsultativ-repräsentativer Demokratie. In einer pluralistischen Demokratie muß jedoch um der oben dargelegten Gründe, d. h. um ihrer freiheitlichen Offenheit, um ihrer Überlebenschance und Zukunft willen dieser Neigung entgegentreten und im Extremfall Widerstand geleistet werden.[34]

## Anmerkungen

1 *Martin Kriele:* Einführung in die Staatslehre – Die geschichtlichen Legitimitätsgrundlagen des demokratischen Verfassungsstaates, Hamburg 1975.
2 A.a.O., S. 19.
3 Ebd.
4 *Bernd Guggenberger* „Krise der repräsentativen Demokratie? Die Legitimität der Bürgerinitiativen und das Prinzip der Mehrheitsentscheidung", in: *Bernd Guggenberger* und *Udo Kempf* (Hrsg.), Bürgerinitiativen und repräsentatives System, Opladen 1978, S. 21.
5 Vgl. zum folgenden *Kriele* a.a.O., S. 12 f., 47 ff., 119 ff.
6 Siehe hierzu *Guggenberger* a.a.O., S. 23 f., sowie vor allem *Hans-Peter Bull:* Die Staatsaufgaben nach dem Grundgesetz, 2. Auflg., Kronberg/Ts. 1977.
7 Der Aufsatz ist abgedruckt in: *Ernst Fraenkel,* Deutschland und die westlichen Demokratien, Stuttgart 1964, 5. Auflg. 1973, S. 113-151.
8 A.a.O., S. 113.
9 A.a.O., S. 115.
10 A.a.O., S. 117.
11 Ebd.
12 Hierzu eingehend *Kriele* a.a.O., S. 224 ff.
13 Zum Begriff Gemeinwohl und dem Problem der „Gemeinwohlfindung" siehe das Kapitel „Bürgerinitiativen und Gemeinwohl" in: *Winfried Steffani,* Parlamentarische und präsidentielle Demokratie, Opladen 1979, S. 263-281, bes. 268 ff.
14 In diesem Sinne entspricht repräsentative *pluralistischer* Demokratie und plebiszitäre *monistischer* Demokratie. Zu dieser Unterscheidung siehe oben das Kapitel „Monistische oder pluralistische Demokratie?" besonders S. 102 ff.
15 Zur Bedeutung der unterschiedlichen „Leitbilder" Gesellschaft und Gemeinschaft für repräsentative und plebiszitäre Denkvorstellungen siehe *Fraenkel* a.a.O., S. 114.
16 In diesem Sinne begreift *Udo Bermbach* Identität als regulative Idee: „Die Begründung identitärer Demokratiemodelle hätte eher wohl bei der Problematik der Entfremdung und ihrer Aufhebung qua Abschaffung kapitalistischer Produktionsverhältnisse einzusetzen, Identität in solchem Zusammenhang zu bestimmen als Richtungssymbolisierung auf Abbau von Herrschaft und Aufhebung ihrer Verursachung, auf Maximierung von Selbstbestimmung und Minimierung von Fremdbestimmung; dementsprechend Identität funk-

tional zu interpretieren im Sinne einer regulativen Idee, die der praktischen Politik die konkreten Wertorientierungen zu liefern vermag, institutionell sich in unterschiedlichen gesellschaftlichen Teilbereichen jeweils anders konkretisiert, insgesamt jedoch klassensprengende Kraft entfaltet". *Udo Bermbach* (Hrsg.): Theorie und Praxis der direkten Demokratie – Texte und Materialien zur Räte-Diskussion, Opladen 1973, Einleitung S. 16. Erstaunlich, wie auf den ersten drei Seiten die Thesen und Postulate von dem „sich selbst bestimmenden Menschen" (S. 13), der „Selbstbestimmung aller" (S. 13 f.) und der „Selbstbestimmung der Gesamtheit" (S. 15) recht problemlos ineinander übergehen. Identität machts halt möglich. Hierzu auch *Kriele* a.a.O., S. 228 ff.: „Freiheit und Identität", sowie *Konrad Hesse*: Grundzüge des Verfassungsrechts der Bundesrepublik Deutschland, 10. Auflg. Heidelberg, Karlsruhe 1977, S. 54 ff.

17 Siehe dazu oben das Kapitel „Monistische oder pluralistische Demokratie.

18 Hierzu und zur Bedeutung dieser „zwei Französichen Revolutionen" für die europäische Verfassungsgeschichte siehe vor allem *Kriele* a.a.O., S. 278 ff. – zum Ganzen ebd. die §§ 66-73.

19 Dem Nachweis dieser „Mischung der Elemente" ist im wesentlichen die zitierte Abhandlung *Fraenkels* gewidmet a.a.O., S. 117 ff. (England), 112 ff. (USA), 131 ff. (Frankreich), 137 ff. (Deutschland vor 1918), 144 ff. (Weimarer Republik), 149 ff. (Bundesrepublik).

20 So betonen schweizer Staatswissenschaftler seit *Giacomettis* Empfehlung auch die Unterscheidung von Referendumsdemokratie und plebiszitärer Demokratie; dazu *Kurt Eichenberger* „Zusammenspiel und Gegenspiel repräsentativer und plebiszitärer Komponenten im schweizer Regierungssystem", in: Zeitschrift für Parlamentsfragen, Heft 3, Oktober 1977, S. 318-333, bes. 320. Das gesamte Heft 3/1977 der ZParl. ist dem schweizer Regierungssystem und seinen neueren Entwicklungsproblemen gewidmet.

21 Siehe hierzu *Udo Kempf:* Das politische System Frankreichs – Eine Einführung, Opladen 1975, S. 43 ff.

22 *Karl Loewenstein:* Der britische Parlamentarismus – Entstehung und Gestalt, Hamburg 1964, S. 96 f.

23 Einige Hinweise hierzu geben die Kurzanalysen von *Paul Byrne* und *Tony Burkett* im Heft 3/1979 der Zeitschrift für Parlamentsfragen.

24 Dazu *Erich Gruner* „Die eidgenössische Bundesversammlung als Milizparlament", in: Zeitschrift für Parlementsfragen, Heft 3/1977, S. 351-356.

25 Dieser Sachverhalt wird vor allem von *Klaus Schumann:* Das Regierungssystem der Schweiz, Köln 1971, herausgearbeitet.

26 *Eichenberger* a.a.O., S. 326 ff.

27 Hierzu *Klaus Troitzsch:* Volksbegehren und Volksentscheid – Eine vergleichende Analyse direktdemokratischer Verfassungsinstitutionen unter besonderer Berücksichtigung der Bundesrepublik Deutschland und der Schweiz, Diss., Hamburg 1979.

28 Man kann folglich die These aufstellen, das Grundgesetz verweise auf vier primäre Partizipationsstränge. Dazu näheres bei *Winfried Steffani:* Parlamentarische und präsidentielle Demokratie, Opladen 1979, S. 165 ff.

29 *Fraenkel* a.a.O., S. 151.

30 Zur innerparteilichen Kandidatenaufstellung und Nominierungsfreiheit von Parteidelegierten siehe *Wolfgang Schreiber:* Handbuch des Wahlrechts zum Deutschen Bundestag, Bd. 1, Köln usw. 1976, § 21, Rdn. 24; *Karl-Heinz Seifert:* Die politischen Parteien im Recht der Bundesrepublik Deutschland, Köln usw. 1975, S. 369 ff.; *Wilhelm Henke:* Das Recht der politischen Par-

teien, 2. Auflg., Göttingen 1972, S. 74; *Heinrich Josef Schröder:* Die Kandidatenaufstellung und das Verhältnis des Kandidaten zu seiner Partei in Deutschland und Frankreich, Berlin 1971, S. 84.

31 *Klaus Günther:* Sozialdemokratie und Demokratie 1946-1966. Die SPD und das Problem der Verschränkung innerparteilicher und bundesrepublikanischer Demokratie, Bonn 1979, S. 13 ff.

32 Alle Zitate a.a.O., S. 12.

33 Daß sich ein „rigoroses Geschlossenheitsprinzip als Haupthindernis" innerparteilicher Demokratie in der SPD herausstellen läßt, versucht *Günther* für die Jahre 1946 bis 1966 nachzuweisen, a.a.O., S. 234 ff. und 260.

34 Vgl. Art. 20 Abs. 4 GG.

# Abgeordneteneid und freies Mandat

## I. Der Bundestagsabgeordnete: ein Amtsinhaber ohne Eidespflicht

Die Abgeordneten des Deutschen Bundestages sind, wie das Bundesverfassungsgericht in seinem Urteil vom 5. November 1975 erneut feststellte, „Inhaber eines öffentlichen Amtes".[1] Mit ihrem öffentlichen Amt konstituieren sie neben dem Bundesrat, der Bundesregierung, dem Bundespräsidenten und dem Bundesverfassungsgericht eines der obersten Verfassungsorgane der Bundesrepublik Deutschland. Die obersten Bundesorgane sind u.a. dadurch gekennzeichnet, daß sie – wenn auch in jeweils unterschiedlicher Perspektive – als „Hüter der Verfassung" in einer besonders engen und verantwortlichen Beziehung zum Grundgesetz stehen. Diese „Hüterfunktion" tritt beispielsweise bei der abstrakten Normenkontrolle in der Form in Erscheinung, daß bereits ein Drittel der Mitglieder des Bundestages, die Bundesregierung oder eine Landesregierung jedes Gesetz unmittelbar vor das Bundesverfassungsgericht bringen können, um dessen Verfassungskonformität überprüfen zu lassen.[2]
Während das Bundesverfassungsgericht auch bei der abstrakten Normenkontrolle allein als letztinstanzlicher Verfassungsinterpret fungiert, steht es andererseits ausschließlich in der Kompetenz des Bundestages und des Bundesrates, gemeinsam mit entsprechend qualifizierten Mehrheiten das Grundgesetz zu ändern. Diese verfassungsändernde Kompetenz findet wiederum ihre Grenze in den Art. 1 und 20 des Grundgesetzes, die den Kernbestand der freiheitlichen demokratischen Grundordnung postulieren und als solche selbst der Disposition von Zweidrittelmehrheiten des Bundestages und Bundesrates entzogen sind.[3]
Bereits aus diesen skizzenhaften Anmerkungen wird ersichtlich, daß keines der obersten Bundesorgane „souverän" ist – auch der Bundestag nicht[4] –, sondern daß sie im Rahmen der ihnen verfassungsgemäß zugewiesenen Kompetenzen und Handlungspflichten an das Grundgesetz gebunden sind. Die Verfassungsbindung macht das spezifische Merkmal rechtsstaatlich konstituierter freiheitlich pluralistischer Demokratien aus.
Die besondere Verfassungsbindung von Inhabern öffentlicher Ämter wird in Deutschland seit dem frühen 19. Jahrhundert durch den Eid unterstrichen. Dieser konstitutionellen Eidestradition – die im Dritten Reich vorübergehend radikal unterbrochen worden war[5] – hat sich die Bundesrepublik mit der Intention angeschlossen, hierdurch einen Beitrag zur Sicherung ihrer freiheitlichen demokratischen Grund-

ordnung leisten zu können. Es gilt daher seit Gründung der Bundesrepublik als selbstverständlich, daß auch und insbesondere von Mitgliedern oberster Bundesorgane der Eid auf die Verfassung verlangt und geleistet wird – mit einer Ausnahme: den Mitgliedern des Deutschen Bundestages. Und das trotz des oft genug betonten „Würdeanspruchs" des Bundestages! Kein Amtsinhaber steht im Verfassungsstaat „über" der Verfassung, auch der Abgeordnete nicht. Gerade er bedarf in einem Verfassungsstaat auf Grund seines freien politischen Mandats einer expliziten Bindung an die Verfassung. Obgleich der Bundestag über die den Eid vorschreibenden Verfassungsbestimmungen hinausgehend jene Gesetze beschlossen hat, auf deren Grundlage alle anderen öffentlich Bediensteten auf die freiheitliche demokratische Grundordnung persönlich verpflichtet werden, entzieht er sich selbst dieser Verpflichtung. Sollte nicht auch für die Mitglieder des Bundestages selbstverständlich sein, was sie von anderen als „Selbstverständlichkeit" verlangen?

In der Bundesrepublik ergibt sich demnach für den Amtsantritt von Inhabern öffentlicher Ämter in obersten Bundesorganen folgender Sachverhalt: Während der Bundespräsident, die Mitglieder der Bundesregierung sowie die Richter des Bundesverfassungsgerichts bei der Übernahme ihres Amtes einen Eid auf die Bundesverfassung ablegen[6] und auch die Bundesratsmitglieder einen Eid als Landesminister auf die Verfassung leisten,[7] wird der Amtsantritt eines Bundestagsabgeordneten lediglich in den Verwaltungslisten der Parlamentsbürokratie registriert. Alle Bedingungen, die er bei seiner Amtsübernahme zu erfüllen hat, bestehen darin, bei Anfrage dem Wahlleiter zu erklären, daß er bereit sei, Amt und Mandat eines Bundestagsabgeordneten zu übernehmen. Eine weitere persönliche Versicherung in Form eines verpflichtenden Gelöbnisses, das Grundgesetz und die in ihm postulierte demokratische Grundordnung zu respektieren und für deren Beachtung einzutreten, wird den Mitgliedern des Bundestages nicht abverlangt. Bei allen anderen Mitgliedern oberster Bundesorgane hingegen kann die Verweigerung der Eidesleistung gegebenenfalls als Dienstpflichtverletzung die „Entlassung" zur Folge haben.[8] Nur diejenigen Abgeordneten werden nach geltendem Recht der Eidesleistung für „würdig" befunden, die neben ihrem Abgeordnetenmandat ein weiteres öffentliches Amt im Bereich der Regierung übernehmen.

Was hier für die Bundestagsabgeordneten zu konstatieren ist, gilt weitgehend auch für die Abgeordneten der Länderparlamente. Spätestens seit dem Diätenurteil des Bundesverfassungsgerichts vom 5. 11. 1975 stellt sich damit die Frage, ob nicht von allen Abgeordneten in Bund und Ländern der Verfassungseid, d.h. ein politischer Amtseid gefordert werden sollte bzw. müßte.

Eine informierte Beantwortung dieser Frage setzt einige Vorklärungen systematischer, historischer und vergleichender Art voraus: Zunächst sind (II) einige begriffliche Differenzierungen und Klarstellungen geboten. Anschließend ist der Frage nachzugehen, welche Rolle

(III) dem Abgeordneteneid in den Verfassungen anderer westlicher Demokratien zukommt. Weiterhin muß gefragt werden, welche Bedeutung dem Abgeordneteneid in der deutschen Verfassungsgeschichte beigemessen werden kann. Hierzu ist es (IV) nach einem allgemeinen geschichtlichen Rückblick notwendig, die entsprechenden Verfassungsregelungen sowohl auf Reichs- bzw. Bundesebene als auch auf Länderebene näher zu analysieren. Sodann stellt sich (V) die Frage, ob es überzeugende Argumente für die gegenwärtige Praxis gibt, Abgeordnete nur dann zu vereidigen, wenn sie neben ihrem parlamentarischen Mandat als Minister oder Parlamentarische Staatssekretäre weitere öffentliche Ämter im Regierungsbereich übernehmen. Und endlich ist (VI) der Frage nachzugehen, ob der Forderung nach dem Verfassungseid des Abgeordneten auch angesichts der gegenwärtigen, den Eid schlechthin problematisierenden Diskussionen noch das Wort geredet werden kann. Die nachfolgenden Darlegungen sind diesen Fragestellungen entsprechend gegliedert.

## II. Begriffliche Differenzierungen

Die wissenschaftliche Beschäftigung mit der Frage, was das „Wesen" des Eides im allgemeinen und des politischen Eides im besonderen ausmache, hat im Laufe der Jahrzehnte zu einer reichhaltigen Literatur geführt.[9] Soll die komplexe Thematik für die Erörterung des Abgeordneteneides − dem Stiefkind der Eidesforschung − auf einige Grundunterscheidungen und Begriffsklärungen reduziert werden, so lassen sich folgende Ergebnisse festhalten: Unter Eid im weitesten Sinne wird allgemein die feierlichste und „verpflichtendste" Bekräftigung des Wahrheitsgehalts einer Aussage oder eines Versprechens verstanden. Nach dieser weitgefaßten Definition ist der Eid als feierliche Versicherung (Schwur) sowohl mit einer religiösen Beteuerung als auch ohne sie vorstellbar. Dem wird von zahlreichen Autoren entgegengehalten, daß der Eid wesensmäßig in einem religiösen Bekenntnisakt begründet sei und begrifflich daher auch auf diesen essentiellen Tatbestand beschränkt bleiben müsse. Denn das Wesen des Eides besteht gerade in der Wahrheitsbekräftigung einer Aussage bzw. der Verläßlichkeit und Aufrichtigkeit eines Versprechens oder eines Treuegelöbnisses unter Bezugnahme auf eine religiöse, zumindest transzendente Macht (im christlichen Verständnis eines persönlichen Gottes), deren Anrufung (ausgedrückt in der Formel „ich schwöre") den Eidleistenden existentiell bindet.[10] Um diesem Wesensverständnis gerecht zu werden, wird häufig zwischen feierlichen Bekräftigungen mit und ohne Bekenntnisakt in der Weise unterschieden, daß die Bezeichnung „Eid" (Oath) nur für die erste, die Bezeichnung „Gelöbnis" (Affirmation, Verpflichtung, Versicherung) für die zweite Form steht. Die Verwendung des Wortes Eid in Verfassungstexten kann demnach zweierlei bedeuten: Einerseits eine religiöse (transzendente) Bekräftigung im

Gegensatz zu einem Gelöbnis als einer religionsfreien Bekräftigung, andererseits eine feierliche Bekräftigung, die entweder die Wahl zwischen religiöser oder religionsfreier Beteuerung frei läßt, oder möglicherweise lediglich einen religionsfreien „Eid" vorsieht.

In der deutschen Verfassungsgeschichte meinte der Gebrauch des Wortes Eid bis zur Weimarer Republik grundsätzlich die Verpflichtung zum religiösen Bekenntnisakt. Seit Weimar hat sich auch in Deutschland die Erkenntnis durchgesetzt, daß ein Eid, der einen religiösen Bekenntniszwang vorschreibt, mit dem modernen Staatsverständnis in einer pluralistischen Demokratie und dem Grundrecht der Religionsfreiheit unvereinbar ist. In rigoroser Abkehr von bisher geltendem Eidesrecht schrieb daher die Verordnung des Reichspräsidenten über die Vereidigung der öffentlichen Beamten vom 14. August 1919 einen Eidestext vor, der die Verwendung einer religiösen Beteuerung nicht einmal als Alternativmöglichkeit anbot. Die einleitenden Worte der Eidesformel „ich schwöre. . . " ließen jedoch für diejenigen, die den Eid nur in Verbindung mit einer religiösen Beteuerung ernst nehmen konnten, eine entsprechende Interpretation ohne wörtliche Anrufung Gottes zu. Der 'für den Reichspräsidenten in Art. 42 WV vorgeschriebene Amtseid enthielt demgegenüber den Schlußsatz:„Die Beifügung einer religiösen Beteuerung ist zulässig." Im Grundgesetz ist die Beteuerung „so wahr mir Gott helfe" Teil der in Art. 56 GG für den Bundespräsidenten vorgeschriebenen Eidesformel, an die sich der Satz anschließt: „Der Eid kann auch ohne religiöse Beteuerung geleistet werden." Dieser Formulierung hat sich auch § 2 der Geschäftsordnung des Schleswig-Holsteinischen Landtags angeschlossen, während die Geschäftsordnung des Landtags von Nordrhein-Westfalen mit ihrer Formel „Verpflichtung" der mit dem Wort „Eid" verknüpften Religionsproblematik auswich.[11]

Drei weitere begriffliche Differenzierungen erscheinen sinnvoll. So ist einmal zwischen assertorischen und promissorischen Eiden zu unterscheiden.[12] Mit assertorischen Eiden soll Gewißheit über vergangene oder gegenwärtige Tatsachen bzw. Überzeugungen (z.B. Religionsbekenntnis) gewonnen werden. Promissorische Eide sind zukunftsorientiert, sie sollen künftiges Verhalten verbürgen.

Zum zweiten kann zwischen politischen und nichtpolitischen Eiden unterschieden werden. Als nichtpolitische Eide sind Wahrheitsbeteuerungen von Zeugen und Sachverständigen (z.B. vor Gericht) sowie von gewissen Berufsangehörigen (z.B. Dolmetschern, Notaren) zu bezeichnen. Politische Eide beziehen sich hingegen auf das Tätigwerden und insbesondere das künftige Verhalten beim Wahrnehmen öffentlicher Aufgaben im Staat. Politische Eide sind somit überwiegend promissorisch.[13] Sie können jedoch auch assertorisch sein: Hierzu zählen z.B. Reinigungseide (etwa die Versicherung eines Abgeordneten, das Mandat nicht durch unlautere Mittel erworben zu haben; so z.B. Niederlande Art. 97), Qualifikationseide (daß ein Abgeordneter vorgeschriebene Kriterien erfüllt), religiöse Bekenntniseide (daß sich der Eidleistende zu einer bestimmten Religion bekennt bzw. einem anderen Bekenntnis abschwört, falls dies Voraussetzung einer Amtsübernahme ist). Derartige politisch-assertorische Eide sind oder waren vor allem in den Einzelstaaten der USA und in England lange Zeit üblich gewesen — aber auch in zahlreichen Staaten Europas und Lateinamerikas.

In Deutschland ist der politische Eid vornehmlich als promissorischer Eid verwandt worden (in Verbindung mit einem religiösen Bekenntniszwang enthielt er lange Zeit auch assertorische Elemente), wobei vier primäre Anwendungsbereiche unterschieden werden können, auf welche die feierliche Bekräftigung des politischen Eides vorwiegend bezogen wird:

1. Personale Treue zu einem Staatsoberhaupt oder einer Personengruppe (Volk, Vaterland, Nation).
2. Beachtung der Treue zur oder Einsatz für die Verfassung und/oder deren Grundsätze.
3. Erfüllung der allgemeinen Amtspflichten bzw. allgemeiner Loyalitätserwartungen (beim Abgeordneten: Unabhängigkeit und Gemeinwohlorientierung).
4. Speziell herausgestellte Versprechen (wie z.B. künftiger Unbestechlichkeit).

Schließlich ist noch zwischen den verschiedenen politischen Eidleistenden selbst zu unterscheiden. Als grobe Untergliederung bietet sich an: Eid des Staatsoberhauptes (in seiner Entwicklung von der Weihe und Salbung des Königs über den Königseid bis hin zum Verfassungseid des Staatspräsidenten), Untertanen- bzw. Bürgereid, Abgeordneteneid, Ministereid, Richtereid, Beamteneid, Soldateneid. Es ist dabei durchaus möglich und üblich, daß die Mitglieder verschiedener Gruppen öffentlicher Amtsinhaber unterschiedliche Eidesformeln zu schwören haben. Während beispielsweise die niederländischen Minister sowohl dem König als auch der Verfassung Treue schwören müssen, wird von den Abgeordneten neben einem (assertorische wie promissorische Elemente enthaltenden) Reinigungseid nur der Treueid auf die Verfassung verlangt. Im folgenden interessiert allein der Abgeordneteneid.[14]

III. Der Abgeordneteneid in ausländischen Verfassungen

*1. Der Abgeordneteneid in Kontinentaleuropa*

Der folgende Überblick muß sich auf einige Beispiele aus Vergangenheit und Gegenwart im Bereich der heutigen westlichen Demokratien beschränken.[15] Im Bereich dieser Staaten wird bzw. wurde sowohl von der ältesten, noch heute geltenden geschriebenen Staatsverfassung (der einer Republik) als auch der ersten Revolutionsverfassung des europäischen Kontinents (der einer konstitutionellen Monarchie) verlangt, daß die Abgeordneten zu ihrem Amtsantritt einen Eid oder ein Gelöbnis zu leisten haben. So schreibt die republikanische Verfassung der USA seit dem 17. September 1787 vor:

„Die ... Senatoren und Abgeordneten, die Mitglieder der gesetzgebenden Körperschaften der Einzelstaaten und alle Verwaltungs- und Justizbeamten sowohl der Vereinigten Staaten als auch der Einzelstaaten haben sich durch Eid oder Gelöbnis (‚Oath or Affirmation‘) zur Wahrung dieser Verfassung zu verpflichten. Doch darf niemals ein religiöser Bekenntnisakt zur Bedingung für den Antritt eines Amtes oder einer öffentlichen Vertrauensstellung im Dienst der Vereinigten Staaten gemacht werden." (Art. VI, Abs. 3.)

Und in der ersten französischen Revolutionsverfassung vom 3. September 1791 wurden von den Mitgliedern der Nationalversammlung in revolutionärer Eideseuphorie gleich zwei Eide verlangt, die hintereinander abzulegen waren:

„Die Abgeordneten sprechen gemeinsam im Namen des französischen Volkes den Eid (le serment) aus, frei zu leben oder zu sterben. Anschließend leisten sie jeder für sich den Eid, mit aller Kraft die ... beschlossene Verfassung des Königreiches aufrechtzuerhalten, während der Legislaturperiode nichts vorzuschlagen oder zu bewilligen (de ne rien proposer ni consentir), was sie verletzen kann und in allem der Nation, dem Gesetz und dem König treu zu sein." (Titel III, Kapitel I, Abschnitt V, Art. 6.)

Während die Vereinigten Staaten von Amerika ihrer Eidestradition bis heute treu geblieben sind, hat sich in Frankreich ein geradezu radikaler Wandel vollzogen. Wohl übernahm auch die französische Republik — angefangen mit dem Nationalkonvent von 1792 — in revolutionärem Elan den Abgeordneteneid, und das Kaiserreich *Napoleons III* ging sogar soweit, den Eid bereits von Parlamentskandidaten zum Zeitpunkt ihrer Nomination zu verlangen (17. Febr. 1858).[16] Die wechselvolle Verfassungs- und damit auch Eidesgeschichte Frankreichs führte jedoch nach der Gefangennahme des letzten französischen Kaisers und der endgültigen Rückkehr zur Republik nicht nur zur Abschaffung des Abgeordneteneides (Dekret vom 5. September 1870), sondern insgesamt zu einer beispiellosen „Eidesernüchterung". Heute wird der Amtseid nur noch von Richtern und anderen im Gerichtsvollzug stehenden Amtspersonen, Berufssoldaten und Polizisten erwartet, nicht mehr hingegen vom Staatspräsidenten, Regierungsmitgliedern, Abgeordneten, Lehrern oder sonstigen „Inhabern öffentlicher Ämter".

Die französische Eidesernüchterung hat allerdings keineswegs überall Schule gemacht. So finden sich auch in den modernen europäischen Staatsverfassungen immer noch die verschiedenartigsten Aussagen zum Abgeordneteneid. Die traditionellste, da sowohl den Landesherrn als auch die Verfassung aufführende Eidesformel ist in Art. 57 der Verfassung des Großherzogtums Luxemburg vom 17. Oktober 1868 (in der Fassung vom 25. Oktober 1956) enthalten:

„Bei ihrem Amtsantritt leisten sie (die Abgeordneten) folgenden Eid: ‚Ich schwöre dem Großherzog Treue und der Verfassung und den Gesetzen des Staates Gehorsam. So wahr mir Gott helfe!‘

Dieser Eid wird in öffentlicher Sitzung in die Hände des Präsidenten der Kammer abgelegt."

Der größte Eidesaufwand in Form eines „Zwei-Stufen-Eides" wird demgegenüber von den holländischen Abgeordneten erwartet. Sie müssen, ohne allerdings wie die holländischen Minister oder luxemburgischen Abgeordneten auch zu einem speziellen Treuegelöbnis dem König (bzw. Landesherrn) gegenüber verpflichtet zu sein, zwei Eide nacheinander ablegen. Art. 97 des Grundgesetzes des Königreichs der Niederlande vom 24. August 1815 (in der Fassung vom 17. Dez. 1963) schreibt für Parlamentarier im einzelnen vor:

„Bei ihrem Amtsantritt legen sie folgenden Eid oder folgendes Gelöbnis ab: ‚Ich schwöre (gelobe) dem Grundgesetz die Treue. So wahr mir Gott der Allmächtige helfe!' (‚Das gelobe ich!')

Ehe sie zu diesem Eid oder diesem Gelöbnis zugelassen werden, legen sie folgenden Reinigungseid (Erklärung und Gelöbnis) ab: ‚Ich schwöre (gelobe), daß ich, um Mitglied der Generalstaaten zu werden, weder unmittelbar noch mittelbar an irgendeine Person, unter welchem Namen oder Vorwand auch immer, irgendwelche Geschenke oder Versprechen gegeben habe. Ich schwöre (gelobe), daß ich, um irgend etwas in diesem Amte zu tun oder zu unterlassen, von niemandem, wer es auch sei, irgendwelche Versprechen oder Geschenke annehmen werde, und zwar weder unmittelbar noch mittelbar. So wahr mir Gott der Allmächtige helfe.' (‚Das erkläre und gelobe ich!')

Dieser Eid (Gelöbnis und Erklärung) wird in die Hände des Königs oder in einer Sitzung der Zweiten Kammer in die Hände des Vorsitzenden abgelegt, der durch den König hierzu bevollmächtigt ist."

Ohne einen bestimmten Formel-Text vorzuschreiben heißt es schließlich in § 32, Abs. 7 der Verfassung des Königreiches Dänemark vom 5. Juni 1953:

„Jedes neue Mitglied (des Folketing) gelobt nach Bestätigung seines Mandates feierlich, die Verfassung aufrechtzuerhalten."

Während unter den übrigen parlamentarisch-demokratischen Monarchien Westeuropas die Belgische Verfassung vom 7. Februar 1831 (zuletzt geändert am 15. Oktober 1921) in Art. 127 lediglich die allgemeine Regelung enthält:

„Ein Eid kann nur auf Grund eines Gesetzes auferlegt werden. Es bestimmt die Eidesformel",

sehen die Verfassungen Norwegens und Schwedens keinerlei Bestimmungen vor und überlassen die Entscheidung der Diskretion des Gesetzgebers. Dieser hat entschieden, daß der Abgeordneteneid weder in Norwegen noch in Schweden praktiziert wird.

Weit zurückhaltender sind demgegenüber die Verfassungen der europäischen Republiken, von denen lediglich die Verfassung Islands vom 16. Juni 1944 in Art. 47 fordert:

„Jedes neue Mitglied (des Althing, d.h. sowohl des Ober- wie Unterhauses) muß sofort nach der Bestätigung seiner Wahl einen Eid ablegen oder geloben, daß es die Verfassung aufrechterhalten werde."

Die anderen republikanischen Verfassungen schreiben heute entweder, wie die Österreichs oder Italiéns, lediglich den Eid (bzw. ein Gelöbnis) für das Staatsoberhaupt und die Minister, oder, wie die Verfassungen Irlands und Finnlands, allein für den Staatspräsidenten vor — es sei denn, sie schweigen hierzu völlig, wie die Verfassungen der Schweiz und Frankreichs. Damit ist jedoch nichts darüber ausgesagt, ob die Abgeordneten durch Geschäftsordnung oder Gesetz verpflichtet sind, einen Eid oder ein Gelöbnis abzulegen, was z.B. in der Schweiz der Fall ist. So sieht das Geschäftsreglement des Nationalrates (Art. 7—9) und des Ständerates (Art. 3) vor, daß die neugewählten Mitglieder der Schweizer Bundesversammlung die Pflicht haben, vor Beginn ihrer Parlamentstätigkeit einen Eid oder ein Gelöbnis abzulegen, mit dem sie feierlich versprechen, Verfassung und Gesetze des Bundes zu halten, die ,,Einheit, Kraft und Ehre der schweizerischen Nation" zu wahren, die Unabhängigkeit des Vaterlandes, die Freiheit und Rechte des Volkes und seiner Bürger zu schützen und zu schirmen sowie alle ihnen übertragenen Pflichten gewissenhaft zu erfüllen. Verweigert ein schweizer Abgeordneter Eid oder Gelöbnis, so hat dies zur Folge, daß er zwar sein Mandat behält, jedoch an den Parlamentsverhandlungen nicht teilnehmen darf. Eid oder Gelöbnis werden dabei nicht als Einengung des freien Mandats begriffen, zumal ihre Nichtbeachtung nach Ablegung außer kritischen Debatten und Anfragen in aller Öffentlichkeit keinerlei Rechtsfolgen zeitigt. Jedoch sollen sie zumindest dazu beitragen, einer allzu großzügigen Interpretation der Mandatsfreiheit hinsichtlich der Präsenzpflichten entgegenzuwirken.[17]

## 2. Der Abgeordneteneid in Großbritannien und in den USA

Über die bei weitem längste und an dramatischen Höhepunkten reichste Tradition des Abgeordneteneides verfügt das britische Unterhaus, dessen Mitglieder seit den Zeiten *Elizabeths I* unter der Pflicht zur Eidesleistung stehen. Nachdem seit 1829 Katholiken und seit 1858 Juden den Treueid ablegen durften und damit Unterhausmitglieder werden konnten,[18] wurde nach den weit über England hinaus heftig diskutierten Vorgängen um die Eidesverweigerung des Abgeordneten *Bradlaugh* auch Atheisten der Zutritt zum Unterhaus eröffnet: Seit dem Oath Act von 1888 können gewählte Abgeordnete den vorgeschriebenen Oath of Allegiance (Treueeid) durch eine Affirmation of Allegiance (Treuegelöbnis) ohne religiösen Bekenntnisakt ersetzen.[19] Die heute im Unterhaus gesetzlich vorgeschriebene Formel des Abgeordneteneides lautet:

,,I swear by Almighty God that I will be faithful and bear true allegiance to her Majesty Queen Elizabeth, her heirs and successors, according to law. So help me God."

Solange ein gewählter Abgeordneter den Eid (bzw. ersatzweise das Gelöbnis) nicht abgelegt hat, darf er im Unterhaus weder Platz nehmen noch abstimmen. Tut er dies dennoch, verliert er sein Mandat.

Ein Abgeordneter kann nur vereidigt werden, wenn ihn zwei Unterhausmitglieder als „sponsors" zur Eidesleistung begleiten. Lehnt er dies ab, oder findet er keine Bürgen unter den Abgeordneten, kann er nicht vereidigt werden und damit kein Mandat ausüben. Will er sich den Zutritt zur Parlamentsarbeit erzwingen, verwirkt er sein Mandat und eine Neuwahl wird ausgeschrieben.[20] Diäten erhält ein Abgeordneter erst nach seiner Vereidigung.

Unter den Staaten mit einer geschriebenen Verfassung kann die USA auf die längste, der englischen an Dramatik nicht nachstehende Geschichte des Abgeordneteneides verweisen. Aus der amerikanischen „Eidesgeschichte" die seit nahezu 200 Jahren auf den oben zitierten Verfassungsbestimmungen beruht, können vier Ergebnisse festgehalten werden:

1. Daß der Eid, den die Kongressmitglieder seit jeher abzulegen haben, eine einengende Beschränkung des freien Mandats bewirkt habe, ist weder von Abgeordneten noch von der Fachliteratur je ernsthaft postuliert oder festgestellt worden. Das Gegenteil ist der Fall: Der Eid wird vielmehr als Legitimation und Garantie des freien Mandats gewertet.

2. Der Abgeordneteneid legitimiert die Berufung auf den persönlich zu verantwortenden „Gewissensentscheid". Als die demokratische Fraktion des Repräsentantenhauses im Jahre 1909 das Ausmaß der legitimerweise zu erwartenden Parteidisziplin in ihrer Fraktionssatzung festzuschreiben versuchte, wurden unter Verweis auf den Eid der Abgeordneten zwei Fälle herausgestellt, bei deren Vorliegen eine Bindung des Abgeordneten an Mehrheitsbeschlüsse der demokratischen Fraktion aus Gewissensgründen prinzipiell nicht in Frage kommen könne: Zum einen, wenn Aspekte der Verfassungsinterpretation anhängig seien, und zum anderen, wenn der Abgeordnete bei der freien Handhabung seines Mandats seinen Wählern gegenüber Verpflichtungen in Form von Wahlversprechen eingegangen ist, an die er sich gebunden fühlt.[21] Derartige Wahlversprechungen einzelner Abgeordneter waren in den USA seit Anfang üblich. Obgleich der anläßlich der ersten Verfassungsergänzung am 15. August 1789 vom Repräsentantenhaus-Abgeordneten *Thomas T. Tucker* eingebrachte Antrag, in das geplante erste Amendment der Bundesverfassung die Bestimmung aufzunehmen, daß die Bürger das Recht hätten, ihren Repräsentanten Instruktionen zu erteilen („the right of the people to assemble *and to instruct their representatives*"), abgelehnt worden war,[22] hat sich in den USA bis heute die Tradition erhalten, daß es mit dem freien Mandat durchaus vereinbar sei, nach freiem Willen den Wählern gegenüber politisch verpflichtende, jedoch rechtlich nicht einklagbare Bindungen einzugehen.

3. Nur derjenige gewählte Kandidat kann sein Mandat im Kongress wahrnehmen und Diäten erhalten, der den geforderten Eid abgelegt hat. Verweigert er ihn, bleibt er von der Kongreßarbeit ausgeschlossen. Gleiches gilt, wenn im jeweiligen Haus von Abgeordneten Bedenken gegen die Eidesleistung eines neuen Kongreßmitgliedes erhoben wer-

den, denen sich die Mehrheit anschließt − was vornehmlich gegen Ende des vergangenen und zu Beginn dieses Jahrhunderts in Verbindung mit den zeitweilig recht zahlreichen Wahlprüfungsverfahren (für die in den USA allein das jeweilige Haus des Kongresses zuständig ist) geschah. Bis zur Klärung des Streitfalles kann der Abgeordnete, da er vorher nicht vereidigt wird, keine Parlamentsarbeit leisten. Entgegen früheren Zeiten haben Fälle der Eidesverweigerung oder -Ablehnung heute allerdings absoluten Seltenheitswert.

4. Der Eid des Abgeordneten unterstreicht die Funktion des Kongreßmannes als „Hüter der Verfassung". Obgleich der Supreme Court als oberstes Verfassungsgericht das Recht der letztinstanzlichen Verfassungsinterpretation wahrnimmt, wird ihm auch unter Verweis auf den Abgeordneteneid gegenüber einer vom Kongreß abweichenden Verfassungsauslegung und Gesetzesinterpretation höchste Zurückhaltung nahegelegt.

In den USA sind nach fast 200jähriger Verfassungspraxis keinerlei Anzeichen dafür auszumachen, daß der Eid des Abgeordneten in absehbarer Zeit problematisiert oder gar abgeschafft werden sollte. Die von der Verfassung vorgesehene Möglichkeit, den Eid durch ein Gelöbnis ohne jeden religiösen Bekenntnisakt zu ersetzen, hat die u. a. von *Léon Duguit* und *Hans Kelsen* vertretene These,[23] daß der Eid eine Verletzung der Religionsfreiheit darstelle, für den amerikanischen Abgeordneten nie zum Problem werden lassen.

## IV. Zur Geschichte des Abgeordneteneides und freien Mandats in Deutschland

### 1. Vom Untertaneneid über den Ständeeid zum freien Mandat

In Deutschland hat sich der Eid des Abgeordneten in Verbindung mit den Ständeversammlungen herausgebildet und entwickelt. Seine Wurzeln reichen bis zum germanischen Gefolgschaftseid und dem Lehnseid zurück.[24] „Spurenelemente" des modernen Eides lassen sich bis in diese Zeit nachweisen.[25] Hierzu gehören auch die politischen Funktionen des Eides, nämlich die Funktion der Herrschaftssicherung, neben die später die Sicherung der Repräsentationsfunktion mit ihren integrativen Intentionen trat.

Geschichtlich läßt sich die Entwicklung vom Untertaneneid über den Ständeeid zu dem das freie Mandat legitimierenden Abgeordneteneid verfolgen. Ein allgemeiner Untertaneneid war bereits in den meisten germanischen Stammesreichen weit verbreitet.[26] Im Lehnsstaat baute das gesamte Lehnsrecht auf dem Eid auf; es gab Treueeide, die der Untertan dem Lehnsherrn und dieser dem König zu leisten hatte. In den Territorien war die allgemeine Untertanenhuldigung gang und gäbe, im absoluten Staat wurde sie stets verlangt. Die Forderung der Untertanenhuldigung bzw. des Bürgereides ging auch in die ersten Verfassungsurkunden des 19. Jahrhunderts ein. So war es nach der ersten französischen Revolutionsverfassung von 1791 notwendig, um ,,aktiver Bürger" (pour être citoyen actif) sein zu können, einen Bürgereid zu leisten. Der Bürgereid lautete:

,,Ich schwöre, der Nation, dem Gesetz und dem Könige treu zu sein und mit allen meinen Kräften die Verfassung des Königreiches, die durch die verfassunggebende Nationalversammlung in den Jahren 1789, 1790 und 1791 beschlossen wurde, aufrechtzuerhalten."

Generell kam und kommt dem Bürgereid vornehmlich die Funktion zu, politisch integrativ, d. h. einheitsstiftend zu wirken sowie den Bestand einer gegebenen Verfassungsordnung sichern zu helfen.[27] So müssen auch heute noch in den USA naturalisierte Bürger bei der Zusprechung der Staatsbürgerschaft einen Bürgereid ablegen.

Der Ständeeid war zunächst ebenso wie der Untertaneneid nur ein allgemeiner Huldigungs- bzw. Treueeid, noch kein Abgeordneteneid als spezifischer Amtseid. Die Entwicklung des Ständeeides zum Abgeordneteneid spiegelt die Entwicklung und den Wandel von den Ständen zum modernen Parlament wider. Da die alten Landstände unter Ausschluß der Öffentlichkeit tagten — wie das britische Unterhaus bis ins 19. Jahrhundert hinein[28] — trat in den alten Landtagen als erstes spezifisches ,,Amtsattribut" zum allgemeinen Treueeid gegenüber dem Landesherrn die Verpflichtung der versammelten Landstände zur Verschwiegenheit. Da die Landstände zugleich mit wachsender Deutlichkeit den Anspruch erhoben, ,,als eine Vertretung oder Repräsentation des Volkes, d. h. der Summe der Untertanen"[29] tätig zu sein, wurde im Laufe der Zeit in die Eidesformel die Verpflichtung aufgenommen, neben dem Landesherrn auch dem ,,Vaterland" oder ,,gemeinen Besten" nach bestem ,,Wissen und Gewissen" dienen zu wollen.

Als Beispiel eines Ständeeides, der diese ersten Spezifika eines Abgeordneteneides bereits enthält, sei der Eid der jülichschen Landstände zitiert:

,,*Ich schwöre zu Gott*, daß ich bei gegenwärtiger der gesamten Landstände oder deren Deputierten Versammlungen, Deliberationen und Handlungen über die dazu gehörigen Materien und Sachen *nach bestem Wissen, Gewissen* und Verstand, wie es einem getreuen Patrioten gegen seinen *Landesfürsten und Vaterland* zugesteht und gebührt, respective dirigiren, votiren und concludiren und was von einem oder anderen votirt oder concludirt worden, *nicht offenbaren will, schriftnoch mündlich*, wie solches erdacht werden oder geschehen möchte, dadurch dasjenige, wie obgemeldet, offenbart werden könnte."[30]

Der Anspruch, nicht einem Stand, vielmehr dem allgemeinen Wohl und Besten des ,,Vaterlandes" verpflichtet zu sein, signalisierte nicht nur die zunehmende Anerkennung des Repräsentationsprinzips, sondern führte auch zur Ablehnung von Instruktionsansprüchen. *Von Campe* kam bei seinen Studien zur Entwicklung des Ständeeides zum Ergebnis: ,,So hat fast überall der Ständeeid die Instruktionen verdrängt".[31] Dem stimmt *Ernst Friesenhahn* zu: ,,Ja, die Entwicklung geht so, daß nicht zuerst die Unabhängigkeit der Instruktionen gesetzlich festgelegt wird und dann entsprechend der Eid geformelt wird, sondern aus dem Hinweis auf das Wohl des Ganzen im Eid wird die Unzulässigkeit der Instruktionen geschlossen."[32] In dieser Ausprägung ging der Abgeordneteneid als Korrelat des freien Mandats sowohl in die erste Reichsverfassung als auch in die Verfassungen des süddeutschen Konstitutionalismus ein: Der Eid diente nun der Legitimation des freien Abgeordnetenmandats.

## 2. Freies Mandat und der Eid des Abgeordneten auf Reichs- und Bundesebene

Die erste und letzte deutsche Reichs- bzw. Bundesverfassung, die den Eid des Abgeordneten forderte, war die am 28. März 1849 von der Paulskirchenversammlung verabschiedete Verfassung des Deutschen Reiches, die in § 113 für die Mitglieder beider Häuser des geplanten Reichstages vorschrieb:[33]

„Jedes Mitglied leistet bei seinem Eintritt den Eid: ,Ich schwöre, die deutsche Reichsverfassung getreulich zu beobachten und aufrechtzuerhalten, so wahr mir Gott helfe.' "

Diese Eidesleistung wurde in enger Verbindung mit der Weisungsfreiheit des Abgeordneten gesehen. Die Verfassungsbindung des Abgeordneten war demnach ein Attribut des durch die Verfassung geschaffenen Verfassungsinstituts „freies Mandat", zu dem es in § 96 der Reichsverfassung hieß:

„Die Mitglieder beider Häuser können durch Instruktionen nicht gebunden werden."

Die rechtliche Sicherung des freien Mandats fand wiederum in § 120 (Indemnität) ihren Niederschlag:

„Kein Mitglied des Reichstages darf zu irgendeiner Zeit wegen seiner Abstimmung oder wegen der in Ausübung seines Berufes getanen Äußerung gerichtlich oder disziplinarisch verfolgt oder sonst außerhalb der Versammlung zur Verantwortung gezogen werden."

Obgleich sich die Idemnität zunächst gegen gerichtliche und disziplinarische Verfolgungen durch die Exekutive richtete, diente sie doch bald auch dem rechtlichen Schutz gegen „jedermann", d. h. auf Grund des Indemnitätsrechts können weder Wähler noch Verbände oder Parteien einen Abgeordneten, der Wahlversprechen nicht einhält oder Absprachen bzw. Weisungen bei der Wahrnehmung seiner parlamentarischen Abstimmungen, Reden oder sonstigen Tätigkeiten nicht befolgt, rechtlichen Sanktionen unterwerfen oder ihm gar das Mandat entziehen. Während seiner Amtszeit verfügt der Abgeordnete insoweit über ein *rechtlich* gesichertes freies Mandat.

Die Besonderheiten dieser „kontinentalen" Verfassungsregelung werden bei einem Vergleich mit dem angelsächsischen Verfassungsrecht deutlich. Sowohl die englischen Gesetze als auch die amerikanische Verfassung kennen zur Absicherung des freien Mandats lediglich

Bestimmungen, die das Indemnitätsrecht und den Abgeordneteneid vorsehen. Das Indemnitätsrecht – in England erstmals in der Bill of Rights vom Jahre 1689 in die Formel gefaßt: „The Freedom of Speech, and Debates or Proceedings in Parliament, ought not be impeached or questioned in any Court or Place out of Parliament" – und der Eid des Abgeordneten bilden die zwei Grenzmarken für den verfassungsrechtlich gesicherten Spielraum des freien Mandats, sowohl in England wie in den USA.[34] Eine dem Art. 38 GG entsprechende Formulierung, wonach der Abgeordnete an „Aufträge und Weisungen nicht gebunden"sei, kennen die Verfassungen beider Länder nicht. Während die §§ 113 und 120 der Paulskirchenverfassung insoweit in den angelsächsischen Verfassungen eine Parallele finden, gilt dies nicht für § 96, den „Vorläufer" von Art. 38 GG. Die Trias von Indemnitätsrecht, Abgeordneteneid und Instruktionsfreiheit ist vielmehr erstmals in der französischen Revolutionsverfassung von 1791 enthalten, wo das Prinzip der Nationalrepräsentation verbunden mit der Instruktionsfreiheit in einem separaten Verfassungsartikel aufgeführt worden war:

„Die in einem Department gewählten Abgeordneten sollen nicht Abgeordnete eines besonderen Departments, sondern der ganzen Nation sein. Und es kann ihnen kein Auftrag erteilt werden (et il ne pourra leur être donné aucun mandat)."

Die Paulskirchenverfassung von 1849 war die erste und letzte deutsche Reichs- bzw. Bundesverfassung, die diese Trias von Indemnität, Eid und Instruktionsfreiheit zur Fixierung des freien Mandats enthielt. Die Verfassung des Norddeutschen Bundes vom 16. April 1867 – mit deren Text die Reichsverfassung von 1871 weitgehend identisch ist – brach aus der Trias die Forderung nach dem Abgeordneteneid aus. Wohl wäre ein Eid auf die Reichsverfassung möglich gewesen, aber auf wen sollte sich der in den konstitutionellen Länderverfassungen bisher übliche Treueeid gegenüber einem Landesfürsten beziehen? Der Norddeutsche Bund und das Kaiserreich waren als ein „ewiger Bund" zahlreicher Fürsten konzipiert, die Reichsverfassung selbst enthielt keine Grundrechte und war von *Bismarck* als bloßes Organisationsstatut angelegt. Zudem hatte *Bismarck* anläßlich des preußischen Verfassungskonfliktes wenig erfreuliche Erfahrungen mit Abgeordneten machen müssen, die sich seiner Verfassungsinterpretation mit dem Verweis auf ihren Verfassungseid widersetzten. In seiner Konfliktsrede vor dem Preußischen Abgeordnetenhaus vom 27. Januar 1863 hatte er hierzu ausgeführt:

„Ich muß nach dem Gesagten die Behauptungen, daß wir verfassungswidrig gehandelt haben, ja, daß wir die Verfassung verletzt hätten, auf das Bestimmteste und mit voller Überzeugung zurückweisen, und ich wiederhole, was ich in der Commission sagte: Wir, meine Herren, nehmen unseren Eid und das Gelöbnis auf die Verfassung ebenso ernsthaft, wie Sie den Ihrigen. Lernen wir doch Überzeugungstreue an den Gegnern achten und seien wir nicht zu freigebig mit dem Vorwurf des Eidbruches, welchen jener involvierte."[35]

Während die Paulskirchenversammlung auf den Verfassungseid des Abgeordneten noch Wert gelegt hatte, begründete somit die Bismarcksche Reichsverfassung den Eidesverzicht. Übrig blieben das Indemnitätsrecht und die Instruktionsfreiheit, letztere allerdings in der traditionellen Fassung: „Die Mitglieder des Reichstages sind Vertreter des gesamten Volkes und an Aufträge und Instruktionen nicht gebunden." Von einer „Gewissensbindung" war nicht die Rede. An das Gewissen von Abgeordneten wurde durch Reichsgesetz erst wieder Bezug genommen, als 1871 die Gebiete Elsaß und Lothringen mit dem Deutschen Reich vereinigt, der Staatsgewalt des Kaisers unterstellt und mit einer eigenen Verfassung (1879, 1911) versehen wurden — und zwar in einer Form, die Gewissensbindungen erst begründen kann: durch ein persönliches Gelöbnis, durch einen Eid. So bestimmt § 14 der Verfassung Elsaß-Lothringens vom 31. Mai 1911:

„Die Mitglieder des Landtages schwören bei ihrem Eintritt in die Kammer Gehorsam der Verfassung und Treue dem Kaiser. Die Ausübung der Mitgliedschaft wird durch die Leistung des Eides bedingt."[36]

Nach dem Zusammenbruch des Kaiserreichs ging die Staatsgewalt auf das deutsche Volk über. „Einig in seinen Stämmen und von dem Willen beseelt, sein Reich in Freiheit und Gerechtigkeit zu erneuern und zu festigen," (Präambel) gab es sich am 11. August 1919 eine Verfassung, deren Art. 1 feststellte: „Das Deutsche Reich ist eine Republik. Die Staatsgewalt geht vom Volke aus." Neben dem Prinzip der Volkssouveränität enthielt die Verfassung einen umfangreicheren Grundrechtskatalog. Die Weimarer Reichsverfassung war demnach weit mehr als ein „Organisationsstatut" — auf eine Vereidigung der Abgeordneten wurde dennoch verzichtet. Es blieb weitgehend beim Indemnitätsrecht und der Instruktionsfreiheit. „Weitgehend" insofern, als der deutsche Verfassunggeber von Weimar die Verfassungsgeschichte um eine Formulierung bereicherte, die meines Wissens außerhalb Deutschlands lediglich in die Verfassung Thailands[37] Eingang gefunden hat: Um, wie es scheint, wenigstens ein Element des traditionellen Abgeordneteneides, die „Gewissensbindung", zu retten, wurde eine Formulierung gewählt, die ohne Kopplung mit dem Abgeordneteneid selbst in deutschen Länderverfassungen bis dahin nicht anzutreffen gewesen war. Art. 21 WV stellte fest:

„Die Abgeordneten sind Vertreter des ganzen Volkes. Sie sind *nur ihrem Gewissen* unterworfen und an Weisungen nicht gebunden."[38]

Wohl gibt es ausländische Verfassungen — wie die isländische — in denen festgestellt wird: „Die Mitglieder sind . . . einzig durch ihre Überzeugung, nicht aber durch irgendwelche Aufträge seitens ihrer Wähler gebunden." Diese Verfassungen sehen jedoch zugleich den Abgeordneteneid vor. Daß ein Abgeordneter, ohne selbst zu einem entsprechenden persönlichen Gelöbnis aufgefordert zu sein oder zu werden, nur dem Text der Verfassung seines Landes entnehmen kann, daß er ein Gewissen habe, dem er unterworfen sei, ist seit Weimar den deutschen Volksvertretern vorbehalten. Die deutschen Parlamente verpflichten zwar als Gesetzgeber alle anderen Inhaber öffentlicher Ämter zur Gewissensbindung durch Eid oder Gelöbnis, sie selbst begnügen sich jedoch mit der Lektüre der Verfassung. Die Gewissensformel des Art. 21 WV (bzw. Art. 38 GG) ist seit 1919 zum „Katechismus des deutschen Abgeordneten" geworden.

Das Grundgesetz, das sich über die Weimarer Verfassung hinausgehend in Art. 1 zu „unverletzlichen und unveräußerlichen Menschenrechten" bekennt, den Gesetzgeber an die Grundrechte als „unmittelbar geltendes Recht" bindet und die freiheitliche demokratische Grundordnung als unverzichtbaren Kernbestand der Verfassung postuliert, folgt in Art. 38 dennoch der Weimarer Tradition:

„Sie (die Abgeordneten des Deutschen Bundestages) sind Vertreter des ganzen Volkes, an Aufträge und Weisungen nicht gebunden und nur ihrem Gewissen unterworfen."

Die Länderverfassungen der Bundesrepublik entsprechen dieser Formulierung zumeist wörtlich — bis auf Berlin, in dessen Verfassung eine derartige Bestimmung völlig fehlt. Die Bundesländer sind allerdings bereits durch Art. 28 GG verpflichtet, den Abgeordneten ihrer Parlamente das freie Mandat gemäß Art. 38 GG zu garantieren.

*3. Abgeordneteneid und freies Mandat in den deutschen Länderverfassungen*

Im 19. Jahrhundert war der Abgeordneteneid in deutschen Länderverfassungen[39] noch durchaus die Regel. Auf einige Aspekte dieser Verfassungsgeschichte soll im folgenden näher eingegangen werden, wobei der Wechselbeziehung von Indemnität, freiem Mandat und Abgeordneteneid das besondere Augenmerk gilt.

Am Beginn der deutschen Verfassungsgeschichte des 19. Jahrhunderts steht der süddeutsche Konstitutionalismus. Dessen älteste Verfassung, die des Königreichs Bayern vom 26. Mai 1818, verlangt — wie die meisten Verfassungsurkunden der damaligen Zeit — in § 3 von allen Staatsbürgern den Untertaneneid:

„Alle Staatsbürger sind bey Ansässigmachung und bey der allgemeinen Landes-Huldigung, so wie alle Staatsdiener bey der Anstellung verbunden, folgenden Eid abzulegen: ‚Ich schwöre Treue dem König, Gehorsam dem Gesetz und Beobachtung der Staatsverfassung, so wahr mir Gott helfe und sein heiliges Evangelium., ‘

§ 25 erweitert den Staatsbürgereid zum Abgeordneteneid:

„Jedes Mitglied der Ständeversammlung hat folgenden Eid zu leisten: ‚Ich schwöre Treue dem Könige, Gehorsam dem Gesetze, Beobachtung und Aufrechterhaltung der Staatsverfassung und in der Ständeversammlung nur des ganzen Landes allgemeines Wohl und Bestes ohne Rücksicht auf besondere Stände oder Klassen nach meiner inneren Überzeugung zu berathen; so wahr mir Gott helfe und sein heiliges Evangelium.' "

Ein Art. 38 GG entsprechender Artikel (Instruktionsfreiheit) fehlt noch. Dafür wird das Indemnitätsrecht des Abgeordneten, d. h. der verfassungsrechtliche Schutz des freien Mandats, das im Eidestext postuliert und begründet wurde, in § 27 klar formuliert:

„Kein Mitglied der Stände-Versammlung[40] kann für die Stimme, welche es in seiner Kammer geführt hat, anders als in Folge der Geschäftsordnung durch die Versammlung selbst zur Rede gestellt werden."

Damit werden bei der Fixierung des freien Mandats (wie in der USA-Verfassung) nur der Indemnitätsschutz und die Eidespflicht vorgesehen. Anders die Verfassung des Großherzogtums Baden vom 22. August 1818, die an Stelle der Indemnität die Instruktionsfreiheit in einem besonderen Paragraphen hervorhebt. § 69 formuliert zunächst den Abgeordneteneid:

„Sämtliche neu eintretende Mitglieder schwören bei Eröffnung des Landtags folgenden Eid: ‚Ich schwöre Treue dem Großherzog, Gehorsam dem Gesetze, Beobachtung und Aufrechterhaltung der Staatsverfassung, und in der Ständeversammlung nur des ganzen Landes allgemeines Wohl und Bestes, ohne Rücksicht auf besondere Stände oder Classen, nach meiner inneren Überzeugung zu berathen: So wahr mir Gott helfe (und sein heiliges Evangelium).' "[41]

Da die vorgeschriebene Eidesformel bereits die Verpflichtung zur eigenverantwortlichen Entscheidung enthält, wäre es rechtlich nur noch notwendig gewesen, durch das Einräumen der Indemnität dem Abgeordneten den notwendigen Verfassungsschutz zu verleihen. Das geschah jedoch erst 1867, als ein neuer § 48a (Indemnität) in die Verfassung eingefügt wurde. Mit § 48 der Verfassung Badens von 1818 war jedoch ein anderer Weg gewählt worden, indem zunächst die Eidesformel von der Überzeugungsfreiheit wiederholt und daran ausdrücklich eine verfahrensrechtliche Konsequenz der Instruktionsfreiheit hervorgehoben wurde:

„Die Ständemitglieder sind berufen, über die Gegenstände ihrer Berathungen nach eigener Überzeugung abzustimmen. Sie dürfen von ihren Committenten keine Instructionen annehmen."

Die erste Verfassung des süddeutschen Konstitutionalismus, die den Abgeordneteneid, die Indemnität und die Instruktionsfreiheit in drei getrennten Artikeln bzw. Paragraphen aufführte und darin für die weitere Verfassungsgeschichte beispielhaft wurde, ist die Verfassung des Königreichs Württemberg vom 25. September 1819. Sie verdient im vorliegenden Zusammenhang unter vier Gesichtspunkten besonderes Interesse:

1. Die in der Verfassung vorgeschriebene Eidesformel benennt in prägnanter Kürze die Anwendungsbereiche des politischen Eides: Treue zur Verfassung, Treue zu König und Vaterland, getreue Amtserfüllung in voller Entscheidungsfreiheit. 2. Erstmals wird nicht der Monarch, sondern die Verfassung an den Anfang der Eidesformel gesetzt. 3. Der personale Treueid gegenüber König und Vaterland wird zweimal

abgelegt: einmal in die Hände des Königs oder eines seiner Minister, zum zweiten in die Hände des Kammerpräsidenten. Der Symbolakt „in die Hände" verweist auf germanisches Erbe. 4. Während § 185 die Indemnität gleich mit einigen Anwendungsregeln verbindet und § 163 sowohl den Eidestext als auch zusätzliche Bestimmungen enthält, ist § 155 in enger Anlehnung an das Vorbild der französischen Verfassung von 1791 konzipiert. Die §§ 155 und 163 lauten:

„Der Gewählte ist als Abgeordneter, nicht des einzelnen Wahl-Bezirks, sondern des ganzen Landes anzusehen. Es kann ihm daher auch keine Instruktion, an welche er bei seinen künftigen Abstimmungen in der Ständeversammlung gebunden wäre, ertheilt werden."

„Jedes Mitglied der ersten und der zweiten Kammer hat bei seinem erstmaligen Eintritte in dieselbe den Ständeeid abzulegen. Dieser lautet so: ‚Ich schwöre, die Verfassung heilig zu halten, und in der Ständeversammlung das unzertrennliche Wohl des Königs und des Vaterlandes, ohne alle Nebenrücksicht, nach meiner eigenen Überzeugung, treu und gewissenhaft zu berathen. So wahr mir Gott helfe!' Der Ständeeid wird von einem bei Eröffnung eines Landtages neu eintretenden Mitglied in die Hände des Königs selbst oder des zur Eröffnung bevollmächtigten Ministers, außerdem in die Hände des Präsidenten einer jeden Kammer abgelegt."

Dem württembergischen Vorbild, die Trias von Instruktionsfreiheit, Eid und Indemnität in getrennten Verfassungsparagraphen aufzuführen, ist auch der mitteldeutsche Konstitutionalismus gefolgt. Bei der Ausgestaltung der Indemnität wird vornehmlich das ungehinderte Recht des Abgeordneten, seine Meinung frei zu äußern, betont. Eingehender und zugleich weniger rigide wird die Instruktionsfreiheit festgestellt. Als besonders prägnante Beispiele entsprechender Bestimmungen sind die §§ 73, 74 und 87 der Verfassung für das Kurfürstentum Hessen vom 5. Januar 1831 sowie die §§ 81 bis 83 der Verfassung für das Königreich Sachsen vom 4. September 1831 anzusehen.

*Hessen*

§ 73: „Die Abgeordneten sind nicht an Vorschriften eines Auftrages gebunden, sondern geben ihre Abstimmungen, gemäß den Pflichten gegen ihren Landesfürsten und ihre Mitbürger überhaupt, nach ihrer eigenen Überzeugung, wie sie es vor Gott und ihrem Gewissen zu verantworten gedenken. Auch können sie weder einen Dritten, noch selbst ein Landtags-Mitglied beauftragen, in ihrem Namen zu stimmen. Daneben bleibt es dem Abgeordneten überlassen, die etwa an ihn für die Ständeversammlung gelangenden besonderen Anliegen weiter zu befördern."

§ 74: „Jedes Mitglied der Ständeversammlung leistet folgenden Eid: ‚Ich gelobe, die Staatsverfassung heilig zu halten und in der Ständeversammlung das unzertrennliche Wohl des Landesfürsten und des Vaterlandes, ohne Nebenrücksichten, nach meiner eigenen Überzeugung bei meinen Anträgen und Abstimmungen zu beachten. So wahr mir Gott helfe!' "

§ 87: „Die Mitglieder der Ständeversammlung können... zu keiner Zeit wegen Äußerung ihrer Meinung zur Rechenschaft gezogen werden, den Fall der beleidigten Privatehre ausgenommen."

*Sachsen*

§ 81: „... Die Abgeordneten haben eine Instruction von ihren Committenten nicht anzunehmen, sondern nur ihrer eigenen Überzeugung zu folgen. Übrigens bleibt jedem Mitglied überlassen, die an selbiges für die Ständeversammlung gelangenden besonderen Anliegen weiter zu befördern und nach Befinden zu bevorworten."

§ 82: „Jedes Mitglied der Ständeversammlung leistet bei seinem ersten Eintritte in die Kammer folgenden Eid: ‚Ich schwöre zu Gott etc. die Staatsverfassung treu zu bewahren und in der Ständeversammlung das unzertrennliche Wohl des Königs und Vaterlandes nach meinem besten Wissen und Gewissen bei meinen Anträgen und Abstimmungen allenthalben zu beobachten. So wahr mir Gott helfe etc.' Diesen Eid legen die Präsidenten beider Kammern in die Hände des Königs und die übrigen Mitglieder der Kammer in der Versammlung an den Vorstand desselben ab. Wenn ein gewesener Abgeordneter durch neue Wahl als solcher in einer Kammer eintritt, so leistet er die Pflicht bloß mittels Handschlags unter Verweisung auf den früher abgelegten Eid."

§ 83: „Jedes Mitglied der Stände kann in der Kammer seine Meinung frei äußern... "

Auch im größten deutschen Land, Preußen, sahen sowohl die oktroyierte Verfassung vom 5. Dezember 1848 (o) als auch die revidierte Verfassung vom 31. Januar 1850 (r) die Trias von Instruktionsfreiheit, Eid und Indemnität vor. Lediglich die Artikel zur Instruktionsfreiheit stimmten in beiden Verfassungen wörtlich überein (Art. 82 o, 83 r):

„Die Mitglieder beider Kammern sind Vertreter des ganzen Volkes. Sie stimmen nach ihrer freien Überzeugung und sind an Aufträge und Instruktionen nicht gebunden."

Das Indemnitätsrecht der Abgeordneten wurde hingegen in der revidierten gegenüber der oktroyierten Verfassung präzisiert, was ein Vergleich verdeutlicht (Art. 83 o, 84 r):

„Sie können weder für ihre Abstimmungen in der Kammer, noch für ihre darin ausgesprochenen Meinungen zur Rechenschaft gezogen werden."

„Sie können für ihre Abstimmungen in der Kammer niemals, für ihre darin ausgesprochenen Meinungen nur innerhalb der Kammer auf den Grund der Geschäftsordnung (Art. 78) zur Rechenschaft gezogen werden."

Bemerkenswert ist weiterhin, wie und mit welcher Akzentverschiebung der Abgeordneteneid in beiden Verfassungen aufgeführt wurde (Art. 107 o, 108 r). So wurde er zum einen in beiden Verfassungen gemeinsam mit der Eidespflicht der Staatsbeamten in die „Allgemeinen Bestimmungen" aufgenommen und entsprechend auf die Formulierung eines von der Verfassung vorgeschriebenen Eidestextes verzichtet. Andererseits wurde die Eidesbindung nicht in gleicher Weise auf König und Verfassung bezogen. Die Abweichungen zwischen beiden Verfassungen sind erheblich. Während nach der oktroyierten Verfassung Treue und Gehorsam dem König und der Verfassung „gleichgewichtig" gelten könnten, wurde in der revidierten Verfassung deutlich differenziert: Treue und Gehorsam gelten nur dem König, die Verfassung bedarf allenfalls der „gewissenhaften Beobachtung". Damit wurde jene, insbesondere während der Weimarer Eidesdebatten von Gegnern der Republik vehement verfochtene These gefördert, Treue und Gehorsam seien personenbezogene Begriffe, die auch nur auf interpersonale Beziehungen anwendbar seien. Einer „Sache" oder „Abstraktion" wie einer Verfassung könne allenfalls „gewissenhafte Beobachtung" und, wenn erforderlich, das Bemühen um deren Aufrechterhaltung entgegengebracht werden.

Ein Vergleich der Verfassungsartikel (Art. 107 o, 108 r) hebt die unterschiedlichen Akzentsetzungen hervor:

„Die Mitglieder der beiden Kammern und alle Staatsbeamten haben dem Könige und der Verfassung Treue und Gehorsam zu schwören."

„Die Mitglieder der beiden Kammern und alle Staatsbeamten leisten dem Könige den Eid der Treue und des Gehorsams und beschwören die gewissenhafte Beobachtung der Verfassung. Eine Vereidigung des Heeres auf die Verfassung findet nicht statt."

Die deutschen Länderverfassungen haben erst seit Beginn der Weimarer Republik auf den Abgeordneteneid verzichtet. Gegenwärtig wird die Eidesleistung von Abgeordneten in keiner geltenden deutschen Verfassung mehr gefordert. Lediglich in den Geschäftsordnungen zweier Landtage ist eine Verpflichtung der Abgeordneten auch heute noch vorgesehen. So stellt die Geschäftsordnung des Schleswig-Holsteinischen Landtages in § 2 fest:

„1. Der Präsident verpflichtet die Abgeordneten durch Eid und Handschlag.

2. Die Eidesformel lautet: ‚Ich schwöre, meine Pflichten als Abgeordneter gewissenhaft zu erfüllen, Verfassung und Gesetze zu wahren und dem Lande unbestechlich und ohne Eigennutz zu dienen, so wahr mir Gott helfe.'

Der Eid kann auch ohne religiöse Beteuerung geleistet werden."

In § 2 der Geschäftsordnung des Landtages von Nordrhein-Westfalen heißt es demgegenüber ohne Verweis auf Verfassung oder Gesetze und ohne Verwendung der Begriffe Eid oder Gelöbnis:

„1. Die erste Sitzung beginnt mit dem Namensaufruf der Abgeordneten und ihrer Verpflichtung. Die vor dem Landtag abzugebende Verpflichtungserklärung lautet:

‚Die Mitglieder des Landtages von Nordrhein-Westfalen bezeugen vor dem Lande, daß sie ihre ganze Kraft dem Wohle des deutschen Volkes widmen, seinen Nutzen mehren, Schaden von ihm wenden, die übernommene Pflicht und Verantwortung nach bestem Wissen und Können erfüllen und in der Gerechtigkeit gegen jedermann dem Frieden dienen werden.' Die Verpflichtung wird durch Erheben von den Plätzen bekräftigt.

2. Später eintretende Abgeordnete werden in der ihrer Einberufung folgenden Landtagssitzung durch Handschlag verpflichtet."

Soweit die einsamen Überreste einer einst lebendigen Verfassungspraxis.

## V. Der Abgeordnete als Inhaber eines öffentlichen Amtes

### 1. „Treue der Verfassung" in der Weimarer Republik

Nach dem „Auszug der Monarchen" aus Deutschland und der Ausrufung der Republik sah auch die Weimarer Verfassung vor, daß das Staatsoberhaupt, die Minister und alle öffentlichen Beamten (einschließlich aller Soldaten) einen Eid abzulegen hätten. Art. 176 WV stellte fest: „Alle öffentlichen Beamten und Angehörigen der Wehrmacht sind auf diese Verfassung zu vereidigen. Das nähere wird durch Verordnung des Reichspräsidenten bestimmt." Die hiernach erlassene Verordnung vom 14. August 1919 schrieb für alle Beamten den Eidestext vor: „Ich schwöre Treue der Reichsverfassung". An der Formulierung „Treue der Verfassung" entzündete sich ein Prinzipienstreit, der sich allmählich auf die Frage konzentrierte, in welchem Ausmaße ein öffentlicher Beamter auf die „republikanische Staatsform" zu verpflichten sei.[42] Die Alternative hieß damals eher „Monarchie oder Republik" und weniger „freiheitlich-demokratische oder autoritäre Republik". *Ernst Friesenhahn* kam 1928 im Blick auf den Eidesstreit zum Ergebnis: „So wurde aus dem Eid der ‚Treue dem Fürsten' der Eid der ‚Treue der Verfassung'. Und auch das hat seinen guten Sinn: In der Verfassung hat der Wille des Volkes als der verfassungsgebenden Gewalt Gestalt gewonnen, und in ihr sind die Grundprinzipien für Organisation und Leben des Staates niedergelegt. An die Stelle des persönlichen Staatshauptes ist das abstrakte Gesetz getreten. Auch aus diesem Treueeid kann sich ein neues demokratisches Beamtenethos entwickeln, und der der Verfassung geschworene Treueeid kann ebenso Grundlage der Psychologie des Beamten werden, wie es der dem Monarchen geleistete Treueid war."[43]

Welche Bedeutung dem Verfassungseid bei dem Versuch beigemessen wurde, die ehemals monarchischen Staatsdiener als öffentliche Bedienstete in die demokratische Republik zu integrieren, kann an dem hohen Symbolwert abgelesen werden, der dem Verfassungseid des ehemaligen kaiserlichen Feldmarschalls *von Hindenburg* als gewähltem Präsidenten der neuen Republik von den Weimarer Zeitgenossen zugemessen wurde. So bemerkte *Friesenhahn* Ende der 20er Jahre im Vorwort seiner Studie zum politischen Eid: „Und wie die Figur des Reichspräsidenten *von Hindenburg* überhaupt, so ist insbesondere sein Eid auf die Verfassung zum Symbol geworden. *Hermann Heller* weist ihm seinen

Platz in den großen Zusammenhängen der politischen Ideengeschichte an, wenn er in seinem Buch über die ‚Politischen Ideenkreise der Gegenwart' am Schluß des Abschnittes über den monarchischen Ideenkreis schreibt: ‚Wie sehr die nationale Idee den monarchischen Legitimitätsanspruch überwältigt hat, zeigte sich am 5. Mai 1925, als der repräsentativste Offizier des monarchischen Heeres den Eid auf die republikanische Verfassung leistete'."

Von diesem Streit um Inhalt, Sinn und politische Bedeutung des Eides waren die Abgeordneten persönlich nicht betroffen, denn der Eid war nun nicht nur im Reich, sondern auch in den Ländern aus der traditionellen verfassungsrechtlichen Trias von Instruktionsfreiheit, Eid und Indemnität entfernt worden. Hatte sich der Abgeordneteneid aus dem Untertaneneid über den Ständeeid zu einem spezifischen Amtseid entwickelt, wobei im Laufe der Entwicklung neben die Treue zum Landesherrn die Entscheidungsfreiheit und Verpflichtung auf die Verfassung getreten waren − mit allen damit verbundenen Spannungen −, so bedeutete der Übergang zur Republik zwar für alle öffentlichen Beamten, einen ungeschmälerten Eid auf die Verfassung leisten zu müssen, nicht hingegen für die Abgeordneten. Von *Joseph Goebbels* wird berichtet, er habe nach seinem Einzug in den Reichstag im Jahre 1928 mit Hohn bemerkt, daß er als Reichstagsabgeordneter ein „I.d.I." und „I.d.F." geworden sei. Er, der diesem „System" den Untergang wünsche und dafür aktiv politisch arbeite, könne nun als „Inhaber der Immunität" uneingeschränkt für die Vernichtung der von der Verfassung geschützten demokratischen Republik agitatorisch tätig sein. Zugleich werde er als „Inhaber der Freifahrkarte" bei seinen Agitationsreisen dafür auch noch aus öffentlichen Mitteln finanziert − ohne je auf die Einhaltung der Verfassungsprinzipien verpflichtet worden zu sein.[44]

Sowohl in den USA als auch in Frankreich war die Einführung des Abgeordneteneides in die Verfassungsurkunden weniger Anpassung an überlieferte Verfassungspraxis als vielmehr Ausdruck revolutionärer Innovation. Die Verfassung und die sie tragenden Grundprinzipien sollten den alle Bürger verpflichtenden Konsensrahmen bestimmen, der als Voraussetzung dafür angesehen wurde, daß sich die Austragung der Interessenkonflikte in einem gewaltfreien Prozeß vollziehen kann. Unter dieser Perspektive sollte die Verfassung integrierend auf die politischen Konflikte einwirken. Sie sollte als Konsensbasis staatsbürgerliche Solidarität ermöglichen und der Freiheit ein Höchstmaß an Entfaltung sichern. Daher war es selbstverständlich, daß insbesondere von allen öffentlichen Amtsinhabern − zu denen ebenso selbstverständlich die gewählten Abgeordneten gehören − ein Verfassungseid verlangt werden durfte. Die USA sind dieser Tradition dank Verfassungskontinuität und religiöser Liberalität bis heute treu geblieben. Der häufige und nicht selten radikale „System-" und Verfassungswechsel hat demgegenüber in Frankreich zu jener „Eidesernüchterung" geführt, die mit der Abschaffung des Treue- und Verfassungseides durch das Dekret vom 5. September 1870 (der „serment politique" wurde abgeschafft und nur ein „serment professionnel" beibehalten) *alle* öffentlichen Amtsinhaber betraf und nicht allein die Abgeordneten. Im Gegensatz hierzu hat der Übergang von der Monarchie zur demokratischen Republik in Deutschland lediglich den Abgeordneten aus der Eidespflicht entlassen und ihm freigestellt, dem ihm gewidmeten Verfassungswort „Gewissen" nach seinem Gustus Geltung zu verschaffen.

## 2. Die Problemlage in der pluralistischen Demokratie der Gegenwart

In der Bundesrepublik werden nur die Abgeordneten vereidigt, die neben ihrem parlamentarischen Mandat ein weiteres öffentliches Amt im Bereich der Regierung übernehmen. Diese Tatsache läßt grundsätzlich zwei Interpretationen zu, deren Extrempositionen sich etwa folgendermaßen skizzieren lassen:

Position 1. Das freie Mandat des Abgeordneten soll durch keinerlei Eidesbindung eingeschränkt werden; daher darf von einem Abgeordneten nur dann der Eid verlangt werden, wenn er freiwillig, aus eigener Entscheidung ein Ministeramt bzw. das eines Parlamentarischen Staatssekretärs übernimmt. Der Verfassungseid bedeutet eine Einengung des freien Mandats.

Position 2. Traditionsgemäß haben alle Staatsbeamten einen Verfassungseid und alle im Staatsdienst stehenden öffentlichen Angestellten ein Verfassungsgelöbnis abzulegen. Nur sie sind Staatsdiener „im echten Sinne", d.h. der Staat manifestiert sich in den Bereichen der Verwaltung, Regierung (Regierung hier verstanden als integraler Bestandteil der Exekutive) und Rechtsprechung. Über das Parlament wird der Gesellschaft die Möglichkeit geboten, an der Staatstätigkeit zu partizipieren. Abgeordnete sind daher Inhaber eines öffentlichen Amtes sui generis, d.h. das Abgeordnetenamt ist kein Staatsamt im engeren Sinne; somit darf auch den Abgeordneten die von jedem Staatsdiener erwartete Eidesleistung nicht abverlangt werden. Der Verfassungseid bzw. das Verfassungsgelöbnis müssen den „echten" Staatsdienern vorbehalten bleiben, zu denen der Abgeordnete wegen seiner „grundlegend unterschiedlichen Rechtsstellung" gegenüber allen anderen Angehörigen des öffentlichen Dienstes im weitesten Sinne nicht gerechnet werden kann.

Diese zwei „Extrempositionen" lassen eine dritte, gleichsam vermittelnde Position zu. Ihr kann etwa folgende Argumentationskette zugerechnet werden:

Position 3. Dem Parlament muß in der modernen pluralistischen Demokratie im Gegensatz zu früheren Zeiten durchaus eine zentrale Stellung im Verfassungsgefüge beigemessen und zuerkannt werden. Es stellt auch in der Bundesrepublik unstreitig das wichtigste oberste Verfassungsorgan und ein Staatsorgan dar. Seine Mitglieder sind jedoch keineswegs im strengen Sinne Inhaber eines öffentlichen Amtes. Wenn beispielsweise Art. 48 Abs. 2 GG vom „Amt des Abgeordneten" spricht, so wird hier das Wort „Amt" in „einem sehr weiten Sinne einer Bezeichnung öffentlicher Funktionen verwendet".[45] Der Abgeordnete muß vielmehr als ein Bürger angesehen werden, der durch Wahl für einen befristeten Zeitraum ermächtigt wird, an Stelle und im Namen seiner Mitbürger an der staatlichen Tätigkeit als Gesetzgeber mitzuwirken. Er übt keinen „Beruf" im „eigentlichen Sinne", sondern eine ehrenamtliche Tätigkeit aus, für die er finanziell entschädigt wird. Diese Entschädigung (Diäten) soll seine Unabhängigkeit als Repräsentant des ganzen Volkes, d.h. die unabhängige Wahrnehmung seines freien Mandats sichern, nicht hingegen eine seinem „Amt" angemessene Honorierung garantieren. Der Abgeordnete erhält dadurch einen Status, der ihn grundsätzlich von allen anderen Inhabern öffentlicher Ämter, allen wirklichen Angehörigen des öffentlichen Dienstes abhebt. Daraus kann für die Eidesfrage gefolgert werden: Wenn alle Inhaber öffentlicher Ämter einen Eid, bzw. ein Gelöbnis auf die Verfassung abzulegen haben, so ist der grundsätzlich ehrenamtlich tätige Abgeordnete als Repräsentant des Volkes und Inhaber des freien Mandats von dieser Verpflichtung auszunehmen. Wie der Staatsbürger als Wähler heute keinen besonderen Verfassungseid zu leisten hat, so auch nicht der an seiner Stelle als Gesetzgeber fungierende Abgeordnete.

Kurz: Nach der Sichtweise von Position 1 muß das Parlament zwar als ein wichtiges Staatsorgan angesehen werden, das freie Mandat verlangt jedoch die Eidesfreiheit. Für Position 2 repräsentiert das Parlament und in ihm jeder Abgeordnete demgegenüber primär das Volk und weniger den Staat, auf *dessen* „Diener" die Eidesleistung jedoch zu beschränken sei. Für die vermittelnde Position 3 stellt das Parlament zwar ein oberstes Staatsorgan dar, dessen Mitglieder jedoch über einen repräsentativen Sonderstatus und nicht über ein öffentliches Amt im eigentlichen Sinne verfügen.

Keine der drei Positionen vermag zu überzeugen. Das Argument, der Verfassungseid könne eine Einengung des freien Mandats bewirken, wird schon durch den Tatbestand entkräftet, daß es die Verfassung ist, die das „freie Mandat" überhaupt erst konstituiert. Die Verfassungsbindung ist insofern eine Grundvoraussetzung des freien Mandats. Das bedeutet keine Bindung des Abgeordneten an einen wie auch immer gearteten politischen Status quo, sondern eine Bindung seines politischen Gestaltungswillens an die Grundprinzipien, Kompetenzregelungen und Verfahrensvorschriften der Verfassung einschließlich der Verfahrensweisen für eine Änderung der Verfassung selbst. Das freie Mandat steht und fällt demnach mit der Geltungskraft der Verfassung, die einen gewaltfreien Wandel ermöglichen und sicherstellen soll. Der Verfassungseid des Abgeordneten bewirkt folglich keine Einengung, vielmehr eine Stärkung des freien Mandats als eines Verfassungsinstituts. Wenn ein Abgeordneter ein Regierungsamt übernimmt, so engt nicht der nun abverlangte Verfassungseid, sondern allenfalls die erwartete Regierungsdisziplin den Entscheidungsspielraum des Mandatsträgers ein. Regierungsdisziplin wiederum ist ebenso wie Fraktionsdisziplin prinzipiell eine freiwillige, da im Interesse erhöhter politischer Wirksamkeit als notwendig erachtete, legitime Selbstbindung des Abgeordneten im Rahmen des freien Mandats, die der Mandatar daher auch individuell *politisch* zu verantworten hat.

Die zweite der oben genannten Positionen läßt sich demgegenüber letztlich auf die Überzeugung von der mangelhaften „Staatsqualität" des Parlaments zurückführen. Auch in Bonn ist die Auffassung noch nicht völlig ausgestorben, ein Beamter der Innenbehörde repräsentiere mehr „Staatlichkeit" als ein Beamter der Bundestagsverwaltung. Eine Position, die von der strikten Trennung von Staat und Gesellschaft ausgeht, wird bei der „Zuordnung" des Parlaments erhebliche Schwierigkeiten zu überwinden haben, da die Parlamente ursprünglich geschaffen wurden, um das gesellschaftliche Element in die staatliche Ordnung einzubeziehen. Sie wirkten damit einer Trennung von Staat und Gesellschaft entgegen. Über die Parlamente wurde zugleich das demokratische Postulat in die staatliche Ordnung eingeführt und zunehmend zur Geltung gebracht. Im demokratischen Staat von heute sind Staat und Gesellschaft durch eine Vielzahl von rechtlichen und faktischen Kommunikations-, Abhängigkeits- und Interventionsbeziehungen in mannigfacher Weise aufs engste miteinander verbunden. Der Staat läßt sich folglich nicht auf den Rechtsstatus eines deutschen Beamten reduzieren. Parlamente sind in einer pluralistischen Demokratie oberste Staatsorgane und seine Mitglieder Inhaber eines öffentlichen Amtes, das sie hauptberuflich wahrnehmen, ohne damit „Beamte" geworden zu sein.[46] Je stärker herausgehoben und dem gesamten Gemeinwesen verpflichtet eine Staatätigkeit bzw. ein öffentliches Amt ist, desto eher ist eine Verfassungsbindung begründet; insbesondere in einem pluralistischen Rechtsstaat, der sich als „wehrhafte Demokratie" zu einer freiheitlichen demokratischen Grundordnung bekennt. Daher ist auch der Verfassungseid ohne Ausnahme für die Mitglieder *aller* obersten Verfassungsorgane vertretbar; es sei denn, die Eidespflicht wird aus prinzipiellen Gründen für alle Inhaber öffentlicher Ämter in obersten Verfassungsorganen als nicht mehr „zeitgemäß" abgelehnt und generell abgeschafft.

Auch die dritte, vermittelnde Position, die — abgesehen von der Eidesfrage — der Stellungnahme des Präsidenten des Deutschen Bundestages vom 27. Mai 1975[47] zu einer Anfrage des Bundesverfassungsgerichts sehr nahe kommt, muß teilweise Widerspruch hervorrufen. Wohl kann der Auffassung gefolgt werden, daß der Bundestag als ein oberstes Staatsorgan anzusehen ist, dessen Mitglieder Staatsbürger sind, die von ihren Mitbürgern durch Wahl für eine befristete Zeit ermächtigt wurden, an deren Stelle und im „Namen des Volkes" staatliche, für jedermann verbindliche Entscheidungen zu fällen. Der These vom ehrenamtlichen Repräsentanten-Sonderstatus und den daraus abgeleiteten Überlegungen muß jedoch widersprochen werden: Zum einen sind die Mitglieder aller obersten Verfassungsorgane der Bundesrepublik ohne Ausnahme nur für einen befristeten Zeitraum zur Amtswahrnehmung ermächtigt bzw. autorisiert. Unter diesem Gesichtspunkt spielt der Bundestagsabgeordnete keine Sonderrolle. Ebensowenig läßt sich hinsichtlich der staatspolitischen Bedeutung, Kompetenzfülle, verfassungspolitischen Verantwortlichkeit oder zeitlichen Beanspruchung eine wesentliche Differenz zwischen den verschiedenen Mitgliedern der obersten Verfassungsorgane ausmachen. Sie alle sind heute faktisch hauptberufliche Inhaber eines öffentlichen Amtes. Dazu hat das Bundesverfassungsgericht in seiner Entscheidung vom 5. November 1975 mehrheitlich und zutreffend erklärt, daß heute auch der Bundestagsabgeordnete bei der Wahrnehmung der mannigfachen Verpflichtungen, die mit seinem Mandat verbunden sind, so sehr in Anspruch genommen werde, daß das Mandat faktisch zur „Hauptbeschäftigung (‚fulltime-job')"[48] geworden sei. Er sei damit, ohne hierdurch die Rechtsstellung eines Beamten erworben zu haben, als Inhaber eines öffentlichen Amtes mit Anspruch auf ein angemessenes „Einkommen aus der Staatskasse" zu bezeichnen.

Gegen diese Auffassung wird auf das freie Mandat und den repräsentativen Charakter des Abgeordnetenmandats verwiesen.[49] Damit kann der Amtscharakter des Bundestagsabgeordneten jedoch nicht prinzipiell in Frage gestellt werden. Als Inhaber eines öffentlichen Amtes ist der Abgeordnete zunächst wie jedes andere Mitglied des öffentlichen Dienstes „Repräsentant des Staates" in dem Sinne, daß er autorisiert ist zur verbindlichen Entscheidung bzw. Handlung für andere. Zugleich ist er als Abgeordneter „Repräsentant des ganzen Volkes" in dem Sinne, daß er den Willen des Volkes, wie er ihn erkennt, unter Beachtung von Individual- und Gruppeninteressen im Blick auf die Verwirklichung eines „Gemeinwohls" im Staat zur Geltung bringen soll. Er ist damit beides zugleich: Repräsentant des Volkes und des Staates. In ihm vollzieht sich die Identität von Staat und Gesellschaft insoweit, als er unter der demokratischen Forderung handelt, der Übereinstimmung von „Volkswillen" und „Staatswillen" möglichst weitgehend Geltung zu verschaffen. Dieser repräsentativen Vermittlungsfunktion soll das freie Mandat in einer pluralistischen Demokratie dienen. Der Unterschied zu den anderen „öffentlichen Amtsinhabern" liegt demnach, abgesehen von dieser spezifischen Vermittlerfunktion, vornehmlich im Ausmaß der rechtlich garantierten Entscheidungsfreiheit und Unabhängigkeit sowie der daraus abgeleiteten besonderen Rechtsstellung des Abgeordneten im „öffentlichen Dienst" (Regelung der Amtspflichten, Dienstzeit, Bezüge etc.). Das „freie Mandat" besagt in dieser Perspektive, daß ein Abgeordneter rechtlich nicht zu einem bestimmten Amtsverhalten bei der inhaltlichen wie formellen Art und Intensität seiner Mandatsausübung genötigt bzw. gerichtlich oder dienstlich außerhalb des Parlaments zur Verantwortung gezogen werden kann (Indemnität). Für eine eventuelle Ablehnung des Abgeordneteneides läßt sich hieraus jedenfalls kein Argument gewinnen.

Dies gilt auch für den Vergleich von Staatsbürger und Abgeordneten. Der Abgeordnete wird im Gegensatz zum Staatsbürger vom Wähler durch Wahl zur Wahrnehmung der Kompetenzen des parlamentarischen Mandats auf Zeit ermächtigt bzw. − wie es das Bundesverfassungsgericht formulierte − „vom Vertrauen der Wähler berufen".[50] Eine Eidesbindung des so Berufenen wäre, solange einem Verfassungseid überhaupt noch ein Sinn beigemessen wird, durchaus folgerichtig und begründet.

## VI. Ein Verfassungseid für alle Abgeordneten?

Die vorliegende Analyse kommt zum Ergebnis: Außerhalb Deutschlands ist der Eid des Abgeordneten in der Staatengemeinschaft der westlichen, parteienstaatlichen Demokratien gegenwärtig weit verbreitet. Bis zum Ersten Weltkrieg wurde er auch von den meisten deutschen Länderverfassungen gefordert. Daß er dabei stets mit einem Treueeid auf den Landesherrn und einem religiösen Bekenntnisakt verbunden blieb, hat sich bei den Auseinandersetzungen um die Frage des Verfassungseides seit der Weimarer Republik als „historische Belastung" erwiesen.

Der politische Eid in einer demokratischen Republik ist heute im Kern ein Eid der „Treue den für alle verbindlichen Grundwerten der Verfassung". Alle weiteren Attribute eines öffentlichen Amtseides sind daneben in einer pluralistischen Demokratie von sekundärer Bedeutung.

Der politische Eid hat seit Weimar nicht mehr vornehmlich die traditionelle Funktion der Herrschaftssicherung. Ihm kommt − abgesehen vom Einbruch des Dritten Reiches[51] − vielmehr die Funktion zu, der Förderung von politischer Integration und zur Legitimierung von Repräsentation beizutragen. Als „höchst weltliches Rechtsinstitut" soll der moderne Eid der Erkenntnis Rechnung tragen, „daß der Staat als unverzichtbare Grundlage der menschlichen Erhaltungsordnung auf Treue, Wahrheit und Gerechtigkeit angewiesen ist. In dem Maß, in dem er diese Werte verwirklicht, kann er auch vom Bürger, der im Gegensatz zur Vergangenheit heute nicht mehr bloßer Untertan ist, Gefolgschaft und Gehorsam gegenüber der Rechtsordnung erwarten. Hierin liegt die historische Begründung des Eides, nämlich Gemeinschaft mit anderen zu bezeugen und möglich zu machen."[52] Aus diesem Grunde wird vornehmlich von den Mitgliedern der obersten Verfassungsorgane der Eid auf die Verfassung verlangt.

Die integrative Bedeutung der Verfassung hat gegenüber Weimar in der Bundesrepublik erheblich zugenommen. Das Konzept der wehrhaften Demokratie verlangt zum Schutze seiner Bürger und zur Sicherung der freiheitlichen demokratischen Grundordnung nach einer uneingeschränkten Bindung aller öffentlichen Gewalt an die Verfassung. Gerade in einer parteienstaatlich-pluralistischen Demokratie muß es sinnvoll erscheinen, die Verfassungsbindung aller öffentlichen Gewalt durch den persönlich zu leistenden Verfassungseid der öffentlichen

Amtsinhaber hervorzuheben; schon um sie gegebenenfalls bei verfassungsbedenklichen Forderungen auch ihren eigenen Parteien gegenüber konfliktfähiger zu machen. Als Fazit bleibt festzuhalten: Solange von öffentlichen Amtsinhabern der Verfassungseid verlangt wird, gibt es schwerlich überzeugende Argumente dafür, ausgerechnet die Abgeordneten hiervon auszunehmen.

Welche Schlußfolgerungen sind hieraus zu ziehen? Das Bundesverfassungsgericht hat die Abgeordneten als Inhaber eines öffentlichen Amtes bezeichnet, die dieses Amt als „Hauptbeschäftigung" – d.h. doch wohl „beruflich" – wahrnehmen. Spätestens angesichts dieses Urteils vom 5. November 1975 muß die für alle Abgeordneten in Bund und Ländern allein in Frage kommende Alternative demnach lauten: Entweder werden die Mitglieder des Bundestages und der Landtage in die allgemein geltende Eidespflicht mit einbezogen oder die Eidesbindung aller Inhaber öffentlicher Ämter wird einer generellen Eidesreform unterzogen.

*Gustav Heinemann* hat als Bundespräsident anläßlich des 25jährigen Gedenkens an den 20. Juli 1944 in Berlin-Plötzensee die Frage aufgeworfen, „ob Eide in unserem weltanschaulich neutralen Staat überhaupt noch einen Platz haben."[53] Er verwies dabei vornehmlich auf die Möglichkeiten individueller Gewissenskonflikte und die hierdurch bewirkte Eidesnot – die herbeizuführen grundgesetzwidrig ist – sowie den Mißbrauch religiöser und anderer transzendenter Bezüge, die angesichts des geschichtlich belasteten Eidesbegriffs mit diesem zu höchst irdischen Zwecken einsetzbaren Rechtsinstitut verbunden sein können. Daraus könnte realistischerweise gefolgert werden, auf die geschichtsträchtigen, gerade in Deutschland schwer entmythologisierbaren Worte „Eid" und „schwören" in Verfassung und Recht zu verzichten und ohne Ausnahme für Amtsinhaber (einschließlich aller Staatsbeamten) eine andere, weniger belastete Bezeichnung vorzuziehen. Wenn das Bundesverfassungsgericht in seiner Entscheidung vom 11. April 1972 feststellte, daß der ohne Anrufung Gottes geleistete Eid nach der Wertordnung des Grundgesetzes keinen religiösen oder in anderer Weise transzendenten Bezug habe,[54] so wären terminologische Konsequenzen nicht völlig unbegründet.

Denn, „das Festhalten an den magisch geladenen Worten ‚Eid' und ‚schwören' weist darauf hin, daß das Entscheidende nach wie vor in der affirmatio religiosa liegt, mag diese auch beim weltlichen Eid nur noch in Form einer affirmatio transcendentalis in Erscheinung treten."[55] Selbstverständlich müßte das Recht garantiert bleiben, daß dem von den Amtsinhabern verlangten Gelöbnis auf ausdrücklichen Wunsch eine religiöse Beteuerung beigefügt werden kann.

Die Einbeziehung der Abgeordneten in die allgemeine Eidespflicht könnte zum einen den Effekt haben, daß der Bundestag mehr Sensibilität in der generellen Eidesfrage an den Tag legt und Reformbereitschaft zeigt. In diesem Zusammenhang sollte auch darüber entschieden werden, ob es tatsächlich gerechtfertigt ist, unabhängig vom jeweiligen

Entscheidungsspielraum und Verantwortungsgrad von jedem im öffentlichen Dienst stehenden Bürger ein Gelöbnis auf die Verfassung zu fordern. Entscheidend ist jedoch der zweite Aspekt: Nur bei Einführung des Abgeordneteneides (bzw. -Gelöbnisses) wäre der „Gewissensverweis" in Art. 38 GG hinreichend legitimiert und als Verfassungsformel erträglich.

*Josef Isensee* erinnerte kürzlich daran: „Im Grundgesetz erhält die Sicherung der Verfassungsordnung höheren Stellenwert als in der Weimarer Reichsverfassung. Eindringlicher als zuvor klingt nun der Appell an die Verfassungstreue der Bürger. Die politische Freiheit des einzelnen und die Selbstbehauptung der Verfassung sollen in der Konzeption einer wehrhaften Demokratie zusammenfinden. Vorbedingung eines wirksamen Verfassungsschutzes ist die uneingeschränkte Bindung der öffentlichen Gewalt an die Verfassung."[56] Einer derartigen Bindung unterliegt grundsätzlich auch das Parlament. Auch dieses „Schutzbedürfnis" begründet den Verfassungseid des Abgeordneten. Das müßte Konsequenzen haben: Die Abgeordneten können erst dann ihr Amt ausüben und das freie Mandat wahrnehmen, wenn sie den Verfassungseid geleistet haben. Die Abgeordneten und die sie tragenden Parteien müssen sich der Frage und öffentlichen Diskussion stellen, ob sie zur Verfassungstreue bereit und fähig sind und was sie darunter verstehen. Ob es dann noch − wie gegenwärtig rechtens − zulässig wäre, nach einem Parteienverbot durch das Bundesverfassungsgericht den Abgeordneten in Bund und Ländern „automatisch" das Mandat abzuerkennen, die bis zum Verbot der betroffenen Partei zuzurechen waren, obgleich sie zuvor einen persönlich zu verantwortenden Eid auf die Verfassung bereits geleistet hatten, dürfte zumindest zweifelhaft sein.

Die Forderung nach dem Abgeordneteneid (oder -Gelöbnis) enthält durchaus Konfliktstoff. Sie ist dennoch begründet, legitim und im Rahmen des Grundgesetzes geboten.[57]

Anmerkungen

1 Das Urteil ist in Auszügen abgedruckt in der Zeitschrift für Parlamentsfragen, 1976, Heft 1, S. 19 ff.
2 Art. 93 Abs. 1 Nr. 2 GG.
3 Art. 79 Abs. 1-3 GG.
4 Fragwürdig daher die Kapitelüberschrift „Der Bundestag als Souverän und Wahlgremium" in *Friedrich Schäfer:* Der Bundestag, Köln und Opladen 1967.
5 *Gerhard Saam:* Der Eid des Beamten, jur. Diss. Münster 1974, weist darauf hin, daß der Treueeid im Dritten Reich in seiner uneingeschränkten persönlichen Bindung an *Hitler* mit aller bisherigen Eidestradition brach − ein Treueeid, der gleichzeitig zum heuchlerischen Mißbrauch mit der nach Weimar wieder eingeführten Formel „so wahr mir Gott helfe" führte. „Der eigentliche

und fundamentale Unterschied der Treuebindung bestand ... in der ideologischen Basis, auf Grund derer der Eid verlangt und auch geleistet wurde." Ebd., S. 166.

6 Vgl. Art. 56, 64 Abs. 2 GG und § 11 BVerfGG.

7 Die Vereidigung der Regierungsmitglieder wird lediglich von der Berliner Verfassung nicht verlangt.

8 Vgl. den ausführlichen Kommentar zu Art. 56 GG in *v. Mangoldt-Klein:* Das Bonner Grundgesetz, Bd. II, 2. Aufl. 1966, S. 1091-1100. Hier jedoch: „Die Verweigerung des Eides ... ist nicht ohne weiteres als Verzicht auf das Präsidentenamt zu werten." Ebd., S. 1094.

9 Auf drei aus verschiedenen Jahrzehnten dieses Jahrhunderts stammende Arbeiten mit reichhaltigen Literaturangaben sei verwiesen. *Rudolf Hirzel:* Der Eid – Ein Beitrag zu seiner Geschichte, Leipzig 1902; *Ernst Friesenhahn:* Der politische Eid, Bonn 1928, Neudruck Darmstadt 1979; *Gerhard Saam:* Der Eid des Beamten, jur. Diss. Münster 1974.

10 Nach *Rudolf Hirzel* lautete schon im Altertum die „gewöhnliche Antwort" auf die Frage nach dem Wesen des Eides: „Der Eid ist eine Art der Versicherung, welche durch göttliche Mitwirkung verstärkt wird." A.a.O., S. 11. *Thomas Hobbes* erklärte gegen Ende des vierzehnten Kapitels seines Leviathan (1651) apodiktisch, „and swearing by other things (als bei Gott)... is not swearing, but an impious custom, gotten by too much vehemence of talking". Und *Gottfried Niemeier* schrieb 1974: „Ein religionsloser Eid oder Schwur ist ,hölzernes Eisen' ". *Gottfried Niemeier* „Der Eid als theologisches Problem", in *Heinrich Böll* u. a. (Hrsg.): Anstoß und Ermutigung – Gustav Heinemann Bundespräsident 1969-1974, Frankfurt/Main 1974, S. 435.

11 Siehe unten S. 185 f.

12 Schon *Rudolf Hirzel* hatte feststellen können: „Diese Unterscheidung ist jetzt wohl allgemein angenommen." A.a.O., S. 2.

13 Hierzu und zum folgenden vgl. *Ernst Friesenhahn,* a.a.O., S. 18 ff.

14 Einen informativen, kurzgefaßten, systematischen und vergleichenden Überblick zum Abgeordneteneid bietet *Ernst Friesenhahn,* a.a.O., S. 64-82.

15 Die deutschen Übersetzungen der im folgenden zitierten ausländischen Verfassungen sind den Sammelbänden entnommen: *Günther Franz* (Hrsg.): Staatsverfassungen, 2. Aufl. Darmstadt 1964 und *Peter C. Mayer-Tasch* (Hrsg.): Die Verfassungen Europas, Stuttgart 1966.

16 Näheres und weitere Hinweise bei *Ernst Friesenhahn:* Der politische Eid, Bonn 1928, S. 68 f. und 73.

17 Siehe hierzu *Erwin Ruck:* Schweizerisches Staatsrecht, 3. Aufl. Zürich 1957, S. 169 f.

18 Vgl. *Karl Loewenstein:* Staatsrecht und Staatspraxis von Großbritannien, Bd. I, Berlin etc. 1967, S. 203.

19 Näheres zum *Bradlaugh*-Fall (der sich von 1880-1888 hinzog) bei *Ernst Friesenhahn,* a.a.O., S. 71 ff. Die bedeutende Gerichtsentscheidung im Falle *Bradlaugh v. Gossett* (1884) ist abgedruckt in *Stephenson* und *Marcham* (Hrsg.): Sources of English Constitutional History, New York und Evanston 1937, S. 857-861.

20 Vgl. hierzu *Eric Taylor:* The House of Commons at Work, 7. Aufl. Harmondsworth, Engl. 1967, S. 64 f. und 85. Mit dem Eid soll in England, das keine geschriebene Verfassung kennt, die Erbfolge des Königshauses gesichert bleiben – ein Ausdruck von Verfassungskontinuität.

21 Die „House Democratic Caucus Rules" von 1909 sind abgedruckt in *George B. Galloway:* History of the House of Representatives, New York 1961,

S. 138 f., wo es in Regel 7 u. a. heißt: „. . . a two-thirds vote of those present and voting at a Caucus meeting shall bind all members of the Caucus: Provided . . . That no member shall be bound upon questions involving a construction of the Constitution of the United States or upon which he made contrary pledges to his constituents prior to his election or received contrary instructions by resolutions or platform from his nominating authority." Das Recht, Instruktionen zu akzeptieren, wurde demnach ausdrücklich anerkannt. Fraktionsmitglieder bindende Beschlüsse wurden sehr selten praktiziert. Die Regel ist am 9. Sept. 1975 wieder aufgehoben worden. Siehe: Congressional Quarterly Weekly Report, 13. Sept. 1975, S. 1956.

22 Siehe dazu „Annals of Congress", 1. Kongreß, 1. Session, S. 761-774. Zur Problematik der Abgeordneteninstruktion in den USA besonders *Robert Luce:* Legislative Principles, Boston/New York 1930, S. 448-491, und *Alfred De Grazia:* Public and Republic, New York 1951, S. 50-171.

23 Vgl. hierzu *Herbert Krüger:* Allgemeine Staatslehre, Stuttgart 1964, S. 313, und *Ernst Friesenhahn*, a.a.O., S. 41.

24 Näheres bei *Gerhard Saam*, a.a.O., S. 5-62.

25 Dazu *Gerhard Saam*, a.a.O., S.37 f. Vgl. z. B. den häufig vorkommenden Satz, den Eid „in die Hände" des Parlamentspräsidenten etc. ablegen.

26 Zum Untertaneneid *Ernst Friesenhahn*, a.a.O., S. 53-63 und *Herbert Krüger*, a.a.O., S. 313 ff.

27 In Preußen fand die allgemeine Untertanenhuldigung seit dem Erlaß der revidierten Verfassung von 1850 nicht mehr statt; dazu *Adolf Arndt:* Die Verfassungsurkunde für den Preußischen Staat, Berlin 1911, S. 374. Dagegen hieß es noch in Art. 4· der Verfassung der Freien und Hansestadt Hamburg von 1879, die im Gegensatz zur preußischen Verfassung keinen Abgeordneteneid kannte: „Bürger des Hamburgischen Staates sind diejenigen Hamburgischen Staatsangehörigen, welche den Eid auf die Verfassung geleistet und das dadurch erworbene Bürgerrecht nicht wieder verloren haben." Nach 1871 hatten vor allem die republikanischen Hansestädte, die stets auf einen besonderen Abgeordneteneid verzichteten, an einem Bürgereid festgehalten.

28 Von rechtlich grundlegender Bedeutung für die Veröffentlichung von Parlamentsdebatten in Großbritannien war der Parliamentary Papers Act von 1840. Vgl. dazu *Karl Loewenstein*, a.a.O., S. 280 f. Die richtungsweisenden höchstrichterlichen Entscheidungen *Stockdale v. Hansard* (1839) und *Wason v. Walter* (1868) sind abgedruckt in: *Stephenson* und *Marcham*, a.a.O., S. 797-801. Zum ganzen auch *Ernst Fraenkel:* Deutschland und die westlichen Demokratien, 4. Aufl. Stuttgart 1968, S. 120 ff. und *Cecil S. Emden:* The People and the Constitution — Being a History of the Development of the People's Influence in British Government, 2. Aufl. Oxford 1956, S. 35 ff. und 64 ff.

29 *Kurt Wolzendorff:* Staatsrecht und Naturrecht, Breslau 1916, S. 85. Zum Ganzen auch *Karl Möckl* und *Karl Bosl* (Hrsg.): Der moderne Parlamentarismus und seine Grundlagen in der ständischen Repräsentation, Berlin 1977.

30 Zitiert nach *Ernst Friesenhahn*, S. 65, (Hervorhebungen nicht im Original). Eine weitere, weitgehend gleichlautende Eidesformel aus dem Jahre 1672 findet sich in der Darstellung zum Ständeeid bei *F. A. von Campe:* Die Lehre von den Landständen nach gemeinem Deutschen Staatsrecht, 2.Aufl., Lemgo/Detmold 1864, S. 190 f. und 327 ff.

31 *F. A. von Campe*, a.a.O., S. 328. „Die Formulierung des Ständeeids, die meistens mit dem Gelöbnis der Treue gegen den Landesherrn und gegen die Landesverfassung vereinigt ist, streift sehr nahe an einen Diensteid heran, es

ist gewissermaßen das Gelöbnis, auf diesem bestimmten Gebiete des öffentlichen Lebens seines Amtes treu warten zu wollen." (Ebd., S. 328.)

32 *Ernst Friesenhahn*, a.a.O., S. 65.

33 Während der Verhandlungen der Nationalversammlung wurde von den Abgeordneten *Lassaulx, Welcker, Jürgens* ein „Minoritätserachten" eingebracht, wonach die künftigen Reichstagsabgeordneten u. a. schwören sollten, „die Integrität des deutschen Reiches und seine Verfassung nach bestem Wissen und Gewissen mit Rath und Tath aufrecht erhalten und das Vaterland den Enkeln nicht kleiner und schlechter hinterlassen zu wollen als die Väter es uns hinterlassen haben." (*Franz Wigard*, Sten. Ber., S. 6040.)

34 Die Interpretation der amerikanischen Verfassungsbestimmung „for any speech or debate in either house, they shall not be questioned in any other place" (Art. 1 Sekt. 6 Abs. 1) durch die Verfassungsgerichtsbarkeit führte bereits frühzeitig zu einer extensiven Auslegung zugunsten der gesamten parlamentarischen Tätigkeit der Abgeordneten, einschließlich der Abstimmungen. So erstmals in *Coffin v. Coffin*, 4 Mass. 1, 27 (1880). Am 29. Juni 1959 stellte der Supreme Court erneut fest: „The Constitution itself gives absolute privilege to members of both Houses of Congress in respect to any speech, debate, vote, report or action done in session." *Borr v. Matteo*, 360 U.S. 564, 569 (1959).

35 Die Rede ist abgedruckt in *Ernst Rudolf Huber* (Hrsg.): Dokumente zur Deutschen Verfassungsgeschichte, Bd. 2, S. 49-53, Zitat S. 52.

36 *Ernst Rudolf Huber*, a. a. O., S. 357.

37 Ein Thailänder gab mir hierfür folgende Erklärung: Der Verfasser der modernen thailändischen Verfassung hatte in Paris während seiner Studien eine französische Übersetzung der Weimarer Verfassung gelesen und sie als hilfreiche Quelle bei seiner Entwurfstätigkeit verwandt.

38 Hervorhebung im Original.

39 Die folgenden Länderverfassungen werden zitiert nach *Ernst Rudolf Huber*, a. a. O., Bd. 1.

40 Seit der Verfassungsänderung vom 4. Juni 1848 „Landtag".

41 1849 wurden die eingeklammerten Worte gestrichen.

42 Hierzu und zum folgenden besonders *Gerhard Saam*, a. a. O., S. 148-161, und *Ernst Friesenhahn:* Der Eid auf die Verfassung nach der Verordnung des Reichspräsidenten vom 14. August 1919, Bonn 1928. Siehe auch *ders.:* Der politische Eid, S. 112-125.

43 *Ernst Friesenhahn:* Der politische Eid, S. 91. Das folgende Zitat ebd., S. 1. Der Begriff „Treue zur Verfassung" ist im Grundgesetz in Art. 5 Abs. 3 zu finden.

44 Vgl. auch das von *Josef Isensee* angeführte *Goebbels*-Zitat; dazu *Josef Isensee* „Wehrhafte Demokratie", in: Das Parlament, 26. Jahrgang Nr. 3, 17. Januar 1976, S. 1.

45 So argumentiert die Stellungnahme des Präsidenten des Deutschen Bundestages vom 27. Mai 1975 zu einer Anfrage des Bundesverfassungsgerichts vom 18. Februar 1975 (Manuskript), S. 13f.

46 So das Bundesverfassungsgericht in seinem „Diäten"-Urteil vom 5. November 1975, schriftliche Begründung, vgl. oben Anmerkung 1, S. 21.

47 Vgl. Anmerkung 45.

48 Urteilsbegründung, ebd. Offenkundig hatte das Gericht vor der Bundestagsstellungnahme und der hier etwas altväterlich geratenen Sprachpflege um das Wort „Beruf" so viel Respekt, daß es die Ausflucht in das nicht gerade schöne Wort „full-time-job" vorzog. Die Bundestagsabgeordneten sind nach Mei-

nung des Verfassungsgerichts demnach keine „Berufsparlamentarier", sondern „full-time-job-Parlamentarier".

49 Dies ist, verbunden mit einer frühliberalen Repräsentationsideologie, Zentralpunkt der in der Stellungnahme des Präsidenten des Deutschen Bundestages vom 27. Mai 1975 vorgetragenen Argumentation.

50 Vgl. Anmerkung 46.

51 Siehe oben Anmerkung 5.

52 *Kai Bahlmann* „Ist der Eid noch zeitgemäß?", in: *Heinrich Böll* u. a. (vgl. Anmerkung 10), a.a.O., 403-430, Zitat S. 409 f. Ebd. und in dem Beitrag von *Gottfried Niemeier* sowie im Neudruck 1979 des Buches von *Friesenhahn* weitere Hinweise auf neuere Literatur.

53 Zitiert nach *Kai Bahlmann*, a. a. O., S. 405.

54 BVerfGE 33, S. 23 bes. 27ff.

55 *Kai Bahlmann*, a. a. O., S. 415. Siehe auch *Gottfried Niemeier*, a. a. O., S. 434f. und 443. *Gerhard Saam* kommt angesichts dieser „mythischen Dimension" nach einer Analyse des gegenwärtig geltenden Beamteneides zum Ergebnis: „Die Aufrechterhaltung des Eideszwanges steht im Widerspruch mit den Grundrechtsformen des Grundgesetzes; sie gründet sich auf eine falsch verstandene Eidestradition. Der Staat kann und sollte heute auf den Eideszwang verzichten." A. a. O., S. 232.

56 *Josef Isensee*, a.a.O. (Anm. 44), S. 1.

57 Daß, schon auf Grund des Bedeutungswandels ihres Amtes, zumindest die Parlamentspräsidenten einen Verfassungseid ablegen müßten − sie vereidigen heute Regierungsmitglieder und andere öffentliche Funktionsträger, ohne selbst einen Eid geleistet zu haben −, hat kürzlich *Wolfgang Härth* begründet und gefordert. Sein Aufsatz „Parlamentspräsidenten und Amtseid", der 1980 in der Zeitschrift für Parlamentsfragen erscheinen wird, endet mit der Schlußbemerkung: „Zusammenfassend bleibt festzustellen: Das Amt des Parlamentspräsidenten ist von großer Bedeutung für das Funktionieren des gesamten Staatsmechanismus. Es hat im Laufe der Zeit erheblich an Gewicht gewonnen. Es müßte deshalb selbstverständlich sein, daß die Parlamentspräsidenten − wie alle anderen staatlichen Funktionsträger − vor Amtsantritt einen Eid leisten. Nur der Präsident des Schleswig-Holsteinischen Landtages leistet einen Eid, allerdings als Abgeordneter, aber zeitlich als Erster. Immerhin − er sollte ein Vorbild für alle Parlamentspräsidenten sein".

# Heimat in der pluralistischen Demokratie?

## I. Welche Gesellschaft wollen wir?

Welche Gesellschaft wollen wir? Als diese Frage in einem Gespräch aufgeworfen wurde, kam die überraschende Antwort: „Wir wollen eine Gesellschaft, die uns die Erfahrung von Heimat ermöglicht." Die Antwort scheint zunächst allzu subjektiv, eng und wenig ergiebig zu sein.

Was besagt schon Heimat: Verstehen wir darunter nicht „einen räumlich enger begrenzten Bezirk, dem der Mensch durch Herkunft und Kindheitserlebnisse auch gefühlsmäßig auf besondere Weise seelisch verbunden ist" *(M. H. Boehm)?* Mancher mag dabei gar mit leichtem Schaudern an einen gefühlsbeladenen Heimatkult mit seiner wehmütigen Romantik oder den teilweise unverbindlich-sentimentalen − aber auch vielfach echt erfahrenen − Schmerz des Heimwehs denken.

„Eine Gesellschaft, die uns Heimat ermöglicht"! Ist damit eine Gesellschaft gemeint, die uns gar zur Entwicklung und Pflege des subjektiven Gefühls dorf- oder kleinstadtbezogener Jugenderinnerungen ermuntern soll und will? Und das im Zeitalter großflächiger moderner Industriestaaten mit ihren expandierenden Technologien, mit ihrer stetig wachsenden Großstadtbevölkerung und zunehmenden internationalen Verflechtung und Mobilität? Wird hier also möglicherweise einer an glorifizierter Vergangenheit orientierten konservativ-romantischen Gesellschafts-Idylle das Wort geredet? Wir leben in einer gewaltbesessenen Welt, und die Medizin soll in der Flasche Heimat stecken?

Wenn man den Satz, „eine Gesellschaft, die uns die Erfahrung von Heimat ermöglicht" von einem derart enggefaßten Heimatbegriff her zu deuten versucht, wäre diese Kurzantwort auf unsere Frage nach der Gesellschaft, die *wir* wollen, sicherlich recht unergiebig. Der Begriff Heimat läßt jedoch erheblich weiterreichende Ausdeutungen zu, womit Perspektiven eröffnet und Einsichten ermöglicht werden, denen wir uns nicht verschließen sollten.

Welche Bedeutung der Frage nach Heimat zukommt, hat *Willy Brandt* als Bundeskanzler in seiner Regierungserklärung vom 18. Januar 1973 in die Worte gefaßt: „Unsere Bürger suchen trotz des Streits der Interessen eine Heimat in der Gesellschaft, die allerdings nie mehr ein Idyll sein wird - wenn sie es je war. Das Recht auf Geborgenheit und das Recht, frei atmen zu können, muß sich gegen die Maßlosigkeit der technischen Entwicklung behaupten, die unserer Kontrolle zu entgleiten droht."

Daß *Brandt* dieses Heimatverständnis nicht auf die Bundesrepublik beschränkt wissen will, hat er sechs Jahre später in einem Aufruf zur ersten Direktwahl des Europäischen Parlaments unterstrichen: „Die Direktwahlen ... sollten in den Menschen den Wunsch stärken, über einstige Barrieren hinweg miteinander in der Geborgenheit eines europäischen Staatenverbandes zu leben: in einem Europa, das seinen Menschen zur größeren Heimat wird und der Welt gute Beispiele setzt."[1]

*Ernst Fraenkel* bezeichnete einmal „den Gedanken der sozialen Geborgenheit" als „einen bedeutsamen und bleibenden Beitrag", den Deutschland um die Jahrhundertwende „zu der Entwicklung des Staats- und Gesellschaftstyps beigesteuert hat, den man als ‚westliche Demokratie‘ zu bezeichnen pflegt." Als Beispiele für erste Konkretisierungen dieses Gedankens nannte er „das Postulat der Vollbeschäftigung, die Institutionalisierung der Vorsorge für den Fall von Krankheit, Unfällen und Invalidität, der Schutz der Arbeitsstelle gegen willkürliche Entlassungen, ganz zu schweigen von den disziplinarrechtlichen und finanziellen Sicherungen, die den Beamten zustehen: alles das beruht ja nicht auf Ideen, die auf englischem, französischem geschweige denn amerikanischem Boden erwachsen sind."[2] Die hier angedeuteten ersten Ansätze eines Übergangs vom Laissez-faire-Liberalismus zum modernen Wohlfahrts- und Sozialstaat könnten demnach gedeutet werden als der Übergang von der vereinsamenden „Fremde" des Ellbogen-Individualismus zur die Erfahrung von „Heimat" vermittelnden Solidargemeinschaft.

## II. Heimat als zentraler Wert menschlicher Existenz

Will Heimat mehr besagen, als einen nur vage umschreibbaren Gemütsgehalt, so bedarf die Definition von Heimat als das Erfahren und Erleben von Geborgenheit in Vertrautheit mit und Zugehörigkeit zu einem sozialen Gefüge einer näheren Verdeutlichung. *Wilhelm Brepohl*[3] hat dem alten, ursprünglich an bäuerlichen Leitbildern gewonnenen Begriff der „angeborenen Heimat", wo Heimat nicht nur den Herkunftsraum, sondern zugleich weitgehend den „festen Rahmen der Zukunfshoffnungen des Einzelnen für sich und seine Nachkommenschaft *(Boehm)* anzeigt, einen neuen, weiterentwickelten Heimatbegriff gegenübergestellt. Er spricht in diesem Zusammenhang von der „Drei-Sphären-Heimat", wonach zum Verständnis von Heimat analytisch zwischen drei verschiedenen Spähren (Dimensionen) unterschieden wird: 1. die naturale (gegenständlich-landschaftliche) Umwelt, 2. die geistig-kulturelle Umwelt und 3. die soziale Umwelt im engeren Sinne. Das vielschichtige Phänomen Heimat kann demnach auf verschiedene Weise erfahren werden und in unser Bewußtsein treten: Zum einen Heimat als subjektives Erleben von gegenständlich-räumlicher Umwelt, vor allem aus der Kindheit: das Elternhaus, „unsere Straße", der überschaubare Ortsteil, die unmittelbar erlebte Landschaft.

Zum zweiten Heimat als innere Verbundenheit mit einer geistig-kulturellen Umwelt, die Vertrautheit und Auseinandersetzung mit erworbener und erfahrener Tradition, mit den Grundformen des Denkens und der wechselseitigen Verständigung. Diese Heimatsphäre hatte der polnische Exilschriftsteller *Tadeusz Novakowski* im Sinn, wenn er kürzlich erklärte: „Der Schriftsteller hat nur eine Heimat, das ist die Sprache. Aus der Sprache läßt sich nicht emigrieren".

Die dritte Dimension des Heimatverständnisses meint die unmittelbare Beziehung von Menschen miteinander. Sie findet ihren Ausdruck in Formulierungen wie: „Meine Heimat ist da, wo meine Freunde sind", „meine Heimat ist da, wo meine Lieben sind", „meine Heimat ist da, wo ich die Solidarität von Nachbarn und Mitmenschen erfahre, wo ich Gemeinschaft finde, in einer Gemeinde bin, wo mir Gerechtigkeit widerfährt, wo ich Freiheit erfahre". Eine Gesellschaft, die uns das Erleben von Heimat ermöglicht, meint demnach eine Gesellschaft, die uns Geborgenheit und Vertrautheit sowohl in einer räumlich-landschaftlichen als auch geistig-kulturellen und politisch-sozialen Umwelt ermöglicht.

Der umfassende Begriff Heimat („Drei-Sphären-Heimat") meint somit die subjektive Ganzheitserfahrung eines räumlich-geistig-sozialen Gefüges als Umwelt im weitesten Sinne. Während jedoch im alten Heimatverständnis die gegenständliche Sphäre, der Herkunftsraum, die Landschaft am stärksten hervorgehoben wird, ja fast das Ganze auszumachen scheint,[4] wird im neuen Heimatverständnis herausgearbeitet, daß der Raum „das zwar nötige, aber nicht bestimmende Element der Heimat" *(Brepohl)* sei. Jeder Mensch mag demnach für sich Heimat unterschiedlich erfahren und erleben, sich der verschiedenen Dimensionen bewußt werden und ihnen in seinem Heimaterleben Geltung verschaffen.

Heimat in dieser Spannweite kann somit sowohl (das eine Extrem) das Gefühl der Geborgenheit in der räumlich-geistigen Lebenswelt der Kindheit und Jugend meinen wie (das andere Extrem) jenes viel weiterreichende, zukunftsweisende Ziel der Sehnsucht nach einer „besseren Welt", für die auch der marxistische Philosoph *Ernst Bloch* kein treffenderes Wort weiß als „Heimat". *Ernst Bloch* schließt bekanntlich sein Hauptwerk „Das Prinzip Hoffnung" mit den Sätzen: „Der Mensch lebt noch überall in der Vorgeschichte, ja alles und jedes steht noch vor Erschaffung der Welt, als einer rechten. Die wirkliche Genesis ist nicht am Anfang, sondern am Ende, und sie beginnt erst anzufangen, wenn Gesellschaft und Dasein radikal werden, das heißt sich an der Wurzel fassen. Die Wurzel der Geschichte aber ist der arbeitende, schaffende, die Gegebenheiten umbildende und überholende Mensch. Hat er sich erfaßt und das Seine ohne Entäußerung und Entfremdung in realer Demokratie begründet, so entsteht in der Welt etwas, das allen in die Kindheit scheint und worin noch niemand war: Heimat".[5]

In dieser extremen Ausweitung erweist sich Heimat schließlich als säkulare Parallele zur Sichtweise von der Heimat des Christenmenschen in Kirche und Gemeinde und der Gewißheit von der wahren, erst richtigen und rechten Heimat im Reiche Gottes. Säkular gewendet: die Heimat des arbeitenden, schaffenden Menschen bilden die Arbeiterklasse und die Arbeiterbewegung, die wahre, erst richtige und rechte Heimat läßt sich jedoch nur in der klassenlos-sozialistischen Gesellschaft finden. Heimat kann in dieser Perspektive letztendlich die Dimensionen einer Heilsgewißheit, einer politischen Heilsbotschaft erlangen.

1973 erschien in der DDR eine Abhandlung zum Heimatbegriff, die aus marxistisch-leninistischer Sicht das hohe Lied auf die sozialistische Heimat anstimmte. Im Vorwort und in den Schlußbemerkungen dieser beachtenswerten, für das parteiliche Denken in der DDR grundlegenden Studie[6] heißt es u. a.: ,,Der entscheidende Wesenszug aller Existenzformen der sozialistischen Gesellschaft besteht darin, daß sich die Arbeiterklasse als führende Kraft bewährt, indem sie die Welt nach ihrem Bilde gestaltet ... Beim weltweiten Übergang der sozialistischen Völker zum Kommunismus wird sich der uralte Traum des Volkes erfüllen, daß der Mensch des Menschen Bruder werde — vereint durch die grundlegende Übereinstimmung der sozialen Interessen und des moralischen Verhaltens. Bereits jetzt schwinden die aus der Ausbeutergesellschaft überlieferten Elemente der Fremdheit zwischen den Klassen und Nationen, entwickeln sich die sozialen Beziehungen, die wir vom Standpunkt der Arbeiterklasse aus gesehen als *heimatlich* bewerten ... Überall in unserer sozialistischen Welt stößt der Mensch in Regionen vor, die ihm bis dahin fremd gewesen sind, sei es in die räumliche Ferne oder in das tiefere Wesen von Erscheinungen. Indem wir uns diese Welt praktisch aneignen, verliert eine Region nach der anderen die Attribute des Fremden, weitet sich auch hier der Bereich, in dem wir heimisch geworden, den wir deshalb *Heimat* nennen dürfen ... Es ist somit kein Wunder, daß uns die Frage nach dem Wesen der Heimat immer wieder aufs neue bewegt. Man könnte das Motiv dafür mit einem Bilde verdeutlichen: Gemeinsam stürmen wir voller Tatendrang die unendlichen Höhen des gesellschaftlichen Fortschritts. Wir sind Revolutionäre und stimmen in diesem schöpferischen Sinne mit der kategorischen Forderung *Goethes* vom ewigen ,Stirb und Werde' überein. Unser Bekenntnis zur Heimat verbindet sich stets mit unserer Tat für den sich entwickelnden Sozialismus ... Das ist der Grund, weshalb sich unser Bekenntnis zur sozialistischen Heimat ebenso notwendig mit der Tat für den Frieden verbindet. Die Heimat, das schon Errungene, ist die Bedingung für das noch zu Erkämpfende — ist also Ausgangspunkt und Ziel zugleich ...[7]

,Allein der Sozialismus ist die Zukunft der Menschheit. Allein im Sozialismus kann der Mensch frei atmen' (*Kurt Hager*). *Heimat erfordert in unserer Zeit den revolutionären Übergang der Völker zum Sozialismus.* Zugleich bieten wir alle Kräfte auf, um die imperialistischen Aggressoren zu zügeln, die selbst die mißgestaltete, der Arbeiterklasse entfremdete bürgerliche Heimat, aber auch unsere junge sozialistische Welt mit ihrer Kriegspolitik gefährden. *Heimat setzt also zugleich bei der Verwirklichung der sozialistischen Perspektive den Kampf um die Erhaltung des Friedens voraus.* Sozialismus und Frieden – das sind in unserer Epoche für alle arbeitenden Menschen der Erde die Grundvoraussetzungen der Heimat geworden: für die Erhaltung des Errungenen wie für den weiteren Fortschritt. Indem wir diese Überzeugung verbreiten und das Handeln für diese edlen Ziele beflügeln, leisten wir einen Beitrag zur Entscheidung der Frage: ,Wer-wen?' im Weltmaßstab, für den endgültigen Sieg über die der Menschheit feindliche gesellschaftliche Macht des Imperialismus. Der Sozialismus wird im friedlichen Wettstreit der Systeme den Sieg über den Kapitalismus vollenden und jeder sozialen Feindschaft den Boden entziehen. Damit weitet sich in Raum und Zeit der Bereich, von dem wir mit klarem Verstand und vollem Herzen sagen können: *Das ist sie – unsere Welt, unsere sozialistische Heimat!".*[8]

Heimat symbolisiert somit insgesamt einen zentralen Wert menschlicher Existenz, dessen Verlust zu den schwersten Verlusten zählt, die ein Mensch zu erleiden vermag.[9] Orientierungslosigkeit in räumlicher, geistig–kultureller und politisch-sozialer Umwelt können die Folgen sein. Heimatverlust, Heimatlosigkeit bedeuten Entwurzelung, Entfremdung, das In-die-Fremde-ausgesetzt-sein. Die erzwungene Vertreibung in die Fremde ist ein schweres Schicksal. Wir wollen keine Gesellschaft, die es zuläßt, daß Menschen durch Vertreibung, Vergewaltigung, Verweigerung oder Gleichgültigkeit ihrer Mitmenschen in die Vereinsamung getrieben und unfreiwillig zu mehr oder weniger geduldeten Fremden in ihrer sozialen Umwelt degradiert werden. Wir kennen nicht nur die räumliche, sondern auch die geistig-soziale Vertreibung.

Was können wir für die Beantwortung unseres Themas, die Frage nach der Gesellschaft, die wir wollen, aus diesen Vorüberlegungen gewinnen?

Zunächst, daß das für jeden Menschen existenziell wichtige Erleben von Heimat sowohl ihre räumlich-landschaftliche wie geistig-kulturelle und politisch-soziale Dimension hat.

Die Möglichkeit der Erfahrung von Heimat ist demnach vielschichtig, ebenso daher auch die Möglichkeit des Verlustes von Heimat. Wer ist – um ein Beispiel zu nennen – stärker von der Bitternis des Heimatverlustes betroffen, die Heimatvertriebenen aus dem Ostgebieten, die man aus ihrer räumlichen Heimat vertrieb, oder die noch dort Wohnenden, von denen viele ohne ihre freie Entscheidung systematisch aus ihrer geistig-kulturellen Heimat vertrieben werden? Das Recht auf Heimat umgreift somit weit mehr als lediglich den Schutz vor willkürlicher Ortsvertreibung.

Zum anderen, Heimat schließt Wandel keineswegs aus. Im Gegenteil. Das menschliche Grundbedürfnis nach Heimat ist mit gesellschaftlichem Wandel, mit gesellschaftlicher Mobilität und Innovation durchaus vereinbar. Freiwillig und durch Einsicht oder eigenen Entschluß vollzogener Wandel im räumlichen, geistig-kulturellen oder/und politisch-sozialen Umfeld ermöglichen den Erwerb und Gewinn einer neuen Heimaterfahrung. Dieses Erlebnis des Verlustes von „angestammter Heimat" oder deren Aufgabe und die Fähigkeit des Neugewinns von Heimat in den verschiedenen Schichten bzw. Dimensionen im Sinne der Brepohl-schen „Drei-Sphären-Heimat" gehört seit Jahrzehnten zum stärksten Erlebnis von Millionen von Menschen. Mit dem rapiden Wandel der industriellen Massengesellschaften und ihrer Mobilität und Fluktuation sind allerdings Wert und Bedeutung von Heimat für die Existenz des Menschen erneut, wenn nicht überhaupt erst, besonders bewußt geworden. Die Erfahrung von Massenvertreibungen, das Flüchtlingselend und -schicksal sowie die Heere von Gastarbeitern in den verschiedenen Industrienationen (von Gastarbeitern, die sich auch bei uns oft genug primär als Fremdarbeiter fühlen) haben zunehmend den Sinn und das Verständnis für Heimat und ihrer Bewahrung und Gestaltung geschärft. Die Forderungen nach Umweltschutz, besserer Lebensqualität und Demokratisierung, die zentralen Postulate der ökologischen Bewegung, sind mit Ausdruck dieser erhöhten Sensibilität für „Heimat".

Denn Heimatverlust und Heimatgefährdung werden, wie wir alle wissen, nicht nur durch äußere Vertreibung bewirkt. Der technisch-wissenschaftliche Fortschritt mit der Folgewirkung seiner tatsächlichen aber auch nicht selten nur behaupteten technisch-wirtschaftlichen Organisations- und Sachzwänge, die Errichtung von großstädtischen Steinwüsten und Wohnsilos, die Zerstörung von Landschaft durch Großbauten, die Gefährdung von Erholungsgebieten, die Verkehrsproblematik, bis hin zum Kommunikationsdefizit vieler Menschen und den in Freund-Feind-Haltungen erstarrten Ideologie-Konflikten signalisieren genügend hausgemachte Gefährdungen und Bedrohungen. Hier gilt es ebenfalls, dem Recht auf Heimat für Jedermann Geltung zu verschaffen. Zur Verdeutlichung des Gedankenganges seien einige Hinweise angeführt.

Sicherlich wollen die meisten von uns eine Gesellschaft, die sich bei aller Einsicht in die Notwendigkeit umfassender, langfristig sinnvoller Vorkehrungen für eine wirtschaftliche Daseinsvorsorge zur Sicherung unserer gesellschaftlichen Existenz den Sinn dafür wachhält und schärft, daß das Erleben von Heimat für alle Menschen möglich wird und bleibt. Dies bringen auch die zitierten Erklärungen von *Willy Brandt* zum Ausdruck. Es gilt demnach, den Gefährdungen von Heimat zu wehren. Es hat dabei wenig Sinn, resignierend auf globale Determinanten zu verweisen und mit einem Zitat von den Sachzwängen auf den Lippen seinen Beitrag zur Erweiterung und Sicherung des Freiheitsraumes für Heimaterfahrung zu versäumen oder gar phlegmatisch zu verweigern. Denn jeder einzelne von uns kann, wenn er will, mit etwas Phantasie in seinem Lebensbereich daran mitwirken.

Wer hindert uns beispielsweise, an solchen Bürgerinitiativen mitzuwirken oder sie zu unterstützen, die sich begründet dafür einsetzen, daß im räumlichen Bereich Heimat möglich wird und bleibt? Will nicht die These von der „neuen sozialen Frage" der CDU auch darauf hinweisen, daß es zahlreiche Mitbürger und Bevölkerungsgruppen gibt, die in ihrer sozialen Umwelt Vereinzelung erfahren, alleingelassen werden und sich übergangen, sozial-ungerecht behandelt und vernachlässigt fühlen? Wir erwarten von unserem demokratisch-sozialen Staat, daß er seiner Sozialpflicht nachkommt. Gleichzeitig wollen wir jedoch eine Gesellschaft, in der auch in dieser Hinsicht die private Initiative und Mitwirkung einzelner und freier Organisationen nicht gehemmt und unterbunden, sondern aktiviert und gefördert wird.

## III. Die Legitimitätsprobe pluralistischer Demokratie

Wir wollen weder eine Gesellschaft noch einen Staat, in dem sich die Menschen in ihrem Lebens- und Tätigkeitsbereich unbegründeter Fremdherrschaft und Fremdbestimmung unterworfen finden, sondern wo jeder so weit wie möglich an den ihn betreffenden Entscheidungen – vornehmlich bei Wert- und Interessenfragen – mitwirken kann. Dies ist bestimmt kein bequemes Postulat. Auch gibt es sicherlich keine Patentrezepte und einfachen Antworten auf diese Gestaltungs- und Mitwirkungsfragen, die nicht nur im politisch-staatlichen Bereich auch Machtfragen sind. Die Reizworte Mitbestimmung und Demokratisierung stellen sich ein. Was sich an positivem Gehalt hinter dem Schlagwort von der Demokratisierung von Staat und Gesellschaft in diesem Zusammenhang erkennen läßt, hat der CDU-Bundesvorsitzende *Helmut Kohl* einmal in die Worte gefaßt:
„Wenn von der Weiterentwicklung unserer gesellschaftlichen Ordnung die Rede ist, wenn gefragt wird, auf welche Weise die notwendigen Veränderungen erreicht werden sollen, dann muß man sich auch mit dem Stichwort Demokratisierung auseinandersetzen. Demokratisierung ist eine Grundforderung unserer Zeit. Der moderne Mensch, der in vielfältige Organisationen eingebunden ist, protestiert gegen diese seine Lage. Er sehnt sich nach mehr Mitbestimmung und Selbstbestimmung; dieses Lebensgefühl findet in der Forderung nach Demokratisierung seinen bündigen Ausdruck. Die Politik muß darauf eine Antwort geben, allerdings eine differenzierte und nicht eine dogmatische Antwort . . .
Ich möchte unter Demokratisierung die Forderung verstehen, die Grundwerte (zu denen auch die Kontrolle von Macht und Einfluß gehört) nicht nur im politischen Bereich, in der staatlichen Ordnung, sondern auch in anderen Bereichen der Gesellschaft zu realisieren."[10]
Wir alle sind zur Mitwirkung bei der Suche nach diesen differenzierenden Antworten und ihrer aktiven Realisierung aufgefordert. Theoretiker und Politiker können uns Wege aufzeigen; sie wählen und gehen müssen wir schon selber.
Auch im ideologischen Bereich dürfen wir uns nicht der Auseinandersetzung und Entscheidung verweigern. Denken wir etwa an das so-

genannte Extremistenproblem. Wie stellt es sich unter unserer speziellen Fragestellung, z. B. in der Perspektive geistig-kultureller Heimat? Als Extremisten können hierbei solche Personen bezeichnet werden, die ein vom vorherrschenden extrem abweichendes Heimatverständnis haben und hieraus Konsequenzen ziehen.[11] Sie sind demnach weitgehend Fremde in der geistig-kulturellen und politisch-ideologischen Heimat ihrer Mitbürger. In einer freiheitlichen Gesellschaft haben auch sie ein Recht auf Heimat, das allerdings dort seine Grenzen findet, wo sie ihr Verständnis von Heimat anderen gewaltsam aufzwingen wollen. Ohne insbesondere im Blick auf die Weimarer Erfahrungen das Extremistenproblem und die hiermit verbundenen Gefährdungen verharmlosen zu wollen, müssen wir uns bei aller gebotenen Wachsamkeit stets bewußt bleiben, daß gerade unter den Jüngeren nicht jeder, der sich als Extremist gebärdet und entsprechenden Verdacht erwecken mag, diesen Verdacht rechtfertigt bzw. über keinerlei Lernfähigkeit verfügt. Wollen wir eine Gesellschaft, die aus möglicherweise übertriebener Furcht vor politischem Extemismus zum Schutze der Freiheit die Freiheit aller über Gebühr einengt? Eine freiheitliche Gesellschaft muß sich um ihrer selbst willen davor hüten, unbequeme Mitbürger bereitwillig in die Fremde zu drängen, es sei denn, die Betroffenen isolieren sich bewußt und aus eigener Entscheidung.

Wir wollen aber nicht nur eine Gesellschaft, die ihren eigenen Mitgliedern und deren Nachkommen die Erfahrung und Gewinnung von Heimat erschließt. Sie muß auch ihren Beitrag dazu leisten, daß dies ebenfalls in anderen Ländern möglich ist, wird und bleibt. In diesem Sinne ist das für eine humane Existenz des Menschen „konstitutive Recht auf Heimat" kein nationales Grundrecht, sondern ein fundamentales Menschenrecht schlechthin. Unsere Beziehungen zu den sogenannten Entwicklungsländern, deren Armut im Verhältnis zu den reichen Industrienationen immer größer wird, sollten hiervon getragen sein.

Eine Gesellschaft, die ihren Mitbürgern die Erfahrung von Heimat ermöglichen soll, muß demnach eine Gesellschaft sein, die sich durch ihren hohen Freiheitsgrad auszeichnet. Heimat bedeutet ein subjektives Erleben, es kann nicht kollektiv verordnet werden. Eine all ihren Bürgern Heimat gewährende Gesellschaft kann nur eine freiheitliche, eine pluralistische, keine monistische sein.

Das Konzept einer monistischen Gesellschaft — um dies hier nochmals in knappen Formeln zusammenzufassen — beruht auf der Annahme, es gäbe ein richtiges, gegebenenfalls wissenschaftlich begründbares und grundsätzlich objektiv erkennbares, für jedermann verbindliches Gemeinwohl, das einen unumstrittenen, legitimerweise erzwingbaren Geltungsanspruch erheben kann.[12] Wer die Macht besitzt, das Gemeinwohl konkret inhaltlich zu bestimmen, beansprucht auch die Macht, ihm im Namen der Richtigkeit und Wahrheit — im Interesse aller, wie es stets heißt — Geltung zu verschaffen. Gesellschaftliche Heilspläne, wie sie totalitäre Parteien und Ideologien verkünden, bedeuten erfahrungsgemäß in der Praxis das Ende aller individuellen Freiheit. Der politische Heilsplan wird zum Maßstab für die Gewährung, Verweigerung und Gestaltung von „verordneter" Heimat. Eine derartige Gesellschaft lehnen wir ab.

Unsere Fragestellung zielt demgegenüber auf eine pluralistische Gesellschaft bzw. eine pluralistische Demokratie, die die individuelle Freiheit der Bürger und die Freiheit ihrer Organisationen ernst nimmt. Eine pluralistische Gesellschaft beruht auf der Überzeugung, daß das Gemeinwohl[13] nicht vorgegeben und als richtiges erkennbar ist, sondern als das Ergebnis eines komplizierten Diskussions-, Wertfindungs- und Entscheidungsprozesses begriffen werden muß. In einer pluralistisch-demokratischen Gesellschaft ist daher Opposition gegen das von der Mehrheit postulierte Gemeinwohl legitim. Die Frage nach der praktizierbaren Freiheit in einem politischen System ist somit weitgehend identisch mit der Frage nach der Freiheit und realen Wirkungschance von Opposition. Eine pluralistische Gesellschaft unterliegt bei aller Offenheit jedoch der Gefahr, daß sich vornehmlich die Interessen in Staat und Gesellschaft erfolgreich durchsetzen, die über wirtschaftliche Macht und hohe Organisationsfähigkeit verfügen. Soll daher eine pluralistische Gesellschaft weder in partikularistische Anarchie zerfallen noch ihre staatliche Organisation zur Beute der ökonomisch und sozial Mächtigen werden, so bedürfen Gesellschaft und Staat einer Grundverständigung, die ohne einen tragenden Minimalkonsens an gemeinsamen Wertvorstellungen und deren Berücksichtigung im politischen System nicht möglich ist.

Das „pluralistische Modell" läßt sich etwa folgendermaßen skizzieren:[14] In einer pluralistisch-demokratischen Gesellschaft ist zwischen einem „strittigen" und einem „unstrittigen" Sektor zu unterscheiden. Der strittige Sektor bezeichnet dabei den Bereich der politischen Auseinandersetzung, des Dissenses, der Konflikte, der Konfrontation, des Parteiwettstreits. Der unstrittige Sektor kennzeichnet demgegenüber den Bereich gemeinsamer Grundverständigung, d.h. jenen Minimalkonsens, ohne den die Begründung und Erhaltung eines freiheitlichen, politischen Systems nicht möglich bzw. vorstellbar ist. Erst das Vorhandensein eines Minimalkonsenses erlaubt die offene Austragung politischer Konflikte — das Kennzeichen einer freiheitlichen Gesellschaft — ohne die Gefahr eines Zerfalls des politischen Gemeinwesens, der Gesellschaft. Dabei ist der Minimalkonsens nicht in toto als unwandelbar feststehender Übereinstimmungsbereich zu begreifen, denn auch ethische Grundnormen können durchaus historischem Wandel unterworfen sein, so daß die Grenzlinien zwischen den beiden Sektoren keineswegs ein für allemal fixiert sind.

In der Bundesrepublik bilden teilweise kaum ins Bewußtsein tretende Elemente Bestandteile dieses Konsensbereiches. Hierzu gehört z.B. die gemeinsame deutsche Sprache als ein tragendes Element unserer sozialen und politischen Existenz. Der Minimalkonsens an politischen Grundwerten in der Bundesrepublik wird jedoch vornehmlich durch den Verfassungsbegriff des Grundgesetzes „freiheitliche demokratische Grundordnung" angesprochen. Dieser Minimalkonsens unserer Verfassung beruht wiederum auf dem Zentralpostulat von der „Würde des Menschen", die, wie es in Art. 1 des Grundgesetzes heißt, zu achten und zu schützen Verpflichtung aller staatlichen und — wie wir hinzufügen können — auch aller gesellschaftlichen Gewalt ist.

Die Formel von der freiheitlichen demokratischen Ordnung muß daher über den Zentralbegriff von der Würde des Menschen — des Menschen, der ein „Menschenrecht auf Heimat" hat — mit konkretem, das gesellschaftliche und politische Leben durchdringendem und bestimmendem Inhalt erfüllt werden. Dies ist keine einmalige, sondern eine stets von neuem zu bewältigende Aufgabe aller, die ihre Verantwortung in der Gesellschaft begriffen haben. Es ist auch eine der zentralen Aufgaben der Kirche in einer offenen Gesellschaft wie der unseren, in der sich das Verlangen und die Suche nach Sinngebung unvermindert deutlich artikuliert. Erst wenn und insoweit sie Erfahrung von Heimat in diesem Sinne ermöglicht, hat die pluralistische Demokratie ihre Legitimitätsprobe bestanden.


Anmerkungen

1 *Willy Brandt* „Europa als größere Heimat", in: Sozialdemokrat — Magazin, Heft 1, 1. Januar 1979, S. 3.
2 *Ernst Fraenkel:* Deutschland und die westlichen Demokratien, 5. Auflg. Stuttgart 1973, S. 33 f.
3 Zum folgenden siehe *Wilhelm Brepohl* „Die Heimat als Beziehung — Entwurf einer soziologischen Theorie der Heimat", in: Soziale Welt, Jg. 4, 1952/53, S. 19 ff. Siehe auch *Richard Kammel:* Die Heimat im Lichte der Bibel, Berlin — Spandau 1949 und *Hans-Walter Krumwiede:* 20 Jahre Charta der Heimatvertriebenen, Leer 1970, bes. S. 14 ff.
4 „Heimat ist in Gefühl und Geist verwandelte Bodenständigkeit", schrieb gegen Ende der Weimarer Republik *Max Hildebert Boehm* im Kapitel „Stimme der Erde und Gebot des Raumes" seines bekannten Buches: Das eigenständige Volk — Volkstheoretische Grundlagen der Ethnopolitik und Geisteswissenschaften, Göttingen 1932, S. 1oo, ein aus heutiger Sicht recht problematisches Buch.
5 *Ernst Bloch:* Das Prinzip Hoffnung, Frankfurt/Main 1959, S. 1628.
6 *Günter Lange:* Heimat — Realität und Aufgabe; Zur marxistischen Auffassung des Heimatbegriffs, Akademie der Wissenschaften der DDR, Berlin (Ost) 1973, 2. bearbeitete Auflage 1975.
7 Ebd., S. 7 ff.
8 Ebd., S. 136 f., Hervorhebungen im Original.
9 „Über aller materiellen Not der Heimatlosen von heute, der Flüchtlinge und Vertriebenen in vielen Völkern steht, allen bewußt, das Wissen darum, daß dieses Eingeordnetsein in eine Gesellschaft, dieses Verwachsensein mit der Landschaft die Grundlage jeder Kultur und jeder Sitte ist. Denn ohne Heimat ist der Mensch nur ein halber Mensch. Geschichte und Politik der Gegenwart sind daher ohne die Tatsache der Heimatlosigkeit nicht zu verstehen." *Wilhelm*

*Brepohl:* Stichwort „Heimat", in: Evangelisches Soziallexikon, Stuttgart 1958, S. 483.

10.*Helmut Kohl:* Zwischen Ideologie und Pragmatismus – Aspekte und Ansichten zu Grundfragen der Politik, Stuttgart 1973, S. 74 f.

11 Hierzu zählt auch das von *Lange* (a.a.O., z.B. S. 70 ff.) formulierte sozialistische Heimatverständnis parteioffizieller Lesart zur Rechtfertigung des „realen Sozialismus" in der DDR.

.12 Das Heimatbuch *Langes* (Anm. 5) ist ein Dokument dieser Problemsicht.

13 Siehe hierzu *Winfried Steffani:* Parlamentarische und präsidentielle Demokratie, Opladen 1979, S. 263-275. Zur Bedeutung des Gemeinwohlbegriffes schrieb *Ernst Fraenkel* 1963 in seinem Aufsatz „Die Wissenschaft von der Politik und die Gesellschaft": „Die Politikwissenschaft hörte auf, eine Wissenschaft zu sein, wenn sie das Wort ‚Gemeinwohl' unkritisch verwenden wollte. Die Verwendung dieses Begriffes kann sich nur dann nutzbringend erweisen, wenn er zuvor seines phrasenhaften, peinliche Erinnerungen weckenden Beigeschmacks entkleidet worden ist, und wenn ein ernsthafter Versuch unternommen wird, den Begriff auf seinen Wesensgehalt hin zu prüfen und alsdann zu definieren. In *keiner* offenen Gesellschaft besteht die Gewähr dafür, daß aus dem ökonomischen und sozialen Kräfteparallelogramm automatisch eine Resultante hervorgeht, die für die öffentliche Meinung tragbar und vom Blickpunkt der sozialen Gerechtigkeit aus erträglich ist. Sie bedarf häufig der Modifikationen und Korrekturen unter Berücksichtigung von Erwägungen, die wir herkömmlicherweise ‚das gemeine Wohl' nennen. Eine Politologie, die sich nicht um die Klärung des Begriffes ‚Gemeinwohl' bemüht, verdient den Vorwurf, eine Politikwissenschaft ohne Politik zu sein. Eine allseits befriedigende Definition des Gemeinwohls zu finden, ist der Politikwissenschaft bisher ebensowenig gelungen, wie es die Jurisprudenz zustande gebracht hat, eine generell akzeptierte und erschöpfende Definition von Recht und Gerechtigkeit aufzustellen. Unter dem ‚*Gemeinwohl*' wird im folgenden eine *in ihrem Kern* auf einem als allgemein gültig postulierten Wertkodex basierende, *in ihren Einzelheiten* den sich ständig wandelnden ökonomisch-sozialen Zweckmäßigkeitserwägungen Rechnung tragende *regulative Idee* verstanden, die berufen und geeignet ist, bei der Gestaltung politisch nicht kontroverser Angelegenheiten als Modell und bei der ausgleichenden Regelung politisch kontroverser Angelegenheiten als bindende Richtschnur zu dienen." In *Fraenkel*: Reformismus und Pluralismus, Hamburg 1973, S. 339.

14 Vgl. oben S. 102 ff.

# Ernst Fraenkel — Begründer des Neopluralismus

Ernst Fraenkel, geboren am 26. 12. 1898 in Köln, nach 1945 unter den Senioren seines Faches einer der einflußreichsten Erneuerer und einer der bedeutendsten Vertreter der Politologie in Deutschland, verstarb am 28. 3. 1975 in Berlin, seinem akademischen Wirkungsfeld seit 1951.

Im Jahre 1973, knapp zwei Jahre vor seinem Tode, sind drei Bücher erschienen, die auf je bemerkenswerte Weise einen ersten Zugang zum Werk und zur Persönlichkeit Ernst Fraenkels erschließen. Dies sind der Sammelband „Reformismus und Pluralismus — Materialien zu einer ungeschriebenen politischen Autobiographie", die Festschrift zum 75. Geburtstag „Klassenjustiz und Pluralismus"sowie die in fünfter, erweiterter Auflage publizierte Aufsatzsammlung „Deutschland und die westlichen Demokratien". Die Buchtitel, die entweder von ihm selbst stammen oder seine ausdrückliche Billigung fanden, verweisen auf die Spannweite, Entwicklung, das Ergebnis und die Schwerpunkte seiner wissenschaftlichen und publizistischen Tätigkeit.

Der Sammelband — eine Auswahl politologischer Abhandlungen aus fünfzig Jahren, die einem Gesamtschrifttum von 151 Titeln entnommen sind — enthält eine biographische Vornotiz Fraenkels, in der sich entscheidende Hinweise für das Verständnis seines Gesamtwerks, der Motive und Intentionen seiner Forschungen finden lassen. Als fünf Schlüsselaussagen, die dieser biographischen Notiz zu entnehmen sind, können gelten: 1. Von Jugend an war sich Fraenkel als deutscher Jude stets bewußt, einer „Minderheitsgruppe" anzugehören. „Das Gruppenproblem, das so eng mit dem Phänomen des Pluralismus verknüpft ist, bildet mein politisches Ur-Erlebnis." 2. „Die in dem Titel (Reformismus und Pluralismus) angedeutete These, der Pluralismus sei die Staatsform des Reformismus, stellt nicht die Ausgangsposition, sondern das Ergebnis meiner Bemühungen dar." 3. „Im Gegensatz zu den meisten sozialistischen Intellektuellen bin ich nicht zur Arbeiterbewegung durch die sozialistische Theorie, vielmehr zur sozialistischen Theorie durch meine Betätigung in der gewerkschaftlichen Arbeiterbewegung auf den Gebieten des Arbeitsrechts und der Sozialpolitik gelangt." 4. „Die wachsende Neigung, die Richtigkeit der marxistischen Analyse des Faschismus anzuerkennen, verstärkte meine Bereitschaft, den Marxismus als System zu akzeptieren. . . Der Stalin-Hitler-Pakt zerstörte die Illusion, daß eine Voll-Sozialisierung zu einer — weil klassenfreien — ‚wahren' Demokratie zu führen vorbestimmt sei. Das Miterlebnis der ,Roosevelt-Revolution' begründete die Bereitschaft, an der Errichtung und Entwicklung eines pluralistischen Demokratie-Modells mitzuarbeiten, wie es mir für das Nach-Hitler-Deutschland vorschwebte." 5. „Dem Pluralismus lag und liegt es ob, dem Reformismus die Abwehrwaffen zu liefern, deren er in seinem Defensivkampf gegen den Radikalismus so dringend benötigt."

Kontinuität und Wandel in Fraenkels Grunderfahrungen, ethischen Überzeugungen, politischen Zielsetzungen, seinen wissenschaftlichen Forschungsinteressen und den gewonnenen Erkenntnissen gipfelten in. dem Entwurf einer pluralistischen Demokratietheorie, dem Konzept des „autonom-heterogenen — sozialstaatlichen — pluralistischen Rechtsstaates", dessen Erarbeitung sein Lebenswerk durchzieht und krönt. Ungeachtet seiner vielzähligen und grundlegenden Abhandlungen zu den verschiedensten Fragestellungen und Sachbereichen der Politischen Wissenschaft im weitesten Sinne liegt seine größte Leistung und sein bleibendes, sicherlich zunehmend wirksam werdendes Verdienst in der Begründung des Neopluralismus in Deutschland. So hat Fraenkel auch mit besonderem Interesse zur Kenntnis genommen, und es als angemessen und richtig begrüßt, daß seine Schüler, Kollegen und Freunde in der ihm zu Ehren verfaßten Festschrift zum 75. Geburtstag dem Problemfeld „Pluralismus und Demokratie" besonderes Gewicht verliehen. Muß es nicht angesichts dieser Tatsachen verwundern, daß Fraenkel, der mehrere Bücher schrieb, dem demokratischen Pluralismus, der sich zunehmend als sein Zentralthema erwies, keine grundlegende Monographie widmete?

Nach der Veröffentlichung seiner Bücher „Amerika im Spiegel des deutschen politischen Denkens" (1959) und der großartigen Pionierleistung „Das amerikanische Regierungssystem" (1960) war ein Werk zum „parlamentarischen Regierungssystem" als nächstes Großprojekt geplant, das die Entwicklung, Funktionsweise und Problematik des Parlamentarismus in Großbritannien, Frankreich und Deutschland zum Gegenstand haben sollte. Eine eingehende Disposition lag seit 1962 vor. Eine Reihe von Studien, die das geplante Vorhaben begleiten sollten, gingen seit 1964 in die Aufsatzsammlung „Deutschland und die westlichen Demokratien" ein. Sie kennzeichneten, zusammen mit seinen amerikanischen Studien, den Gegenstandsbereich seiner komparatistischen Forschungstätigkeit. In diesen Abhandlungen wurde zugleich die Theorie des Neopluralismus entwickelt. Am 22. September 1964 hielt Fraenkel anläßlich des 45. Juristentages in Karlsruhe einen Festvortrag zum Thema „Der Pluralismus als Strukturelement der freiheitlich-rechtsstaatlichen Demokratie". Es war das erste Mal, daß Fraenkel das Wort Pluralismus in den Titel einer Abhandlung aufnahm. Er hielt dies damals noch für eine ausgemachte Provokation; zumal vor erlauchten Juristenkreisen, in denen immer noch Pluralismus weitgehend in Carl Schmitts Beschreibungen begriffen und erörtert wurde. „Die These, Pluralismus stelle ein essentielles Merkmal einer jeden freiheitlich rechtsstaatlichen Demokratie dar, steht mit der heutigen deutschen vorherrschenden Meinung im Widerspruch", stellte Fraenkel einleitend fest und kam für sich zum programmatischen Ergebnis: „Ist es angesichts der Tatsache, daß die Hinwendung zum totalen Staat aus der Negation des Pluralismus gerechtfertigt worden ist, nicht geboten, durch eine Negation der Negation zu versuchen, den Totalitarismus durch einen Neopluralismus zu überwinden?"

Fraenkel trug sich seitdem mit dem Gedanken, neben einer Überarbeitung seines Amerikabuches und dem Parlamentarismus-Werk auch eine grundlegende Studie zur theoretischen Begründung des Neopluralismus zu erarbeiten. Er hoffte, hierzu nach seiner Emeritierung im Jahre 1967 die notwendige Muße finden zu können. Das war ihm nicht vergönnt. Die Auswüchse der Studentenunruhen und des sich abzeichnenden Strukturwandels von Universität und Gesellschaft riefen bei ihm Skepsis und Widerstand hervor. Mit Schrecken meinte er zeitweise, Parallelerscheinungen zur Endphase der Weimarer Republik ausmachen zu können. Die sektiererische Gesinnungstüchtigkeit von Bürgersöhnen, die im Namen eines fiktiven Proletariats wieder einmal das zarte Pflänzchen Demokratie in Deutschland zu gefährden drohten, war ihm zutiefst zuwider.

Mit Betroffenheit wurde er gewahr, daß er zunehmend von Vertretern einer neuen Studentengeneration nicht nur mit begründeter Kritik und neuen Fragestellungen konfrontiert wurde, sondern von einigen sogar zum Chefapologeten eines sich raffiniert verschleiernden Monopolkapitalismus hergerichtet und gelegentlich mit bornierter Kaltschnäuzigkeit „zur Hatz" freigegeben schien. (Er mußte erleben, daß Steine in seine Fenster flogen.) Fraenkel wurde zur Zeit seiner Emeritierung an der Freien Universität Berlin in Konflikte einbezogen, die ihn menschlich tief erschütterten und trafen. Er war viel zu sehr Kämpfernatur, als daß er die erkannten und vermuteten Gefahren, die empfundenen Ungerechtigkeiten an sich abgleiten lassen konnte. Seine Kräfte, durch eine Reihe schwerer Krankheiten zusätzlich geschwächt, wurden von anderen Problemen als der Durchführung seiner weitgesteckten wissenschaftlichen Pläne aufgezehrt. Es blieb dabei, daß die wichtigsten Abhandlungen Fraenkels zum Pluralismus im wesentlichen auf die Aufsatzsammlung „Deutschland und die westlichen Demokratien" beschränkt blieben. Im Vorwort zur fünften, erneut erweiterten Auflage vom Jahre 1973 verwies er mit knappen Worten auf die wissenschaftlich-literarischen „Auseinandersetzungen über Wert und Wesen des Pluralismus" und schloß mit der Ankündigung: „Auf diese Auseinandersetzungen kann in einem kurzen Vorwort zwar hingewiesen werden; es ist aber nicht möglich, im einzelnen zu ihnen Stellung zu nehmen. Dies soll in einer Schrift erfolgen, in der sich der Verfasser mit Kritikern der Pluralismustheorie, wie sie u. a. in diesem Band entwickelt worden ist, auseinandersetzen wird." Fraenkel konnte diese Ankündigung nicht mehr verwirklichen.

Ernst Fraenkel war bereits 53 Jahre alt, als er seine akademische

Laufbahn begann. Mit 55 Jahren übernahm er erstmals ein Ordinariat an einer Universität. Als ihn der damalige Direktor der Deutschen Hochschule für Politik, Otto Suhr – sein engster Freund während der Berliner Zeit – 1951 wieder nach Deutschland zurückholte, konnte Fraenkel allerdings auf reiche politische Erfahrungen und eine Reihe grundlegender wissenschaftlicher Publikationen verweisen.

1898 in Köln als Sohn wohlhabender jüdischer Eltern geboren, verlor Ernst Fraenkel bereits mit 10 Jahren seinen Vater, mit 16 Jahren seine Mutter. Als Vollwaise zog er nach Frankfurt/Main, wo ein Bruder seiner Mutter, Prof. Dr. Joseph Epstein, fortan als Vormund die Vaterstelle einnahm. Ihm widmete Fraenkel 1973 seine Aufsatzsammlung „Reformismus und Pluralismus". Im Kölner Elternhaus und im Frankfurter Verwandtenkreis wuchs er in einer Atmosphäre des Bildungsbürgertums auf, in deren Mittelpunkt die „Persönlichkeit Goethes und dessen literarisches Lebenswerk" standen. Fraenkel blieb diesem Erbe stets verbunden. Zeitlebens konnte er nur mit Menschen engeren Kontakt pflegen, die sich bei allem praktischen Engagement Sinn für Geschichte, Musik und Humor bewahrt hatten. Während sein Vater nationalliberal wählte, waren die Geschwister seiner Mutter durchweg „progressiv-liberale Demokraten", von denen der ältere Bruder seines Vormundes, Dr. Wilhelm Epstein – 25 Jahre lang Geschäftsführer des Frankfurter Ausschusses für Volksvorlesungen – Sozialdemokrat war. Deren Vater, Max Epstein, hatte in den sechziger Jahren gemeinsam mit August Bebel und Wilhelm Liebknecht zu den Gründern und Vorstandsmitgliedern des Leipziger Arbeiterbildungsvereins gehört. Liebknecht, ein enger Freund Max Epsteins, hatte dessen Söhnen jahrelang Privatunterricht in „Sozialkunde" erteilt.

Noch eine andere Familientradition wurde für Fraenkel prägend. Seiner im Zeichen der Aufklärung stehenden Erziehung galt rechtsstaatlich-tolerantes Denken als selbstverständliche Voraussetzung einer menschenwürdigen Existenz. „Ich wuchs in einer ‚fortschritts'gläubigen Umgebung auf, der es unproblematisch war, daß das autokratische Rußland mit seinen barbarischen antisemitischen Progromen ein verrottetes und England mit seiner parlamentarischen Verfassung das vorbildlich freie Land Europas war." Nicht zuletzt, da es gegen den Zarismus ging, wurde der Kriegsausbruch nicht nur als Unglück empfunden. 1916 zog er als Infanterist in den Krieg an die französische Front und erlebte die Revolution auf dem „Griesheimer Sand", zeitweilig als Mitglied eines Soldatenrats.

Nach Frankfurt zurückgekehrt, begann Fraenkel mit dem Studium der Rechtswissenschaft im Haupt- und der Geschichte im Nebenfach, eine Kombination, die für seine späteren politologischen Studien wegweisend blieb. Hatten bereits Hans Delbrücks „Regierung und Volkswille" und der Sammelband „Die Arbeiterschaft im Neuen Deutschland" von Friedrich Thimme und Carl Legien sowie eine persönliche Begegnung mit Max Weber bei dem Primaner und Kriegsteilnehmer einen nachhaltigen Eindruck hinterlassen, so wurde nun die enge Verbindung mit seinem Lehrer und späteren Freund, dem Anwalt, Politiker und Professor Hugo Sinzheimer, für seine weitere politische, berufliche und wissenschaftliche Orientierung von ausschlaggebender Bedeutung. Der Rechtssoziologe und „Vater des deutschen Arbeitsrechts" Sinzheimer, auf dessen Gedankengebäude das heutige Tarifvertragsrecht der Bundesrepublik beruht, fand in Fraenkel seinen bedeutendsten, das Werk seines Lehrers fortführenden Schüler. Von Sinzheimer, den Fraenkel als Pluralisten kennzeichnet, gewann er die Überzeugung, daß die Weiterentwicklung des kollektiven und sozialen Arbeitsrechts dazu beitragen könne, die seit Beginn der industriellen Revolution zwischen dem Proletariat und dem Staat aufgebrochene Entfremdung zu überwinden. Auf Anregung Sinzheimers schrieb er seine Dissertation zum Thema „Der nichtige Arbeitsvertrag", mit der er 1923 zum Dr. jur. promovierte und seines Lehrers Assistent wurde.

Nachdem er sich zunächst liberal-demokratischen Studentengruppen und bald darauf dem Sozialistischen Studentenbund angeschlossen hatte, trat Fraenkel 1921 der SPD bei, der er bis zu ihrer Auflösung im Dritten Reich angehörte. Getreu der Epsteinschen Familientradition und mit steter Unterstützung Sinzheimers widmete er sich frühzeitig der Arbeiterbildung und bald vollberuflich der Ausbildung von Gewerkschaftsfunktionären – insbesondere des Deutschen Metallarbeiter-Verbandes – auf den Gebieten des Arbeitsrechts und der Sozialpolitik. Hier entdeckte er seine große pädagogische Begabung, die ihn zeitlebens auszeichnete und die ihn auch während seiner Tätigkeit als Hochschullehrer zu einem der beliebtesten, anregendsten und faszinierendsten Dozenten werden ließ, dessen Vorlesungen und Seminare den Teilnehmern einen unauslöschlichen Eindruck hinterließen.

1927 eröffnete Fraenkel gemeinsam mit seinem Freund und Sozius Franz Neumann ein Anwaltsbüro und fungierte seitdem als Syndikus des Deutschen Metallarbeiter-Verbandes und als Rechtsberater des Parteivorstandes der SPD, den er in arbeits- und verwaltungsrechtlichen Verfahren vertrat.

Unter den zur Zeit der Weimarer Republik seit 1924 in zunehmender Dichte erscheinenden, zumeist arbeitsrechtliche und später verfassungspolitischen Themen aufgreifenden Publikationen sind vor allem drei hervorzuheben. Zunächst, zugleich als erste größere Abhandlung, die Broschüre „Zur Soziologie der Klassenjustiz", die 1927 in der „Jungsozialistischen Schriftenreihe" erschien, deren dem Austromarxismus nahestehende Herausgeber, mit deren Politik Fraenkel damals im allgemeinen sympathisierte, zum linken Flügel der SPD gehörten. Aus den Erfahrungen als Justizreferendar und der gewerkschaftlichen Bildungsarbeit erwachsen, bemüht sich die Studie um eine marxistische Analyse der tiefgreifenden Spannungen zwischen Arbeiterinteresse, Anspruch auf Gleichbehandlung und juristische Praxis in der Weimarer Republik. In einem wichtigen Vorwort zum Neudruck im Jahre 1968, der zusammen mit vier seiner Aufsätze zur Verfassungskrise 1931-32 erfolgte, bemerkt Fraenkel zutreffend, daß die Studie trotz aufgezeigter Mängel auch heute noch als Versuch einer Wissenssoziologie des Phänomens der Klassenjustiz Beachtung verdient.

1929 erschien sein richtungsweisender Aufsatz „Kollektive Demokratie" in der 1924 im Auftrag des SPD-Parteivorstandes gegründeten Zeitschrift „Die Gesellschaft". Ausgehend von dem zentralen Postulat der kollektiven Autonomie sozialer Organisationen wird dafür plädiert, die politische Demokratie durch die kollektive Demokratie in der Weise zu ergänzen, daß die Bevölkerung auch jenseits der Stimmabgabe bei den Wahlen „durch ihre Organisationen ständig am Integrationsprozeß des realen Staates teilnimmt" und damit zur Überwindung der erkennbaren Parlamentsverdrossenheit und zur Demokratisierung der Verwaltung „von unten her" beiträgt. Hierin sah Fraenkel eine realisierbare Chance, den sich autonom konstituierenden und frei agierenden Organisationen der Arbeitnehmer einen ständigen Einfluß auf die gerichtlichen (z. B. Beisitzer in arbeitsgerichtlichen Verfahren) und staatlichen Verwaltungen (durch Einbau eines Laienelements) sichern zu helfen.

Dieser reformistische Grundgedanke, es der „Arbeiterbewegung (zu) ermöglichen, an dem Willensbildungsprozeß mitzuwirken", wird schließlich in dem 1932 publizierten Aufsatz „Um die Verfassung" im Rahmen des nun entwickelten Konzepts der „dialektischen Demokratie" weiter verfolgt. Die dialektische Demokratie, als deren charakteristische Erscheinungsform der Kompromiß bezeichnet wird, soll dazu dienen, den Klassenausgleich in den Bereichen zu bewirken, in denen eine Verständigung erreichbar erscheint. Der Antagonismus von Kapital und Arbeit soll nicht revolutionär, sondern vermittels sozialer Organisationen auf reformerischem Wege zugunsten der Interessen der Arbeitnehmerschaft ausgeglichen werden. Die Grundzüge der späteren pluralistischen Demokratietheorie — die nun allerdings betont darauf verzichtet, die Heraufkunft der klassenlosen Gesellschaft als historische Notwendigkeit anzusehen — werden erkennbar.

Mit der Machtergreifung der Nationalsozialisten und der Errichtung des Totalitarismus in Deutschland finden auch Fraenkels wissenschaftliche Publikationen zunächst ein abruptes Ende. Von 1933 bis 1939 erscheinen lediglich ein paar Beiträge unter verschiedenen Pseudonymen in der in Paris gedruckten „Sozialistischen Warte", u. a. über den Sinn illegaler Arbeit. Obgleich er wegen seiner Kriegsteilnahme zunächst auch als Jude dem Anwaltsberuf weiter nachgehen darf, werden die Behinderungen, Demütigungen und schließlich auch die persönlichen Gefährdungen immer einschneidender; zumal er heimlich Material für eine Studie zum totalen Staat des Nationalsozialismus sammelt und das Manuskript Konturen gewinnt.

Hanna Fraenkel, seine tapfere Frau, wird ihm in diesen „schweren Jahren bürokratischer Rechtlosigkeit" zur aufopferungsbereiten, ermutigenden Gefährtin. Kurz vor der Emigration in die USA, die im Jahre 1938 unvermeidlich wird, ist das Manuskript zum „Doppelstaat" abgeschlossen. Durch Freunde vermittelt, kann es in französischem Diplomatengepäck in Sicherheit gebracht werden. In Amerika erscheint es unter dem Titel „The Dual State" 1941 in englischer, leicht überarbeiteter Fassung; neben Franz Neumanns „Behemoth" die erste umfassende Analyse des faschistischen Phänomens totaler Staat aus deutscher Feder. Es hat sehr bald den Rang eines Standardwerkes gewonnen. Fraenkel hatte in diesem Werk den Schlüssel zum Verständnis des nationalsozialistischen Herrschaftsapparats in dem Nebeneinander eines seine eigenen Gesetze im allgemeinen beachtenden „Normenstaates" und eines die gleichen Gesetze mißachtenden „Maßnahmenstaates" gefunden, wobei im Konfliktfall der Maßnahmenstaat als Prärogativ-Staat das Ergebnis willkürlich bestimmt. Nachdem 1949 ein unveränderter Neudruck der englischen Fassung erschienen war, stellte sich bald die Frage nach einer deutschen Ausgabe. Auf vielfaches Drängen war es 1965 soweit, daß eine deutsche Fassung des druckfertigen Manuskripts vorlag, die jedoch auf tragische Weise verlorenging. Der Verlust war ein Schock für Fraenkel. Erst 1974 wurde es nach einer schwierigen Rückübersetzung des englischen Textes möglich, den „Doppelstaat" auch einem breiteren deutsch-sprachigen Publikum zugänglich zu machen.

In den USA entschloß sich Fraenkel zum Studium des angelsächsischen Rechts, das er 1942 an der Law School der Universität von Chicago mit dem Grad des J. D. abschloß. Anschließend beteiligte er sich an einem wissenschaftlichen Forschungsprojekt zu Problemen künftiger amerikanischer Besatzungspolitik. Sein Beitrag war eine Studie zur Rheinlandbesetzung in den Jahren 1928-1933, die im Jahre 1944 unter dem Titel „Military Occupation and the Rule of Law" als Buch veröffentlicht wurde. Im gleichen Jahr trat er in den amerikanischen Staatsdienst, wo er sich mit Fragen der Neugestaltung eines demokratischen Deutschland nach der Befreiung befaßte.

Sein erster „Auslandseinsatz" als amerikanischer Staatsbürger und Regierungsbeamter erfolgte jedoch nicht in Deutschland, sondern in Südkorea, wo er u. a. an der Ausarbeitung eines demokratischen Wahlgesetzes und der Südkoreanischen Verfassung beteiligt war. In dieser Zeit erlebte er als Rechtsberater der Marshall-Plan-Kommission in Südkorea den Ausbruch des Koreakrieges. Seine Schrift „Korea — Wendepunkt im Völkerrecht?" ist damals entstanden. Sie erschien als eine der ersten Abhandlungen 1951 in der „Schriftenreihe der Deutschen Hochschule für Politik in Berlin". Mit ihr begann er, nach Deutschland heimgekehrt, als „Leiter der Abteilung überstaatliche Politik und vergleichende Lehre der Herrschaftsformen an der Deutschen Hochschule für Politik Berlin" seine akademische Laufbahn als Hochschullehrer, der er sich mit leidenschaftlichem Engagement widmete. Neben dem systematischen Auf- und Ausbau des neubegründeten Faches Politologie galt sein besonderes Bemühen dem Bestreben, seinen Beitrag dafür zu leisten, die Studenten als mündige Bürger in die Völkergemeinschaft der westlichen Demokratien einzugliedern.

Die Postulate freiheitlicher Demokratie, sozialer Gerechtigkeit, der Völkerverständigung und vor allem der unverbrüchlichen Geltungskraft des Rechts wurden mit moralischer Emphase begründet und verfochten. „Due Process of Law" und der Ruf nach Fairneß wurden für seine Studenten zu entscheidenden Leitmotiven. Der brillante Anwalt des deutschen und angelsächsischen Rechts, faszinierende Pädagoge und scharfsinnige Analytiker fand seine Hörer.

Bereits in der Emigration hatte Fraenkel 1943 in der in den USA erscheinenden deutschsprachigen „Neuen Volkszeitung" einen Aufsatz mit dem Titel „Aussichten einer deutschen Revolution" veröffentlicht, der sich für seine künftige politische und wissenschaftliche Tätigkeit in Deutschland als richtungweisend herausstellen sollte: Eine klare Absage an das „Wunschbild" einer sozialen Revolution im Nachkriegsdeutschland, da hierzu weder die im Hitlerreich desorganisierte Arbeiterschaft befähigt, noch die Unterstützung der Westmächte zu gewinnen sei. Vielmehr gelte es, die deutsche Arbeiterschaft als politische Bewegung demokratisch neu zu organisieren und ihr Verständnis für „das Wollen und Denken der westlichen Demokratien" zu gewinnen. „Die deutsche Arbeiterbewegung wird wieder auferstehen, wenn es gelingt, die angelsächsischen Sieger dieses Krieges davon zu überzeugen, daß eine verjüngte deutsche Arbeiterbewegung die einzige Garantie einer friedlichen deutschen Entwicklung ist und, wenn es weiterhin gelingt, die deutsche Arbeiterschaft zu überzeugen, daß sie eine Zukunft nur haben kann im Vertrauen und in Zusammenarbeit mit den angelsächsischen Demokratien, die die Welt davor bewahrt haben, in die Nacht der Diktatur zu versinken." Im stalinistischen Kommunismus sah er nur eine Fortsetzung des Totalitarismus unter anderen Vorzeichen.

Unter dieser Erkenntnis und Zielsetzung stand hinfort auch sein wissenschaftliches Werk. „Deutschland und die westlichen Demokratien" wurden zum Forschungsobjekt, die Konzeption des Neopluralismus zum Kernbestand seiner Demokratietheorie. In kurzer Folge publizierte er hierzu ein umfangreiches wissenschaftliches Opus.

Parteipolitisch hat sich Fraenkel in Deutschland nicht mehr engagiert. Er blieb amerikanischer Staatsbürger. Die deutsch-amerikanische Verständigung fand in ihm einen der überzeugendsten Interpreten und Verfechter. Fraenkel widmete sich für den Rest seines Lebens ganz der Wissenschaft und Lehre, wobei er der Lehrerausbildung ein besonderes Gewicht beimaß. Er nahm maßgeblich an der Eingliederung der Hochschule für Politik in die Freie Universität teil, die als Universitätsinstitut nun den Namen seines 1957 verstorbenen Freundes Otto Suhr erhielt. 1964 wurde er der erste Direktor des John-F.-Kennedy-Instituts für Amerikastudien der Freien Universität Berlin, dessen Gründung wesentlich auf seine Initiative zurückging. Jahrelang war er Vorsitzender der von ihm mitbegründeten Deutschen Gesellschaft für Amerikastudien. In den letzten Jahren sind ihm zahlreiche Ehrungen für seine Verdienste als Gelehrter, Hochschullehrer, Initiator und Förderer wissenschaftlicher Einrichtungen sowie nicht zuletzt als kämpferischem Demokraten zuteil-geworden: zu ihnen zählen das Bundesverdienstkreuz, die Ernst-Reuter-Plakette, die Ehrendoktorwürde der Universität Bern sowie die Honorarprofessuren der Universitäten Freiburg und Salzburg.

Fraenkel hat in der relativ kurzen Zeit seines Wirkens als akademischer Lehrer ein vielseitiges, umfangreiches wissenschaftliches Werk vollbracht. Er hat der Politologie in Deutschland wesentliche Impulse verliehen. Zahlreiche Schüler sind diesem engagierten Lehrer und Gelehrten, diesem großen, keineswegs immer bequemen Mann in tiefer Dankbarkeit verbunden. Er ist stets seiner Maxime beispielhaft treu geblieben, daß Politologie ,,kein Geschäft für Leisetreter und Opportunisten" sei.[1] Unter diesem Leitsatz sollte und wird auch Fraenkels wissenschaftliches Werk weiterhin diskutiert, kritisiert und fortentwickelt werden. In ihm wie in seinen Schülern und Freunden lebt er fort.

---

1 Dieser Satz findet sich in dem für Fraenkels wissenschaftliches Denken und sein Pluralismusverständnis sehr aufschlußreichen Aufsatz ,,Die Wissenschaft von der Politik und die Gesellschaft" aus dem Jahre 1963, abgedruckt in *Fraenkel:* Reformismus und Pluralismus, Hamburg 1973, S. 337-353, Zitat S. 344.

# Quellennachweis

*Die hier veröffentlichten Abhandlungen wurden überarbeitet und teilweise erheblich erweitert.*

1. „Pluralismus – Neopluralismus: Konzeptionen, Positionen und Kritik", in: Heinrich Oberreuter (Hrsg.), Pluralismus – Grundlegung und Diskussion. Bayerische Landeszentrale für politische Bildungsarbeit, München 1979, S. 31-65.

2. „Monistische oder pluralistische Demokratie? Zugleich eine Auseinandersetzung mit Schelskys Demokratiethesen", in: Günther Doeker und Winfried Steffani (Hrsg.), Klassenjustiz und Pluralismus – Festschrift für Ernst Fraenkel. Hamburg 1973, S. 482-514.

3. „Rechtsprechende Gewalt in der pluralistischen Demokratie – Aspekte der Gewaltenteilung in der parlamentarisch-pluralistischen Demokratie von heute", in: Justitiabilität der Politik? Gewaltenteilung und Einheit der Staatsgewalt. Schriftenreihe der Akademie Sankelmark, Neue Folge – Heft 40/41, 1978, S. 73-87.

4. Erstveröffentlichung.

5. „Ein Verfassungseid für Abgeordnete in Bund und Ländern?", in: Zeitschrift für Parlamentsfragen. Heft 1, April 1976, S. 86-112.

6. „Welche Gesellschaft wollen wir?", in: Glaube und Normen. Jahrbuch des Evangelischen Bundes, Bd. XIX, Göttingen 1976, S. 41-50.

7. „Nachrichten – Ernst Fraenkel 26.12.1898-28.3.1975", in: Politische Vierteljahresschrift, Zeitschrift der Deutschen Vereinigung für Politische Wissenschaft, 1975, Heft 4, S. 569-574.

# Literaturhinweise

*Adam*, Hermann: „Pluralismus oder Herrschaft des Kapitals?", in: Aus Politik und Zeitgeschichte, Beilage zu ‚Das Parlament' B 14/1977.

*Agnoli*, Johannes: Die Transformation der Demokratie, Frankfurt/Main 1968.

*Alemann*, Ulrich von und Rolf G. *Heinze* (Hrsg.): Verbände und Staat – Vom Pluralismus zum Korporatismus – Analyse, Positionen, Dokumente, Opladen 1979.

*Arnim*, Hans Herbert von: Gemeinwohl und Gruppeninteressen – Die Durchsetzungsschwäche allgemeiner Interessen in der pluralistischen Demokratie, Frankfurt/Main 1977.

*Aron*, Raymond: Demokratie und Totalitarismus, Hamburg 1970.

*Assel*, Hans-Günther: Demokratischer Sozialpluralismus, München 1975.

*Bachrach*, Peter: Die Theorie demokratischer Elitenherrschaft, Frankfurt/Main 1970.

*Baskin*, Darryl „American Pluralism – Theory, Practice and Ideology", in: The Journal of Politics, Bd. 32, 1970, S. 71-95.

*Beck*, Rainer: Wahrheit, Pluralismus, Kunst – Eine politiktheoretische Studie über die geistigen Grundlagen der pluralen Demokratie und ihre Kunst, München 1979 (mit 29 Seiten Literaturverzeichnis).

*Berger*, Wolfgang: Die unmittelbare Teilnahme des Volkes an staatlichen Entscheidungen durch Volksbegehren und Volksentscheid, jur. Diss., Freiburg i. Br. 1978.

*Berle*, Adolf A.: Power without Property, New York 1959.

*Bermbach*, Udo (Hrsg.): Theorie und Praxis der direkten Demokratie – Texte und Materialien zur Räte-Diskussion, Opladen 1973.

*Ders.* und Franz *Nuscheler* (Hrsg.): Sozialistischer Pluralismus, Hamburg 1973 (mit Auswahlbibliographie).

*Beyme*, Klaus von: Interessengruppen in der Demokratie, München 4. Aufl. 1974

*Birke*, Adolf M.: Pluralismus und Gewerkschaftsautonomie in England. Entstehungsgeschichte einer politischen Theorie, Frankfurt/Main 1978 (mit einem vorzüglich-umfassenden Literaturverzeichnis insbesondere zu den frühen englischen Pluralisten).

*Böckenförde*, Ernst-Wolfgang: Staat, Gesellschaft, Freiheit – Studien zur Staatstheorie und zum Verfassungsrecht, Frankfurt/Main 1976.

*Böger*, Klaus und Hans *Kremendahl:* Bundesrepublik Deutschland – Deutsche Demokratische Republik: Vergleich der politischen Systeme. Schriftenreihe Politische Didaktik, Bd. 1: Didaktischer Teil, Bd. 2: Materialien und Tabellenteil, Stuttgart 1979.

*Briefs,* Goetz (Hrsg.): Laissez-faire-Pluralismus, Berlin 1966.

*Connolly,* William E. (Hrsg.): The Bias of Pluralism, New York 4. Aufl. 1973.

*Dahl*, Robert A.: A Preface to Democratic Theory, Chicago 1956.

*Ders.*: Pluralist Democracy in the United States – Conflict and Consent, Chicago 1967.

*Dahrendorf,* Ralf: Konflikt und Freiheit, München 1972.

*Dettling,* Warnfried (Hrsg.): Macht der Verbände – Ohnmacht der Demokratie? München-Wien 1976.

*Doeker,* Günther und Winfried *Steffani* (Hrsg.): Klassenjustiz und Pluralismus, Festschrift für Ernst Fraenkel, Hamburg 1973, bes. Teil IV „Pluralismus und Demokratie", S. 381-541.

*Eisfeld,* Rainer: Pluralismus zwischen Liberalismus und Sozialismus, Stuttgart 1972.

*Etzioni,* Amitai: Die aktive Gesellschaft, Opladen 1975.

*Forsthoff,* Ernst: Der Staat der Industriegesellschaft, München 1971.

*Fraenkel,* Ernst: Deutschland und die westlichen Demokratien, Stuttgart, 5. Aufl. 1973.

*Ders.:* Reformismus und Pluralismus. Materialien zu einer ungeschriebenen Autobiographie, Hamburg 1973.

*Ders.,* Kurt *Sontheimer* und Bernard *Crick:* Beiträge zur Theorie und Kritik der pluralistischen Demokratie, Bonn, 2. erw. Aufl. 1969.

*Friesenhahn,* Ernst: Der politische Eid – Mit einem Vorwort zum Neudruck sowie einem Verzeichnis neuerer Literatur zur Eidesfrage als Anhang (Bonn 1928), Darmstadt 1979.

*Galbraith,* John Kenneth: American Capitalism – The Concept of Countervailing Power, Boston 1952.

*Ders.:* Die moderne Industriegesellschaft, München – Zürich 1968.

*Gehring,* Axel: Freiheit und Pluralismus – Eine Analyse zum Problem der Stabilität einer pluralistischen Gesellschaft, herausgegeben von Bernhard Niemann, Berlin-München 1977.

*Gottschling,* E.: Demokratie im Zerrspiegel – Zur Kritik bürgerlicher Demokratien, Berlin (Ost) 1978.

*Greiffenhagen,* Martin (Hrsg.): Demokratisierung in Staat und Gesellschaft, München 1973.

*Gudrich,* Hannelore und Stefan *Fett:* Die pluralistische Gesellschaftstheorie – Grundpositionen und Kritik, Stuttgart 1974.

*Guggenberger,* Bernd und Udo *Kempf* (Hrsg.): Bürgerinitiativen und repräsentatives System, Opladen 1978 (mit umfangreichem Literaturverzeichnis).

*Hättich,* Manfred: Demokratie als Herrschaftsordnung, Köln und Opladen 1967.

*Henningsen,* Manfred „Harold J. Laski und George Orwell", in Manfred *Weber* (Hrsg.): Der gebändigte Kapitalismus – Sozialisten und Konservative im Wohlfahrtsstaat, München 1974, S. 99-153.

*Höpken,* Wolfgang: Sozialismus und Pluralismus – Eine Untersuchung zu Entwicklung und Demokratiepotential des politischen Systems der Selbstverwaltung in Jugoslawien (1963-1974), Diss.-Manuskript, Hamburg 1980.

*Jesse,* Eckhard „Pluralismustheorie ohne demokratische Alternative", in: Neue Politische Literatur, 1979, Heft 2, S. 145-163.

*Kariel,* Henry: The Decline of American Pluralism, Stanford 1961.

*Kelso,* William Alton: American Democratic Theory – Pluralism and its Critics, Westport-London 1978 (mit 14 Seiten Literatur).

*Kojarov,* Asen: Monismus und Pluralismus in Ideologie und Politik, Berlin (Ost) 1976.

*Kremendahl,* Hans: Pluralismustheorie in Deutschland – Entstehung, Kritik, Perspektiven, Leverkusen 1977 (mit umfangreichem Literaturverzeichnis).

*Kriele,* Martin: Einführung in die Staatslehre – Die geschichtlichen Legitimitätsgrundlagen des demokratischen Verfassungsstaates, Hamburg 1975.

*Kühne,* Jörg-Detlef und Friedrich *Meissner* (Hrsg.): Züge unmittelbarer Demokratie in der Gemeindeverfassung – Bürgerentscheid, Bürgerbegehren, Bürgerversammlung u. a. , Göttingen 1977.

*Lowi*, Theodore J.: The End of Liberalism – Ideology, Policy, and the Crisis of Public Authority, New York 1969.

*Massing*, Peter: Interesse und Konsensus – Zur Rekonstruktion und Begründung normativ-kritischer Elemente neopluralistischer Demokratietheorie, Opladen 1979.

*McFarland*, Andres S.: Power and Leadership in Pluralist Systems, Stanford Calif., 1969.

*Mills*, C.W.: The Power Elite, New York 1956

*Narr*, Wolf-Dieter und Frieder *Naschold*: Theorie der Demokratie, Stuttgart 1971.

*Nuscheler*, Franz und Winfried *Steffani* (Hrsg.): Pluralismus – Konzeptionen und Kontroversen, München, 3. Aufl. 1976 (mit umfassendem Literaturverzeichnis).

*Oberreuter*, Heinrich (Hrsg.): Pluralismus – Grundlegung und Diskussion. Herausgegeben im Auftrage der Bayerischen Landeszentrale für politische Bildungsarbeit, München 1979 (mit Auswahlbibliographie).

*Ders.* und Jürgen *Weber* (Hrsg.): Plurale Demokratie und Verbände, Stuttgart 1978.

*Ders.* (Hrsg.): Parlamentarische Opposition – Ein internationaler Vergleich, Hamburg 1975.

*Offe*, Claus: Strukturprobleme des kapitalistischen Staates, Frankfurt/Main 1972.

*Popper*, Karl: Die offene Gesellschaft und ihre Feinde, 2 Bde., Bern, 3. Aufl. 1973.

*Püttner*, Günter: Toleranz als Verfassungsprinzip – Prolegomena zu einer rechtlichen Theorie des pluralistischen Staates, Berlin 1977.

*Pütz*, Helmuth: Innerparteiliche Willensbildung, Mainz 1974.

*Raschke*, Joachim: Organisierter Konflikt in westeuropäischen Parteien – Eine vergleichende Analyse parteiinterner Oppositionsgruppen, Opladen 1977.

*Rausch*, Heinz (Hrsg.): Zur Theorie und Geschichte der Repräsentation und Repräsentativverfassung. Wiss. Buchgesellschaft – Wege der Forschung, Bd. 184, Darmstadt 1968 (mit Auswahlbibliographie).

*Ders.*, (Hrsg.): Zur heutigen Problematik der Gewaltenteilung. Wiss. Buchgesellschaft – Wege der Forschung Bd. 194, Darmstadt 1969.

*Ritter*, Gerhard A. „Der Antiparlamentarismus und Antipluralismus der Rechts- und Linksradikalen", in: Aus Politik und Zeitgeschichte, Beilage zu ,Das Parlament', B 34/1969.

*Rose*, Arnold M.: The Power Structure – Political Process in American Society, New York 1967.

*Saam*, Gerhard: Der Eid des Beamten. Jur. Diss., Münster 1974.

*Scharpf*, Fritz: Demokratietheorie zwischen Utopie und Anpassung, Konstanz 1970.

*Schattschneider*, Eric E.: The Semisovereign People, New York 2.Aufl. 1975.

*Schiffers*, Reinhard: Elemente direkter Demokratie im Weimarer Regierungssystem, Düsseldorf 1971.

*Schelter*, Kurt: Demokratisierung der Verbände? Demokratie als Ordnungsprinzip privilegierter Interessenverbände, Berlin 1976.

*Schmitter*, Philippe C. (Hrsg.): Corporatism and Policy-Making in Contemporary Western Europe 1977, Heft 1 der Vierteljahresschrift „Comparative Political Studies", S. 1-152

*Schüren*, Ulrich: Der Volksentscheid zur Fürstenenteignung, Düsseldorf 1978

*Schumann*, Hans-Gerd (Hrsg.): Die Rolle der Opposition in der Bundesrepublik

Deutschland. Wissenschaftl. Buchgesellschaft – Wege der Forschung Bd. 422, Darmstadt 1976 (mit umfangreicher Auswahlbibliographie).

*Seidel,* Bruno und Siegfried *Jenkner* (Hrsg.): Wege der Totalitarismus-Forschung. Wiss. Buchgesellschaft – Wege der Forschung Bd. 140, Darmstadt 1968.

*Steffani,* Winfried: Parlamentarische und präsidentielle Demokratie, Opladen 1979.

*Stolleis,* Michael: Gemeinwohlformeln im nationalsozialistischen Recht, Berlin 1974.

*Schwan,* Alexander: Wahrheit – Pluralität – Freiheit, Hamburg 1976.

*Ders.:* Grundwerte der Demokratie – Orientierungsversuche im Pluralismus, München 1978

*Talmon,* Jacob L.: Die Ursprünge der totalitären Demokratie, Köln-Opladen 1961.

*Troitzsch,* Klaus G.: Volksbegehren und Volksentscheid – Eine vergleichende Analyse direktdemokratischer Verfassungsinstitutionen unter besonderer Berücksichtigung der Bundesrepublik Deutschland und der Schweiz, Meisenheim am Glan 1979 (mit umfangreichen Literaturhinweisen).

*Truman,* David B.: The Governmental Process, New York 1951.

*Varain,* Heinz Josef (Hrsg.): Interessenverbände in Deutschland, Köln und Berlin 1973.

*Weber,* Jürgen: Interessengruppen im politischen System der Bundesrepublik Deutschland, Stuttgart 1977.

*Winkler,* Heinrich August: Pluralismus oder Protektionismus? – Verfassungspolitische Probleme des Verbandswesens im Deutschen Kaiserreich, Wiesbaden 1972.

*Wahl,* Jean: The Pluralist Philosophies of England and America, London 1925.

*Wolff,* Robert Paul, Barrington *Moore* und Herbert *Marcuse:* Kritik der reinen Toleranz', Frankfurt/Main, 8. Aufl. 1973.

# Personenregister

FSC
www.fsc.org

MIX
Papier aus verantwortungsvollen Quellen
Paper from responsible sources
FSC® C105338

If you have any concerns about our products,
you can contact us on
**ProductSafety@springernature.com**

In case Publisher is established outside the EU,
the EU authorized representative is:
**Springer Nature Customer Service Center GmbH**
**Europaplatz 3, 69115 Heidelberg, Germany**

Printed by Libri Plureos GmbH
in Hamburg, Germany